社会常识全知道

社会常识全知道

春之霖 蔡亚兰 编著

中国华侨出版社
北京

图书在版编目(CIP)数据

社会常识全知道：不可不知的2000个社会常识/春之霖，蔡亚兰编著. —北京：中国华侨出版社，2010.4（2021.1重印）

ISBN 978-7-5113-0310-3

I.①社… II.①春… ②蔡… III.①社会学—通俗读物 IV.①C91-49

中国版本图书馆CIP数据核字（2010）第047148号

社会常识全知道：不可不知的2000个社会常识

编　　著：春之霖　蔡亚兰
责任编辑：文　涛
封面设计：阳春白雪
文字编辑：肖玲玲
美术编辑：宇　枫
经　　销：新华书店
开　　本：720mm×1020mm　1/16　印张：24　字数：348千字
印　　刷：北京德富泰印务有限公司
版　　次：2010年5月第1版　2021年1月第6次印刷
书　　号：ISBN 978-7-5113-0310-3
定　　价：45.00元

中国华侨出版社　北京市朝阳区西坝河东里77号楼底商5号　邮编：100028
法律顾问：陈鹰律师事务所
发行部：（010）88866079　　　传　真：（010）88877396
网　址：www.oveaschin.com　　E-mail：oveaschin@sina.com

如果发现印装质量问题，影响阅读，请与印刷厂联系调换。

前　言

什么是社会常识？"中国式管理之父"曾仕强曾说："社会常识就是指在日常生活为人处世中必须掌握且行之有效的知识，对于一个人而言，社会常识往往比知识更重要。"一个人如果不具备社会常识，就很难在社会上立稳足，自然也不可能成就什么事业了。

虽然说在现实生活中，适应社会也需要有一定的科学文化知识，"学好数理化，走遍天下都不怕"，说的是要掌握科学文化知识，科学文化知识在社会生存中是立足的根本之一。但光靠这些科学文化知识也是行不通的，因为社会是人的社会，人是复杂的个体，社会是纷繁复杂的。许多学富五车、积极奋进、怀有理想的人四处碰壁，举步维艰，最终壮志难酬。而一些资质平平的人，却干出了轰轰烈烈的事业。事业的成败、人生的得失，并不一定与才华成正比，而是与人际关系等各种因素紧密相关，尤其是在当今社会中，要成就一番事业则更是离不开良好的人际关系。经营良好的人际关系，学会做人与处事，这就是社会常识，是在学校中学不到的知识，也是立足社会之根本。

要适应社会，首先要了解社会，要了解社会的规律，了解人际关系，了解社交心理学，掌握人际沟通技巧，知道与人相处的原则，懂得如何经营人脉等，也要提升自己的素养，这包括修饰自己的外在形象，注重自己的礼仪和谈吐。古人云，"工欲善其事，必先利其器"，只有在掌握科学文化知识的同时灵活地掌握这些技能，我们才能轻松立足于社会，才能左右逢源，事业顺利。

编写这部《社会常识全知道》旨在帮助每个渴望成功的人及时补足社会常识课，掌握适应社会的各种技巧。它从浩如烟海的各种社会知识中，提取出最为基本、最为必需，同时又最具操作性的常识性知识，给正在人生征途上奋斗的人一剂处世良方、一个智慧锦囊。

本书系统地从形象、礼仪、场景口才、语言沟通、社交心理、与人相处、宴请、职场生存、理财、安全、防骗等十一个方面深入解析社会生活，例如，怎样得体穿衣、如何优雅地进行自我介绍、怎样的礼仪让你最有魅力、如何沟通最有效、怎样与形形色色的人打交道、如何筹划成功的商务宴请、如何防范各种场合中的骗术，等等，本书都给出了详尽的解答。

对于每个即将走上社会的青年学生而言，这本书将帮助他们轻松地立足社会，找到理想的工作，顺利地融入社会，少碰壁，少走弯路，早日成功。对于每个刚刚跳槽进入理想单位的新员工而言，这本书将帮助他们学会处理各种人际关系，从而获取领导欣赏、同事信任，顺利实现提薪升职的愿望。对于那些在事业和生活上处处碰壁的人而言，这本书将帮助他们摆脱逆境，扭转人生航向，驶向美好的明天。

社会是一本大书，要完全读懂、读通并不容易，但社会不是建在空中的楼阁，而是伫立在地上的一座大厦，如果能抓住其中不可不知的必备常识，也就等于抓住了行走社会的精髓奥义，把握住了"社会大厦"的根基，成功离你也就不远了。同时，也只有了解了各种社会常识，才能更准确、清晰地认识社会、定位自我、开创新的生活。

鉴于现代人阅读追求实用和轻松的特点，在编写过程中，我们特别注重了本书的实用性和趣味性。本书汇集常见、常惑、常犯的现实问题，提供简单明了、实事求是的解决方案，让读者可以拿来就用，用了就能见效果；将相对专业和严肃的社会话题，通过轻松的叙事方式进行讲解，并适时地穿插一些小故事，读者轻轻松松就能体会到其中的真谛。

最后，希望本书在给读者带来实用与趣味兼备的社会常识的同时，也能给读者带来幸福与成功，带来无悔的精彩人生。

目 录

第一章 不可不知的形象常识

第一节 化妆打扮的常识…… 1

让发丝保持干净整洁……………… 1
让发型与体型相称………………… 1
让发色与肤色协调………………… 1
让发色与发型相配………………… 2
如何护理头发……………………… 2
指甲体现优雅气质………………… 2
让下巴干干净净…………………… 3
简单生活妆的化妆步骤…………… 3
根据肌肤类型选择适合自己的粉底…… 3
根据肤色选择粉底………………… 4
粉底的涂抹顺序…………………… 4
用粉底掩饰缺点…………………… 5
用唇膏改变唇形…………………… 5
按想要的妆效抹口红……………… 6
几种美唇小技巧…………………… 6
如何让唇妆持久…………………… 6

根据自己的脸型画眉……………… 7
描眼线的技巧……………………… 7
涂眼影的技巧……………………… 8
打睫毛膏的技巧…………………… 8
腮红的使用技巧…………………… 9
涂抹香水要注意的事项…………… 10
世界著名香水品牌有哪些………… 11

第二节 得体穿衣的常识…… 11

穿戴要符合TPO原则……………… 11
规范着装的要求…………………… 12
穿衣"九忌"……………………… 12
工作休闲装的三个等级…………… 13
让领导们最难以忍受的几种穿着…… 14
怎样正确穿西装…………………… 14
女士穿西装的法则………………… 15
衬衫的穿着要求…………………… 15
职业女性应怎样穿套裙…………… 16
如何穿出女性的品位和优雅……… 17
如何穿出高挑身材………………… 17
如何通过着装掩饰缺憾…………… 18

如何穿好白领男士装……………19
什么样的牛仔裤最适合你………19
牛仔裤的最佳搭档………………20
领带的打法………………………21
领带色彩、图案的选择…………21
领带的合适长度…………………21
根据衬衫和西装来挑选领带的颜色……22
打领带容易犯的几项错误………22
西装领带最经典的几款搭配……23
穿鞋的注意事项…………………23
如何通过鞋袜让自己"足下生辉"……24
如何搭配服饰颜色………………24
小饰物，大时尚…………………25
矮小身材怎样搭配服饰…………25
高挑身材怎样搭配服饰…………25
苗条身材怎样搭配服饰…………26
丰满身材怎样搭配服饰…………26
性感身材怎样搭配服饰…………26
如何根据肤色选择衣色…………26
如何根据个性选择衣色…………27

第三节　自我介绍的常识……27
什么时候需要进行自我介绍……27
什么时候要用到应酬式自我介绍……28
什么时候要用到交流式自我介绍……28
什么时候要用到礼仪式自我介绍……29
什么时候要用到工作式自我介绍……29
什么时候要用到问答式自我介绍……29
怎样介绍自我……………………30

怎样介绍他人……………………30
怎样听别人介绍自己……………30

第四节　行为举止得体的常识 31
如何入座最优雅…………………31
不同情况下应采取哪些坐姿……31
怎样的站姿最优美………………31
如何走出优雅……………………32
错误的走姿有哪些………………32
如何蹲出优雅……………………33
怎样训练自己的微笑……………33
微笑时要避免的毛病……………34
微笑时要注意与面部表情相结合……34

第二章　不可不知的礼仪常识

第一节　握手与递交名片的常识…35
哪些场合应当握手………………35
握手有何具体要求………………35
握手有何次序讲究………………36
握手有何禁忌……………………36
如何给对方递送名片……………37
如何接受对方的名片……………37
如何索取名片……………………38
如何婉拒他人索取名片…………38
如何存放名片……………………38

第二节　涉外礼仪常识………38
涉外迎送需要注意哪些问题……38

涉外交往中的称呼礼仪……39
如何安排外宾参观……40
签字仪式中的礼仪问题……40
涉外会谈中的礼仪……41
在国外付小费有何原则……42
西方人的花卉数字禁忌……42

第三节　接待与拜访礼仪常识……43

接待来访者的原则……43
接站时应注意哪些礼仪……44
待客之道有哪些……44
拜访的时机要选择好……45
拜访时要提前预约……45
尊重拜访对象……46
拜访时要守时践约……47
拜访时要登门有礼……47
拜访时要举止有方……47
拜访时间不宜过长……47
拜访结束后，要礼貌告别……48
带领来访客人的礼仪……48
慰问时要酌情选择慰问形式……48
慰问要体现真情……49
把握好慰问的尺度……49

第四节　餐桌礼仪常识……49

中餐餐具及其摆放……49
使用中餐餐具礼仪……50
中餐进餐礼仪……50
中餐上菜程序……51

办公室进餐的礼仪……51
自助餐就座礼仪……51
自助餐取餐礼仪……52
自助餐就餐中的礼仪……52
自助餐离座礼仪……52
上茶礼仪……52
奉茶秩序礼仪……53
敬茶礼仪……53
续茶礼仪……53
品茶的礼仪……53
西餐中刀叉的用法……54
拿握酒杯有讲究……55
在餐桌上弄洒了东西时如何处理……55
刀叉掉到地上时如何处理……55
吃了蒜或洋葱后，口中有异味时如何处理……55
喝咖啡礼仪……56
咖啡宴中的礼仪……57
享用日本料理礼仪……57
文雅地使用筷子……57
敬酒的礼仪有哪些……58
劝酒与谢酒的学问……58

第五节　电话礼仪常识……59

遵循"铃响不过三"的接听规定……59
接听态度要礼貌……59
通话时要注意举止文明……59
接听时灵活多变……60
通话完毕后要注意的礼仪……60

确认对方姓名时要注意的礼仪………… 60
说出对方公司的全名………… 61
拿起电话筒时要注意的礼仪………… 61
乐于为人代接电话………… 61
准确记下要转达的信息………… 61
及时传达待转信息………… 62
代接要尊重他人隐私………… 62
做好准备后再拨打电话………… 62
接听电话前，整理好自己的情绪………… 62
接电话之前先松一口气………… 63
笑容可掬地接听电话………… 63

第三章 不可不知的场景口才常识

第一节 推销口才常识………… 64

幽默可以增进与客户之间的关系………… 64
迅速打开客户的"心防"………… 64
准确叫出客户的名字………… 65
只做有建设性的拜访………… 66
介绍产品要用客户听得懂的语言………… 66
强调产品的好处………… 67
推销中可以强调产品哪些好处………… 67
以客户为谈话的中心………… 68
找到一个与众不同的卖点………… 68
巧用利益解说策略………… 69
推荐给客户的产品最好是三款………… 69
利用客户的好奇心………… 70
把话说到点子上………… 70

站在客户的角度考虑问题………… 71
给予客户沉默的时间………… 71
听出对方的谈话重点………… 72
及时领会客户的意思………… 72
尽量问一些能得到肯定回答的问题…… 72
了解何时该"温和地推销"………… 73
了解客户顾虑的根源………… 74
突破客户的防线，开发潜在需求………… 74

第二节 谈判口才常识………… 75

通过从客观角度关注利益的方式打破
　僵局………… 75
通过据理力争的方式打破僵局………… 75
通过从对方角度观察问题的方式打破
　僵局………… 76
通过抓对方漏洞借题发挥的方式打破
　僵局………… 76
通过换方案的方式打破僵局………… 76
没有摸清对方的实力时，可用婉转型提问
　方式………… 76
要激起对方情绪时，可用攻击型提问
　方式………… 77
要让对方同意，尽量用协商型提问
　方式………… 77
尽可能以提问方式操纵对方思维………… 77
可选择在自己发言前后提问………… 78
可选择在对方发言完毕之后提问………… 78
可选择在对方发言停顿、间歇时提问… 78
可选择在对方情绪好时提问………… 79

可选择在议程规定的辩论时间提问…… 79
将问话者范围缩小，不要彻底回答所提的
　问题……………………………………… 80
给自己留有余地，不要确切回答对方的
　提问……………………………………… 80
依发问人的心理假设回答……………… 80
找借口拖延答复………………………… 81
有些问题不值得回答…………………… 81
回答对方的问题，有时可以将错就错… 81
对于一些问话，不要马上回答………… 82
不轻易作答……………………………… 82
找些借口，避开对己方不利的回答…… 82
谈判中的投石问路技巧………………… 82
谈判中常用的解围用语………………… 84
谈判中常用的转折用语………………… 84
谈判中常用的弹性用语………………… 84
谈判中的补偿安慰拒绝法……………… 85
谈判中的敬语拒绝法…………………… 85
谈判中的"围魏救赵"拒绝法………… 86
谈判中的局限抑制拒绝法……………… 86
谈判中的吹毛求疵策略………………… 86
谈判中的后发制人策略………………… 87
谈判中的远利诱惑策略………………… 88
谈判中的虚虚实实策略………………… 88
谈判中的事实抗辩策略………………… 89
谈判中的软硬联手策略………………… 89
同日本人谈判的要诀…………………… 89
同美国人谈判的要诀…………………… 90
同德国人谈判的要诀…………………… 91

同北欧人谈判的要诀…………………… 92
同韩国人谈判的要诀…………………… 92

第三节　求职口才常识……… 93

面对考官，要有主动推销的意识……… 93
面对考官，不妨柔中带刚持质疑……… 94
面对考官，诚实应战最有效…………… 94
面对考官，不卑不亢赢欣赏…………… 95
面对考官，秀出你的与众不同………… 96
面试中说错了话时怎么办……………… 96
面试中出现沉默时怎么办……………… 97
面试中面对不清楚的问题时怎么办…… 97
面试中面对多位考官同时提问时
　怎么办…………………………………… 98
如何跳出迷惑问题的陷阱……………… 98
如何跳出两难问题的陷阱……………… 99
如何跳出刁钻问题的陷阱……………… 100
如何跳出压力问题的陷阱……………… 100
如何跳出测试式问题的陷阱…………… 101
如何跳出诱导式问题的陷阱…………… 101
被提及薪酬时，不要急于报"实价"… 102
如何说出你的"薪金期望值"………… 102
不要把薪水要求说得过死……………… 103
不直接说出你目前的薪水……………… 104
在提薪水要求前，先弄清对方的薪酬
　标准……………………………………… 104
询问薪酬应谨记的禁忌………………… 105
求职说话忌缺乏主见…………………… 105
求职说话忌狂妄自大…………………… 106

求职说话忌自惭形秽…………… 106
求职说话忌无回旋余地………… 107
求职说话忌不懂"包装"………… 107

第四节　演讲口才常识…… 108

演讲语言要有生活常识色彩…… 108
演讲语言要有专业知识色彩…… 108
演讲语言要符合逻辑…………… 108
演讲要善于运用警句…………… 109
演讲语言要规范化、条理化…… 109
选对演讲风格…………………… 109
演讲可采用赞扬式开场白……… 110
演讲可采用提问式开场白……… 111
演讲可采用悬念式开场白……… 111
演讲可采用渲染式开场白……… 111
演讲可采用模仿式开场白……… 112
演讲可采用套近乎式开场白…… 112
演讲可采用新闻式开场白……… 112
演讲可采用道具式开场白……… 113
运用设问创造演讲的高潮……… 113
运用反问创造演讲的高潮……… 114
运用排比创造演讲的高潮……… 114
竞选演讲要展示自身优势……… 115
竞选演讲要对应岗位特点……… 115
竞选演讲要了解竞争对手……… 116
竞选演讲要语言质朴纯真……… 116
竞选演讲要感情真挚深切……… 117
领导就职演说要以民为本……… 117
领导就职演说要注重创新……… 118

领导就职演说要结构严谨……… 119
述职演讲要多"实"少"虚"…… 119
述职演讲要淡化自我…………… 120
述职演讲要实话实说…………… 120
述职演讲要加些"旁白"………… 121
述职演讲要平中见"趣"………… 122

第五节　即席讲话口才常识… 123

即席讲话要先声夺人，抓住听众…… 123
即席讲话要快速组织，顺理成章…… 123
即席讲话要入情入理，说服听众…… 123
即席讲话要态度诚挚，以情动人…… 124
即席讲话要立场鲜明，以理服人…… 124
即席讲话要生动活泼，吸引听众…… 124
即席讲话要通俗易懂、灵活掌握…… 125
即席讲话要结尾利落、回味无穷…… 125
即席讲话要多使用通俗易懂的词…… 126
即席讲话要尽量少用新出现的词语…… 126

第四章　不可不知的语言沟通常识

第一节　说服他人的常识… 127

抓住最佳时机…………………… 127
说服他人时忌官腔官调………… 127
从对方最得意的事情说起……… 127
避开正面，迂回劝导…………… 128
先接受对方的想法……………… 128
先"捧"再说服 ………………… 129

巧用悬念，说服固执之人…………… 130
肯定性的问答，更易说服对方…… 131
站在对方的立场进行说服………… 132
说服他人时如何避免激化矛盾…… 133
由别人去做结论…………………… 133

第二节　调解纠纷的常识… 134

根据调解对象的心理特点加以调解…… 134
晓之以理，动之以情……………… 134
抬高一方使其主动退出…………… 134
劝架要一碗水端平………………… 135
调解纠纷时先表"赞同"………… 136
唤起当事人的荣誉感……………… 136
唤起内心的真情，互谅互让……… 137
强调争执双方的差异性…………… 138
抓住矛盾的主要方面，重点突破…… 138
将严肃的问题诙谐化……………… 139
只给出一个模糊的解决方案……… 140
委婉表达自己的倾向……………… 141
拿出可感可触的证据进行证明…… 142

第三节　探望患者的常识… 143

用积极的思维引导患者…………… 143
多鼓励患者，增强治疗信心……… 143
在患者面前尽量显得轻松愉快…… 144
多说些有益养病的话……………… 144
不要触及患者的痛苦……………… 144
怎样的安慰最有效………………… 145
如何安慰焦虑的患者……………… 145

以某些症状缓解为依据，给予积极的
　安慰……………………………… 146
巧用暗示性安慰…………………… 147
运用现身说法对患者进行劝说…… 147
不要在交谈中以自我为中心……… 147
不要使用怜悯的话语……………… 148

第四节　向人道歉的常识… 148

道歉必须及时……………………… 148
道歉要有诚意……………………… 148
道歉不要一味找客观原因………… 148
直截了当，不推三阻四…………… 149
不要怕碰钉子……………………… 149
适当赔偿更能表达歉意…………… 149
异性面前不要一再道歉…………… 149
把道歉作为一种美德……………… 149
先发制人，首先道歉……………… 149
对对方尽了力但没办成的事要表示谢意和
　歉意……………………………… 150
找准道歉的时机…………………… 150
运用赞美式道歉法………………… 150
巧妙别致的道歉法………………… 151
借助第三者来转达自己的歉意…… 151

第五章　不可不知的社交心理学常识

第一节　社交障碍的自我心理调节常识…………… 152

如何克服人际交往障碍…………… 152

如何消除社交恐惧症………… 152
如何克服自傲心理……………… 153
如何克服孤僻心理……………… 154
如何克服虚荣心理……………… 155
如何克服自卑心理……………… 156
如何克服封闭心理……………… 156
如何克服自私心理……………… 157
如何克服依赖心理……………… 158
如何克服自负心理……………… 158
如何克服完美主义……………… 159
如何克服偏执心理……………… 160
如何克服暴躁心理……………… 161
如何克服怯场心理……………… 162
如何克服猜疑心理……………… 162
如何克服狭隘心理……………… 163
如何消除吝啬心理……………… 164
如何消除报复心理……………… 165
如何克服嫉妒心理……………… 166
如何克服逃避心理……………… 166

第二节　人际交往中的心理效应常识……………… 167

首因效应的应用………………… 167
近因效应的应用………………… 167
马太效应的应用………………… 168
投射效应的应用………………… 169
光环效应的应用………………… 170
邻里效应的应用………………… 171
权威效应的应用………………… 171

刻板效应的应用………………… 172
定式效应的应用………………… 172
互惠效应的应用………………… 173
墨菲定律的应用………………… 173
视网膜效应的应用……………… 173
皮格马利翁效应的应用………… 174
手表定律的应用………………… 175
刺猬定律的应用………………… 175
鲶鱼效应的应用………………… 176
奥卡姆剃刀定律的应用………… 177
华盛顿合作定律的应用………… 178

第三节　让自己受欢迎的心理应对常识……………… 178

微笑，吸引别人的利器………… 178
保持良好的仪表，增加人际吸引力…… 179
幽默，最具亲和力的"形象大使"…… 180
做一个高情商的人……………… 180
打造非凡的亲和力……………… 181
利用语言影响他人……………… 181
增加接触的频率………………… 181
故意在明显的地方留一点儿瑕疵…… 182
避免争论………………………… 183
尽量不要去指责他人…………… 183
背后不揭他人短………………… 183
在矛盾中能礼让………………… 184
塑造个人的外在素质…………… 184
加强交往，密切关系…………… 184
献出自己"挚情的爱"………… 185

诚恳待人，不虚伪做作 …………… 185
助人为乐，但要坚持原则 ………… 186
保持本身人格的完整 ……………… 187
让别人了解我们 …………………… 188
多和别人沟通意见 ………………… 188

第六章 不可不知的与人相处的常识

第一节　与人相处的常识 … 189

如何应对清高自傲者 ……………… 189
如何应对自私自利的人 …………… 189
怎样与沉默寡言的人相处 ………… 190
怎样与自以为是的人相处 ………… 191
怎样与脾气暴躁的人相处 ………… 192
怎样与疑心重的人相处 …………… 193
怎样与搬弄是非者相处 …………… 193
摆脱火爆型棘手之人的具体要诀 … 195
不要与专泼冷水之人争辩 ………… 195
帮助优柔寡断之人解决问题 ……… 195
不与贪婪之人争名夺利 …………… 196
如何促使不合作者的合作 ………… 196
诱导不合作者参加你的工作 ……… 197
用微笑化解尖酸刻薄之人的"刻薄" … 197
勇敢面对尖酸刻薄之人 …………… 197
如何避免尖酸刻薄之人得寸进尺 … 197
对尖酸刻薄的话置之不理 ………… 198
以大度的气量对待心胸狭窄之人 … 198
对心胸狭窄之人要有忍让的精神 …… 198

与富人打交道千万不能自卑 ……… 199
与富人打交道不能过于谄媚 ……… 199

第二节　与陌生人相处的常识 …………… 199

微笑是最好的沟通桥梁 …………… 199
用幽默打破僵局 …………………… 199
与陌生人攀谈时要善于寻找话题 … 200
与陌生人开口交谈关键是要找到
　共同点 …………………………… 200
借"题"发挥，找到与陌生人交谈的
　话题 ……………………………… 200
提一些"投石"式的问题 ………… 200
以对方的兴趣作为话题 …………… 200
找不到话题时，不妨坦白说明你的
　感受 ……………………………… 201
谈周围的环境也是一个话题 ……… 201
察言观色，从细微处入手 ………… 201

第三节　与家庭成员相处的常识 …………… 202

父母应给予孩子尊重与理解 ……… 202
关心孩子的内心世界 ……………… 202
对孩子的"爱"需要讲究方法 …… 203
与孩子相处两忌 …………………… 203
在婆婆面前演点"肉麻戏" ……… 204
永远与婆婆同一战壕作战 ………… 204
做媳妇的不妨大度一点 …………… 204
婆媳相处四忌 ……………………… 205

取得小姑子心理上的认同……………… 205

不与小姑子斤斤计较………………… 205

把小姑子当成自己的亲妹妹…………… 206

对嫂嫂宽容大度，以礼相待…………… 206

第七章 不可不知的宴请常识

第一节　宴请规则常识…… 207

宴请重在满足客人的需求…………… 207

根据被宴请的对象和事由，选择宴请
  地点………………………………… 207

宴请要考虑周边的环境……………… 208

选择宴请地点三原则………………… 208

借花献佛邀请他人…………………… 209

喧宾夺主发出邀请…………………… 209

先诱惑别人再发出邀请……………… 209

参加宴会有哪些礼仪………………… 210

宴会上如何就座……………………… 210

邀请领导吃饭要慎重………………… 211

与领导进餐的注意事项……………… 211

升职时如何请同事吃饭……………… 212

与同事进餐时不谈同事的隐私……… 212

与同事进餐时不要在同事面前批评
  上司………………………………… 212

宴请下级，以情为先………………… 213

宴请重要客户要讲究档次…………… 213

第二节　点菜的常识……… 214

点菜时，征求一下客人的意见……… 214

侧面帮助客人点菜…………………… 214

拿不准菜单时，可请职业点菜师代劳 214

点菜前要对价格了解清楚…………… 215

依宴请对象来确定点菜的分量……… 215

优先让领导点菜……………………… 215

"女士优先"同样适用于点菜上…… 215

亲朋好友吃饭，轮流点菜最佳……… 215

点菜要以人为本，看人下菜………… 216

点菜要注重特色……………………… 216

点菜要巧妙搭配……………………… 216

点菜时要照顾到每位成员的爱好…… 216

点菜要尊重埋单的人………………… 217

点菜时要考虑来宾宗教禁忌………… 217

点菜时要考虑来宾个人禁忌………… 217

点菜时要考虑来宾地方禁忌………… 217

点菜时要考虑来宾职业禁忌………… 218

点菜时要考虑来宾国际禁忌………… 218

所点酒水要与宴会相配……………… 218

所点酒水要与季节相配 218

所点酒水要与菜肴相配……………… 218

讲究酒水之间的搭配………………… 219

中餐宴席饮用酒水注意事项………… 219

饮料和酒水的巧妙搭配……………… 220

宴请中常喝的中国十大名酒………… 220

宴请中常喝的中国十大名茶………… 221

第三节 喝酒、劝酒和拒酒常识…………………… 221

划拳规矩知多少………………… 221
划拳呼词中的吉祥之意………… 222
常见划拳呼词集锦……………… 223
妙趣横生的酒令玩法…………… 225
需要注意的酒仪………………… 225
正式场合，不可过于喧嚣……… 226
正确的倒酒方式………………… 226
倒酒有何次序讲究……………… 226
别人向你祝酒时，一定要站起来… 227
对别人的祝酒表示谢意………… 227
饮酒适度，保持文雅的酒态…… 227
你来我往五大敬酒方式………… 227
回应祝酒时话语宜泛泛而谈…… 228
回应祝酒时可风趣幽默………… 229
酒桌上的规矩…………………… 229
与领导同桌喝酒要注意的事项… 230
用强调彼此关系的方式劝酒…… 231
用强调两人缘分的方式劝酒…… 231
用祝福的方式劝酒……………… 231

第四节 酒宴上的致辞常识 232

祝酒辞要注意格调……………… 232
祝酒辞要言简意赅……………… 232
祝酒辞要紧扣中心……………… 233
祝酒辞要巧妙联想……………… 233

祝酒辞要合时合地……………… 233
司仪祝酒辞……………………… 234
证婚人祝酒辞…………………… 235
介绍人祝酒辞…………………… 236
新人家长祝酒辞………………… 237
新人领导祝酒辞………………… 238
新人祝酒辞……………………… 239
婚礼来宾代表祝酒辞…………… 240
父母生日祝酒辞………………… 241
恩师寿宴祝酒辞………………… 241
领导生日祝酒辞………………… 242
爱人生日祝酒辞………………… 243
朋友生日祝酒辞………………… 243
满月宴宝宝父母祝酒辞………… 244
满月宴来宾祝酒辞……………… 244
周岁宴宝宝父母祝酒辞………… 245

第八章 不可不知的职场生存常识

第一节 顺利进入职场的常识…………………… 246

找工作时不能只看自己的好恶… 246
找工作时要充分利用多渠道信息… 246
找工作时要精心制作你的简历… 246
找工作时要考虑长远的职业前景… 247
要有一技之长…………………… 247
首先给面试官一个好印象……… 247
大胆自信地推销自己…………… 248

求职面试时，要有超人一等的自我推销
　　方式…………………………………… 248
底气十足，增加赢的机会………………… 248
面试重在有备而来………………………… 249
面试中的自我介绍要主题明确…………… 250
应聘者自我介绍时，忌"我"字
　　连篇…………………………………… 251
应聘者自我介绍时，忌空泛无物………… 252
应聘者自我介绍时，忌说话不留
　　后路…………………………………… 252
用真实事例展露你的才华………………… 252
不要一开始就说出自己的"伟大
　　业绩"………………………………… 253
学会"瞬间展示法"……………………… 254
在谈缺点时，暗中对自身优点加以
　　宣扬…………………………………… 255
用幽默化解紧张气氛……………………… 256
两难问题折中答…………………………… 256
一道针对女性求职者的难题……………… 257
警惕求职中的误区………………………… 258

第二节　职场优势生存常识　259

要有竞争意识……………………………… 259
在互惠互利中共筑双赢…………………… 259
心胸开阔，以静制动……………………… 260
加强沟通，展现实力……………………… 260
学会欣赏你的竞争对手…………………… 260
不要小瞧别人……………………………… 261
以工作为重………………………………… 261

等距离外交………………………………… 262
坚持三"不"原则………………………… 262
如何应对工作中遭人排挤的状况………… 262
在新环境下，如何尽快被大家所
　　接纳…………………………………… 263
被提拔时要怎样面对新老同事…………… 264
时刻保持谦虚的态度，才会走得
　　长远…………………………………… 265
职场中话要少说…………………………… 265
不妨让自己"吃吃亏"…………………… 266
不要加入到背后说别人坏话的闲聊
　　中……………………………………… 266
学做一个"慎言者"……………………… 267
做一名忠诚的员工………………………… 267
让老板知道你做了什么…………………… 268
力所能及时，主动向别人提供援助……… 268
积极参与到团队之中……………………… 268
主动去做上级没有交代的事……………… 269
敬业让你出类拔萃………………………… 269
谨言慎行，不强做"出头鸟"…………… 269
何时是提出加薪的最佳时机……………… 270
向老板提出加薪时应避免哪些误区……… 270
在关键时刻恰当地表现自己……………… 271
遵守公司的规章制度……………………… 271
不占公司的小便宜………………………… 272
不带亲友到公司…………………………… 272
不要抱怨分外的工作……………………… 273
不要轻易缺勤请假………………………… 274
不要事事找借口…………………………… 274

第三节 与上司打交道的常识 ······ 275

创造惊人的工作效率赢得上司的重视 ······ 275
关注上司，得到上司的赏识 ······ 276
赞美上司成就时，可表达关心 ······ 276
如何应对嫉贤妒能的上司 ······ 277
如何应对背信弃义的上司 ······ 278
如何应对推卸责任的上司 ······ 278
如何应对奚落下属的上司 ······ 279
得罪上司后怎样挽回不利局面 ······ 279
如何消除上司对你的误解 ······ 280
表达与上司相反的意见时，先赞扬再反对 ······ 281
表达与上司相反的意见时，迂回说理 ······ 282
表达与上司相反的意见时，反说正话 ······ 282
关键时刻，为上司挺身而出 ······ 282
不要直接指出上司的错误 ······ 283
尽量不要越级报告 ······ 284
与上司的关系要适度 ······ 284
让上司觉得你是一个信守诺言的人 ······ 285
上司讲话时，要专心聆听 ······ 285
牢记上司偶尔吐露的话 ······ 285
跟上司没有"道理"可讲 ······ 285
怎样与男女上司相处 ······ 286

第四节 与同事打交道的常识 ······ 287

多向老同事学习 ······ 287
乐于帮助新同事 ······ 287
一定要尊重同事 ······ 287
拿出自己的真诚 ······ 287
同事间的物质往来要一清二楚 ······ 288
不在背后议论同事的隐私 ······ 288
对自己的失误或彼此之间的误会应主动道歉说明 ······ 288
用自己的性别优势关心异性同事 ······ 289
适当淡泊名利 ······ 289
尽量保留同事的面子 ······ 289
不要在同事面前炫耀自己 ······ 290

第九章 不可不知的理财常识

第一节 正确的理财理念常识 ······ 291

年轻人要学理财 ······ 291
越没钱越要理财 ······ 292
投资不是一夜暴富 ······ 292
个人理财的范围有哪些 ······ 293
理财如何理性化 ······ 293
投资理财应掌握哪些基本法则 ······ 294
理财规划步骤和核心是什么 ······ 295
怎样做好家庭理财规划 ······ 295

家庭理财的十二条基本原则……… 296
如何为收入支出做本账……………… 296
家庭理财投资渠道有多少…………… 297
鸡蛋应该放在一个篮子还是多个
　篮子……………………………… 297
家庭投资理财的禁忌………………… 298

第二节　生活省钱常识…… 298

如何把钱花在刀刃上………………… 298
怎样才能花最少的钱，办最多的事… 299
"吝啬专家"教你省钱……………… 300
超值"省"经要记牢………………… 300
到世界各地购物有讲究……………… 301
消费前先问五个"W"……………… 302
超市采购窍门………………………… 303
从小账记起…………………………… 304
将价格"杀"到最低………………… 304
还是租东西更合算…………………… 305
网上购物怎样省钱…………………… 306
助你实现储蓄目标的七大途径……… 306
居家节约宝典………………………… 307
居家节约五妙招……………………… 308
家庭节电四妙招……………………… 308
保鲜膜让微波炉省电………………… 308
冰块帮冰箱省电……………………… 309
电饭锅如何省电……………………… 310
电磁炉省电法………………………… 310
热水器巧省电………………………… 310
洗衣机怎样省电……………………… 310

烘衣机省电技巧……………………… 311
电视机如何省电……………………… 311
空调的省电法则……………………… 311
除湿机省电妙法……………………… 312
电风扇低速可省电…………………… 312
照明灯具省电窍门…………………… 312
吸尘器省电法………………………… 313
电熨斗省电法………………………… 313
日常省水全攻略……………………… 313
日常节水点点滴滴…………………… 314
怎样洗碗省时省水…………………… 314
空调冷凝水的再利用………………… 315
怎样洗车更省水……………………… 315
节俭不要忘了私家车………………… 315
天然气巧节省………………………… 316
如何节约打印耗材…………………… 316

第三节　保险理财常识…… 317

人身保险的可保范围是什么………… 317
人身保险的投保人和受益人并不一定是
　同一人…………………………… 318
选择保险的基本原则有哪些………… 319
买保险投保前有哪些注意事项……… 319
根据年龄阶段购买相应的保险……… 320
商业保险和社会保险的主要区别有
　哪些……………………………… 320
买保险的误区有哪些………………… 321
人身保险中怎样分清合同生效日和复效
　生效日…………………………… 321

怎样选择保险公司 …………… 322
指定受益人需注意的三个问题 …… 323
原始材料丢失怎样索赔 …………… 323
被保险人死亡由谁索赔 …………… 324
分清保险金与遗产的区别 ………… 325

第十章 不可不知的安全常识

第一节 基本救助常识…… 326

如何紧急止血……………………… 326
鼻出血的紧急处理………………… 326
触电应如何急救…………………… 327
骨折时的处置方法………………… 327
溺水的急救措施…………………… 328
对酒醉者如何处理………………… 328
中暑的紧急处理…………………… 329
安眠药中毒如何救助……………… 330
腹痛的紧急处置方法……………… 330
刀伤如何处理……………………… 330
烧伤急救…………………………… 331
吸气性创伤的急救………………… 331
家人噎食的紧急处理方法………… 332
煤气中毒的家庭急救……………… 332
人工呼吸法………………………… 333
胸外心脏按压法…………………… 333
休克、昏迷的急救………………… 334
搬运伤员的方法…………………… 334
沉着应对突发心肌梗塞…………… 334

第二节 生活事故应对常识… 335

两招搞定落枕……………………… 335
用冷毛巾救"晕堂"……………… 336
流鼻血时怎么办…………………… 336
异物卡在咽部不要乱捅乱拨……… 337
扎了刺别急着拔…………………… 337
小虫钻进耳朵不要慌……………… 338
扭伤后怎样应对…………………… 338
小腿抽筋时怎么办………………… 339
家中停电怎么办…………………… 339
如何预防和处理煤气中毒………… 340
食物中毒怎么办…………………… 341
哪些物质具有解毒作用…………… 341
异物入眼怎么办…………………… 342

第十一章 不可不知的防骗常识

第一节 街头防骗常识…… 343

捡钱平分是陷阱…………………… 343
ATM机前有骗局…………………… 343
常见银行卡骗术…………………… 344
如何防范银行卡骗术……………… 345
陌生人要求兑换"外币"要小心… 345
谎称车祸骗钱财…………………… 345
不要随意把手机借人……………… 346
利用女性同情心行骗……………… 346
假乞丐骗术知多少………………… 347

大学新生容易遇到的骗术……………347

第二节　防备骗子公司常识　348

哪些公司可能是骗子公司……………348
职业中介骗招揭秘……………………348
高薪聘请可能是陷阱…………………349
警惕培训中的种种陷阱………………349
传销陷阱须注意………………………350
如何防范兼职骗术……………………350
女性求职防骗注意事项………………351
大学生打工如何防骗…………………351
如何确定婚介机构的合法性…………352
几招识破婚托…………………………352
快递骗术须谨慎………………………352
防范股市骗术…………………………353
不可不防的专利诈骗…………………353
外贸合同陷阱…………………………354

第三节　旅途防骗常识……354

春运坐火车要防骗……………………354
揭开黑旅行社的骗术…………………355
超低折扣机票中的陷阱………………355
长途汽车上的常见骗术………………356
不可信的开罐中奖……………………356
打电话骗旅客家人……………………357
数钱变戏法，找钱少一半……………357
假扮英雄骗钱财………………………358
出门在外提防三类人…………………358

第四节　网络防骗常识……358

网络求职骗术曝光……………………358
几种常见的短信骗招…………………359
短信诈骗的四步骤……………………360
识破银行卡诈骗短信…………………360
怎样识别彩票骗子网站………………360
网上购物骗术揭秘……………………361
警惕"狼披羊皮"的假冒网站…………362
电子邮件骗术有哪些…………………362

第一章 不可不知的形象常识

第一节　化妆打扮的常识

◇让发丝保持干净整洁

如果你没有时间打理你的头发，至少应保持它的干净整洁，一般两天清洗一次头发为宜（夏天可适当增加频率）。平时也应注意对头发的养护，使其具有自然光泽。

不要过多使用啫喱、喷彩之类的东西，如要使用，也最好选择无香型，免得和香水、化妆品等气味混杂在一起，令人闻之生厌。

◇让发型与体型相称

身材高大健壮者，应选择显示大方、健康洒脱美的发式。高大身材的女士，一般留简单的短发为好，切忌花样复杂，烫发时，不应卷小卷，以免造成比例失调。

身材高瘦者，适合留长发，并且适当增加发型的装饰性。如梳卷曲的波浪式发型，会对高瘦身材有一定的协调作用，但高瘦身材不宜盘高长髻，或将头发削剪太短，以免给人一种更加瘦长的感觉。

身材短小者，适合留短发或盘发，因露脖子可以使身体显得高些，并可以根据自己的喜爱将发式做得精巧别致。但身材矮小的人不宜留长发或粗犷蓬松的发型，那样更显得矮。

身材较胖者，适宜梳淡雅舒展、轻盈俏丽的发式，尤其是应注意将全部头发向上梳，将两侧束紧，亮出脖子，使人感觉到你瘦，但若留长波浪，两侧蓬松，则会显得更胖。

◇让发色与肤色协调

与深棕色的搭配肤色：任何肤色，肤色白皙者尤佳。

与浅棕色的搭配肤色：白皙肤色或麦芽肤色、古铜肤色者均可。

与铜金色的搭配肤色：白皙或

麦芽肤色，也很适合肤色微黑的女士。

与红色的搭配肤色：自然肤色或白皙肤色，非常适合肤色偏黄的女士。

切忌染过于夸张的黄色、蓝色、绿色等属于街头的颜色，以免和办公室严肃的工作氛围不协调。

发色可以随场合而变。如出席宴会，则可适当变换鲜艳一点的颜色。如日本的上班族晚上去狂欢时往往把头发弄得色彩斑斓，但第二天上班时无一不恢复原样。

◇让发色与发型相配

发色为深棕色：相配的发型为淑女式的直发或微卷的长发、大方的齐耳短发。

发色为浅棕色：适合清爽有动感的短发、亮丽的大波浪长卷发。

发色为铜金色：适合时尚造型的短发、有层次的齐肩直发。

发色为红色：有活力的短发、中长直发或卷发均适合。

◇如何护理头发

（1）在洗头前，用梳子梳开头发。

（2）在抹洗发水之前，应先将头发全部弄湿，以免缠在一起。

（3）选用不含酒精的洗发水。

（4）洗发水和护发素分开使用。

（5）每次洗头时用指尖按摩头皮，手指上下移动。

（6）尽量不用电吹风，用时吹到八九成干即可。

（7）避免洗头后用毛巾用力擦干，这样会伤害头发。

（8）定期做头发滋养护理。

（9）如果你的头发无光泽或颜色变浅，你应多吃含有碘质和钙质的食物，如海带、小鱼、鲜蛋等。

（10）如果你有掉发现象，你应该多吃菠菜、瘦肉、水果、花生等食物。

◇指甲体现优雅气质

指甲最基本的要求是每星期剪两次，修一次，长度以不超过指尖为宜。

健康美观的指甲应该是纯净透明的，没有污垢，顶端磨圆。若要染指甲或者美甲，最好采用接近肉色或者透明的甲油，或者选择和口红相搭配的颜色，而不要染黑色、灰色等颜色浓重的颜色。

对于指甲的修饰，以自然大方为宜，不用假指甲，不留长指甲，不装甲戒等指甲饰品。

◇让下巴干干净净

在过去，人们都认为男人的胡须是成绩和本领的体现，仿佛胡子越长越有办事能力，但在现代的职场中，"嘴上无毛，办事不牢"已经不灵，人际关系中第一印象往往很重要，若是胡子一大把会让人觉得没有精神。若是胡须没有理净，也会给人留下办事不利索的印象。为了让合作对象对你有个好印象，也为了不给竞争对手"可以抓住的把柄"，一定要让下巴干干净净。

◇简单生活妆的化妆步骤

简易生活妆大体可分以下10步：

（1）洁肤：优质香皂洗手和清洁面部皮肤。

（2）整肤：涂化妆水，调整肌肤。

（3）护肤：面部涂适量护肤乳液或雪花膏。

（4）打底：均匀施上与肤色相近的乳液型粉底，若皮肤多油脂，应用粉饼抑制。

（5）扑粉。

（6）描眉：用黑色或咖啡色眼线笔画好眉毛；对眉形好而眉毛淡者用咖啡色睫毛油淡染眉毛效果更佳。

（7）画眼：这一步骤又可分解为3小步：一是用咖啡色眼线笔代替膏状眼影涂于眼睑、鼻旁及面颊等需要产生阴影效果之处，涂后用手指抹匀；二是用黑色眼线笔画出清晰的眼线；三是用卷睫毛器卷好睫毛，涂上睫毛油。

（8）唇妆：用咖啡色眼线笔勾好唇形，涂上与唇色一致的唇膏（口红），再上光泽唇膏或唇油。

（9）涂脂：根据不同肤型、肤色、年龄、部位来具体注意涂胭脂部位与不涂处关系的协调原则来涂抹胭脂。

（10）定妆：扑上厚薄适度、均匀一致的扑粉作为定妆。

◇根据肌肤类型选择适合自己的粉底

（1）油性肌肤：如果你的肌肤

是油性的，就应该选择粉质的粉底液。这样你的肌肤看上去就像是擦了乳液一般，不会使本来就油亮的肌肤又多一层黏腻的不适感，化妆的效果也会持久。

（2）干性肌肤：如果你的肌肤是干性的，肌肤缺水，就应该选择含水量较高的粉底，或者选择质地较为滋润的粉条。

（3）混合性肌肤：如果你的肌肤是混合性的，那么，两用粉饼是你最方便、最有效的选择。既可以用粉饼盒内附的海绵直接蘸取粉底擦在脸上，也可以蘸水使用。在T字部位容易出油的地方宜用干擦的方式，而在两颊较为干燥的地方宜以湿抹的方式进行。

◇ **根据肤色选择粉底**

（1）黄皮肤：宜选用黄色粉底，这会让你的黄皮肤看起来更加均匀、明亮，使肤质宛如搪瓷般细致柔和。但不能用得太多，最好的方法是让黄色和肤色粉底以1∶4的比例进行调和。

（2）肤色偏黄，暗沉：宜选用紫色粉底，这会使你的肤色变得晶莹剔透，细腻而有透明感，而且对遮盖黑眼圈也有神奇的效果。如果点在眼下、鼻梁和额头等突出部位，会让你看起来宛如有烛光照着一般，让脸庞立时生辉。

（3）肤色苍白：宜选用粉红色粉底，这会让你面色红润健康。另外你还可以用它代替腮红，在双颊使用，更可使你呈现出一种非常自然的白里透红的感觉。

（4）肤色偏红，偏黑：宜选用绿色粉底，不但可以解决你的肤色问题，就连脸上的小雀斑或是痘痘留下的小疤痕都能一并遮掩。

◇ **粉底的涂抹顺序**

如果你想化出完美的底妆，则需要用三种不同的粉底色彩来创造立体感。顺序为：浅色在先，而后使用中间色，最后用深色修饰。

（1）浅色粉底：用于涂在T字部位。

（2）中间色粉底：因为与你肤色最接近，可以作为整个脸部的底色。

（3）深色粉底：用于修饰脸形，如两颊、下巴等处。

◇ **用粉底掩饰缺点**

化妆时，应先用接近肤色的粉底均匀涂抹面部，然后用其他颜色的粉底修饰细节。

（1）下颌骨突出：选用较肤色暗的粉底，涂于颌及颌下，沿下颌弧线上下抹匀，并扩及颈部。

（2）鼻子的缺点：鼻子较宽大者可使用较两颊粉底稍暗的粉底沿鼻子两侧轻抹，直至鼻孔。鼻子较低时，应在鼻子中线上涂些比肤色稍浅的粉底，而在两侧涂深色粉底。鼻子较短的人可用淡色粉底将鼻中线从上到下涂得长些，再用深色粉底把鼻子两侧也涂长些。

（3）颧骨较高：用手蘸上较深色的粉底，最好是带些暗红色的粉底在颧骨上点三点，然后依颧骨的外弧，向上轻抹均匀。

◇ **用唇膏改变唇形**

（1）小而薄的嘴唇：宜使用明亮色彩的唇膏，浅橘色或粉红色较佳。画唇线时，可用唇线笔将嘴唇轮廓线画成比实际嘴唇稍偏外一些，口角稍向上翘。

（2）大而薄的嘴唇：宜使用大红色和咖啡色的唇膏，用唇线笔增加嘴唇的厚度，缩小嘴唇的宽度，在唇线内涂满口红。忌用珠光、银光等膨胀色。

（3）小而厚的嘴唇：宜用鲜艳的唇膏，如明亮的红色或粉红色，忌用暗色唇膏，否则会使嘴唇更小。画唇线时，可用唇线笔向外扩0.1厘米，唇峰描高，下唇的曲线画平一些。

（4）大而厚的嘴唇：宜使用暗红色的唇膏，以使唇形看起来小一些。涂粉底时可使之压上天然唇线，然后再用唇线笔画出较内收的唇线，在唇部中心处把唇膏涂浓些。

（5）上下嘴唇相同的嘴形：宜使用浅咖啡色的唇膏，才会使嘴唇美丽可爱。画唇线时，可用唇线笔描上唇峰，但不要太过于刻意。

（6）唇角上翘的嘴唇：画唇线时，应适当将上唇修薄，唇峰呈圆形的曲线，而将唇角线稍微挑高。口红宜使用明艳的橙色、粉红色系列，那样效果会更好。

（7）唇角下垂的嘴唇：画唇线

时，可把下唇画得丰满些，近唇角处画得丰厚些；而上唇角处两边修薄些，形成上薄下厚的嘴形；还可在上唇角处用唇线笔涂上一点，使之有上扬的感觉。

（8）下厚上薄的嘴唇：画唇线时，下唇轮廓向内缩0.1厘米，上唇用唇线笔适当向外扩展。

◇ **按想要的妆效抹口红**

（1）透明妆

可选用淡色口红及透明唇膏，这样双唇透明又有光泽，可透出原来的唇色及唇纹。

方法：立起刷子，在双唇上涂一层淡色口红，再用手指轻轻拍打，使口红渗入唇纹，最后涂上一层透明唇膏，使双唇的颜色浅淡透明。

（2）雾光妆

可选择无光泽的哑光口红，涂抹后可持续6~8小时不褪色，省去补妆的麻烦。

方法：先用手指蘸取粉底在双唇上打薄薄的一层，再用与唇膏一致的唇线笔将唇线描画在双唇之外，最后在双唇上涂满雾光口红。

（3）油亮妆

可使用含有金盏草及甘菊精华成分的滋润口红，使双唇光泽细腻。

方法：先涂上一层唇彩，再用纸巾轻按，擦掉唇上的浮色，最后涂上口红，这样油亮度更高又不易掉色。

◇ **几种美唇小技巧**

（1）嘴唇要配合面貌。大脸型当然要大嘴唇才能配合，脸型大时，也可把小嘴唇画大些。相反的，小脸型对大嘴是不相称的。

（2）嘴唇的两端要涂得稍微扬起来，垂下就显得很老。

（3）嘴唇不要涂得太突或太尖，曲线要平滑，带有圆形的样子。

（4）注意嘴唇中央的曲线不要突出来，否则像嘲笑人家的样子。

◇ **如何让唇妆持久**

（1）哑光的口红比银光的容易保留。

（2）先用唇笔勾好唇形，再涂口红。

（3）涂完口红后加上一层无色唇彩。

（4）喝水前先舔一下杯沿，唾液就会在杯口上形成一个光滑的表层。

◇ **根据自己的脸型画眉**

画眉时要根据自己的脸型来确定浓淡粗细，这样才能使女人的妆容具有灵动飘逸的美感。

（1）尖脸型：尖脸型也就是倒三角形的脸，这种脸型以瘦人居多。为了使脸颊看起来丰满些，可将眉头往中间稍加长一些，使重点集中在额头，脸颊自然就显得胖些了。

（2）方脸型：方形脸的腮骨较大，为了平衡腮骨的突出，可将眉头往外稍许移一点，眉峰也跟着往后移，腮骨也就可以显得小些。

（3）长脸型：长形脸的眉毛应画平一些，只要稍微弯一点就好，不必画眉峰，眉头与眼头成直线。这样可以缩短脸的长度。

（4）圆脸型：眉头和眼头成直线，逐渐往上挑高，直到眉峰再往下画，眉峰在眼球的正中心。这样使圆形的脸看起来比较长。

（5）椭圆脸型：眉头应与眼头成直线，慢慢高起，至眉峰处往下斜，眉峰应在眼球的外围。眉头较粗，眉尾较细，这是眉毛的标准画法。

另外，画眉时要把握好"三庭五眼"的原则。

所谓"三庭"，就是画眉时，要知道眉毛的起点、角度、高度描画的基本原则，通常眉毛的起始位置与内眼角的位置应是一致的。所谓的"五眼"，便是在两个眉头之间可以放下一只眼睛。如果你不懂得这个原则。眉头超出了内眼角，两眉之间距离过短，人就会显得压抑、苦闷。

◇ **描眼线的技巧**

描眼线时，最好把手肘靠在桌面上，小手指可以轻轻依附脸颊，先画下眼线，一手持镜，一手将眼线笔先从眼线的外眼角由粗而细地缓缓向内眼角移动。画好下眼线，再画上眼线。上眼线可先从中间向外眼角画一条线，然后再从中部向内眼画一条细线。上眼线应粗些、深些，而下眼线应细些、浅些。

如果使用眼线液，可用一支细小的刷子，眼睛向下看，用一只手将上眼皮拉紧，另一只手紧贴着睫毛处画一条细线，从内眼角至外眼角，一般无须延长。

不同眼型眼线的画法：

（1）丹凤眼：上眼皮的眼角部分要画得较宽些，下眼皮只画眼尾就可以，且要离上眼线远些。

（2）小眼睛：画眼线时，将上、下眼皮都画上眼线，要画得宽而长，而且两条线不要连到一起，这样小眼睛就会显得大些。

（3）大眼睛：画眼线时，只画眼尾处就可以弥补大而无神的眼睛。

（4）单眼皮：画眼线时要粗一些，眼线由眼头稍外侧画起，到眼角时眼线向上翘，这样可使眼睛显得大而有神。

（5）双眼皮：画眼线时，在上眼皮的双眼皮褶皱处涂画上灰色或黑色眼线，浓一点，下眼线则细一点、淡一点。

（6）下垂眼：画眼线时，将上眼皮的眼尾画得粗且上翘，下眼皮只画眼角就可以，且要距离上眼线远些。

◇ **涂眼影的技巧**

棕色眼影容易与肤色协调，并且显得大方自然；紫色眼影令人有神秘感，可增添眼睛的妩媚；紫色与黄色眼影令人感到华丽；黄绿与灰色眼影富有青春气息；蓝色与绿色眼影有冷艳感，比较适合成熟的女性；淡红色眼影可以强调眼睛的明净和可爱；金黄色眼影有甜美感，比较适合年轻的女孩子。

涂眼影，如用粉末状的眼影粉，可以用海绵头刷涂抹；如用油性的眼影膏，那么可以用自己的指尖、指腹及化妆笔抹上去。在日常生活中，涂眼影要掌握以下基本技巧：

（1）从靠近睫毛处刷深色眼影，越向上越淡，可以给人以清爽、自然的感觉。

（2）眼头处眼影颜色较浅，越向眼尾越深，并微微拉出上翘，可以让女人表现得神秘成熟。

（3）眼头、眼尾色深，中央搽上较浅的颜色，可以使眼睛看起来较圆，散发出华丽的韵味。

◇ **打睫毛膏的技巧**

睫毛膏大致可分为防水配方、自然色泽配方和纤维配方三种。防水睫毛膏效果最持久，自然睫毛膏颜色柔和，纤维睫毛膏能增加睫毛的粗浓感。打睫毛膏可根据自己睫毛的特点按步骤进行。

（1）睫毛浓密

对于拥有浓密睫毛的你，只需一些简单的技巧就可以让你的睫毛更加美丽动人。可采用如下步骤进行：

①用蜜粉轻轻刷在睫毛上，突出睫毛的浓密。

②从上睫毛刷起，用"Z"字形的刷牙方式将睫毛膏刷在睫毛的根部，再由上往下地将睫毛刷翘。

③用睫毛刷的尖端刷下睫毛，即可使眼睛变大。

④等第一层睫毛膏干了之后，再刷一层就可达到增加睫毛浓密的效果了。

（2）睫毛较稀

如果你的睫毛较为稀少，选择粘贴假睫毛的方法可以使你的睫毛显得浓密一些。

①颜色的选择

最适合亚洲女性的颜色是深棕色和黑色。粘贴这两个色系的假睫毛，可以使假睫毛和自己本身的睫毛糅合在一起时显得很自然。

②改造假睫毛

刚买回来的睫毛虽然很漂亮却极不自然，一定要自己动手"修理"一下。将一条假睫毛剪成两半，贴在自己希望加强的部位，如外眼角、眼睫中央等位置。

③粘贴假睫毛

在假睫毛的边缘处涂上黏合胶，两端因容易脱落，所以黏合胶要稍多一些。然后沿着自己的睫毛涂上一层睫毛胶。等到黏合胶快干时，用5秒钟把假睫毛弯一弯，使之变得柔软。然后沿睫毛根轻轻地按上假睫毛。用手按10秒钟，真假睫毛即可完全黏合。

◇**腮红的使用技巧**

涂腮红一般俗称搽胭脂，搽胭脂可以起到改变脸型的作用。

（1）一般没什么缺陷的脸型，在两边颧骨靠近眼角的部位略抹些腮红即可。

（2）脸型瘦小的人要想显得胖些，应该将胭脂往脸的旁边抹，范围铺开些。

（3）颧骨较高的，胭脂不能抹

在颧骨上，而应该抹在颧骨下面一点。

（4）胖脸型要想显得瘦点，应该在靠鼻梁近一点的地方抹。

（5）长脸型想变宽些，应该把胭脂抹高、抹宽一点。

需要注意的是，无论什么脸型，胭脂都应该抹得淡些。因为我们在社会交往中，人与人之间距离很近，最高明的化妆术就应是美而不露化妆痕迹，否则就会使人看着很不自然。

◇ **涂抹香水要注意的事项**

（1）香水使用不要过量，避免产生适得其反的效果。

香水要喷洒或涂抹在适当的地方。一般洒在耳朵后面或是手腕的脉搏上。另外手臂内侧和膝盖内侧也是合适的部位。除了直接涂于皮肤，还可以喷在衣服上，一般多喷在内衣和外衣内侧、裙下摆以及衣领后面。而面部、腋下的汗腺、易被太阳晒到的暴露部位、易过敏的皮肤部位以及有伤口甚至发炎的部位，都不适合涂香水。

若想保持香味持久，不妨搽在丝袜上。当你希望香味持久，又希望香气由下而上散发缭绕，搽在大腿内侧、脚踝内侧、膝盖内侧以及长筒袜上是很好的方法。

（2）使用香水时要注意一个浓度问题，欧洲人和中东人用的香水会比较浓。我们没有必要效仿西方，另外还应选择喜欢并适合自己的香水。香水是无形的装饰品，没有比香水能更快、更有效地改变一个人的形象的了。

在工作时，应用清新淡雅的香水，这样才不会给人以唐突的感觉。在运动旅游场合，就应用各品牌中标有"运动"字样的运动香水，而在私下亲密的时刻，当然可以用浓烈诱人的古典幽香了。在白天和冬季由于湿度低，香水应相应增加浓度。

（3）随着时代进步，人们审美情趣的提高，男士用香水也越来越被人们所接受。时至今日，很多男士都对古龙香水等淡香水所吸引。

男士在刮完胡子后，可以用一些男士香水。用香水是不受年龄、职业限制的，可以根据自己的喜好选择。

现在，香水几乎成为衣着的一部分了。无论是擦式的还是喷式的香水，在英文中都用"wear"（穿着）这个动词。由此可见人们对香水的重视程度了。男士或女士出席正式场合时选用适宜的香水能够表现出优雅和品位，能更好地改变一个人的形象。

◇**世界著名香水品牌有哪些**

安娜苏（Anna Sui），贝纳通（Benetton），波士（Boss），芭宝莉（Burberry），宝嘉丽（Bvlgari），卡尔文·克莱（Calvin Klein），卡罗琳娜·海莱拉（Carolina Herrera），香奈儿（Chanel），克丽丝汀·迪奥（Christian Dior），倩碧（Clinique），大卫杜夫（Davidoff），真·性（Dolce & Gabbana），登喜路（Dunhill），伊丽莎白·雅顿（Elizabeth Arden），爱斯卡达（Escada），雅诗兰黛（Estee Lauder），芬迪（Fendi），法拉利（Ferrari），阿玛尼（Giorgio Armani），纪梵希（Givenchy），古姿（Gucci），娇兰（Guerlain），三宅一生（Issey Miyake），高田贤三（Kenzo），兰蔻（Lancome），梦仙奴（Moschino），圣罗兰（Yves Saint Laurent）。

第二节　得体穿衣的常识

◇**穿戴要符合TPO原则**

TPO是西方人提出的服饰穿戴原则，分别是英文中时间（Time）、地点（Place）、场合（Occasion）三个单词的缩写。穿着的TPO原则，要求人们在着装时以时间、地点、场合三项因素为准。

（1）时间原则

时间既指每一天的早、中、晚三个时间段，也包括每年春、夏、秋、冬的季节更替，以及人生的不同年龄段。时间原则要求着装考虑时间因素，做到随"时"更衣。例如：早晨人们在家中或进行户外活动，着装应方便、随意，可以选择运动服、便装、休闲服。而工作时间的着装，应根据工作特点和性质，以服务于工作、庄重大方为原则。

同时服饰也应当随着一年四季的变化而更替变换，不宜标新立异、打破常规。

（2）地点原则

地点原则代表地方、场所、位置不同，着装应有所区别，特定的环境应配以与之相适应、相协调的服饰，才能获得视觉和心理上的和谐美感。

比如，穿着只有在正式的工作环境才合适的职业正装去娱乐、购物、休闲、观光，或者穿着牛仔服、网球裙、运动衣、休闲服进入办公场所和社交场合，都是与环境不和谐的表现。

（3）场合原则

不同的场合有不同的服饰要求，只有与特定场合的气氛相协调的服饰，才能产生和谐的审美效果，实现人景相融的最佳效应。

正式场合应严格符合穿着规范。在欢度节日或纪念日、结婚典礼、生日纪念、联欢晚会、舞会等喜庆场合，服饰可以鲜艳明快、潇洒时尚一些。一般说来，在正式的喜庆场合，男性服装均以深色为宜，单色、条纹、暗小格都可以；在游览、联欢、生日晚会等场合，可以选择色彩明快的服装。女性不论在什么喜庆场合，都可以选择适合自己穿着的色彩鲜艳的服装。

◇规范着装的要求

正式场合的着衣配装有一定的规范。如中山装的着装规范是扣好衣扣、领钩和裤扣，不把衬衣领口翻出，皮带不得垂露在外。穿长袖衬衣应将前后下摆塞入裤内，袖口、裤腿不能卷起。西服的着装规范更为严格。任何服装均应清洁、整齐、挺括。衣服应熨平整，裤子熨出裤线。衣领袖口要干净，鞋面要光亮。女士着裙装、套装应配以皮鞋或不露脚趾的皮凉鞋。不能赤足穿鞋，鞋袜不得有破损。

◇穿衣"九忌"

莎士比亚曾经说过："一个人的穿着打扮，就是他的教养阅历和社会地位的标志。"

对着装最基本的要求，是得体、整洁、典雅。一般而言，着装有"脏、乱、破、露、透、短、紧、艳、异"九字忌讳。

（1）忌脏：务必要牢记，工作再忙，身体再累，都不能成为自己整天穿着脏衣服来办公上班的理由。

（2）忌乱：乱，是指把适合于在办公时穿着的服装穿得不像样子，如上衣不是穿在身上而是披在身上，裤管与袖口非要卷得高高的不可。

（3）忌破：职业装该洗就洗，该换就换，该淘汰就淘汰，宁可不穿也不能穿破衣服。

（4）忌露：职业装在款式上要利于工作，时尚、新颖，但不能过于暴露。职业装要四不露，即不露胸、不露肩、不露腰、不露背。

（5）忌透：忌透，就是你不能穿透明的衣服当外套，穿透明装不但不雅观，也有损你的形象。

（6）忌短：短在这里是指着装过于短小，将不应显露在外的肌体暴露了出来。一般来说，在办公时，背心、马夹、短裤和"露脐服"，都是不适宜穿着的。

（7）忌紧：紧，主要是指在购买或缝制服装时，有意识地使之紧紧地包裹着自己的身体，使自己身体的线条过度地展示在他人的视野之中，既不雅观，又不文明。

（8）忌艳：艳，就是指着装色彩过多，过于鲜艳，图案过分复杂。职业人士的着装应当体现出庄重保守的风格，而不应当打扮得花枝招展。

（9）忌怪：怪，就是指着装过分怪异奇特。就目前而论，着装怪异主要可分为三种。其一，是款式过异，如"乞丐装"就是一例。其二，是搭配过异，即不按常规进行搭配，比如把长衫穿在里面，而将短衫穿在外面。其三，是穿法过异，即不依照正常的方法穿着服饰。例如，把衬衫围在腰上，把太阳镜支在头顶。这种着装过异的做法，是切不可取的。

总之，在着装打扮方面，应做到端庄、自然、大方、简约。

◇ 工作休闲装的三个等级

（1）经典休闲型

外表：亲切、坦诚。主要衣服：夹克衫，颜色：深色、亮色。衬衫：有领（不需要领带）。布料：羊毛、亚麻、丝绸。女性：裤装，避免：短袖、无袖。

（2）时髦休闲型

外表：善解人意、有创造力。主要衣服：夹克衫、毛绒衫或套装。颜色：任何颜色。衬衫：有领/圆高领。布料：卡其布、灯芯绒、针织料。女性：毛绒衫。避免：粗斜纹棉布、发亮的布料。

（3）放松休闲型

外表：放松、友好。主要衣服：粗斜纹棉布衣服。颜色：任何颜色。衬衫：有领或无领。布料：法兰绒、粗斜纹棉布、皮、山羊皮。女性：短袖、无袖外套。避免：衣服带文字、标语，发亮或透明的布料。

◇**让领导们最难以忍受的几种穿着**

运动服，海滩服，塑料凉鞋或皮带，跑步服，弹力泳衣，超短裤，满是汗渍的裤子和衬衫，无外套的吊带，露脐装，写着标语的T恤，其他服装。

◇**怎样正确穿西装**

西装通常是公司企业人员、政府机关人员在较为正式的场合男士着装的首选。作为一种正装，正确穿着西装显得非常重要。

（1）拆除商标：新买的西装一定要先将商标除去。

（2）保持西装外形的平整洁净：西装定期干洗，穿着前熨烫平整。西服的美感很大程度在于它的笔挺，皱皱巴巴的"抹布西服"，只会让别人皱眉。

（3）注意内衣搭配：西装的标准穿法是西装里面直接穿着衬衫，而衬衫之内不穿棉纺或毛织的背心、内衣，西装内穿T恤更是大忌。

（4）慎穿毛衫：原则上不允许穿毛衫，如果在冬季时实在寒冷难忍，也只宜穿上一件薄型"V"领的单色羊毛衫或羊绒衫。

（5）不卷挽西装衣袖和裤管：在正式场合，无论如何也不能卷起西装裤的裤管，或者挽起西装上衣的衣袖，以免给人以粗俗的感觉。

（6）正确系好西装纽扣：能否正确地给西装系好纽扣，直接反映出对西装着装礼仪的把握程度。

①单排二粒扣西装，扣子全部不扣表示随意、轻松；扣上面一粒，表示郑重；全扣表示无知。

②单排三粒扣西装，扣子全部不扣表示随意、轻松；只扣中间一粒表示正宗；扣上面两粒，表示郑重；全扣表示无知。

③双排扣西装可全部扣，亦可只扣上面一粒，表示轻松、时髦，但不可不扣。

④起身站立时，西装上衣的纽扣应当系上，以示郑重其事。

⑤就座之后，西装上衣的纽扣则要解开，以防其走样。

（7）用好西装的口袋：西装的口袋，装饰作用多于实用价值。所以，不能让口袋显得鼓鼓囊囊，使西装整体外观走样。

◇女士穿西装的法则

女西服没有固定的穿着格式，穿着时需注意无论哪种西装，首先要穿着合体，女西服套装应能突出女性的体型美。

一般女西服最好选择质地较好的纯毛面料。西服上装与下装不一定颜色相同，只要颜色和谐即可。

女士穿西服需要考虑年龄、体型、肤色、气质、职业等特点。年龄较大或较胖的女性可穿一般款式的西服。

女西服穿着还要注意服装与服饰的和谐。可选择飘带领的顺色衬衫；里边穿高领毛衣时，还可以佩戴精巧漂亮的胸花。应避免看到里面的保暖衣。

此外，还要注意皮鞋、皮包的式样，颜色要与西服的颜色搭配谐调，优美大方的发型也要与穿着的西装协调。

◇衬衫的穿着要求

和西装一起穿的衬衫，应是长袖的纯棉、纯毛制品为主的正装衬衫。以棉、毛为主要成分的混纺衬衫也可以。正装衬衫必须是单一色，白色是最佳选择。另外，蓝色、灰色、棕色、黑色，也可以考虑，正装衬衫大体上以没有任何图案为佳。较细的竖条纹衬衫在普通商务活动中也可以穿着，但不要和竖条纹的西装搭配。印花、格子以及带有人物、动物、植物、文字、建筑物等图案，都不是正装衬衫。

正装衬衫的领型多为方领、短领和长领。选衬衫的时候，要兼顾自己的脸型、脖长以及领带结的大小，反差不要过大。立领、翼领和异色领的衬衫，不适合和正装西装配套。

正装衬衫和西装配套穿的时

候，要注意：

（1）要系衣扣：穿西装的时候，衬衫的所有纽扣都要系好。只有在不打领带时，才解开衬衫的领扣。

（2）收好下摆：穿长袖衬衫时，要把下摆均匀地掖到裤腰里面。

（3）大小合身：除休闲衬衫外都不要太短小，也不要过于肥大。衣领和胸围要松紧适度，下摆不能过短。当扣上最上面的一颗纽扣，还能插进两根手指，脖子不感到挤压，衬衫大小就合适了。

在单位，可以暂时脱掉西装外套，直接穿长袖衬衫、打着领带。

穿立领衬衫不用系领带，使人有一种挺拔、利落、简洁、轻松、休闲的感觉。穿立领衬衫的男士总会让人看上去多了一份特别的文化气质。但如果是正式的场合，如重要会议、签字仪式、礼仪会见等场合，尽量穿翻领衬衫并系上领带，以示庄重。

◇职业女性应怎样穿套裙

穿套裙讲求着装后的效果。规范穿着能显出职业女性的魅力与韵味，能为自己平添风采。反之，不仅有可能引起他人的耻笑，而且还显得失礼。

（1）长短适度：套裙长装显得飘逸洒脱、高雅漂亮；短装显得简洁明快、充满活力。上衣的最短处可以齐腰，但不能再长。注意穿着时一定不能露腰、露腹，否则极不雅观。

（2）衣扣到位：上衣的扣子一定要到位，如此才会显出女性的端庄典雅。再忙、再热也不允许解开衣扣。否则会严重缺乏庄重感。

（3）穿好衬裙：穿西装套裙时多数应穿衬裙，尤其是穿丝、麻、棉等薄型面料套裙时，里面一定要穿一条与外裙相协调的衬裙，以免内衣外现，有失雅观。

（4）穿好衬衣、内衣：西装内穿一件适宜的衬衣，这是必要的，衬衣的领口、袖口一定要洁净，否则既影响形象，又有失身份。

（5）配好鞋袜：套裙一般搭配黑色高跟或半高跟皮鞋、肉色高筒或连裤丝袜，不宜穿低筒袜及中筒袜，同时裙摆的下面不宜露出袜口，以免破坏腿部的美感。

◇**如何穿出女性的品位和优雅**

女性的品位和优雅不仅仅来自于美丽和修养,更重要的是有没有和谐地装扮自己。和谐、高雅的装扮,能显出女性的魅力。

(1)裙长:除非你身材高挑,腿修长,否则不宜穿长至小腿中部的裙子。如果你的脚踝很美,则适合穿长裙。短裙的长度以在膝上15厘米或刚过膝为好。

(2)外套的长度:应在你身体最粗部位的下方,如果刚好在臀部或腹部,则会使你显得较肥胖。

(3)高跟鞋能使你的身材变高:高跟鞋能引起小腿肌肉收缩变细。但不能过高,否则使人太疲劳。一般4~6厘米为宜。

(4)内裤:内裤的轮廓和线条显现在外裤或裙子上是很不雅观的,在穿紧身的下装时尤其应注意避免这一问题。

(5)鞋子:鞋子的颜色通常应比裤、裙的颜色深,白鞋通常配白裤和白裙,或配以白色为主的套装。夏天则例外,只要上衣是白色的,白鞋和深色裤、裙相配也不错。

另外,鞋子的色彩不要太多,黑、白、灰三种颜色,就可以搭配了,冬天穿靴子时,如果穿裙子,其边应将靴子盖住,不要露出腿来。上衣应比下衣的质料厚重。

◇**如何穿出高挑身材**

有些女性因为胖和矮而苦恼,认为低矮、臃肿的身材穿什么衣服都不好看。其实,只要会穿就能显出自己的高挑和苗条。下面几点要牢记:

(1)选择直身上衫时上衫胳膊不宜过阔。斜膊的款式若质料柔软,无缝合线,也能起到增高的效果。

(2)选择衣服或裙子时,最好选择带竖条纹图案,但同是竖条纹,细条纹要比宽条纹显得纤细,同样,小格纹要比大格纹效果好。

(3)使同色调的衣服看起来有区别,不同质料的衣服,可以搭配得很出色。上衣应比下衣的质料厚重。

(4)小而密的水珠图案,加上得体的服装款式,可以令人看起来显得个子高。

（5）颈上加装饰，或戴一副漂亮的耳环，都有助于增高，鞋子的高度要适合，这能使你显得亭亭玉立。

（6）避免穿质料硬的裙子，因为质料太厚硬，会使人看上去很臃肿。

（7）线条集中在胸部，能起到显高的效果。集中在胸部的布带线条十分突出，即使褶子多的连衣裙也能显得苗条。不要夸张腿部，袜子和裙子的颜色对比不要太大。

◇如何通过着装掩饰缺憾

合适、得体的衣着能帮一个人遮盖缺憾，每个人在穿衣时都要考虑掩劣势、显优势这一点。

（1）胸部太大的女性可选用没有光泽而又具有弹性的布料，光泽容易引人注目，应避免丝质衣料服装。斜裁宽松的衣服特别能弥补大胸部女性的缺点。

（2）脸庞大的女性通常脖子也比较粗，这种人适合穿深V字领的服装，使面部和脖子有一体的感觉，造成纤细的效果。相反，如果脸形太窄，则应选穿能强调面部和脖子的衣服。

（3）宽肩的女性特别适合穿外套，夏天试试穿削肩设计的服装，效果相当不错。腰粗的女性，请选择剪裁自然、曲线不太明显的款式。裤子宜穿松腰设计，把上衣放在外面。不要穿松紧带裙子，以免看起来更胖。

（4）手臂太粗，只要衣服袖子宽度够，尽管放心穿。唯一要避免的是布料和袖口都贴身的衣服。

（5）对于大腿粗的女性应穿超过膝上两厘米左右的裙子；小腿粗的女性穿中长的裙子比较合适，如果喜欢穿半裙和短裤，那整套服装颜色一定要鲜艳些，再搭配暗色的长袜。

（6）臀部太大的女性，应选择柔软的材料，避免剪裁的样式太夸张；颜色当然以深色为宜。如果衣料本身有图案，使用斜裁效果最佳。

（7）小腹突出的女性，可以尝试直线条的、在小腹一带裁开的西装。裙腰使用松紧带，造成腰部蓬松的感觉。用弹性良好的麻质布料极合适，但须避免柔软的布料。

（8）腿太短的女性，穿裙装时，选择高腰设计加上宽腰带，长裤则应和上装同色。

◇如何穿好白领男士装

男士主要以西服为主，配上合适的领带。

购买上班时穿的衣服颜色最好为海蓝、灰褐、黑色、白色，偶尔可以有一两件红色。海蓝或黑色的休闲外衣是用途最广的，加件T恤可以上班，周末配上牛仔裤，也可显出轻松休闲的气息。

正装浅口、中低跟的鞋子就很适合在办公室里穿，选择皮质佳的鞋子自然更能衬出自己的品位。手提包的样式应该越简单、越典雅越好，尺寸大小能放得下必备的东西即可，颜色要和鞋子搭配，最好是黑色、褐色、海蓝色等。

但有一点要记住，着装的品牌、价格、质地不要高于老板的。

◇什么样的牛仔裤最适合你

穿牛仔裤潇洒大方，能充分显示青年人的线条美，因而是广大青年喜欢的服装。但选择牛仔裤时也要根据自己的体型来买，量体裁衣。

（1）腰肥者不适合穿腰部有装饰的牛仔裤。如果腰宽粗而臀部小，也许可以在男装部买到比较合适的。穿牛仔裤时，不要将衬衣塞在裤腰内，衬衣的下摆最好放在裤外，上身穿一件牛仔上装或背心。

（2）细腰者宜穿腰部有装饰物的牛仔裤，如在腰部束一条宽腰带就更显得漂亮了。

（3）短腰身者上身比较短，适宜穿低腰的牛仔裤，这种牛仔裤穿在身上，腰部比自然腰低3厘米左右，上身便显得修长。

（4）臀部肥大者选择暗色的牛仔裤，这样看起来臀部似乎小一点儿。这种体型的人最好穿合身而光滑的牛仔裤，但不要买臀部有口袋、横线或绣花的牛仔裤。不过，选择裤前有口袋的，可以显得比较苗条，裤管窄而紧的也不适宜。

（5）臀部瘦小者可以穿任何一种牛仔裤，但如果想使臀部看起来比较丰满，最好选择后面有大口袋、绣花或漂亮缝线的牛仔裤。

（6）粗腿者应穿直筒或裤管较

宽大的牛仔裤。为了减少别人对粗腿的注意力，要避免穿脚踝部分缩小裤口的牛仔裤和裤管上有双缝线的牛仔裤。

（7）短腿者宜选择直筒式牛仔裤，上面不要有横线，否则会使腿看起来更短，前面若有口袋则必须是斜口袋，臀后不要有口袋。并可以利用适度的高跟鞋，使腿显得更长一些。

（8）长腿者穿任何服装都很好看，尤其是穿牛仔裤。贴身的牛仔裤更显出这种身材的修长和秀气。

◇牛仔裤的最佳搭档

除了不得不穿的西装，男人最喜爱的就是牛仔裤了，因为它的兼容性如此之强，即使用它来配西装和中式上衣，一不小心你又成了混穿风的领潮者了。不过穿牛仔裤也有一些窍门，并不是那么简单的。

基础搭配："一个都不能少。"

（1）运动鞋：ADIDAS、NIKE、NEW等名牌运动鞋原是为篮球等运动而开发的。如今则是牛仔裤搭配服饰中不可或缺的组成部分，不过牛仔裤与运动鞋及T恤衫的搭配是最最"小儿科"的，只有选一条细节或款型上不普通的牛仔裤，才能不同凡响。

（2）高帮鞋：和前几年相比，穿高帮鞋的年轻人越来越多。这些最初是为作业或登山用制作的高帮鞋，并非适合所有的牛仔裤，哪一种高帮鞋与何种款式的牛仔裤般配，还是得亲自穿上试一试！

（3）T恤衫：蓝色牛仔裤配白色T恤衫可谓是最"正统"的搭配，胜在年轻、有朝气。T恤最好选择较紧身的款式，穿在身上稍稍显紧，配上直筒形牛仔裤会十分潇洒。

（4）西服上衣：西服上衣里穿格子图案的衬衫，再系上领带，配直筒形牛仔裤为最佳。西服上衣、衬衫及领带的选择要谨慎。西服上衣可选三粒纽扣的款式，以显得随意。上衣里也不可穿衬衫而配以T恤。

（5）牛仔衫：白色的牛仔裤配白色的牛仔衫，内穿自然色系的T恤，是一款得体的搭配。当然，蓝色的牛仔裤只可以配蓝色的牛仔衫，只是，牛仔衫裤相配时，应注意上下衣裤的色泽，即应选择同样褪色程度的衫裤，以免不协调。

◇ **领带的打法**

领带扎得好不好看，关键在于领带结打得如何。打领带结需要注意三点：

（1）要把它打得端正、挺拔，外观上呈倒三角形。

（2）在收紧领结时，有意在其下压出一个窝或一条沟来，使其看起来美观、自然。

（3）领带结的大小应大体上与同时所穿的衬衫领子的大小成正比。

穿立领衬衫时不宜打领带，穿翼领衬衫时适合扎蝴蝶结。

◇ **领带色彩、图案的选择**

男人的领带代表其个性与品位，在选择领带时，应注意色系和图案给人的印象，领带和西装最好能够同色系，才能给人一致的协调感。

一般说来，暖色系的领带给人热情、温暖的感觉；冷色系的领带能表现庄严和冷静的感觉，明亮色系的领带显得活泼有朝气，暗色系的领带会显得严肃；黑色系的领带则是在吊唁、慰问死者家属或丧礼的场合所必须佩戴的。

（1）斜条纹的领带：给人正直、权威、稳重、理性的印象，适合在谈判、推销、演讲、开会、主持会议的场合使用。

（2）方格子和点状的领带：给人中规中矩、按部就班的印象，适合在初次约会见面或会见上司和长辈时使用。

（3）不规则图案的领带：像是抽象画、几何图形、变形虫、花鸟等图案，给人有创意、有个性、有朝气和流行的感觉。这类领带最好是在酒会、宴会或者是在下班后的约会、朋友聚餐时使用。

◇ **领带的合适长度**

领带是西装的"画龙点睛"之处，成人日常所用的领带，通常长130~150厘米。领带打好之后，外侧应略长于内侧。其标准的长度应当是下端正好触及腰带扣的上端。这样，当外面的西装上衣系上扣子后，领带的下端便不会从衣襟下面"探头探脑"地显露出来。当然，领带也别打得太短，不要让它动不动就从衣襟上面"跳"出来。正是出于这一考虑，不提倡在正式场合选用难以调节其长度的"一拉得"领带或"一套得"领带。

◇根据衬衫和西装来挑选领带的颜色

挑选领带时应注意根据衬衫和西装来挑选领带的颜色。最好的两种颜色是红和蓝，或以黄色为主并带有图案的领带。色彩的搭配应该是有规则的，例如，衬衫是白色的，那么领带上的图案就应该带有一点儿白色。领带中的白色能衬托出衬衫的白色，这样效果很好，再和藏青色、深灰色西装配，能产生多种视觉效果。换成蓝衬衫，道理是一样的。带一点儿蓝色的领带配什么蓝衬衫都可以。不同的领带配上同一件衬衫，能产生出不同的视觉效果，这是非常经济的办法。

另外，注意穿两个单颜色可加一个多花样图案，如衬衫和西装是单色，那领带和小手帕可以是多种颜色的。相反，如你的西装是很明亮的颜色或有图案、线条时，你需要一条朴实的、不耀眼的颜色的领带来配；当你穿正规的单色西装时，你可以选一条色彩明亮的领带来配。

反之，如果先定好领带的颜色，再去选择西装和衬衫也是可以的。另外，高大的人应该系上超大的领带，大块头的人必须打比较宽的领带。当你穿款式或色调比较突出的西装，应该搭配样式最保守的领带；但是穿很保守的暗色西装，就应该配上色彩明亮或样式活泼的领带。

年轻人可以选择色彩鲜艳、对比强烈的款式，以加强青春朝气，长者应该选择暗色、花型简洁的款式。个子高的应该选外观朴素、雅致大方的，个子矮的适合系斜纹细条的领带。脖子长的避免用领结而用大花型领带。面色红润饱满的人应该选择丝绸料的领带，颜色以素净为主。脸色苍白、晦暗的就可以用明亮色调的。

◇打领带容易犯的几项错误

（1）打好领带后，将领带一端小剑带穿过大剑带背后的布扣，一方面可防止领带分离移动，另一方面也可增加领带的美观。

（2）太长的领带在穿戴好后，不可将领带末端塞入裤腰带，这是极不雅观的做法，同时也使领带丧失了原有的魅力。

（3）穿戴好领带后，请检查衣领后的领带是否露出或有歪斜情形，如有，不妨换条宽幅较窄的领带为宜。

（4）好领带需有正确的穿戴方式，如果将领带给拉得太低，则显得太轻浮，又不雅观，同时也会破坏领带的效果。

◇西装领带最经典的几款搭配

（1）深灰色的西装给人一种严谨但不失温和的形象，配上一件浅蓝色的条纹衬衫，条纹衬衫可通过格子的粗细、纹路的疏密，给人一种视觉上的冲击；再搭配一条金色的领带，金色里面有暗的格纹，格子给人的感觉是有条不紊。

（2）一套灰色的西装佩上条金色的领带，这样整体颜色搭配给人一种非常协调的感觉。深蓝色西装给人高贵的气质感觉，配上一件宽展领的细格衬衫，同时搭配一条斜纹的领带，斜纹领带给人一种沉稳干练的感觉。

（3）蓝色和深蓝色的西装是属于同一色系，这一款的搭配非常协调，很适合商务活动穿着。

◇穿鞋的注意事项

（1）所穿的鞋不能过于松垮，过于松垮极易崴脚。长期如此也可导致你的腿变成内八字或外八字，这样一来只好与心爱的贴身长裤以及短裤、短裙说再见了。

（2）与脚底重心不合的鞋子使脚尖负荷过重，脚趾受压而倍感疲劳。此外，小腿的过于用力，使得肌肉变得粗壮，导致小腿肚过粗，影响美观。

（3）鞋子切忌成为全身颜色最鲜艳之处，中性色（如黑色、灰色、米色、咖啡色、土黄色）等可与大多数颜色的服装相配，永远是上班族的最佳拍档。

（4）皮面、皮里加皮底的"真皮"鞋无疑是职业人士的上上之选。真皮皮鞋吸汗、透气，曲张度好，能给脚部足够的呼吸空间，穿起来舒适自在，看起来也非常有质感，款型绝对优于布面、假皮等材质。

另外，还有一些需要注意的就是：穿拖鞋参加社交或公共活动是极不礼貌的，即使上街闲逛或休闲，也不应该穿拖鞋。

除了进入专门场所等需要脱鞋外，不要当人面把脚从鞋里伸出来。社交场合不应该出现扎鞋带这样的举动。

不管穿哪一种鞋子，既不应该拖地，也不应该跺地，这样不仅制造噪声，影响别人，也会给别人造成不好的印象。

作为男士，皮包、皮带、皮鞋应该颜色一致。

◇如何通过鞋袜让自己"足下生辉"

鞋袜的选择要注意与整体装束搭配，其颜色至少应当与皮带、表带保持一致，这样才能体现出穿着的整体美。一双得体的鞋子，能为全身的服装增辉。

在正式或半正式场合，男性一般着没有花纹的黑色平跟皮鞋，女性一般着黑色半高跟皮鞋。露脚趾的皮凉鞋是绝对禁止在礼仪场合穿着的，旅游鞋、布鞋、凉鞋、各式时装鞋与正规的礼服也是不相配的。

袜子的穿着也是重要一环。在礼仪场合，绝不能赤足穿鞋。正式或半正式场合，男性应着颜色素净的中长筒袜子，这样可避免坐下谈话时露出皮肤或浓重的腿毛。袜子颜色以单色、深色最好，带条纹、方格图案，而图案又不显眼的也可以，但色调应比西装深一些，以使它在西装和鞋之间呈现一种过渡色；女性着肉色长筒丝袜，配长裙、旗袍最为得体，浅肉色可以使皮肤罩上一片光泽，显得细腻娇嫩；深肉色可以给人以一种修长健美的感觉。长筒袜的长度一定要高于裙子下部边缘，且留有较大余地，否则一走动就露出一截腿来，极为不雅。在礼仪场合，穿短袜配裙子是不适宜的。

◇如何搭配服饰颜色

颜色的搭配也是值得注意的。一般常用的理想搭配是：

红色配淡褐，深红配浅蓝。

深蓝配灰色，土红配天蓝。
棕色配橄榄色，宝蓝配鲜绿。
炭灰配浅灰，粉红配亮绿。
金黄配朱红，玫瑰配深红。
栗色配绿色，橙色配淡紫色。
黄色配棕色，浅蓝配浅紫。
草绿配猩红，紫色配黄、橙。
海蓝配朱砂，宝蓝配鲜绿。
中棕配中蓝，酒红配黄红。
原色组合，红、黄、蓝。

◇小饰物，大时尚

每个人的魅力都是不同的，只有根据自身的条件、所处的环境和场合等不同的特定情况来协调，才能配戴饰物时最大限度地散发出自己独特的魅力。

不管戴哪种饰物，在款式的选择上，要注意一个原则，就是必须配合体型、脸型与服装的美感。例如，短脸的，项链要戴长一点，耳环也要成垂型；长脸型的人，项链要稍短，耳环也以紧贴形式为佳；体型高大的人，饰物可以戴多些，形式也大些；体型娇小的人，饰物宜小巧、细致。穿厚衣服所戴的饰物应选大而重型的；穿薄质衣服所戴的饰物，就应该选轻巧的。

那些年轻的少女，最好不要戴珠宝类的饰物。尽量选择流行的，这样才适合年轻的气质。即使是简简单单的衣着佩饰，也能衬出娇俏，生出情趣，透出青春的朝气。

成熟的女性，偶尔戴戴流行的饰物作为点缀也未尝不可，而且对于某些流行饰物的独到品位，正好体现自己独特的爱好，与众不同。当然主要还是以真实的珠宝为主。

◇矮小身材怎样搭配服饰

必备的服饰中一定不能缺少高跟鞋。你可以选择高开叉的裙子，故意露出一点大腿，超短裤和七分裤也是不错的选择。尤其是低腰的窄脚裤，最能让人产生修长的视觉效果。身材矮小者千万不要选择宽袍大袖的时装。

◇高挑身材怎样搭配服饰

拥有高挑的身材，那最酷的选择是穿款式简单的紧身衣，它能完美地体现你模特儿般美好的身段，即使是一件简单的T恤也能穿出万种风情。

◇ 苗条身材怎样搭配服饰

穿性感的服装是身材苗条女性的首选，这类服装可以把她们的身材衬托得非常优雅。吊带装、露背装都是不错的选择。不要穿低胸或者紧身的连衣裙，因为你的身材实在不够丰满。

◇ 丰满身材怎样搭配服饰

宽松的裙子配紧身的上衣有助于掩饰肥胖的臀部；可以利用合体的长外套或者休闲风格的长上衣遮盖肥胖的下半身；还可以穿露肩的一字领上衣，突出肩部的曲线分散别人对你臀部的注意力。另外一字领的上衣可以对上下身的对称起到平衡的作用，是丰乳细臀或者平胸肥臀的人的最佳选择。

◇ 性感身材怎样搭配服饰

低胸上衣、紧身裙是拥有性感身材者的绝妙选择。如果不想穿得太招摇，可以选择宽松的外套，会显得低调而平实。

◇ 如何根据肤色选择衣色

服装的配色，要依肤色来决定。虽然拥有同样的身材，但因肤色不同，同样的颜色未必就适合你，所以，应根据不同的肤色来决定衣服、鞋帽、围巾、手套等的色彩，这样才能达到理想的效果。

（1）白皙的皮肤：拥有这类皮肤的女性是幸运儿，因为大部分的颜色都能令白皙的皮肤更加靓丽，色系当中尤以黄色系与蓝色系最能让洁白的皮肤显得明艳照人，另外，如淡橙红、柠檬黄、苹果绿、紫红、天蓝等明亮色彩也很适合。

（2）淡黄或偏黄的皮肤：皮肤偏黄的女性宜穿蓝色、粉红等系服装，它能令面容白皙；忌用明亮的黄色、橙色和深沉色调的褐色、深驼色、黑灰色、棕色等，否则会显得精神不振和面色灰暗。

（3）健康的小麦色皮肤：拥有这种肌肤色调的女性给人健康活泼的感觉。黑白两种呈强烈对比色彩的服装，会与她们出奇地契合。此外，深蓝、炭灰等沉稳的色调也很适合这种肤色的女性穿着。如桃红、深红、翠绿这些鲜艳色彩，则更能突出这种肤色女性的开朗个性。对于小麦色肌肤的女性，配色过深也是不可取的，因为，服色与肤色过于接近，会产生毫无生气、不够明快的感觉，也会让你显得更"黑"。

（4）深褐色皮肤：皮肤色调较深的人适合一些茶褐色系。而墨绿、枣红、咖啡色、金黄色都很适合你，因为这些颜色看上去会使你显得自然高雅。但蓝色系则会与你格格不入，它只能让你脸色显得更暗，因此，最好不要穿蓝色系的上衣。同时应该注意的是，深褐色皮肤的人也不宜着颜色过深或过浅的服装。

此外，肤色黑又红的人，不要穿粉红、淡红色服装；肤色黯淡者，不要穿咖啡色或色调浑浊的衣服；肤色深、身材胖者，不宜穿红色、黄色服装。

◇如何根据个性选择衣色

根据个性选择衣色，以体现和突出个性。热情活泼者宜择浓艳活跃的色系；内向文静者宜择淡雅平稳的色系；老成持重者应选蓝灰基调；严肃冷峻者应选黑褐基调，等等。

第三节 自我介绍的常识

◇什么时候需要进行自我介绍

应当何时进行自我介绍？这个问题比较复杂，它涉及时间、地点、当事人、旁观者、现场气氛等多种因素。不过一般认为，在下述时机，如有可能，有必要进行适当的自我介绍。

（1）在社交场合，与不相识者相处时。

（2）在社交场合，有不相识者表现出对自己感兴趣时。

（3）在社交场合，有不相识者请求自己作自我介绍时。

（4）在公共聚会上，与身边的陌生人共处时。

（5）在公共聚会上，打算介入陌生人组成的交际圈时。

（6）有求于人，而对方对自己不甚了解，或一无所知时。

（7）交往对象因为健忘而记不清自己，或担心这种情况有可能出现时。

（8）在出差、旅行途中，与他人不期而遇，并且有必要与之建立临时接触时。

（9）初次前往他人居所、办公室，进行登门拜访时。

（10）拜访熟人遇到不相识者挡驾，或是对方不在，而需要请不相识者代为转告时。

（11）初次利用大众传媒，如报纸、杂志、广播、电视、电影、标语、传单，向社会公众进行自我推介、自我宣传时。

（12）利用社交媒介，如信函、电话、电报、传真、电子信函，与其他不相识者进行联络时。

（13）前往陌生单位，进行业务联系时。

（14）因业务需要，在公共场合进行业务推广时。

（15）应聘求职时。

（16）应试求学时。

◇什么时候要用到应酬式自我介绍

在某些公共场合和一般性的社交场合，如旅行途中、宴会厅里、舞会中、通电话时，都可以使用应酬式的自我介绍。

应酬式介绍的对象是进行一般接触的交往对象，或者属于泛泛之交，或者早已熟悉，进行自我介绍，只不过是为了确定身份或打招呼而已。所以，此种介绍要简洁精练，一般只介绍姓名就可以。例如："您好，我叫周琼。""我是陆曼。"

◇什么时候要用到交流式自我介绍

有时，在社交活动中，我们希望某个人认识自己，了解自己，并与自己建立联系时，就可以运用交流式的介绍方法，与心仪的对象进行初步的交流和进一步的沟通。

交流式的自我介绍，比较随意，可以包括介绍者的姓名、工作、籍贯、学历、兴趣以及与交往对象的某些熟人的关系，可以不着痕迹地面面俱到，也可以故意有所隐瞒，造成某种神秘感，激发对方与你进行进一步沟通的兴趣。俗话说的"套瓷"就属于此类，而时下网络上的"浪漫邂逅"更是典型代表。

"你好，我是玉蝴蝶，因为我特别喜欢谢霆锋。"

"玉蝴蝶？是谢霆锋演唱的专辑名称吧。我更喜欢周杰伦。"

"哦，你在哪里，你也喜欢通宵上网吗？"

"我在长沙，我刚刚失恋了，所以通宵来上网。"

◇什么时候要用到礼仪式自我介绍

在一些正规而隆重的场合，比如讲座、报告、演出、庆典等一些正规而隆重的场合，要运用礼仪式的自我介绍，以示对介绍对象的友好和敬意。

礼仪式的自我介绍，要包含自己的姓名、单位、职务等项，还要多加入一些适宜的谦辞敬语，以符合这些场合的特殊需要，营造谦和有礼的交际气氛。例如："各位听众，大家好！我是郑阳，您的老朋友。现在，我将为大家献上一场丰盛美味的音乐大餐，感谢所有听众对'校园民谣'一如既往的支持和关爱。"

◇什么时候要用到工作式自我介绍

工作式的自我介绍，主要适用于工作之中。它是以工作为自我介绍的中心，因工作而交际，因工作而交友。有时，它也叫公务式的自我介绍。

工作式的自我介绍的内容，应当包括本人姓名、供职的单位及其部门、担任的职务或从事的具体工作等三项。它们叫作工作式自我介绍内容的三要素，通常缺一不可。其中，第一项姓名，应当一口报出，不可有姓无名，或有名无姓。第二项供职的单位及其部门，有可能最好全部报出，具体工作部门有时也可以暂不报出。第三项担任的职务或从事的具体工作，有职务最好报出职务，职务较低或者无职务，则可报出目前所从事的具体工作。例如，"你好！我叫张奕希，是××市政府外办的交际处处长。""我名叫付冬梅，现在在××大学国际政治系教外交学。"

◇什么时候要用到问答式自我介绍

问答式的自我介绍，一般适用于应试、应聘和公务交往。在普通交际应酬场合，它也时有所见。

问答式的自我介绍的内容，讲究问什么答什么，有问必答。例如：

某甲问："这位小姐，你好！不知你应该怎么称呼？"某乙答："先生您好！我叫王雪时。"

主考官问:"请介绍一下你的基本情况。"应聘者答:"各位好!我叫张军,现年28岁,陕西西安人,汉族,共产党员,已婚,1995年毕业于西安交通大学船舶工程系,获工学学士学位,现在北京市首钢船务公司任助理工程师,已工作3年。其间,曾去阿根廷工作1年。本人除精通专业外,还掌握英语、日语,懂电脑,会驾驶汽车和船只。曾在国内正式刊物上发表过6篇论文,并拥有一项技术专利。"

◇ **怎样介绍自我**

自我介绍时,最值得注意的是,自己的名字要特别说清楚。一些人在做自我介绍时,口中喃喃自语,吐字不清,而使别人听不清楚。因为对方听不清楚你在说什么,自然也就记不住你的名字,甚至会认为你这个人有些阴沉、消极。因此,自己的名字,一定要一个字一个字清楚地说出来。

不仅应在自我介绍的最初通报姓名,最好在告别时,再向对方告知一遍自己的名字。这样一来,不仅使对方容易记住你,而且会给对方留下一种你很积极的印象。

◇ **怎样介绍他人**

介绍是有次序的,应讲究礼貌。一般来说,应介绍年轻人给老年人,介绍地位低的给地位高的,将男士介绍给女士,将未婚者介绍给已婚者。当向一个人介绍多数人时,则应当遵守先职位高后职位低、先长后幼、先女后男的原则。

介绍时,一般简略地介绍一下被介绍者的姓名、身份即可。如果被介绍人担当的职务很多,可以只介绍级别最高的职务或与之有关的职务,其他职务不必一一介绍。要实事求是地介绍,不要忘记被介绍者的重要身份,使其不能受到应有的重视,也不要夸大其词地胡乱吹捧,使对方处于难堪的境地。

◇ **怎样听别人介绍自己**

当别人介绍自己时,就要从座位上站起来,表示出很愿意认识对方的样子,并主动把手伸出与对方握手。如果对方是女性,就必须等对方伸出手后再去握手。如果她不伸手,可以点头表示致意。给双方介绍完毕后，不要马上离开，要等他们交谈上几句话后，再借故告辞，但也不要该走不走。当双方谈兴渐浓时，应当找借口适时地离开，不影响他们的交谈。

第四节　行为举止得体的常识

◇如何入座最优雅

入座时，应轻、缓、稳，动作协调柔和，神态从容自如。人应走到椅子前，转身背对椅子平稳坐下，若离椅子较远，可用右脚向后移半步落座。女子入座尤要娴雅、文静、柔美，若穿裙子则应注意收好裙脚。一般应从椅子左边入座，起身时也应从椅子左边站立，这是一种礼貌。如要挪动椅子的位置，应当先把椅子移到欲就座处，然后坐下去。坐在椅子上移动位置，会有损你的形象。

◇不同情况下应采取哪些坐姿

俗话说"站如松，坐如钟"，对人的坐姿已有一个原则性的要求，但具体哪种情况下应采取何种坐姿却没有说明。其实，在不同场合中，坐姿也是有不同要求的。

（1）在比较轻松、随便的场合，可以坐得比较舒展、自由，只要不太过随意、放肆即可。

（2）谈话、谈判、会谈时，适合正襟危坐。要求上体正直，臀尖落在椅子中部，双手放在桌上或将一只手放在椅子扶手上都行。脚可以并着放，也可并膝稍分开小腿或并膝小腿前后相错、左右相掖。

（3）女士在社交场合，为了使坐姿更优美，可以采用略侧向的坐法。即头和身子朝向对方，双膝并拢，两脚相并、相掖、一前一后都可以。在落座时，应把裙子向腿下理好、掖好，以免不雅。

（4）倾听他人教导、指示时，如果对方身份较为尊贵，坐姿除了要端正外，还应坐在椅座的前半部或边缘，身体稍向前倾，以表现出一种积极、重视的态度。

◇怎样的站姿最优美

站姿是静态的造型动作，优美的站姿往往能体现出一个人良好的精神面貌和心态。同时，优美的站姿也是其他姿态美的起点和基础。常言道"站如松"就是说站立应像松树那样端正挺拔，需尽量避免歪脖、斜腰、屈腿，尤其是提臀、挺腹，以免给人留下轻浮、缺乏教养的印象。

那么，规范的站姿是怎样的呢？

（1）头正：两眼平视前方，嘴微闭，收颌梗颈，表情自然，稍带微笑。

（2）肩平：两肩平正，微微放松，稍向后下沉。

（3）臂垂：两肩平整，两臂自然下垂，中指对准裤缝。

（4）躯挺：胸部挺起、腹部往里收，腰部正直，臀部向内向上收紧。

（5）腿并：两腿立直、紧贴，脚跟靠拢，两脚成夹角60°。

这种礼仪站姿同部队战士的立正很不一样，礼仪站姿比立正显得更加自然和柔美。

另外，还有一种叉手站姿也值得学习和注意。即两手在腹前交叉，左手搭在右手上直立。这种站姿，男子可以两脚分开，距离不超过20厘米。女子可以用小丁字步，即一脚稍微向前，脚跟靠在另一脚内侧。这种站姿端正中稍有自由，郑重中稍有放松。在站立中身体重心还可以在两脚间转换，以减轻疲劳，接待人员常用这种站姿。

◇如何走出优雅

行走时，应昂首挺胸，收腹直腰，两眼平视，肩平不摇，双臂自然前后摆动，脚尖微向外或向正前方伸出，行走时脚跟成一条直线。起步时身体微向前倾，身体重量落于前脚掌，行走中身体的重心要随着移动的脚步不断向前过渡，不要让重心停留在后脚，并注意在前脚着地和后脚离地时伸直膝部；迈出每一步都应从胸腔开始向前移动，而不是腿独自伸向前。男女的走姿及步态风格亦有所区别。男子的步履应雄健、有力、潇洒、豪迈，步伐稍大，展示出刚健、英武的阳刚之美；女子的步履应轻捷、蕴蓄、娴雅、飘逸，步伐略小，展示出温柔、娇巧的阴柔之美。

◇错误的走姿有哪些

走路人人都会，但有的人步态

稳健，能给人以安全感，有的人则或僵硬，或随意，令人失望。那么，哪些走路姿势是我们需要避免的呢？

（1）八字步：行走时，两脚的脚尖向内侧伸构成内八字步，或两脚脚尖向外侧伸构成外八字步，缺乏优美的风度。

（2）摇晃：摇头晃脑、摇动双肩、上颠下跛、左右摇摆、大幅度甩手等动作给人一种庸俗无知的印象。

（3）张望：经常四处张望、打量他人，对他人评头论足，给人一种轻薄无礼的感觉。

（4）手乱放：双手插兜，尤其是插在裤兜、掐腰或倒背着手走路，给人一种不够严肃、随意、傲慢的感觉。

◇如何蹲出优雅

在生活中常会见到那些未受过蹲姿训练的人捡东西时，臀部向后撅起，很不雅观。

优雅的蹲姿应该是：下蹲时，可以左脚在前，右脚稍后，两腿靠紧向下蹲。左脚全脚着地，左腿小腿基本垂直于地面，右脚脚跟提起，脚掌着地，形成左膝高右膝低的姿态，臀部朝下，主要用右腿支撑身体。

◇怎样训练自己的微笑

在交际的过程中，微笑的表情是必不可少的，那么，怎样修好微笑这门功课呢？

（1）自信的微笑：这种微笑充满着自信和力量，即使遇到困难，也一定能冲破难关。

（2）礼貌的微笑：一个懂得礼貌的人，会将微笑当作礼物，慷慨地赠与他人。

（3）真诚的微笑：表现对别人的尊重、理解、同情。

微笑并非天生就会，尤其是成熟的微笑，更需要经过一定训练才能展现出来。

微笑的基本做法是不发声、不露齿，肌肉放松，嘴角两端向上略微提起，面带笑意，使人如沐春风。

训练微笑，要求发自内心，发自肺腑，无任何做作之态，防止虚伪地笑。只有笑得真诚，才显得亲切自然，与你交往的人才能感到轻松愉快。

◇微笑时要避免的毛病

微笑时容易出哪些毛病,又应该如何纠正呢?

(1)笑过了头,嘴咧得太大。嘴咧得太大会给人一种不雅的感觉。要避免嘴咧得过大,就要想法把嘴巴的开合度控制好,以"不露或刚露齿缝"为最佳。

(2)皮笑肉不笑,看上去让人觉得难受。当代心理学家根据最新研究成果,已经找到了真笑和假笑的区别。如果你在交谈中能够以完全平等的态度对待对方,尊重对方的感情、人格和自尊心,那么你的微笑就是真诚的、美丽的,就具有强大的凝聚力。否则,你的微笑就是虚假的、丑陋的,你所能得到的也只能是逆反心理和离心力。

此外,微笑时要注意四不要原则:一不要缺乏诚意,强装笑脸;二不要露出笑容随即收起;三不要仅为情绪左右而笑;四不要把微笑只留给上级、朋友等少数人。

◇微笑时要注意与面部表情相结合

(1)微笑时要口眼鼻眉肌结合。口眼鼻眉肌结合才能做到真笑。发自内心的微笑,会自然调动人的五官:眼睛略眯起、有神,眉毛上扬并稍弯,鼻翼张开,脸肌收拢,嘴角上翘,唇不露齿。做到眼到、眉到、鼻到、肌到、嘴到,才会亲切可人,打动人心。

(2)微笑时要神情结合,显出气质。笑的时候要精神饱满、神采奕奕,要笑得亲切、甜美。这样的笑伴以稳重、伴以文化修养,就能显出气质。微笑在于它是含笑于面部,"含"给人以回味、深刻、包容感。如果露齿或张嘴笑起来,再好的气质也没有了。

(3)微笑时要声情并茂,相辅相成。微笑和语言美往往是孪生姐妹,甜美的微笑伴以礼貌的语言,两者相映生辉。如果脸上微笑,却出言不逊,语言粗野,其微笑就失去了意义;如果语言文明礼貌,却面无表情,会让人怀疑你的诚意。只有声情并茂,你的热情、诚意才能为人理解,并起到锦上添花的效果。

第二章　不可不知的礼仪常识

第一节　握手与递交名片的常识

◇哪些场合应当握手

（1）遇到较长时间没见面的熟人。

（2）在比较正式的场合和认识的人道别。

（3）在以本人作为东道主的社交场合，迎接或送别来访时。

（4）拜访他人后，在辞行的时候。

（5）被介绍给不认识的人时。

（6）在社交场合，偶然遇上亲朋故旧或上司的时候。

（7）别人给予你一定的支持、鼓励或帮助时。

（8）表示感谢、恭喜、祝贺时。

（9）对别人表示理解、支持、肯定时。

（10）得知别人患病、失恋、失业、降职或遭受其他挫折时。

（11）向别人赠送礼品或颁发奖品时。

◇握手有何具体要求

（1）握手姿态要正确：行握手礼时，通常距离受礼者约一步，两足立正，上身稍向前倾，伸出右手，四指并齐，拇指张开与对方相握，微微抖动三四次，然后与对方的手松开，恢复原状。与关系亲近者，握手时可稍加力度和抖动次数，甚至双手交叉热烈相握。

（2）握手必须用右手：如果恰好你当时正在做事，或手很脏很湿，应向对方说明，摊开手表示歉意或立即洗干净手，与对方热情相握。如果戴着手套，则应取下后再与对方相握，否则都是不礼貌的。

（3）握手要热情：握手时双目要注视着对方的眼睛，微笑致意。切忌漫不经心、东张西望，边握手边看其他人或物，或者对方早已把手伸过来，而你却迟迟不伸手相握，这都是冷淡、傲慢、极不礼貌的表现。

（4）握手要注意力度：握手时，既不能有气无力，也不能握得太紧，甚至握痛了对方的手。

（5）握手应注意时间：握手时，既不宜轻轻一碰就放下，也不要久久握住不放。一般来说，表示完欢迎或告辞致意的话以后，就应放下。

◇ **握手有何次序讲究**

一般情况下，由年长的先向年轻的伸手，身份地位高的先向身份地位低的伸手，女士先向男士伸手，老师先向学生伸手。如果两对夫妻见面，先是女性相互致意，然后男性分别向对方的妻子致意，最后才是男性互相致意。拜访时，一般是主人先伸手，表示欢迎；告别时，应由客人先伸手，以表示感谢，并请主人留步。不应先伸手的就不要先伸手，见面时可先行问候致意，等对方伸手后再与之相握，否则是不礼貌的。多人同时握手切忌交叉，要等别人握完后再伸手。握手时不要看着第三者，更不能东张西望。军人戴军帽与对方握手时，应先行举手礼，然后再握手。

◇ **握手有何禁忌**

我们在行握手礼时应努力做到合乎规范，避免触犯下述失礼的禁忌。

（1）不要用左手相握，尤其是和阿拉伯人、印度人打交道时要牢记，因为在他们看来左手是不干净的。

（2）不要在握手时争先恐后，要避免两人握手时与另外两人相握的手形成交叉状。

（3）不要在握手时戴着手套或墨镜，只有女士在社交场合戴着薄纱手套握手，才是被允许的。

（4）不要在握手时另外一只手插在衣袋里或拿着东西。

（5）不要在握手时面无表情、一言不发或长篇大论、点头哈腰，过分客套。

（6）不要在握手时仅仅握住对方的手指尖，好像有意与对方保持距离。正确的做法，是握住整个手掌。即使对异性也应这样。

（7）不要在握手时把对方的手拉过来、推过去，或者上下左右抖个没完。

（8）不要拒绝握手，即使有手疾或汗湿、弄脏了，也要和对方说一下"对不起，我的手现在不方便"，以免造成不必要的误会。

◇如何给对方递送名片

一般情况下名片放在西装口袋。初次见到顾客，首先要以亲切的态度打招呼，并报上自己的公司名称，然后将名片递给对方，名片夹应放在西装的内袋里，不应从裤子口袋里掏出，递名片时如果对方职务较高或年龄较长，应双手捧着递过去。对一般的人，用右手递送即可，但态度应庄重大方，动作要轻缓，也可以同时说："请多关照""欢迎指教，多多联系"等话语。递名片时，目光应正视对方，不要目光游移，显出漫不经心的样子。如果是随上司到别处拜访，需等上司介绍后，再递出名片，如果对方先递过来名片，要先收好后再递出自己的名片。

拿名片的标准做法是两只手捏着名片的上侧，把自己的名字正对着对方。当然一只手拿也可以，但是正面面对着对方。

当你接到别人的名片时一定要回敬对方自己的名片。如果没有名片，一般也采用委婉的表达，"不好意思名片用完了"，"抱歉今天没有带"。

◇如何接受对方的名片

接受对方的名片时，也要注意礼节，当对方掏名片时就要表现出很感兴趣的模样，接名片时应以双手去接。如果是坐着的，要尽可能地起身接受对方递来的名片，接过名片后要认真地看一遍，并确定姓名和职务，然后郑重地装入上衣上方的口袋里。若有名片盒，可以直接放入名片盒里。切忌一眼也不看，就装入口袋，更不要顺手扔在桌子上，或往扔在桌上的名片上压东西，这样会使对方产生受了轻视的感觉。有的人会不小心把对方的名片掉在地上，或把名片夹在笔记本里，或者名片上的内容记在笔记本上，在名片上面写不相干的东西，这些都是不礼貌的举动。收到他人的名片时，需要说"很高兴认识您""有机会一定登门拜访""谢谢"，等等。

◇ **如何索取名片**

如果没有必要,最好不要强索他人的名片。若索取他人的名片,则不宜直言相告,而应采用以下几种方法之一。

(1)向对方提议交换名片。

(2)主动递上本人名片,此所谓"将欲取之,必先与之"。

(3)询问对方:"今后如何向您请教?"此法适于向尊长索取名片。

(4)询问对方:"以后怎样与您联系?"此法适于向平辈或晚辈索要名片。

◇ **如何婉拒他人索取名片**

当他人索取本人名片,而不想给对方时,不宜直截了当,而应以委婉的方法表达此意。可以说"对不起,我忘了带名片",或者"抱歉,我的名片用完了"。不过若手中正拿着自己的名片,又被对方看见了,这样讲显然不合适。

若本人没有名片,而又不想明说的,也可以上述方法委婉地表述。

如果自己名片真的没有带或是用完了,自然也可以这么说,不过不要忘了加上一句"改日一定补上",并且一定要言出必行,付诸行动。否则会被对方理解为自己没有名片,或成心不想给对方名片。

◇ **如何存放名片**

参加过交际应酬以后,应立即对所收到的他人的名片加以整理收藏,以便今后利用方便。不要将它随意夹在书刊、材料中,压在玻璃板下,或是扔在抽屉里面。

存放名片的方法大体上有四种,它们还可以交叉使用:

(1)按姓名的外文字母或汉语拼音顺序分类。

(2)按姓名的汉字笔画的多少分类。

(3)按专业或部门分类。

(4)按国别或地区分类。

第二节　涉外礼仪常识

◇ **涉外迎送需要注意哪些问题**

(1)迎送车辆应事先安排好,不可临时调遣,给人以仓促之感。

（2）对于身份较高的客人，事先应在机场或车站、码头安排贵宾休息室，准备饮料。

（3）客人的住处、膳食应事先安排好，如有条件，在客人抵达之前就应将住房地点、房间号码、用膳方式、日程活动安排、联络方式、联络人等事宜通知到具体客人，如做不到，也可将上述内容打印成文字材料，在客人到达时分发给每位客人，或通过对方的联络秘书传达，这既可避免一些不必要的混乱，又可使客人心中有数，主动配合。

（4）客人到达后一般不要立即安排活动，应给客人留下一定的休息时间或适应时差的时间。

（5）指派专人协助客人办理入境手续及机票或车票、船票和行李提运、托运手续等事宜，客人到达后，应尽快进行清点并将行李取出，送到住处。

◇涉外交往中的称呼礼仪

人与人见面，首先就是如何称呼。一个得体的称呼，可以使人心情愉悦，愿与之交往。特别是在涉外交往中，称呼在某种程度上更起着举足轻重的作用。各国、各民族由于语言的不同、风俗习惯的不同、社会制度的差异，在称呼上差别很大。国际上的称呼要求有：

（1）一般对男子统称"先生"；对已婚女子称"夫人"或"女士"；对已婚年纪较大的女士称"太太"；对未婚女子统称"小姐"；对不了解其婚姻状况的女子可泛称"小姐"或"女士"。这些称呼前均可冠以姓名、职称、头衔等。

（2）对地位较高的，一般为部级以上的官方人士，可称"阁下"，或职衔加先生，如"部长先生""总理先生"等。对有高级官衔的妇女也可称之为"阁下"。

（3）对来自君主制国家的贵宾，习惯上称国王、王后为"陛下"，称公主、王子为"殿下"。对有公、侯、伯、子、男等爵位的人既可称其爵位，也可称"阁下"，一般也称"先生"。

（4）对医生、律师、法官、教授、博士等，均可单独称其职称或学位，也可加上姓氏和"先生"，如"法官先生""约翰教授"等。

（5）对军人一般称其军衔加"先生"，知其姓名的，可加上姓与名。

（6）对教会中的神职人员，一般可称其教会内的职称，或者是姓名加职称，或职称加上"先生"。

总之，在与外国友人交往过程中既要注意世界通用的习惯称呼，也要考虑宾客所在国的具体情况，使用适当的称呼在外事交往中尤为重要。

◇如何安排外宾参观

安排外宾参观是在许多外事活动中都会涉及的问题。如何安排设计整个参观流程也就成为相关人员的必备常识。

（1）项目的选定：参观游览项目的选择主要考虑以下几个因素：访问目的、性质，客人的意愿与兴趣及特点，当地实际情况。

（2）安排布置：项目确定之后，应作出详细计划，向被接待单位交代清楚，并告知全体接待人员。

（3）陪同：按国际交往礼节，外宾前往参观时，一般都有身份相应的人员陪同，如有身份高的主人陪同，应提前通知对方。

（4）介绍情况：一般是边看边介绍，有保密的内容不要介绍。参观项目概况尽可能事先发给对方书面材料，节约参观介绍时间，让客人尽可能多地实地参观。

（5）摄影：通常可以参观的地方都允许摄影。遇到不让摄影的项目，应先向来宾说明，并在现场竖外文的说明标志。

（6）用餐安排：参观地点远，或是外出游览，要考虑用餐时间和地点，如果郊游，则应准备食品、饮料、餐具等。有的地方还要预订休息室。

◇签字仪式中的礼仪问题

签字是文件有效的重要标志，在缔结条约、协定时，往往会有重要的签字仪式。

举行签字仪式之前，要准备好文本，具体包括文本的定稿、翻译、印刷、校对、装订、盖章等，均要确保无误。同时还要准备好签字时用的国旗、文具。

签字的现场布置各国不尽相同。我国的做法是在签字厅内设一长桌，桌面覆以深绿色的台呢作为签字桌。桌后放两把椅子，为双方签字人座位，主左客右。座前摆放本国保存的文本，文本前面放有签字文具。桌子中间摆一旗架，悬挂双方国旗。

签字仪式开始，双方人员进入签字厅。签字人员首先入座，其他人员按宾主身份、礼宾顺序就位。助签人员分别站立在各自签字人的外侧，协助翻揭文本，指明签字处，用吸水纸按压签字部位。签字人在本国保存的文本上签字后，由助签人员传递文本，再在对方保存的文本上签字。签毕，双方签字人交换文本，并互相握手，此时，可上香槟酒，宾主双方共同举杯庆贺。

多边签字仪式与双边签字仪式大体相同，如果签字国家众多，通常只设一个座位，由文本保存国代表先签字，然后由各国代表按礼宾次序轮流在文本上签字。

◇涉外会谈中的礼仪

在涉外会谈交往中，话题的选择是很重要的。我们在选择话题时，必须注意把握以下原则。

（1）要选择外宾喜闻乐道的话题。无论在正式场合还是非正式场合，这都是能够普遍接受的，若条件许可，最好事先研究一下交往对象的兴趣爱好，这样比较容易获取谈话的话题。

（2）不盲目迎合他人的话题。由于国情的不同和意识形态的差异，我们同外宾对一些问题的看法截然不同，对此应采取正确的态度。对重大的国内外事件要事先统一口径，对于非原则性问题可以各抒己见。不便谈论的话题可以不谈或转移，但绝不能迎合无理的话题。

（3）要回避外宾忌讳的话题。同外宾交往，要注意他们对某些话的忌讳。下列话题通常是不适宜谈论的。其一，过分的关心和劝诫。其二，个人的私生活。其三，令人不快的事物。其四，随意评论别人。

（4）不要谈论自己不熟悉的话题，"闻道有先后，术业有专攻"。在涉外活动中必须坚持知之为知之，不知为不知，不要不懂装懂。

◇在国外付小费有何原则

小费源自18世纪的英国伦敦，是当时就餐者为得到更周到的服务而需额外支付的费用，而如今则已变成了对服务人员的一种感谢。现今，在国外对为你服务的行李员、当地导游、司机、饭店及餐厅门口为你叫车的服务生以及客房清洁员等，都应该付给一定金额的小费。

小费虽然是个人行为，但也已成为一种约定俗成的习惯，在外国旅游时最好能入境随俗，以免闹出笑话。小费的给付要适当，过多或过少都会被认为失礼。小费的计算方法大约有以下几种：

（1）依消费金额计算：通常小费金额为账单金额的10%~15%。一般而言，到餐厅吃饭可依此原则付小费。在自助餐厅吃饭一般不需给小费，但若有人倒茶水，并殷勤询问需求，则可依人数酌情给小费。

（2）按件数计算：例如对搬运行李的饭店服务员，可按每件行李1美元或30便士左右付小费。当自己行李太多时，则不妨多给一些，以酬劳他们对你的服务。

（3）按服务次数计算：像客房服务员每天可付2美元左右小费。如果无法确定账单里是否包括服务费，则可以问清楚后再决定付与不付。

值得注意的是，在日本、澳大利亚、韩国和新加坡等国没有付小费的传统。因此若不清楚何时应该付小费，出国前应先了解当地的风俗民情或者询问当地人，以便提前做好准备。

◇西方人的花卉数字禁忌

（1）花卉禁忌

在国际交往场合，一般忌用杜鹃花、石竹花、菊花以及其他黄色的花献给客人。在欧美国家，如果被邀请到朋友家做客，给女主人献花是件愉快的事，但在阿拉伯国家，这样做则违反了礼仪。郁金香在德国是"没有感情的花"；意大利和南美洲各国认为菊花是"妖花"，只能用于墓地与灵前；在巴西等国家，绛紫色的花一般用于葬礼。

（2）数字禁忌

由于背叛、出卖耶稣的犹大是

第13个参加最后的晚餐的人，而且耶稣是在13号（星期五）被捕并被钉在十字架上，因此西方国家的人们非常憎恨犹大，同时认为"13"是个不祥的数字。

为了避开"13"这个数字，西方许多国家高楼的12层之上便是14层，宴会厅的餐桌14号紧挨着12号。并且人们还认为星期五也是个倒霉的日子，特别是遇到13日又是星期五时，一般不举行任何活动。日常生活中的电话号码、汽车牌号、房间号等编号都要尽量避开13这个数字。

第三节　接待与拜访礼仪常识

◇接待来访者的原则

接待来访者可以说是日常生活中必不可少的工作。在接待中应注意自己的礼仪表现，做到得体接待来访者。在接待中，一般要注意以下几项原则。

（1）对来访者，应起身握手相迎，对上级、长者、客户来访，要起身上前迎候。如果不是第一次见面的同事、员工，可以不起身。

（2）不能冷落了来访者。如果自己有事暂不能接待，一定要安排助理或相关人员接待客人。

（3）认真倾听来访者的叙述。大多数人是"无事不登三宝殿"，因此来访者一般都是有事而来，所以要认真听其讲话。

（4）不要轻率地对来访者的意见和观点表态，应思考后再作回复，对一时不能作答的，要约定一个时间后再联系。

（5）对能够马上答复的或立即可办理的事，应当场答复，迅速办理，不要让来访者等待或再次来访。

（6）正在接待来访者时，有电话打来或有新的来访者，尽量让助理或他人接待，应尽量避免中断正在进行的接待。

（7）礼貌地拒绝来访者的无理要求或错误意见，不要刺激来访者，使其尴尬。

（8）要结束接待，可以婉言提出，也可用起身的体态语言暗示对方。

◇接站时应注意哪些礼仪

不管是在机场，还是在车站，接站人员都要时刻注意自己的礼仪表现，给客人一个好印象，让他有宾至如归的感觉。那么，如何接站呢？

（1）对于贵宾，要备有其照片。

（2）准确掌握客人抵达的时间，如有变化，应及时通知。对提前预订远道而来的客人，应主动到车站、码头、机场迎接。一般要提前15分钟赶到。

（3）在前往接站之前，接待人员应先以大纸明显写出贵宾姓名，由接待人员拿着，以接到贵宾。

（4）接待人员应熟悉各国人员对颜色的喜好。要考虑不同国别的客人所能接受的服饰颜色的习惯。

（5）西方人在初次见面时的礼节习惯是拥抱、吻颊，应坦然接受，大方应对。而东方人，尤其是日本人一向多礼，在初次见面时，有时会赠送一份见面礼，所以，最好预先准备一些小礼物。

◇待客之道有哪些

（1）待客态度热情

客人前来拜访时，主人应以高度的热情接待。这是对来访客人的尊重。

客人敲门时，应热情起身开门请客人进来，给客人让座，如果在办公室接待来访者，顺手把桌子上的有关文件及时收拾妥当放入抽屉或盖好。切忌有陌生客人在时，桌上堆满重要文件。一则给人以凌乱感，二则有可能泄密。

对待陌生客人切忌犯"冷热症"。起初不认识就傲慢无礼，得知客人来访目的后，突然变得异常热心，这就是典型的势利眼，这也正是公务员接待工作中的大忌。

（2）诚恳挽留客人

如客人提出告辞时，主人应婉言相留，但要看具体对象分别对待。客人执意要走，也要等客人起身告辞时，主人再站起来相送。切忌没等客人起身，主人先于客人起立相送，这是很不礼貌的。

（3）对客人的礼物有所表示

如客人随身带有礼物，告辞时非要留下不可。主人对此应有所表示，除了谢意外应请客人下回不再带礼品来。有时，也应回礼给客人。切忌接受礼物时若无其事、受之无愧的样子。也不能说"这礼物家里有好多了"之类的话语，这会使客人感到难堪。

（4）送客有礼

本地客人，一般送到大门口，与客人"再见"，并说一些"希望下次再来"的礼貌用语，目送客人远去再返身回屋。如客人刚走出，就"砰"的关上门是很不礼貌的。尤其对初次造访的客人更应热情、周到、细致些。对远方的客人，应送客上车、上船为宜。主人应等车船开了，再挥手告别，以表诚意。

◇拜访的时机要选择好

拜访是日常生活中常见的交往现象，懂得应酬的人往往都十分注意拜访的时机，这样不管是日常应酬，还是求人办事，都会收到不错的效果。那么，如何选择好拜访的时机呢？

（1）拜访应选择适当的时间，如果双方有约，应准时赴约。万一因故不得不迟到或取消拜访，应立即通知对方。

（2）到达拜访地点后，如果与接待者是第一次见面，应主动递上名片，或做自我介绍。对熟人可握手问候。

（3）如果接待者因故不能马上接待，应安静地等候，有抽烟习惯的人，要注意观察该场所是否有禁止吸烟的警示。如果等待时间过久，可向有关人员说明，并另定时间，不要显得不耐烦。

（4）谈话时开门见山，不要海阔天空，浪费时间。

（5）与接待者的意见相左，不要争论不休。对接待者提供的帮助要致以谢意，但不要过分。

（6）要注意观察接待者的举止、表情，适可而止。当接待者有不耐烦或有为难的表现时，应转换话题或口气；当接待者有结束会见的表示时，应立即起身告辞。

◇拜访时要提前预约

拜访作为一种很重要的应酬方式，是十分讲究的。没有人喜欢"天兵天将"式的突然拜访，因此，在拜访之前，要先和主人打好招呼，在繁忙的现代生活中，提前预约显得更为重要。

现代人对于时间的安排，已经到了分秒必争的地步。区区5分钟、10分钟，对你来说也许不算什么，却可能造成对方的严重困扰。例如，工作中断，或在那之后的行程无法连贯。在时间安排方面，应尽量配合对方。原则上，如果对方的地位高，而且工作忙碌，应提早联络约定拜访的时间。不过相对的，约得越早，其间发生变卦的可能性越大，因此，要把握理想的时间。

当你前往别的公司拜访时，你所代表的不只是自己，而是代表整个公司的形象。因此，你的言行举止必须要得体，否则就会损及公司形象。

首先是在拜访之前，必须先以电话与对方取得联系，这是基本的原则。此外，事先和对方约好的时间、地点一定要严格遵守。

严守时间是与人会面的必要条件。如果对方是重要的人物，其行程表多半排得很紧凑，即使只迟到5分钟或10分钟，也会在对方心目中留下不好的印象。

出发前应将交通阻塞或其他意外因素考虑在内，比约定时间至少提早5分钟，最好是提早10分钟抵达。抵达后不妨顺便把预备和对方讨论的内容复习一遍，而以从容不迫的姿态出现。

万一中途发生意想不到的事情时，预料将会延迟抵达或必须取消会面，应尽早与对方取得联系，以便重新约定见面时间，并且对于这一变故让对方尽早作出调整。

◇尊重拜访对象

如果要到别人的住处拜访，那么就要对他的嗜好、风格、观点以及生活习惯等表示尊重，尽可能地去了解对方，尽可能地去欣赏对方所喜爱的事物。如果对方所处的环境使你非常不舒服，那么，你可以及早离开，或是下次不再来拜访。但在没有离开以前，不要有任何不满或厌烦的表示。因为这次拜访完全是你出于自愿，对方并没有强迫你要接受。但是如果能够对于别人的趣味、风格等也有欣赏的能力，有接受的雅量，这是一种容易和别人相处的修养。

◇ **拜访时要守时践约**

拜访时守时践约是对交往对象尊重友好的表现。万一因故不能准时抵达，要及时通知对方，当然也可将拜访另行改期。要记住向对方郑重其事地道歉。

◇ **拜访时要登门有礼**

在进入对方的办公室或私人居所的正门之前，要先向对方进行一下通报。

当主人开门迎客时，务必主动向对方问好，互行见面礼节。倘若主人一方不止一人时，则在先后顺序上应合乎礼仪惯例。标准的做法是先尊后卑，由近而远。

然后在主人的引导下，进入指定的房间，切勿擅自闯入，要与主人同时入座。倘若自己到达后，尚有其他客人在座，应当先问一下主人，自己的到来会不会影响对方。在拜访外国友人之前，要随身携带纸巾、擦鞋器、袜子与爽口液等。入室后要除去帽子、墨镜、手套和外套。

◇ **拜访时要举止有方**

与主人或其家人进行交谈时，要慎择话题。与异性交谈时，要讲究分寸。对于主人家里遇到的其他客人要表示尊重友好。若遇到其他客人较多，要以礼相待，一视同仁，切勿厚此薄彼。在主人家里，不要随意脱衣、脱鞋、脱袜，也不要大手大脚，动作嚣张而放肆。未经主人允许，不要在主人家中四处乱闯，随意乱翻、乱动、乱拿主人家中的物品。

◇ **拜访时间不宜过长**

拜访的时间一般不宜过长。如果对方兴致勃勃、情绪高昂，不妨多谈一会；如果对方反应冷淡、心不在焉或主人与家人东拉西扯消磨时间，与你话不投机，那你必须立即结束谈话，准备告辞。在这种情况下，即使主人挽留你，也应离开，这时候的挽留往往是出于客套，并不是真心，要是发现主人偷偷看表，应知趣地告退，因为主人已在下"逐客令"了。

◇拜访结束后，要礼貌告别

当遇有其他人也来拜访时，应尽快谈完所要谈的话，向主人告辞。对其他来访者，或打招呼，或点头微笑示意，以表示对主人的尊敬。如果你与来客熟悉或主人真情挽留，亦可坐一会儿再告辞。

在拜访即将结束时，应向主人及其亲属、在座其他客人握手或点头致意，对主人的接待表示谢意。主人相送时，应说"请回""留步""再见"。不能悄悄走掉或无视主人的礼貌相送。

◇带领来访客人的礼仪

带领来访的客人时，要讲礼仪。二人并行，以右为上，所以应请客人走在自己的右侧，为了指引道路，在拐弯时，应前行一步，并伸手指引。三人同行，中间为上，右侧次之，左侧为下，随行人员应走在左边。如果是接待众多的客人，应走在客人的前面，并保持在客人右前方2~3步的距离，一面交谈一面配合客人的脚步，避免独自在前，臀部朝着客人。引客人时应不时地根据路线的变化，招呼客人注意行走的方向，如："请向这边走""请注意前面有积水""请慢慢地通过，前面路较窄"等。在引导客人的路上避免中途停下来与他人交谈，除非有必要。在向客人介绍建筑物等场所或指示方向时，避免使用食指，正确的做法是掌心稍微倾斜向上，四个手指自然地并拢并伸直，大拇指微微地弯曲，这表示出对客人的礼貌。

◇慰问时要酌情选择慰问形式

要因对象的不同而选择不同的慰问形式。选择具体的慰问类型与形式时，应当综合考虑以下三项要素，然后再做决断。

（1）慰问的主要原因：因何要对慰问对象进行慰问，这对慰问类型与形式的选择关系极大。

（2）慰问双方的关系：慰问的具体类型与形式，必须要与慰问双方关系的现状相适应。做得过了头，会让人起疑；做得不到位，则又会显得失礼。

（3）慰问的可操作性：理论上适当的慰问类型与形式，在现实的使用中一定要有可行性。因地制宜，因人而异，灵活应变是慰问时应该遵守的。

◇慰问要体现真情

慰问的中心点应是对慰问对象的关怀。要使慰问对象感受到慰问者深切的关怀之意，需要做到：真心地表现出同情；给予慰问对象力所能及的帮助；慰问过程中要具备一定的耐心；努力使慰问对象感到宽心。

（1）要体谅对方。就是要用心忖度对方的心情与处境，并且善解人意地给予谅解。

（2）对于慰问对象所需要的帮助应尽力提供。慰问就是为了帮助对方摆脱困难，为其分忧，所以应在力所能及的范围内给予需要的帮助。

（3）要在慰问时显示出持久的耐心。

（4）努力帮助慰问对象排解心中的苦恼，使其宽心。

◇把握好慰问的尺度

慰问一定要把握好尺度，否则会对慰问工作产生负面影响。在慰问活动中，有些禁忌是不能打破的。

（1）禁止为慰问对象增加新的忧愁，使其更加烦恼。

（2）禁止把同情和关怀之情表现得过头，使对方感到不安，使其反感。

（3）禁止谈论对方比较忌讳的话题，使对方感到不快。

（4）禁止慰问语言过于随便，甚至开玩笑，伤害慰问对象的自尊心。

第四节　餐桌礼仪常识

◇中餐餐具及其摆放

中式餐具不像西餐那么复杂，通常包括餐巾、餐盘、水杯、汤匙、筷子。有些餐厅会提供筷架和调味的小碟子。如果要喝烈性酒，可以请餐厅提供小酒杯。

先放餐盘，水杯放在餐盘上方，右上方放酒杯，酒杯数与所上酒的品种相同。杯之间距离均为1厘米。餐巾叠成花插在水杯中，或平放在餐盘上。我国宴请外国宾客，除筷子外，还摆上刀叉。酱油、醋、辣油等佐料，通常一桌数份。公筷、公勺应备有筷座、勺座，其中一套放在主人面前。餐桌上还要配备牙签筒、烟灰缸。

◇ **使用中餐餐具礼仪**

筷子是中餐餐具中最具特色的工具，就餐时应掌握使用筷子的礼仪。

（1）要轻拿轻放：在餐前发放筷子时，应该把手洗干净。然后将筷子一双双理顺。轻轻放在每一个人的餐位前，切不可乱扔，切忌坐在餐桌前用筷子敲打餐具。

（2）要正确摆放：筷子通常放在碗旁边，不能搁在碗上。筷子是成双成对的，在摆放时应把它对齐，不要一横一竖交叉摆放，也不要一根是大头、另一根是小头放，用餐中临时离开应该将筷子轻轻放在桌子上，饭碗放在旁边，切不可插在碗里。

（3）不要挥舞筷子：筷子是就餐的工具，就餐时，你可以交谈，但千万不要用筷子作道具，在餐桌上挥舞。在夹菜时还要注意避开别人的筷锋，以免筷子打架。

◇ **中餐进餐礼仪**

用餐前，先将餐巾对折平放于大腿上方，之后才可开始用餐。

中式餐桌多为旋转桌，应先礼让对方夹菜。

进餐速度不宜太快，应配合女主人或主宾。

如身为主人，就应招呼所有客人尽情享用。

不可站起来伸长筷子夹菜，这样是非常不礼貌的。

有些如丸子之类不易夹起的食物，如果掉落，须从容夹回自己的盘内。

有些餐厅有专人服务，服务人员会将菜肴等份分给在座客人。

如果没有服务人员，切勿在盘中翻拣菜肴。如果有公筷公勺，则应使用公筷公勺。

喝汤时不要出声。

相邻客人应互相寒暄及自我介绍。

可适时地赞美菜色，这会使主人觉得很有面子。

大多数人以右手拿筷子，如果您是用左手用餐，在用餐前，可先向邻座朋友说明，以免两人吃饭时手相撞。如果餐桌为方形桌时，则可选择最靠左边的位置，这样就不会影响别人用餐了。

◇ **中餐上菜程序**

中餐的上菜程序一般为十道，第一道菜常为冷盘（拼盘），接下来交替上各种荤菜及海鲜烹制的菜，最后一道常以鱼为主菜，代表吉祥、年年有余，然后上汤及水果。通常上汤时表示宴席已近尾声。

◇ **办公室进餐的礼仪**

在办公室里进餐已逐渐成为上班族的日常生活方式，随之越来越受到重视。那么，哪些问题上班族需要注意呢？

（1）进完餐后即时将餐具洗干净，一次性餐具最好立刻扔掉，不要长时间摆在桌子或茶几上。

（2）特别不要忘记饮料罐，只要是开了口的，长时间摆在桌上总是有损办公室雅观。如果不想马上扔掉，或者想等会儿再喝，就应把它藏在不被人注意的地方。

（3）吃起来乱溅以及声音很响的食物，最好不吃。

（4）食物掉在地上，要马上捡起扔掉。餐后将桌面和地板打扫一下。

（5）有强烈味道的食品，尽量不要带到办公室。

（6）在办公室吃饭，拖延的时间不要太长。他人可能要及时进入工作，也可能有性急的客人来访，双方都会有些尴尬。

（7）准备好餐巾纸，吃后要及时擦拭油腻的嘴，不要用手或其他东西擦拭。

（8）嘴里含有食物时，不要贸然讲话。他人嘴含食物时，最好等他咽完后再对他讲话。嘴里不要含饭太多，以免有人讲笑话时引起大笑喷饭。

◇ **自助餐就座礼仪**

首先应找到座位，而不要先急着找寻餐台在哪里，虽说没有固定的座位，但是有时仍会为主人及贵宾留下部分保留座位备用，此时最好别径自坐下。

物品放妥后前往取餐时，请将餐巾打开放在椅子上或椅子扶手上，表示此座位已有人坐了。

◇自助餐取餐礼仪

先观察一下餐台是单排还是双排，如果是双排则一定会有双排的配套，如双份餐具、双排菜馐等，此时可依序排队取用。

习惯上第一回取用沙拉、热汤等当作前餐，配以面包、乳酪等。第二回取主菜如肉类、鱼类、海鲜类等，要记住一次拿一种，不要混在同一盘中，如此一来不但味道会彼此影响，而且看起来也不太好看。一次不要拿太多，即使是想帮同桌的人一次拿足也是不妥的，如此也失去了自助餐的"自助"意义了。最后拿甜点、水果等。然后是咖啡、茶等餐后饮料。至于饮料则一般都由服务人员拿来，或者在餐台旁有附设饮料吧，可自行前往取用。

依序取餐时尽量避免把食物掉在餐台上，汤汁洒在汤碗外。

汤勺用完不要放在汤中，以免下一个人用时会烫手。明虾、生蚝等应酌量取用，应替后面苦苦排队的人考虑一下。

◇自助餐就餐中的礼仪

同桌用餐者并不一定相识，此时不妨主动自我介绍以示友善，谈话也以轻松、幽默之话题为妥，在轻松的气氛下多开拓自己的交际圈。自助餐是很有利于结交朋友的就餐方式，在就餐中一定要抓住时机，多与其他就餐人士交谈。

◇自助餐离座礼仪

离座时必须对其他在座的人说："对不起！"（Excuse me）然后起身把餐巾放在椅子上（注意不是桌子上，以免被误认是已用完餐离席了），再去取用餐点。

◇上茶礼仪

在家中待客时，通常可由家中的晚辈或是家庭服务员为客人上茶。接待重要的客人时，则应由女主人，甚至由主人亲自为之奉茶。

在工作单位待客时，一般应由秘书、接待人员、专职人员为来客上茶。接待重要的客人时，则应由本单位在场的职位最高者亲自为之上茶。

◇ 奉茶秩序礼仪

若来访的客人较多时，上茶的先后顺序一定要慎重对待，切不可肆意而为。合乎礼仪的做法应当是：

（1）先为客人上茶，后为主人上茶。

（2）先为主宾上茶，后为次宾上茶。

（3）先为女士上茶，后为男士上茶。

（4）先为长辈上茶，后为晚辈上茶。

如果来宾甚多，且其彼此之间差别不大时，可采取下列三种顺序上茶：其一，以上茶者为起点，由近而远依次上茶；其二，以进入客厅之门为起点，按顺时针方向依次上茶；其三，在上茶时，以客人的先来后到为先后顺序。

◇ 敬茶礼仪

标准的上茶步骤是：双手端着茶盘进入客厅，首先将茶盘放在临近客人的茶几上或备用桌上，然后右手拿着茶杯的杯托，左手附在杯托附近，从客人的左后侧双手将茶杯递上去，置于客人左前方。茶杯放置到位之后，杯耳应朝向右侧。若使用无杯托的茶杯上茶时，亦应双手捧上茶杯。

为客人敬茶时，一定要注意尽量双手奉茶，切勿将手指搭在茶杯杯口上，或是将其浸入茶水，污染茶水。

在放置茶杯时，不要把茶杯放在客人的文件上，或是其行动时容易撞翻的地方。将茶杯放在客人面前与右手附近，是最适当的做法。

◇ 续茶礼仪

为客人端上第一杯茶时，通常不宜斟得过满。得体的做法是应当斟到杯深的2/3处，不然就有厌客或逐客之嫌。

一般来讲，客人喝过几口茶后，即应为之续上，绝不可以让其杯中茶叶见底。

◇ 品茶的礼仪

当主人上茶之前，向自己征求意见，询问大家"想喝什么"的时候，如果没有什么特别的禁忌，可以在对方所提供的几种选择之中任选一种,或告之"随便"。在一般情况下,若向主人提出过高的要求,是很不礼貌的。

主人为自己上茶时,在可能的情况下,应当即起身站立,双手捧接,并道以"多谢",不要视而不见,不理不睬。当其为自己续水时,亦应以礼相还。其他人员为自己上茶、续水时,也应及时以适当的方式向其答谢。

如果对方为自己上茶、续水时,自己难以起身站立、双手捧接或答以"多谢"时,至少应向其面带微笑,点头致意,或者欠身施礼。不喝的凉茶、剩茶,千万不要随便泼洒在地上。品茶时,应一小口、一小口地细心品尝。

在端起茶杯时,应以右手持杯耳。端无杯耳的茶杯,则应以右手握茶杯的中部。不要双手捧杯,以手端起杯底,或是用手握住茶杯杯口。那样做,或是煞有介事,或是动作粗鲁,或是不够卫生。

使用带杯托的茶杯时可以只用右手端起茶杯,而不动杯托。也可以用左手,将杯托连茶杯,托至左胸高度,然后以右手端起茶杯饮之。

饮茶的时候,忌连茶汤带茶叶一并吞入口中,更不能下手自茶中取出茶叶,甚至放入口中食之。万一有茶叶进入口中,切勿将其吐出,而应嚼而食之。

饮盖碗茶时,可用杯盖轻轻将飘浮于茶水之上的茶叶拂去,不要用口去吹。茶太烫的话,也不要去吹,或是用另一只茶杯去来回倒凉茶水,最好待其自然冷却。

◇西餐中刀叉的用法

西餐中刀叉使用有两种方法:一是英国式的,即在进餐时,始终右手拿刀,左手拿叉,一边右手用刀切割,一边左手用叉将食物送入嘴中。二是美国式的,先右手拿刀,左手拿叉,把餐盘中的食物先全部切割好,再把右手的餐刀斜放在餐盘的前方,将左手的餐叉换到右手,再品尝。

使用刀叉时要注意切割食物时不可声响过大、动作过大;切下的食物要正好适合入口,不能叉起来咬着吃;不可挥动刀叉或用刀叉指指点点。

刀叉也会"说话"。刀叉一旦开始使用,就不能再放到餐桌上。刀叉不同的摆法,表示着不同的含义:

(1)当刀右叉左摆放,刀下叉上交叉,刀口向内,叉齿向下,呈现出"八"字形时,表示"我在休息"或"此道菜尚未用完"。

(2)当刀右叉左均平行并排摆放,刀口向内,叉齿向下,刀叉头指向10点,柄指向20分时,表示"我不再吃了"或"此道菜已用完"。

◆ **拿握酒杯有讲究**

根据酒的不同,握酒杯的方式也各异:

(1)拿白兰地时,要用手掌握住杯子的下半部,利用手掌的温度让白兰地酒香挥发出来,增加酒的甜美。

(2)握红葡萄酒杯时,则只可用手指握住杯柄部分,然后轻轻摇动杯中之酒,以利酒与空气充分混合接触,达到醒酒的目的,而若是手掌接触到酒杯,则其温度反而会影响葡萄酒的风味。

(3)由于白葡萄酒在饮用前必须冷藏至某一温度才是其味道绝佳之时,为了保持佳酿,整瓶酒都必须放在有碎冰块的冰桶之中,瓶外再加上白色餐巾,避免冰块融化时会弄湿手指。当然倒入杯中的酒也就不宜久置,因为室温会渐渐影响酒的风味。

◆ **在餐桌上弄洒了东西时如何处理**

在餐厅就餐时,一不小心将酒水、饭菜弄洒在餐桌上,如果洒了很多,可以叫服务员来清理弄脏的地方。万一不能清除干净,则可要求再铺上一块新的餐巾,或把脏东西盖住,然后再上下一道菜。同时向其他客人表示歉意。

◆ **刀叉掉到地上时如何处理**

用餐的时候刀叉不小心掉在地上,如果弯腰去捡,不仅姿势不雅观,也会弄脏手指。不妨轻声叫服务生前来处理并替你更换新的餐具。

◆ **吃了蒜或洋葱后,口中有异味时如何处理**

如果吃了蒜或洋葱,口中产生

异味，那么不管在哪里都不会受欢迎。因此，当这种情况发生时，尽量采取办法加以解决。现介绍以下几种解决方法。

（1）用水漱口。

（2）嚼口香糖。

（3）用一片柠檬擦拭口腔内部和舌头。

（4）嚼几片茶叶或几颗咖啡豆。

◇喝咖啡礼仪

在咖啡馆喝咖啡时，咖啡一般是用带碟子的杯子端上来的。你可以往杯中倒入牛奶并加糖，然后拿起咖啡勺搅匀，再把勺子放入碟中，端起杯子来喝。

在餐后饮用的咖啡，一般都是用袖珍型的杯子盛出。这种小型杯的杯耳较小，手指无法穿进去。但即使是用较大的杯子，也无须用手指穿过杯耳再端起杯子。咖啡杯的正确拿法，应是用拇指和食指捏住杯把而将杯子端起。

给咖啡加糖时，如果是砂糖，可用汤匙舀取，直接加入杯内；如是方糖，则应先用糖夹子把方糖夹在咖啡碟的近身一侧，再用咖啡勺把方糖放入杯子里。如果直接用糖夹子或手把方糖放入杯内，有时可能会使咖啡溅出，从而弄脏衣服或台布。

在用咖啡勺把咖啡搅匀以后，应把咖啡勺放在碟子外边，以不妨碍喝咖啡为原则。不能让咖啡勺留在杯子里就端起杯子来喝，这样不仅不雅观，而且很容易使咖啡杯泼翻。也切不可使用咖啡勺来喝咖啡，因为咖啡勺只是用来加糖和搅拌的。

不要用咖啡勺用力去捣碎杯中的方糖。

如果嫌刚刚煮好的咖啡太热了，可以用咖啡勺在咖啡杯中轻轻搅拌使之冷却，或者等待其自然冷却，然后再饮用。用嘴试图去把咖啡吹凉，是很不雅观的动作。

盛放咖啡的杯碟都是特制的。它们应当被放在饮用者的正面或者右侧，杯耳应指向右方。饮咖啡时，可以用右手拿着咖啡杯的杯耳，左手轻轻托着咖啡碟，慢慢地移向嘴边轻啜，切记不要发出声响来。

当然，有时也会遇上一些特殊

情况。例如，坐在远离桌子的沙发中，不便使用双手端着咖啡饮用，此时可以做一些变通。可用左手将咖啡碟置于齐胸的位置，用右手端着咖啡杯饮用。饮毕，应立即将咖啡杯置于咖啡碟中，不要让二者分家。

添加咖啡时，不要把咖啡杯从咖啡碟中拿起来。

有时喝咖啡可以吃一些点心。但不要一手端着咖啡杯，一手拿着点心，吃一口、喝一口地交替进行。喝咖啡时应当放下点心，吃点心时则应当放下咖啡杯。

在咖啡屋里，举止要文明，不要盯视他人。交谈的声音越轻越好，千万不要不顾场合而高谈阔论。

◇咖啡宴中的礼仪

在外交场合，常常为女宾举办咖啡宴，作为夫人们彼此结识的一种有效的非正式方式。若咖啡宴于上午11时举行，则客人们应于12时之后离开。

在家中请人来喝咖啡，通常安排在下午4时以前，一般不用速溶咖啡。届时应准备一些点心，女主人负责给客人们倒咖啡，但她坐着倒就可以了。

喝咖啡是一种文化，只有讲究礼节，才能体味它的温馨。

◇享用日本料理礼仪

寿司是日本的代表食物，应以右手的拇指、食指及中指捏住来食用。吃面时，不管男士还是女士皆应发出"苏苏"的声音，表示非常好吃，这是传统的日式礼仪。

宴会时，应帮对方倒酒，不喝酒的人应将酒杯倒扣住。

如大家干杯时，应将酒杯举起与眼睛一样高，这样才合乎礼节。

日本人在用餐时并不习惯交谈，我们在餐厅时常可看到一桌一桌静悄悄的日本客人在用餐。外国客人第一次看到并不是很习惯。

用餐时抽烟，在日本也是一件平常的事。

用餐完毕，将用过的筷子放回纸套中，并放在筷架上。

◇文雅地使用筷子

有的人跟人吃饭的时候，毫不注意，喜欢把筷子含在嘴里，再放在汤里搅搅。或者说是吃饭吃到一半，发现牙上有东西，就顺手拿筷子剔一剔牙，然后再接着夹菜吃。还有的人吃完饭后，觉得筷子不用了，于是"废物"利用，筷子就成了"专门"的牙签，他也不顾别人是不是还在吃饭，便一门心思地剔起牙来。

文雅地使用筷子，体现了用餐者的风度和心态。筷子有筷子的特定用处，实在想要剔牙也该用牙签，以餐巾纸掩盖偏向一边，切不可大张旗鼓地剔牙，那样不仅会令你形象尽失，也会影响同桌共餐的其他人的食欲。

◇敬酒的礼仪有哪些

敬酒也叫祝酒。具体指的是，在正式宴会上由男主人向来宾提议，为了某件事而饮酒。在敬酒时，通常要讲一些祝愿、祝福之言。在正式的宴会上，主人与主宾还会郑重其事地发表一篇专门的祝酒词。因此，敬酒往往是酒宴上必不可少的一项内容。

敬酒，可以随时在饮酒的过程中进行，频频举杯祝酒，会使现场氛围热烈而欢快。不过要考虑尽量不影响来宾用餐。

通常，致祝酒词最适合在宾主入席后、用餐前开始。有时，也可以在吃过主菜之后，上甜品之前进行。

不管是致正式的祝酒词，还是在普通情况下祝酒，内容均应愈短愈好，千万不要连篇累牍，让他人等待时间过长。

在他人敬酒或致辞时，其他在场者应一律停止用餐或饮酒，并坐在自己座位上认真倾听。对对方的言行不要小声讥讽，更不应公开表示反感。

◇劝酒与谢酒的学问

劝酒可以起到有效渲染宴会气氛的作用，因而在宴会酒席中十分常见。一般由主人、陪客或主人所委托的"代东""酒官"来劝，劝酒的方式主要有如下三种。

（1）司仪"强制性"劝酒。指由主人所委托或大家推举的"桌长""酒官"以令众人无法推诿的理由或口气劝酒。

（2）主人以某种理由，如感谢

各位光临等向全体或某些客人劝酒。

（3）客人以某种理由劝酒。指酒过一段，客人推出代表或自己挺身而出，向主人或有关人士劝酒。

当自己不能够继续再喝或不愿喝的情况下，在别人准备为你斟酒时，可以用语言或动作予以谢酒。谢酒时可以用一只手扣住酒杯，并强调一下不肯饮酒的原因，如说明自己的身体原因或说明自己酒力不胜，请对方多包涵。谢酒并非失礼的行为，大可不必以为这是不给对方面子而勉强饮酒。

第五节 电话礼仪常识

◇遵循"铃响不过三"的接听规定

电话铃声一旦响起，要立即放下手头的事去接听电话。接听与否，反映了一个人待人接物的真实态度。而且应该亲自接听电话，轻易不要让别人代劳，尤其是不要让孩子代接。

接电话有一个"铃响不过三"的规定，即接听电话以铃响三声之内接最恰当。

不要铃响许久，才姗姗来迟。也不要铃声才响过一次，就拿起听筒，这样会让打电话的人大吃一惊。如果是由于特殊原因，致使铃响过久才接，要向对方表示歉意。

接起电话时，先自报家门，并首先向对方问好。如果是对方首先问好，应该立即问候对方。但在家里，为了自我保护，可以用电话号码作为自报家门的内容，或者就算不报家门也不算失礼。

◇接听态度要礼貌

在接听来电时，应不卑不亢，谦和亲切，不要拿腔拿调，对对方爱答不理，更不要一言不发，有意冷场。如果来电时你正有其他的事或心情不好，不要将情绪发泄到对方身上，尽量不要对来电人表示电话来的不是时候，而应对来电人热情友好。

◇通话时要注意举止文明

在通话时，应对自己的举止有所要求。当众拨打电话时，对这一点更是不能掉以轻心。在打电话时，最好双手持握话筒，并起身站立。一定不要在通话时把话筒夹在脖子下面，抱着电话机随意走动，或是趴着、仰着、坐在桌角上，或是高架双腿与人通话。拨号时，不要以笔代手。边打电话边吃东西，亦为失礼。

在通话时，不宜发声过高，免得令受话人不舒服。标准的做法是：声音大小适中，并使话筒与口部保持3厘米左右的距离。

终止通话，放下话筒时，应使用双手轻放，不要用力一摔，令对方误会你有什么不满情绪。

通话中途中止，或拨号时对方一再占线，不要骂骂咧咧，或是采用粗暴的举动拿电话机撒气。这些举动都会有损你的形象。

◇接听时灵活多变

在接听电话时，如果适逢另一个电话打了进来，切忌置之不理。可先对通话对象说明原因，请其勿挂电话，小候片刻，然后立即去接另一个电话。待接通之后，先请对方稍候，或过一会儿再挂进来，随后再继续方才正打的电话。

万一在会晤重要客人或举行会议期间有人打来电话，而且此刻的确不宜与其深谈，可向其说明原因，表示歉意，并再约一个具体时间，届时由自己主动打电话过去。

◇通话完毕后要注意的礼仪

在日常生活和工作中，如果在你打完电话之后，对方刚准备向你说声"谢谢"的时候，还没说完，你就已经把电话重重地挂上了。这时对方的心情会很不愉快。同时，放电话时的重重声音会通过听筒传给对方，使对方感到你这个人不仅不懂礼貌，而且文化素质太低。所以，在通话先毕，应把电话轻轻地放在电话机上。打电话的一方，应该先挂断电话。如果对方的社会地位、年龄、职务或影响比你高，你应该让对方先挂掉电话，然后自己再轻轻地挂掉电话。

◇确认对方姓名时要注意的礼仪

在询问对方的姓名时，一定要注意文明礼貌，尤其是在电话留言的便笺上，书写对方的姓名时，更加需要注意这个问题。不熟悉的名字，一定要请教对方如何书写，切不可因为自己打了不适当的比方，而使对方深感难堪，致使自己或公司的形象受到影响。

◇说出对方公司的全名

平常我们称呼别人时，都会在名字后面加上先生或小姐作为尊称。但有时因与对方公司比较熟悉就常常省略对方公司的全名而造成对方的不愉快。因此，无论对方是人或是公司，我们都应禀持尊敬的态度称呼他。不嫌麻烦地把对方公司的全名都说出来，才不至于让对方认为我们没有礼貌。

◇拿起电话筒时要注意的礼仪

在中午休息、吃饭、聊天的时候，或在会议进行当中，电话铃突然响的时候，在这个时间里，我们应当怎样应对电话才算得体呢？同事们正在聊天，电话铃突然响起的时候，聊天的声音应该放低，作为企业电话，最忌讳一边说笑、吃东西，一边接电话，通话的对方往往首先对接电话的人反感，继而为这家公司产生不佳的印象。所以，当你和同事们边聊天边吃饭的时候，电话铃声刚好响起来，首先你应该停止谈话，并且把口中的食物咽下去。然后间隔一小段呼吸的时间，迅速转换新状态，再拿起电话筒。

◇乐于为人代接电话

在日常生活中，经常有要为家人、公司同事及领导代接、代转电话的情况，可以说这已是个普遍性、经常性的活动。同事之间互相代接电话，本是互利互助之事，连电话都懒得为人代接的人，在现实生活和工作中，是难以取信于人的。所以，代接电话就是讲究礼尚往来，有来有往，也是做人的基本准则之一。

◇准确记下要转达的信息

若来电人要找的人不在，可向其说明后，问一下对方是否需要代为转达。如对方有此请求时，即应助其实现。

对来电人要求转达的具体内容，最好认真做好笔录。在对方讲完之后，还应重复一遍，以验证自己的记录是否正确无误，免得误事。记录他人电话，应包括通话者单位、姓名、通话时间、通话要点、是否要求回电话、回电话时间等几项内容。

◇及时传达待转信息

接听寻找他人的电话时，先要弄明白"对方是谁""现在找谁"这两个问题。若对方不愿讲第一个问题，可不必勉强。若对方要找的人不在，可先以实相告，然后再询问对方"有什么事情"。若是二者先后次序颠倒了，就可能使发话人产生疑心。

若来电人所找的人就在附近，应立刻去找，不要拖延。若答应来电人代为传话，则应尽快落实。

不到万不得已时，不要把代人转达的内容，再托第二人代为转告。否则，一是可能使转答内容变样，二是难保不会耽误时间。

◇代接要尊重他人隐私

当来电人有求于己，希望转答某事给某人时，要严守口风。切勿随意扩散，"广而告之"，辜负了他人的信任。在通话中，要明白自己是个中介，不该说的话一句不说，不该问的话一句不问，千万不要无中生有、画蛇添足。热心过度是会让人生厌的。

当别人通话时，要根据实际情况，或是埋头做自己的事，或是自觉走开，千万不可故意侧耳"旁听"，更不要没事找事，主动插嘴，这种参与意识是要不得的。

◇做好准备后再拨打电话

对拨打电话前的准备工作，很多人都不以为然，因为准备需要时间，他们不想把时间花在准备上，而更愿意将时间花在与客户的沟通上。事实上，有了充分的准备，明确了自己打电话的目标，往往会达到事半功倍的效果。如果你没有把准备工作做好，不瞄准靶子射箭，那么很可能使电话沟通以失败告终。

◇接听电话前，整理好自己的情绪

电话接听，切忌出现一些恶劣语句，例如，工作正忙的时候，电话又响个不停，情绪很可能因此而变得不耐烦，但是打电话的人并不会察觉到这一点。所以，当你拿起电话，还来不及将情绪整理就大喊："喂！找谁！"对方一定会认为："这是什么公司？"一间拥有一百位员工的公司里，只要一位员工情绪不稳而造成客户不满的话，有可能一竿子打翻了一船人。

◇接电话之前先松一口气

无论工作怎么忙，接电话之前必须先松一口气，之后再以明亮的声音向对方说："喂，××公司，您好！"如果对方是自己的亲友："原来是你，真难得！最近好像很不错！"之后，再依彼此的交情程度，进行不同的谈话。切忌自己什么都不说，只是一味地询问对方："你叫什么名字？""你是哪个单位的？""你找他是公事还是私事？"这样会给人盛气凌人的感觉，极不礼貌。别人会觉得，你问我是谁，那你是谁？而"喂"字如果大声一点，则有审讯的嫌疑，让人有被审问的感觉。

◇笑容可掬地接听电话

即使对方看不见你，但是愉悦的笑语会使声音自然轻快悦耳，因而留给对方极佳的印象。相反，若接电话时板着脸，一副心不甘、情不愿的样子，声音自然会沉闷凝重，无法留给对方好感。由于脸部表情会影响声音的变化，所以即使在电话中，也要常抱着"对方正在看着我"的心态去应对。不管何时，只要笑容可掬地接听电话，声音自然会把明朗的表情传达给对方。

要在通电话时展现你的微笑，首先要认识到每个电话都是一个友好的访问，而不是对你私人空间的侵犯。你对待每个电话必须就像是对待你最好的朋友和喜欢的客户，无论打电话还是接电话，拿起电话，你就应该面带微笑，用柔和的语气清楚地说："您好！"或者在接听电话之前就微笑，先笑笑再接听电话，以便通过声音让对方感觉到你友好的态度。

第三章 不可不知的场景口才常识

第一节 推销口才常识

◇**幽默可以增进与客户之间的关系**

一个推销人员，想要成功就需要借助幽默的力量。幽默可以增进与客户之间的关系，融洽彼此之间的联系，使许多尴尬、难堪的洽谈场面变得轻松，从而促进彼此之间的合作，进而发展更多的客户。

日本推销大师齐藤竹之助说："什么都可以少，唯独幽默不能少。"这是齐藤竹之助对推销员的特别要求。许多人觉得幽默好像没有什么大的作用，其实是他们不知道怎么运用幽默。

那种不失时机、意味深长的幽默更是一种使人们身心放松的好方法，因为它能让人感觉舒服，有时候还能缓和紧张的气氛，打破沉默和僵局。

据说，美国300多家大公司的企业主管，参加了一项幽默意见调查。这项调查的结果表明：90%的企业主管相信，幽默在企业界具有相当的价值；60%的企业主管相信，幽默感决定着人的事业成功的程度。这一切说明，幽默对于现代人以及现代人的成功至关重要。

幽默要运用得巧妙，有分寸、有品位。运用幽默语言时要注意：千万不要油腔滑调，否则会让人生厌；说话时要特别注意声调与态度的和谐，是否运用幽默要以对方的品位而定。

在你打算轻松幽默一番之前，最好先分析你的产品和你的客户，一定要确信不会激怒对方，因为这种幽默对有些人来说根本不起作用，说不定还会适得其反。

◇**迅速打开客户的"心防"**

任何人与陌生人打交道时，内心深处总是会有一些警戒心，当准客户第一次接触业务员时，也是带有"防备"心理的。

只有在推销人员能迅速地打开准客户的"心防"后，客户才可能用心听你的谈话。打开客户"心防"的基本途径是：①让客户对你产生信任；②引起客户的注意；③引起客户的兴趣。

TOYOTA的神谷卓一曾说："接近准客户时，不需要一味地向客户低头行礼，也不应该迫不及待地向客户介绍商品，这样做，反而会引起客户逃避。当我刚进入公司做推销时，在接近客户时，我只会向他们介绍我的汽车，因此，在初次接近客户时，往往都无法迅速地与客户进行沟通。在无数次的体验揣摩下，我终于体会到，与其直接说明商品不如谈些有关客户的太太、小孩的话题或谈些社会新闻之类的事情，让客户喜欢你才真正关系着销售的成败，因此接近客户的重点是让客户对一位以推销为职业的业务员产生好感，从心理上先接受他。"

◇准确叫出客户的名字

戴尔·卡耐基说："一种最简单但又最重要的获取别人好感的方法，就是牢记他或她的名字。"

准确记住客户的名字，不仅对一次推销有帮助，而且还可能影响一个人的一生。

只要用心去记，不断地重复，记住并准确地说出客户的姓名并不难。如果你能够尊重并牢记别人的姓名，就表示你在乎他，这不但能建立起良好的人际关系，而且对业务的拓展也大有帮助。试想，某一天，当你碰到自己的客户时能清楚地叫出对方的名字，客户一定会觉得你很尊重他，这对你日后的工作有很大的帮助。

要牢记他人的名字，下面4种方法可以借鉴。

（1）用心仔细听

把记别人姓名当成重要的事。每当认识新朋友时，一方面用心注意听，另一方面牢牢记住。切记！每一个人对自己名字的重视程度绝对超出你的想象！

（2）利用笔记，帮助记忆

别太信任自己的记忆力，在获得对方名片之后，必须把他的特征、嗜好、专长、生日等写在名片背后，以帮助记忆。当然，若能配合照片另制资料卡，则更理想。

（3）重复记忆

对于一个名字，如果重复几遍，就会记得更加牢固。因此，在初次见面时，要多叫几次对方的名字，以加深印象。

（4）运用有趣的联想

利用对方的特征、个性以及名字的谐音产生联想，以帮助记忆。

◇只做有建设性的拜访

所谓建设性的拜访，就是推销员在拜访客户之前，先调查、了解客户的需要和问题，然后针对客户的需要和问题，提出建设性的意见，例如提出能够增加客户销售或能够使客户节省费用、增加利润的方法。只有撒下这样的诱饵，客户才会慢慢上"钩"。

一位推销高手曾这样谈到："准客户对自己的需要，总是比我们推销员所说的话还要重视。根据我个人的经验，除非我有一个有益于对方的构想，否则我不会去访问他。"

推销员向客户做建设性的访问，必然会受到客户的欢迎，因为你帮助客户解决了问题，满足了客户的需要，这比你对客户说"我来是推销产品的"更能打动客户。尤其是要连续拜访客户时，推销员带给客户一个有益的构想，乃是给对方留下良好印象的一个不可缺少的条件。

推销员一定要抱着自己能够对客户有所帮助的信念去访问客户。只要你把如何才能对客户有所帮助的想法铭刻在心，那么，你就不会放过任何一个能对客户有所帮助的机会。即使是一个偶然的机会，你就能够提出一个对客户有帮助的建设性构想。

◇介绍产品要用客户听得懂的语言

用客户听得懂的语言向客户介绍产品，这是最简单的常识，尤其对于非专业的客户来说，推销员一定不要过多使用专业术语。有一条基本原则对所有想吸引客户的人都适用，那就是如果信息的接受者不能理解该信息的内容，这个信息便产生不了它预期的效果。推销员对产品和交易条件的介绍必须简单明了，表达方式必须直截了当。表达不清楚，语言不明白，就可能会产生沟通障碍。

所以在向客户介绍产品时，你必须做到简洁、准确、流畅、生动，而且还要注意时机的选择，切不可卖弄专业术语。要记住：你推销的是产品，而不是那些抽象的代码！

◇强调产品的好处

从事推销工作的人是否曾经思考过，你们销售的是产品，还是产品带给顾客的好处呢？我们通常都认为自己向顾客推销的是产品，衣服、领带、化妆品、广告、软件……却忽略了顾客需要的不是这些产品，顾客真正需要的是产品带给他们的好处。所以，推销的关键，是要向客户展示产品能为他们带来哪些好处。

根据对实际的销售行为的观察和统计研究，60%的销售人员经常将特点与好处混为一谈，无法清楚地区分；50%的销售人员在做销售陈述或者说服销售的时候不知道强调产品的好处。销售人员必须清楚地了解特点与好处的区别，这一点在进行销售陈述和说服销售的时候十分重要。

◇推销中可以强调产品哪些好处

（1）帮助顾客省钱。

（2）帮助顾客节省时间。效率就是生命，时间就是金钱，如果我们开发一种产品可以帮顾客节省时间，顾客也会非常喜欢。

（3）帮助顾客赚钱。假如我们能提供一套产品帮助顾客赚钱，当顾客真正了解后，他就会购买。

（4）安全感。顾客买航空保险，不是买的那张保单，买的是一种对他的家人、他自己的安全感。

（5）地位的象征。一块百达翡丽的手表拍卖价700万元人民币，从一块手表的功用价值看，实在不值得花费，但还是有顾客选择它，那是因为它独特、稀少，能给人一种地位的象征。

（6）健康。市面上有各种滋补保健的药品，就是抓住了人类害怕病痛死亡的天性，所以当顾客相信你的产品能帮他解决此类问题时，他也就有了此类需求。

（7）方便、舒适。

◇ 以客户为谈话的中心

和客户谈话时，要以客户为谈话的中心。一定要把客户放在你做一切努力的核心位置上！不要以你或你的产品为谈话的中心，除非客户愿意这么做。

这是一种对客户的尊重，也是赢得客户认可的重要技巧。销售人员必须要摆正自己的位置，即明确自己扮演的角色和行动目标——满足客户的需求，为客户提供最满意的产品或服务。

如果客户善于表达，那你就不要随意打断对方说话，但要在客户停顿的时候给予积极回应，比如，夸对方说话生动形象、很幽默等。如果客户不善表达，那也不要只顾着你自己滔滔不绝地说话，而应该通过引导性话语或者合适的询问让客户参与沟通的过程当中。

◇ 找到一个与众不同的卖点

从销售的角度来说，没有卖不出去的产品，只有卖不出去产品的人。因为聪明的推销员总可以找到一个与众不同的卖点将产品卖出去。独特卖点可以与产品本身有关，有时候，也可以与产品无关。独特卖点与产品有关时，可以是产品的独特功效、质量、服务、价格、包装等；当与产品无关时，这时销售的就是一种感觉、一种信任。

一个推销员带领一对夫妇看一幢老房子，当客户看到院子中的樱桃树时显得很高兴，推销员及时捕捉到了这个信息，并作出判断：客户喜欢这棵樱桃树。这是推销员优秀的思考习惯的反应。

发现这一点后，当客户对客厅陈旧的地板、厨房简陋的设备等缺点表现不满意时，推销员及时说道："你们从任何一个房间的窗户向外看，都可以看到院子里的樱桃树。"最后，客户买下了这幢并不满意的房子，只是因为喜欢那棵樱桃树。这个过程是推销员卓越的推销能力的体现，她可以根据客户的反应及时强调房子的独特卖点，把客户的思维始终控制在独特的卖点上，最后作出购买的决策。

所以，如果你想卖出产品，就先把产品的独特卖点找出来并展示给客户。

◇ **巧用利益解说策略**

利益解说策略是指推销员用适合客户需求的产品特性和利益，进行有针对性的解说，从而使得客户接受产品。这种策略，对于专业的推销员而言，是必须掌握的。其中，利益是指产品能给客户带来的益处，能够满足客户的需求。

汽车推销员小吴通过对某一潜在客户的调查发现他们对配送车的需求特征，就是要提高效率。而提高效率的关键点在于客户配送的东西大小规格都不一致，导致每一辆车的装载量少、装卸速度慢。

在明确了客户的具体需求后，小吴便有针对性地解说他们公司所提供的配送车的利益点："它除了比一般同型货车超出了15%的空间外，并设计有可调整的陈放位置……同时能活动编号，依号码迅速取出配送物。"

在客户说明原来的车还没有到企业规定的汰旧换新的年限且停车场也不够时，小吴更是抓住时机说明使用××配送车的利益点："每天平均能提升20%的配送量，也就是可以减少目前1/5的配送车辆，相对地也可以节省1/5的停车场地。""若采取××型专业配送车，不但可以因提高配送效率而降低整体的配送成本，而且还能节省下停车场地的空间，让贵企业两年内不需为停车场地操心。"

最后，小吴根据客户的实际情况，建议将其中10辆接近汰旧换新年限的车换成××型专业配送车。

在整个销售解说过程中，小吴一直牢牢地把握住客户的需求并结合自己产品的特性和利益来解说××型专业配送车，让客户在利益需求思考下作出购买决定。

◇ **推荐给客户的产品最好是三款**

推荐的过程说白了就是找出符合客户要求的产品，然后介绍它们的品牌、型号、配置和价格。最后由客户来选择。

这个选择性过程基本可以总结为以下两步：第一步，列举几种可供选择的产品和这些产品各自特点；第二步，让消费者从中选择认可的一个备选选项。

但是，切记只能推荐两款到三

款,三款最好。少了,客户没有挑选的余地,自己也没有回旋的余地;多了,客户会挑花眼,自己也会因为盲目推荐而没有目标。接下来的谈话很重要,要让客户实实在在地体会产品本身的优异性能。

◇ **利用客户的好奇心**

"好奇"是人类一种非常普遍的心理,当你能够准确地把握并利用这一心理的时候,你往往能够轻而易举地征服客户。在商务电话沟通中,业务员可以首先唤起客户的好奇心,引起客户的注意力和兴趣,建立与客户的关系,从而获得与客户的顺利沟通。

利用客户的好奇心必须根据具体情况来设计具体的语言,激起客户好奇心的方法应该合情合理,奇妙而不荒诞。业务员应该向客户展示各种新闻、奇遇、奇才、奇谈、奇货等合乎客观规律的新奇事物来唤起客户的好奇心,以达到接近客户的目的,而不应该凭空捏造违背客观事实的奇谈怪论来诱惑客户,更不可装神弄鬼,进行迷信宣传。

另外还要注意,无论利用什么语言,都应该与推销活动有关。如果客户发现业务员的接近与推销活动完全无关,很可能立即转移注意力并失去兴趣。

◇ **把话说到点子上**

出色的口才不仅要求口齿伶俐、思维敏捷,还要求语言要有逻辑性,把话说到点子上。对于推销员来说,良好的口才是说服客户的利器,是把握主动权的保证。

例如,面对游戏软盘的推销,客户认为玩游戏会影响孩子的学习时,推销员则把自己的游戏软盘与中学生的智力开发问题联系起来,并且把游戏软盘定位于帮助孩子学习的重要工具。我们知道,家长非常重视孩子的学习和智力开发,推销员这样说就说到点子上了,说到客户心里去了。果然,客户被打动了,交易做成了。

可见,推销员要取得很好的销售业绩,就必须加强自己的口才训练,做到把话说到点子上,提高自己的销售能力。

◇ **站在客户的角度考虑问题**

优秀的推销员关注客户而非产品本身,他们在销售之前往往会站在客户的角度来考虑问题,将心比心、感同身受。这与拙劣的推销员只顾向客户推销产品而不站在客户的角度去考虑是否真正需要是完全不同的。

当客户认为产品价格高时,虽然原因各有不同,但主要原因是想买便宜的货物,销售人员要能够站在客户的角度思考,了解他的需求后,再向他介绍合适的东西,要做到让客户心里有这样一种感觉:他买的是一种很适合他用的东西。

例如,如果购买罐头的顾客认为你推荐的产品价格有些贵,你就不应该再强调那种品牌如何如何好,应该说:"那种品牌的产品,定价都较高一点,我建议您买另外一种牌子的看看,东西也很不错,价钱则便宜了五分钱。"假如看她有了要买的意思,要轻描淡写地说明这种产品的缺点,让客户了解罐头内部的情况。你不妨这样说:"很多客户吃了这种罐头都说,色泽虽然稍差一些,可味道一点也不差。"这样一交代,就符合我们不欺骗客户的原则了,而且满足了客户的需求。

许多生意的成交,关键就在于销售员把握了客户的真实需求,并进行了有针对性的推销。

◇ **给予客户沉默的时间**

客户的沉默,相当于我们常听到的"请稍候"。业务员在敦促签单的话告一段落之后应给予对方沉默的时间。

当对方沉默时,如果业务员沉不住气,不能等待客户思考之后,就将客户的思路打断。那样就不仅只是打断他的思路,还打断了一个明确的答复。正如有的业务员所说的那样:"对方一沉默,我就像被人用枪瞄着,却总也听不见枪响。这比挨一枪还难受。"这就是业务新人常犯的沉默恐惧症。

有些业务员认为沉默意味着缺陷。客户的沉默使业务员感到压抑,很冲动地产生打破沉默的念头。相反,有经验的业务员在敦促到一定程度的时候,会主动沉默。

这种沉默是允许的，而且也是受客户欢迎的。

在商务电话沟通中，我们要做好充分的"打持久战"的心理准备，尤其是在等待客户决策，对方沉默不语时更不能操之过急。

其实，沉默的时间并非像有些耐不住的业务员感受的那样漫长。当客户沉默的时候，他比业务员承受的压力要大得多，他们沉默一般不会超过30秒。一般来说，客户在你沉默10秒最多不超过20秒后，他就会对你开口。在这种情况下，客户说出的基本上是实质性的决定。

◇听出对方的谈话重点

能听出对方的谈话重点，是一种能力，也是成功进行商务沟通的关键之一。这就要求我们在沟通中，不仅要集中精力认真倾听，更要认真思考。在思考的过程中，你可能会发现一些问题，也许这些问题正是决定沟通是否成功的关键。

另外，在沟通中发现的问题，需要客户进行确认，你应当及时让客户确认；需要认真核对的，应当及时核对。比如你可以这样说：

"您这句话的意思是……我这样理解对吗？""按我的理解，您是指……""您能再详细说说吗？"这些话语的运用，同样使客户有一种受尊重的感觉，当然，最主要的作用还是深层次地了解客户谈话的意图。

◇及时领会客户的意思

销售过程中及时领会客户的意思非常重要。只有及时领会客户的意思，推销员才能及时做好准备，为下一步的销售创造条件。

推销员只有及时领会了客户的意思，巧妙地作出适当的回应，才能使事情朝越来越好的方向发展，如果推销员不能及时领会客户的话，就不能很好地解除对方的疑虑。

及时领会客户话中的意思，及时发现成交信号，是促成成交最关键的环节。

◇尽量问一些能得到肯定回答的问题

在法律系学生的课程中，教授会告诉他们："当你盘问证人席的嫌犯时，不要问事先不知道答案的问题。"

相同的训诫也可以用在销售上。辩护律师如果不事先知道答案就盘问证人，会为他自己惹来很多麻烦，同样的情形也会发生在销售人员身上。

绝对不要问只有"是"与"否"两个答案的问题，除非你十分肯定答案是"是"。

例如，不要问客户："你想买双门轿车吗？"而要说："你想要双门还是四门轿车？"

如果你用后面这种二选一的问题，你的客户就无法拒绝你。相反的，如果你用前面的问法，客户很可能会对你说："不。"下面有几个二选一的问题：

"你比较喜欢三月一号还是三月八号交货？"

"发票要寄给你还是你的秘书？"

"你要用信用卡还是现金付账？"

"你要红色还是蓝色的汽车？"

"你要用货运还是空运的？"

可以看出，在上述问题中，无论客户选择哪个答案，业务员都可以顺利做成一笔生意。

要养成经常这样说话的习惯："难道你不同意……"例如："难道你不同意这是一部漂亮的车子，先生？""难道你不同意这块地可以看到壮观的海景，先生？""难道你不同意你试穿的这件貂皮大衣非常暖和，女士？""难道你不同意这价钱表示它有特优的价值，先生？"因为，这些问题你已很有把握客户会作出肯定的回答。当客户赞同你的意见时，也会衍生出肯定的回应。

◇了解何时该"温和地推销"

作为一个优秀的推销员，应该了解何时该"温和地推销"。对于极有潜力的未来客户，推销员应该沉住气，潜入海底。所谓潜入海底，是指能够耐得住性子，尽力接近他们而不是让他们从一开始就怀有戒心，相互信任是关系营销的最高境界。

例如推销员托马斯，喜欢打高尔夫球，也因此结识了很多有实力的客户，但他并没有利用这个机会去推销，而是把个人娱乐和生意分开，与球伴建立了很好的关系，这是建立信任、赢得客户好感的一种典型策略，它也常常能取得非常好的效果。

正是这样的做法，使得托马斯赢得了与他一起打球的某公司的总经理吉米的敬佩，对方主动要求与他做生意，于是，吉米成了托马斯最大的客户。

这桩生意做得看似轻而易举，其实是与客户长期接触、赢得客户的信任与尊重而获得的。这其中，与潜在客户长期接触时的言谈尤其重要，不能流露出功利心，这也是托马斯取得成功的关键。

可见，强硬推销的结果必是遭到拒绝，而经过一段时间发展得来的关系会更长久。作为推销员，不妨借鉴一下托马斯的做法，先取得潜在客户的信任，生意自然水到渠成。

◇了解客户顾虑的根源

在推销过程中，客户提出顾虑是很正常的，而且顾虑往往是客户表示兴趣的一种信号。但遗憾的是，当客户提出顾虑时，不少推销员往往不是首先识别顾虑，而是直接进入化解顾虑的状态，这样极易造成客户的不信赖。错误的顾虑化解方式不但无助于推进销售，反而可能导致新的顾虑，甚至成为推销失败的重要因素。

例如，当客户提出"你们的售后服务怎么样"时，说明这个问题是客户经过慎重考虑提出来的，是一种理性思考的结果。这时候，要化解客户的顾虑就需要推销员把客户内心的想法了解得一清二楚，并促使其决策。

这时不妨采用提问的方式："您所指的售后服务是哪些方面呢？"给予客户被尊重的感觉，同时协助客户找到问题的症结所在，然后利用自己的专业知识，轻松化解客户的顾虑，获得推销的成功。

正确理解客户的顾虑甚至比提供正确的解决方案更重要。至少，针对客户顾虑的提问表达了对客户的关心与尊重。推销员只有充分了解客户顾虑的根源，从根本上解决问题，才能顺利成交。

◇突破客户的防线，开发潜在需求

当客户对你说出拒绝的话语时，一个成熟而有经验的推销人员会通过有策略的交谈，巧妙突破客户的防线，从而开发出客户的潜在需求。推销时挖掘客户的消费需求至关重要。

挖掘客户的消费需求，就是要让他觉得眼前的商品可以给他带来远远超出商品价值之外的东西。每位顾客由于其年龄、性别、职业、文化程度以及消费知识和经验的差异，他们在购买商品时，会有不同的购买动机和消费需求，因此，他们所要求得到的服务也不同，销售人员面对每一位顾客都要细心观察，热情、细致地为他们提供所需要的服务。

客户的消费需求要求推销员去开发，聪明的推销员会在无意中给顾客限制选择的权利或者是让消费者作出有利于推销员的选择。要想占有更大的市场，就要求推销员不断开发客户的需要。

第二节　谈判口才常识

◇通过从客观角度关注利益的方式打破僵局

从客观的角度来关注利益。有效地克服困难，打破僵局，首先要做到从客观的角度来关注利益。不能盲目地坚持自己的主观立场而脱离了客观实际。在谈判中，要尽量照顾到双方的共同利益。如果处理不当，谈判双方都固执己见不肯让步，就会由此引发矛盾陷入僵局。此时就需要找到一项平衡双方利益的方案，建立一套客观的办事原则、程序或衡量事物的标准，来打破这种僵局，将谈判进行下去。

◇通过据理力争的方式打破僵局

对原则问题要寸步不让，据理力争。如果业务洽谈陷入僵局完全是由于对方提出的不合理要求造成的，特别是在一些原则问题上表现得蛮横无理时，要做出明确而坚决的反应。因为这时任何其他替代性方案都将意味着无原则的妥协。一味地让步往往不是解决问题的好办法，只会增加对方更多的欲望和要求。因此，要据理力争，让对方自知观点难立，能够更为清醒地权衡得失，做出相应的让步，从而打破僵局。

◇通过从对方角度观察问题的方式打破僵局

设身处地,从对方的角度来观察问题。这是谈判双方实现有效沟通的重要方式之一,同样也是打破僵局的好办法。实践证明,如果善于用对方思考问题的方式进行分析,会获得更多打破僵局的思路。当谈判陷入僵局时,如果我们能够做到从对方的角度思考问题,或设计使得对方站到己方的立场上来思考问题,就能够多一些彼此之间的理解,消除误解与分歧,找到更多的共同点,积极地推动谈判的进程。

◇通过抓对方漏洞借题发挥的方式打破僵局

抓住对方的漏洞借题发挥。在一些特定的形势下,抓住对方的漏洞,小题大做,会令对方措手不及,对于打破谈判僵局有意想不到的效果。如果谈判中对方某些人采取了不合作的态度或试图恃强欺弱的做法,运用从对方的漏洞中借题发挥的方法做出反击,往往可以有效地使对方有所收敛。

◇通过换方案的方式打破僵局

换一种双方更容易接受的方案。不论是国际业务洽谈,还是国内业务磋商,都不可能总是一帆风顺的,双方之间磕磕碰碰是很正常的事情。这时,谁能够创造性地提出可供选择的方案,谁就能掌握谈判中的主动。当然这种替代方案一定既能有效地维护自身的利益,又能兼顾对方的利益要求。

对于谈判,双方都做出努力,已经进行的谈判也耗费了很多人的精力和心血,任何一方都不愿轻易放弃,因此,暗示对方谈判已经进行了大部分,借助已经协商好的事项作为跳板同样可以打破僵局。

◇没有摸清对方的实力时,可用婉转型提问方式

这种提问是用婉转的方法和语气,在适宜的场所向对方发问。

这种提问是没有摸清对方虚实,先虚问,投一颗"问题的石子",避免对方拒绝而出现难堪局面,又能探出对方的虚实,达到提问的目的。

例如，谈判一方想把自己的产品推销出去，但并不知道对方是否会接受，又不好直接问对方要不要，于是他试探地问："这种产品的功能还不错吧？你能评价一下吗？"

如果对方有意，他会接受；如果对方不满意，他的拒绝也不会使自己难堪。

◇要激起对方情绪时，可用攻击型提问方式

当谈判双方发生分歧时，有时出于某种策略，要显示己方的强硬态度，或者要故意激起对方的某种情绪，就可以使用攻击型提问。其结果多会造成双方情绪对抗与语言冲突，如："我倒是想问你一句，你这么说到底是什么用意？""如果我们不想接受你们的建议，你们会怎么办？"

攻击型提问的不友好态度，决定了它不能在谈判中任意使用。只有在谈判对方瞻前顾后、犹豫不决的情况下，如果态度强硬，倒可以促使他下定决心。

◇要让对方同意，尽量用协商型提问方式

如果你要对方同意你的观点，应尽量用商量的口吻向对方提问，如："你看这样写是否妥当？"这种提问，对方比较容易接受。而且，即使对方没有接受你的条件，但是谈判的气氛仍能保持融洽，双方仍有合作的可能。

◇尽可能以提问方式操纵对方思维

直接性提问："谁能解决这个问题？"这种提问具有限制性，回答是可以控制的。

一般性提问："你认为如何？""你为什么这样做？"这种提问没有限制，回答难以控制。

诱导性提问："这不就是事实吗？"这种回答也是可以控制的。

发现事实的提问："何处""何人""何时""何故"。

探询观点的提问："是不是？""你认为如何？"

描述性提问："看来你很高兴，是不是遇上什么好事？""我

知道你为难，能想想办法吗？"

理解性提问："是这个意思吗？……"

求同式提问："你怎么看？""有什么想法？"

鼓励性提问："能再讲一点吗？""你怎么能肯定？"

持续性提问："后来呢？""那怎么办？"

追踪性提问："为什么？"

冷场或僵局的提问："你看，要不然这样好不好？""只要你同意，其他都好商量，你说呢？"

◇可选择在自己发言前后提问

谈判中，当轮到自己发言时，可以在谈自己的观点之前，对对方的发言提出设问。

此时并不一定要求对方回答，而是自问自答。这样可以争取主动，防止对方接过话头，影响自己发言。例如："你刚才的发言要说明什么问题呢？我的理解是……对这个问题，我谈几点看法。"

"价格问题您讲得很清楚，但质量怎样呢？我先谈谈我们的要求，然后请您答复。"

在自己充分阐述了己方的观点之后，为了使谈判沿着自己的思路发展，牵着对方的鼻子走，往往要进一步提出要求，让对方回答。

例如："我们的基本立场和观点就是这样，您对此有何看法呢？"

"我们对产品的质量要求就是这样，请问贵公司能否达到我们的要求呢？"

◇可选择在对方发言完毕之后提问

在对方发言的过程中，不要急于提问。因为打断别人的发言是不礼貌的，容易引起别人反感。

对方发言时，你要积极倾听。即使你发现了对方的问题，想急于提问，也不要打断对方，可先把想要问的问题记下来，等对方发言完毕再提问。这样，不仅显示了自己的修养，而且能全面地、完整地了解对方的观点和意图，避免操之过急，曲解或误解了对方的意图。

◇可选择在对方发言停顿、间歇时提问

如果谈判中，对方发言冗长，

或不得要领，或纠缠细节，或离题太远，影响谈判过程，那么，你可以借他停顿、间歇时提问。

例如：当对方停顿时，你可以借机提问："您的意思是……""细节问题以后再谈，请谈谈您的主要观点好吗？"

◇可选择在对方情绪好时提问

现实生活中我们常常看到，有些人高兴起来一掷千金，反之，则一毛不拔。显然，人情绪的不同，对同一件事可以做出完全不同的反应。

谈判者受情绪的影响在所难免。谈判中，要随时留心对手的心境，在你认为适当的时候提出相应的问题。

例如，对手心境好时，常常会轻易地满足你所提出的要求。并且还会变得粗心大意，很容易露出口气。此时，你抓住机会，提出问题，通常会有所收获。

有些谈判者在提问时往往操之过急，对所提问题本身没有进行充分的思考，凭一时冲动脱口而出。这种提问常常不是显得冒失，就是提问者自己前言不搭后语，让对方弄不清楚你所问的问题。结果，问题没有提成，反而留下笑柄，使自己难堪。

◇可选择在议程规定的辩论时间提问

大型谈判一般要事先双方议定谈判议程，设定辩论的时间。在双方各自介绍情况、阐述观点的时间里一般不进行辩论，也不向对方提问。

只有在辩论时间里，双方才可自由地提出问题，进行辩论。

在这种情况下提问，要事先做好准备。"不打无把握之战"。可以设想对方的几种答案，针对这些答案考虑好己方的对策，然后再提问。

在辩论前的几轮谈判中，要做好记录，归纳出谈判桌上的分歧，准备好提问的"石头"，以便看准对方的弱点，投掷出去，击中对方要害。

在谈判休会时，要多思考一些新的问题，利用和对方谈判人员闲谈之机，探求有关情报，摸清对方的真实意图，为辩论时的提问做好充分的准备。

◇将问话者范围缩小，不要彻底回答所提的问题

答话者要将问话者的范围缩小，或者对回答的前提加以修饰和说明。比如，对方对某种产品的价格表示出关心，发问者直接询问这种产品的价格。如果彻底回答对方，把价钱一说了之，那么在进一步谈判过程中，回答的一方可能就比较被动了。倘若这样回答："我相信产品的价格会令你们满意的，请先让我把这种产品的几种性能做一个说明好吗？我相信你们会对这种产品感兴趣的……"这样回答，就明显地避免了一下子把对方的注意力吸引到价格问题的焦点上来。

◇给自己留有余地，不要确切回答对方的提问

回答问题，要给自己留有一定的余地。在回答时，不要过早地暴露你的实力。通常可先说明一件类似的情况，再拉回正题，或者利用反问把重点转移。例如："是的，我猜想你会这样问，我可以给你满意的答复。不过，在我回答之前，请先允许我问一个问题。"若是对方还不满意，可以这样回答："也许，你的想法很对，不过，你的理由是什么？""那么，你希望我怎么解释呢？"等等。

◇依发问人的心理假设回答

问答的过程中，有两种不同的心理假设：一是问话人的，一是答话人的。答话人应依照问话人的心理假设回答，而不要考虑自己的心理假设。

一个美国陆军上尉在军队中担任财务官，多年来他已经私下挪用了不少公款。有一天，他在美军专用市场买东西，有两个宪兵走过来拍拍他的肩膀，说："上尉，请你跟我们到外面一下好吗？"上尉说，他要先去洗手间，麻烦那二位宪兵等一下。上尉进了洗手间以后，就开枪自杀了。那两个宪兵大吃一惊。他们只是看到他的车停在门外消防水龙头旁边，要他把车子倒退一点而已。

这便是那位上尉以自己的心理假设行动的结果，他以为自己挪用

公款被发觉了。撇开是非不谈，如果那位上尉是以宪兵的心理假设反问一句："什么事？"跟着出去看一看的话，说不定还活得好好的。

◇找借口拖延答复

有时可以用资料不全或需要请示等借口来拖延答复。比如，你可以这么回答："对你所提的问题，我没有第一手的资料来做答复，我想，你是希望我为你做详尽并圆满的答复的，但这需要时间，你说对吗？"

当然，拖延时间只是缓兵之计，它并不意味着可以拒绝回答对方提出的问题。因此，谈判者要进一步思考如何来回答问题。

◇有些问题不值得回答

在谈判中，对方提出问题或是想了解我方的观点、立场和态度，或是想确认某些事情。对此，我们应视情况而定。对于应该让对方了解，或者需要表明己方态度的问题，要认真回答；而对于那些可能会有损己方形象、或泄密、或近于无聊的问题，谈判者也不必为难，

不予理睬是最好的回答。当然，用外交辞令中的"无可奉告"一语来拒绝，也是回答这类问题的好办法。

◇回答对方的问题，有时可以将错就错

谈判中，由于双方在表述与理解上的不一致，错误理解对方讲话意思的事情是经常发生的。

一般情况下，这会增加谈判双方信息交流与沟通上的困难，因而有必要予以更正、解释。但是，当谈判对手对你的答复做了错误的理解，而这种理解又有利于你时，你不必去更正对方的理解，而应该将错就错，因势利导。

比如，当买方询问某种商品的供应条件时，卖方答复买方可以享受优惠价格。而买方把卖方的答复理解为，如果他想享受优惠价格就必须成批购买。而实际上卖方只是希望买方多购买一些，并非买方享受优惠价格的先决条件。如果买方做了这样的理解后，仍表示出购买的意向，卖方当然不必再把自己的原意解释一番。

总之，谈判中的应答技巧不在于回答对方的"对"或"错"，而在于应该说什么、不应该说什么和如何说，这样才能产生最佳效应。

◇对于一些问话，不要马上回答

对于一些问话，不一定要马上回答。特别是对一些可能会暴露自己意图、目的的话题，更要慎重。例如，对方问："你们准备开价多少？"如果时机还不成熟，就不要马上回答。可以找一些其他借口谈别的，或是闪烁其词，答非所问，如谈一谈产品质量、交货期限等，等时机成熟再摊牌，这样效果会更理想。

◇不轻易作答

谈判者回答问题，应该具有针对性，有的放矢，因此有必要了解问题的真实含义。同时，有些谈判者会提出一些模棱两可或旁敲侧击的问题，意在以此摸对方的底。对这一类问题更要清楚地了解对方的用意。否则，轻易、随意作答，会造成己方的被动。

◇找些借口，避开对己方不利的回答

在许多场合下，提问者会采取连珠炮的形式提问，这对回答者很不利。特别是当对方有准备时，会诱使答话者落入其圈套。因此，要尽量使问话者找不到继续追问的话题和借口。比较好的方法是，在回答时，可以说明许多客观理由，但却避开自己的原因，例如："我们交货延期，是由于铁路运输……""许可证办理……"等，但不说自己公司方面可能出现的问题。

有时，可以借口无法回答或资料不在，来回避难以回答的问题，冲淡回答的气氛。此外，当对方的问题不能予以清晰、有条理地回答时，可以降低问题的意义，如："我们考虑过，情况没有你想得那样严重。"

◇谈判中的投石问路技巧

投石问路是一种向对方的试探，它在谈判中常常借助提问的方式，来摸索、了解对方的意图以及某些实际情况。

当你作为买主，在讨价还价时，可以提出下列问题：

"假如我们订货的数量加倍，或者减半呢？"

"假如我们和你们签订一年的合同，或者更长时间的合同呢？"

"如果我们减少保证，你有何想法？"

"假如我们自己提供材料呢？"

"假如我们要求改变产品的规格呢？"

"假如我们采取分期付款的方式呢？"

"假如我们自己解决运输问题呢？"

当你想取得对方的情报，获取所需要的信息时，可以提出下列问题：

"请您告诉我，为什么半个月后才可以发货？"

"请问这批货物的出厂价是多少？"

"请问，提货地点在哪里？"

"究竟什么时候才能到货？"

当你想引起对方的注意，并引导他的谈话方向时，可以这样提出问题：

"您能否说明一下，这种类型的商品的修理方法？"

"如果我们大批订货，你们公司能不能充分供应？"

"您有没有想过要增加生产，扩大一些交易额？"

"请您考虑签订一份三年的合同，好吗？"

当你希望对方做出结论时，可以这样提问：

"您想订多少货？"

"您对这种产品的样式感到满意吗？"

"这个问题解决了，我们可以签订协议了吧？"

当你想表达己方的某种情绪或思想时，可使用这类问话：

"我们的价格如此低廉，您一定会感到吃惊吧（表达炫耀的情绪）？"

"您是否调查过本公司的财务状况和信用（表达自信和自豪的情绪）？"

"对于那个建议，您的反应如何（引起他人注意，为他人思考指引方向）？"

"请原谅，您是否知道这是达成协议的唯一途径（引起对方注意，引导对方自己做结论）？"总之，每一个提问都是一粒探路的"石子"，你可以通过对产品质量、购买数量、付款方式、交货时间等问题来了解对方的虚实。

◇谈判中常用的解围用语

当谈判出现困难，无法达成协议时，为了突破困境，给自己解围，可以运用解围用语。例如：

"真遗憾，只差一步就成功了！"

"就快要达到目标了，真可惜！"

"行百里者半九十，最后的阶段是最难的啊！"

"这样做，肯定对双方都不利。"

"再这样拖延下去，只怕最后结果不妙。"

"既然事情已经到这个地步了，懊恼也没有用，还是让我们再做一次努力吧！"

这些解围用语，有时能产生较好的效果。只要双方都有谈判的诚意，对方就可能会接受你的意见，促成谈判的成功。

◇谈判中常用的转折用语

谈判中如遇到问题难以解决，或者有话不得不说，或者接过对方的话题转向有利于自己的方面，都要使用转折用语。

例如：

"可是……"

"但是……"

"虽然如此……"

"不过……"

"然而……"

这种用语具有缓冲作用，可以防止气氛僵化。既不致使对方感到太难堪，又可以使问题向有利于己方的方向转化。

◇谈判中常用的弹性用语

对不同的谈判者，应"看人下菜碟"。如果对方很有修养，语言文雅，己方也要采取相似语言，谈吐不凡；如果对方语言朴实无华，那么己方用语也不必过多修饰；如果对方语言爽快、耿直，那么己方就无须迂回曲折，可以打开天窗说亮话,干脆利索地摊牌。总之,在谈判中要根据对方的学识、气度、修养,随时调整己方的说话语气、用词。这是双方沟通思想、交流感情的有效方法。

从人的听觉习惯去考察,在某一场合,他听到的第一句话与最后一句话,常常能留下很深的印象。在谈判中假如你以否定性话语来结束会谈,那么,这否定性话语会给对方一种不愉快的感受,并且印象深刻。同时,对下一轮谈判将会带来不利影响,甚至危及上一轮谈判中已谈妥的问题或已达成的协议。所以,在谈判终了时,最好能给予谈判对手以正面的评价。例如:

"您在这次谈判中表现很出色,给我留下了深刻的印象。"

"您处理问题大刀阔斧,钦佩,钦佩!"

不论谈判结果如何,对参与谈判的人来说,每一次谈判都是谈判双方的一次合作过程。因此,一般情况下在谈判结束时对对方给予的合作表示谢意,既是谈判者应有的礼节,同时,这也是对今后的谈判大有裨益的。

◇谈判中的补偿安慰拒绝法

在谈判中,有时己方对某些贸易成交寄予较大期望,志在必得,但在某些条款上对方要求太高,己方无法接受,如果斩钉截铁地一口拒绝对方,会损害谈判的气氛,甚至激怒对方而导致谈判破裂,使己方的希望全部落空。

为避免这种情况出现,我们可以采用这样一种技巧,就是在答复拒绝的同时,在心理需求和物质利益上,在己方力所能及的范围内,给对方以其他方面的适当补偿,以缓解对方因失望而带来的心理不平衡。

◇谈判中的敬语拒绝法

在谈判中使用一些敬语,也可以表达你拒绝的愿望,传递你拒绝的信息。

有位长年从事房地产交易的人说,生意能否谈成,可以从客人看过土地房屋后打来的电话上得知一个大概。

大部分客人在看过房屋之后,会留下一句"我会用电话和你联系"，然后回去，不多久，他们就打来电话了。从电话的语气中，可以明了客人的心意。

若是有希望的回答，那语气一定有亲密感，而一开始就想拒绝的客人，则多半会使用敬语，说得彬彬有礼。根据多年的经验，这位房地产经营老手一下子就会判断出事情有没有希望。

在法院的离婚判决席上出现的夫妻，很多都会连连发出敬语，好像彼此都很陌生似的。这也是想用敬语来设置彼此间的心理距离，互相在拒绝着对方的表现。

所以，当你拒绝对方时，可以连连发出敬语，使对方产生"可能被拒绝"的预感，形成对方对于"不"的心理准备。

◇谈判中的"围魏救赵"拒绝法

当对方提出己方所不能接受的要求或意见时，己方不受对方的牵制，不采取直接拒绝或反对的方式，而是针对前面的谈判中对方拒绝己方意见的某些要害问题，以攻为守，再次要求对方退让，使对方反处于被要求给予理解的位置而忙于招架。这一来，如果对方坚持不能退让，也就不得不主动放弃要求己方作出较大退让的要求了。

◇谈判中的局限抑制拒绝法

在谈判中，假如对方提出的要求超过了己方所能同意的程度，而运用其他晓之以理的方法仍无法摆脱对方的纠缠时，为了使对方真正意识到再磨下去也是白费劲，不妨在对方面前摆出一些自己无法逾越的客观上的障碍，表示自己实在力不从心、爱莫能助，从而使对方在放弃纠缠的同时对自己的拒绝给予谅解。

这里的局限和障碍可从两方面去强调：一是自身缺乏满足对方要求的某些必要条件，如技术力量、权限、资金等；二是社会局限抑制，如法律、制度、纪律、惯例和形势等。这两者有时可单独运用，有时也可综合运用。

◇谈判中的吹毛求疵策略

运用吹毛求疵策略是指为了达到自己的目的，对对方的产品鸡蛋里挑骨头，想方设法地去找出毛病、缺点，以便迫使对方让价。运用该法得当，往往可以使买方获得物美价廉的产品。

商贸交易中的无数事实证明，这种挑剔战术不仅是行得通的，而且是富有成效的，因为它可以动摇卖方的自信心。面对顾客横挑鼻子竖挑眼所提出的一大堆问题和要求，卖方往往招架不住，尽管这些毛病只是买方的夸大其词、虚张声势。

需要注意的是，任何谈判策略的运用都是有一定限度的，因此，买方在提出问题和要求时，不能过于苛刻，漫无边际，不能与通行的做法和惯例相去甚远，否则，会被人认为没有诚意，以致中断交易。

一般来说，买方所挑剔的应是实际存在，可以把它略为夸大；进行苛责的方面，最好是卖方对此信息比较缺乏。不然，一下子就让卖方识破了你的战术，就会采取应对的措施。

◇谈判中的后发制人策略

后发制人策略往往会在谈判过程中显示出出乎意料的优势，尤其当意见分歧很大，气氛处于比较紧张的状况时，效果更佳。后发制人策略就是指，在谈判过程中，先让一方尽可能多地发表意见，不与之争论，而是仔细倾听，待到对方说完，再以相应的对策使其折服。

1987年，我国南平铝厂厂长高泽瑞赴意大利与伯勒达公司就引进先进技术设备的有关问题进行谈判。谈判开始时，伯勒达公司的谈判代表，对中方代表流露出不尊重。他们依仗技术优势，胡乱要价，抛出的价格高于市场最高价，同时，卖方代表还竭力宣传他们的设备是世界一流水平，对中方代表实施先声夺人策略。

高泽瑞没有被对手的技法所蛊惑，而是注意认真的倾听。等对方报价、自我夸奖等一系列表演结束后，高泽瑞沉着且彬彬有礼地回答："我们中国人民最讲究实事求是，还是请你们把图纸拿来看看吧！"

等对方代表把图纸拿来后，高泽瑞根据设备图纸分析比较，指出成套设备在哪些方面是先进合理的，哪些方面有欠缺，不如德国的，等等。高泽瑞的分析有理有据，使意方代表面露窘色，深为叹服，一反傲慢态度。高泽瑞继续说："先进的液压系统是贵公司对世界铝业的重大贡献，20年前我们就研究过……"。高泽瑞的发言不仅让意方代表折服，还减少了双方的距离。最后意方代表说道："了不起，了不起……你们需要什么，我们可以提供，一切从优考虑。"南平铝厂以优惠价格成交了一系列先进的铝加工设备，为国家节约了大量外汇。

高泽瑞就是使用了后发制人的策略，待对方滔滔不绝之后，已无话可说之时，再发表自己超人的见解，不可谓不是明智之举。而相反，如果是在对方胡乱要价，侃侃而谈之时沉不住气而与之争论，不但显得极无礼貌，有失身份，而且很可能导致谈判进入僵局甚或破裂。

◇谈判中的远利诱惑策略

谈判者就好像证券市场中的投资者，都是为了利润而投资。只不过在谈判中所谓的利润乃是指欲望的满足，不单只是金钱的获得。

这便可以了解谈判中基本而微妙的特点，即任何交易所产生的未来满足或不满足完全在于谈判者自己的看法。有的谈判者对于未来是乐观的，有的则是悲观的；有的谈判者希望马上完成交易，有的却能先等待一段时间后再说。

远利诱惑策略就是以较高的未来值吸引谈判对手，保证谈判成功。

◇谈判中的虚虚实实策略

对于那些愚笨、贪心或者不够幸运的人，这个策略有效的原因是由于这些人喜欢谈判，可是又不愿意去做太辛苦的工作，他们会被诱入设好的圈套中。

虚虚实实的策略就是为了对付谈判对手，在一席谈话中掺杂着真实与虚假的情况，同时表现出严肃认真、镇定自若的神情，致使对方信以之真，而使最终结果有利于己方。

但是，在谈判过程中，还要提防，对方采用一种所谓的"虚虚实实"策略：先提供很好的条件，结果什么也得不到。而对付这种人最有效的方法是只要看到有信用不好的迹象，就赶快躲得远远的。这也是对付这种"虚虚实实策略"的策略。

◇谈判中的事实抗辩策略

在谈判时双方是平等的，双方都必须遵守公共的准则，不得采取不正当的手段来取得谈判的成功，也不能以势压人。在某个问题发生争论时，关键是要以理服人。因此，摆事实、讲道理就显得非常重要。但绝不能空洞，而应有科学根据，有确凿的事实。这就要求参加谈判的人员有理、有利、有节。谈判双方在涉及全局利益的原则问题时都不会轻易退让，而往往是针锋相对，据理力争。因此，谈判过程中，辩论是经常使用的一种语言手段。谈判桌前的辩论必须是以事实来抗辩，逻辑严密，语言有力。

◇谈判中的软硬联手策略

两手的策略是指先由唱"黑脸"的人登场，他傲慢无礼，苛刻无比，强硬僵死，让对方产生极大的反感，具有进攻性和威慑力。然后，唱"白脸"的人登场，以合情合理的态度，对待对方。他左右逢源，十分理智，但却巧妙地暗示，若谈判陷入僵局，那么"黑脸"会再度登场。在这种情况下，谈判对手一方面由于不愿与那位"黑脸"再度交手，另一方面迷恋于"白脸"的礼遇，而被迫答应"白脸"提出的要求。

◇同日本人谈判的要诀

美国学者韦恩·卡肖研究了日本工商企业的谈判方式，向外国谈判人员提供了以下谈判要诀：

（1）只要是正式的谈判，就不能让妇女参加。日本妇女是不允许参与大公司的经营管理活动的。日本人在一些重要的社交场合是不带女伴的（这一点很难被欧美的职业妇女所接受）。

（2）尽量不要选派年龄在35岁以下的人去同日本人谈判。如果派一名年轻人去同日本一位65岁的经理人谈判，意味着对日本对手的不尊敬。

（3）不要把日本人礼节性的表示误认为是同意的表示。在谈判中，日方代表可能会不断地点头，并且嘴里说："嗨！"（是）。但是日本人这样说往往不是表示同意，而是在提醒对方，他在注意听。这种表示方法同英语中的"阿哈"或是"我懂"之类的表示方法是一样的。简言之，"是"这个词不总表示"同意"的意思，尤其在日本。

（4）当日方谈判代表在仔细推敲某一问题时，总是一下子变得沉默不语。这一点常常叫一些外国人"丈二金刚摸不着头脑"。滑稽的是，每当日方代表沉默时，西方人就容易沉不住气，等他们醒悟过来时，已是后悔莫及。如美国国际电话电报公司与日本一家公司进行一项商业谈判，在一切都谈妥后，美国国际电报电话公司就在双方均已认可的合同上签了字。可是当这份合同送到日本那家公司总裁面前请他签字时，这位总裁却坐在那里一动不动，沉思默想。见此状，国际电话电报公司的经理以为日本公司的总裁不肯签字，于是急忙同意再付给日方25万美元。其实，国际电话电报公司的经理只要再耐心等待几分钟，他就能为自己公司省下这一大笔钱。

要想在同日本人的谈判中取得成功，国外学者概括的要诀就是：千万不要把你心中想的告诉给对方，要不动声色；要有无限的耐心；要使自己显得彬彬有礼。一句话，就是要像地道的日本人那样。

◇同美国人谈判的要诀

其实了解了美国人的谈判风格，就是掌握了同美国人谈判的要诀。

（1）爽直干脆，民族优越感强：美国谈判者要求谈判对手表达意见要直接，是就是，非则非，不得含糊其辞；当双方发生纠纷时，美国谈判者希望谈判对手态度认真、诚恳，即使争得面红耳赤，他们也不会在乎；相反，如果你支支吾吾，敷衍塞责，那么，他们就会真的生起气来。

（2）重视效率、速战速决：在国际谈判中，美国人总是直截了当，按事先安排的议程行事。

（3）讲究谋略、追求实利：美国人在谈判活动中，十分讲究谋略，以卓越的智谋和策略成功地进行讨价还价，从而达到其目的。

（4）全盘平衡、一揽子交易：

美国凭其经济大国的地位，在谈判方案上喜欢搞全盘平衡、一揽子交易。所谓一揽子交易，主要是指美国商人在谈判某一项目时，不是孤立地谈它的生产和销售，而是将谈判项目从设计、开发、生产、工程、销售到价格等一起洽谈，最后达成一揽子方案。

（5）律师在谈判中扮演重要角色：凡有工商谈判，特别是到国外的谈判，美国人一定要带上自己的律师，一旦谈判协议达成，必须请律师到场。

（6）非常注重担保：许多美国人在同未曾谋面的人通话时异常谨慎，有时甚至拒绝通话，更谈不上亲自会见一个完全陌生的人，除非对方有为该美国人所熟知并受其尊重的第三方——一个为外国谈判者的声誉提供担保的人或公司的介绍，此时美国人的一些疑虑方可消除。

◇同德国人谈判的要诀

（1）做好充分准备：德国人在进行谈判前要进行充分的专业准备，因此，和德国人谈判，一定也要做好充分准备，以便回答他们关于公司和其他方面的详细提问，用满意的回答表明自己的实力。

（2）尊重德国人的商权：德国人极度珍惜自己的商权。在德国的法律条文中，保护商权规定得严格而明确。所以，在与德国人进行洽谈时，要切记商权的处理千万不可大意。

（3）务必要守时：德国人不管是工作还是干其他事情，都是有板有眼，一本正经的。因此在同他们打交道时，也应努力适应他们的这些特点。不仅谈判不能迟到，其他社交活动也不能随便迟到。

（4）正确看待谈判对手：在洽谈时，不能想当然地认为"这种事情凡是谈判人都应该会了解的"而不对细节详加规定，为日后纠纷的产生留下隐患。

（5）尊重契约：德国谈判者订立契约之后，一定会履行。因此，只有认真履行谈判合同，才能牢固树立在德国人心目中的形象，增强信誉。

（6）不能太着急：德国人同谈判对方正式签约之前，会一丝不苟地搜集、了解一切可能得到的信息。此外，他们还要与谈判对方进行一系列的讨价还价，这都需要一定的时间。因此，在同德国人进行工商谈判时一定要耐着性子，不要过于急躁，以免使他们产生不信任感。

（7）尽量不在晚上进行谈判：德国人工作起来常常废寝忘食，但他们对家庭生活也看得很重要。尤其到了晚上，家人团聚，共享天伦之乐。若非特别重要，与德国人的谈判就不要安排在晚上。

◇同北欧人谈判的要诀

（1）力戒铺张：北欧人一般比较朴素、实在。如果客户为了答谢他们而做东请客，也同样不要大手大脚，否则，只会引起他们的一些误解。

（2）对谈判对方持宽容态度：北欧人在商业交往中常常不怎么准时。遇到这些情况，只要不造成严重后果，都不应将其看得太重，更不要轻易流露出不悦的表情。否则，倘若被他们看成一个斤斤计较、生硬古板、缺乏生活情趣之人，那将在此后的生意中处于不利的境地。

（3）注意选择谈判时间：北欧地区的人们对太阳光特别珍惜，夏天和冬天他们分别有三星期和一星期的时间去度假。在这段时间里，几乎所有公司的业务都处于停顿状态。因此，远赴北欧进行商务洽谈时，应设法避开这些假期，已经进行的交易最好赶在假期开始之前办妥。当然，在有些时候，也可以拿假期逼近作为借口来催促对方成交。

（4）努力去尝试他们的某些生活习惯：在北欧人的日常生活中，蒸汽浴是必不可少的一部分。在有的国家，交易过程中或交易后的蒸汽浴几乎是强制性的。在这种情况下，尽管外国谈判者可能不习惯蒸汽浴，但不论理由如何充分，最好还是不要使他们觉得扫兴。须知，有许多谈判正是在令人神经松弛的蒸汽浴室中达成协议的呢！

◇同韩国人谈判的要诀

（1）谈判前重视咨询

韩国商人十分重视商务谈判的准备工作。在谈判前，通常要对对方进行咨询了解。如果不是对对方有了一定的了解，他们是不会与对方一同坐在谈判桌前的。而一旦同对方坐到谈判桌前，那么可以充分肯定韩国商人一定已经对这场谈判进行了周密的准备，从而胸有成竹了。

（2）注重谈判礼仪和创造良好的气氛

韩国商人十分注意选择谈判地点。一般喜欢选择有名气的酒店、饭店会晤。会晤地点如果是韩国方面选择的，他们一定会准时到达，如果是对方选择的，韩国商人则不会提前到达，往往会推迟一点到达。在进入谈判地点时，一般是地位最高的人或主谈人走在最前面，因为他也是谈判的拍板者。

韩国商人十分重视会谈初始阶段的气氛。一见面就会全力创造友好的谈判气氛。见面时总是热情打招呼，向对方介绍自己的姓名、职务等；落座后，当被问及喜欢用哪种饮料时，他们一般选择对方喜欢的饮料，以示对对方的尊重和了解。然后，再寒暄几句与谈判无关的话题如天气、旅游，等等，以此创造一个和谐的气氛。尔后，才正式开始谈判。

（3）注重技巧

韩国商人逻辑性强，做事喜欢条理化。谈判也不例外。所以，在谈判开始后，他们往往是与对方商谈谈判主要议题。而谈判的主要议题虽然每次各有不同，但一般须包括下列五个方面的内容，即各自意图、叫价、讨价还价、协商、签订合同。尤其是较大型的谈判，往往是直奔主题，开门见山。

在完成谈判签约时，喜欢使用合作对象国家的语言、英语、朝鲜语三种文字签订合同，三种文字具有同等的效力。

第三节　求职口才常识

◇面对考官，要有主动推销的意识

无论是在工作中，还是在与人交往的过程中，如果你不去主动地"推销"自己，向别人展示自己的才华，即便你学富五车，才高八斗，恐怕也没有人会真正地认识你。过于老实和保守，只会让你错失许多绝好的机会。古人尚且懂得

"毛遂自荐"的道理，今天的你更要勇于展现自己了。有时面试之所以不够顺利，甚至走向失败的边缘，有可能就是面试官对你了解不够，他们还未从你身上发觉到他们想要的东西。此时，你就要主动将自己展示一下了。经过你的一番推销，他们就能更全面而深入地认识你，特别是你的优点，那么你转败为胜的机会就会大大增加，甚至能大获全胜。

◇面对考官，不妨柔中带刚持质疑

也许你刚走出校门，没有任何工作经验，无半点资质可言，在一些傲慢的面试官眼中，你就是一个初出茅庐、乳臭未干的小青年，根本就不把你放在眼中，只要你往他面前一坐，他就毫不客气地扔下一句硬硬的话来打发你。对此你也不必畏惧，不妨采取一种柔中带刚的战术向他质疑。当然你质疑的问题应直指面试官之所以拒绝你的原因，同时暗示他这样武断行事的弊端。相信经你这样一个硬性的提醒，他会有所领悟和反思的。那么，你和面试官进一步的交流就有望了，说不定还能取得面试的成功。

◇面对考官，诚实应战最有效

诚实是人最基本也是最可宝贵的良好品质，人无诚信不可交也。无论是与人打交道还是工作，都贵在有诚实的品质。求职面试也如此，面对面试官设置的拦路虎，不要过分刻意回避，而要以诚实作基础，勇敢地迎击。或许你的真诚、你的实在就能让面试官另眼相看，从而让你濒临失败的面试"起死回生"。对于面试官的刁难，如果你采取相反的方式，不实事求是，而是要点小聪明，想蒙骗过关，那只会令前期的成绩都化为乌有，让你一败涂地。

吉兵失业后来到上海，仔细斟酌了一份个人简历，简历的后面慎重地签署了日期。第二天早晨，他起得很早，买了份当天的报纸，仔细阅读上面的"招聘启事"。经过认真分析，他选中了一家合资玩具厂，作为"出师"的第一站。

面试的过程很顺利。工厂人事部经理有了录取吉兵的意向了。谁知道，此时他又重新审视吉兵的那份"个人简历"，突然他问吉兵："有个问题我不明白，我们的招聘广告是今天早上才见报的，而你的简历的落款时间是昨天，难道你有先知吗？"本来这个问题是无关紧要的，完全可以实话实说。可是吉兵却随口谎称是笔误。很显然，人事部经理对吉兵的解释并不满意，只见他起身做出一副送客的姿态："那好吧，请你先回，如果录用，我们将有书面通知。"吉兵知道，眼看到手的工作落空了。

此后，吉兵的求职路曲曲折折，可无论环境和地位怎样变化，第一次面试的情景都深深地印刻在他的脑子里，不管是做人还是办事，仔细认真，实事求是，不说假话，这些道理令他终生难忘。

◇面对考官，不卑不亢赢欣赏

面试官一般都会给应聘者出一些难题，很多人面对这种情况，往往不能正确应对，而最终导致求职的失败。

如果你能充满信心，面对难题，不卑不亢、沉着应对，那么情况也许就大不一样了。或许就是因为你的这种心态赢得了面试官的欣赏。

小颖去应聘一家跨国公司总经理秘书的职位，在回答完面试官的问题之后，面试官让小颖向他提几个问题。

小颖首先关心的问题是他对自己的印象如何。

面试官说，小颖的英语非常好，组织能力也挺强的。不过她没有在工厂工作的经验。完了又说，不过这不是很重要。

小颖又问，她是不是合适的人选？

面试官说，他要比较选择，过几天才会有结果。有的人英文好，但组织能力不好。面试结束的时候，小颖又伸出了热情的手，说她喜欢这份工作，非常希望能够给她机会，她一定会是一个令公司满意的职员。三天之后，小颖接到录用通知。

小颖应聘成功主要在于她对自己充满信心，面对难题时不卑不亢、沉着应对，最终得到老板的欣赏，成功地获得了想要的职位。

◇面对考官，秀出你的与众不同

应聘某一岗位时，面试官也许会认为你资历不够、经验不足，而当场将你"枪毙"掉。此时，你不必为此而感到遗憾，也不必为此而深感失望，仍然可随机应变，多多开动你的脑筋让自己显得与众不同。你的与众不同，就是你的特色，或许面试官会对你的特色深感兴趣，甚至会大加赞赏，从而重新审视你，反思自己的要求，最终改变自己的初衷。这些与众不同的特色表现可以是你优秀品质的折射，也可以是你强大工作能力的体现等各种你身上的积极要素。

◇面试中说错了话时怎么办

国家公务员面试中，采用的一般是结构化面试方式。一个面试者要面对一排考官，而且还有摄像机。在这种氛围中，面试者很容易因为紧张而闹出笑话。

毕业生胡某在面试中就出现了这样的情况。用人单位考官问："阁下认为我部的发展前景如何，发展动力又是什么？"胡某由于太紧张，听完提问后，不假思索地说："我阁下认为……"话刚说完，胡某就意识到自己犯了错误，连忙说："真对不起，我太紧张了，讲错了话，闹了笑话，我真正想说的是……"。由于胡某能够在紧张的情形下保持冷静，弥补自己的过失，考官们很欣赏他的坦白态度和应急能力，胡某因此博得好感，这点小小错误并没有使他在面试中受到影响。

碰到这样的情况，许多面试者往往心慌意乱，感觉自己讲错了话，这次面试肯定通不过，陷入懊恼之中，越发紧张，接下去的效果就更差。这时，应当继续专心对付每一个提问，而不必耿耿于怀，提心吊胆，不能因一个小错误而丧失一次机会。对用人单位来说，也不会因为讲错一句无关大局的话而放过一个具有真才实学的人才。若面试人说错的话很容易得罪人，或比较重要，则应该及时道歉，然后再说出你的正确答案。对考官来说，他可能更欣赏你的坦诚态度和语言表达技巧，或许你会因此博得好感。

◇面试中出现沉默时怎么办

林兵在应聘一家国有企业的销售人员时,面试考官有7个人,坐在林兵的对面。考官们随便问了林兵的个人情况、相关工作经验之后就没有考官再问问题。面试出现了沉默。这时,林兵主动打破沉默,说道:"刚才您问我的问题,其实我觉得还可以从其他三个方面来看待这件事情……"

林兵应聘的是销售人员,而作为销售人员,最基本的能力就是察言观色,随机应变,能说会道。林兵的适时说话,给考官留下了良好的印象。

有时面试中,考官为了考验一个面试者的心理承受能力,会故意长时间地不讲话,造成长时间的沉默。许多没有经验或经验不足的面试者对此往往不知所措,惶恐不安,甚至说了一些不该说或毫无意义的话,使自己陷入被动局面。这时面试者可以说一些如"还有什么关于我过去的工作经验或是能力,您想让我详细一点说明吗?""不知道贵公司的主要经营范围是哪些?"之类的话,以缓解面试气氛。

◇面试中面对不清楚的问题时怎么办

元丰在学校里的专业是刑法学,应聘法院的书记员工作。在面试中,考官在问及了关于元丰的个人情况之后,开始问专业问题,问道:"请你谈一下你对撤销权的认识。"由于紧张,元丰只听清了"认识"两个字,重点根本就没有听到。元丰很有礼貌地说:"真的很对不起,刚才您问的题目我没有听清楚,您能不能再说一遍呢?"考官重复了一次问题,可是由于元丰的专业是刑法,对民商法的知识知道得很少,这个问题根本就不知道,于是他说:"对不起,这个问题我不懂,我能向您请教吗?"元丰这种谦虚大方,不懂就是不懂,坦然相对的态度,给考官留下了诚实、坦率的好印象。

如果出现考官提出问题,面试者听后不明白题目的含义,这种情况下,面试者可以婉转地问考官是否指某一方面的问题。此时,重要的是态度要坦诚，不可胡乱猜测，信口开河。考官会为你解释清楚这个问题的真正含义。相反，如果你按照自己想当然的意思回答，理解对了最好，但如果理解错了，那就会文不对题，相去甚远。如果这个问题你不知道答案，就诚实地说出。任何人都不是万能的，在面试中遇到实在不懂或不会回答的问题，既不能支支吾吾，更不能不懂装懂。

◇面试中面对多位考官同时提问时怎么办

遇到几位考官同时提问，一些面试者会胡乱选择其中一部分问题加以回答，结果自然不能让所有考官满意。在这种情况下，既要逐一回答，又要显得有礼貌。回答哪位领导问题在先，哪位在后，一般应按级别的高低来定。一般是可以从位子上看出来，中间的就是主考官。否则，某些领导会有不被尊敬之感。回答问题的目的主要是和发问的考官进行交流，但也要适当顾及其他领导，让他们觉得，你是在和所有的考官交流。

在现实生活中，有许多应试者面对几个考官，不懂主考官与辅考官的区别，在回答考官问题时往往是该详的不详，该略的不略，正确的做法是对主考官的问题详细回答，而对辅考官的问题应该简洁、有条理地回答。

◇如何跳出迷惑问题的陷阱

面试时，有些问题并非是面试官的本意，他们只是在试探你，看看你有何反应，面对这些迷惑性的问题时你可要提高警惕。

在一家企业面试中，小孙凭借自己的实力已经通过了笔试和第一次面试，在最后一次面试过程中，考官突然问道："经过了这次面试，我们认为你不适合我们单位，决定不录用你，你自己认为会有哪些不足？"面对考官的问题，小孙回答道："我认为面试向来是5分靠实力，5分靠运气的。我们不能指望一次面试就能对一个人的才能、品格有充分的了解和认识。通过这次面试，我学到了很多东西，也发现了自己的不足——既有临场经验的不足，也有知识储备的不足。希望以后能有机会向各位考官讨教。我会好好地总结经验，加强学习，弥补不足，避免在今后工作中再出现类似的问题。另外，希望考官能对我全面、客观地进行考察，我一定会努力，使自己尽量适应岗位的要求。"

其实，考官这是在考察你的应变能力，并非真的对你不满，如果他们认为你不合适的话，是不可能再问你问题。因此，要沉着应付，不要中了圈套而暴露自己的弱点，回答时可以虚一点，把重点放在弥补弱点上，这可以看出你积极进取的品质。另外，要诚恳地向考官讨教，以博取他们的好感。

◇如何跳出两难问题的陷阱

有些问题，如果只简单地回答"是"或"不是"，强调一方面的话，很难让自己顺利通过面试，这时不妨采用折中的回答方式，在两者兼顾的基础上强调重点。

在一次公司招聘面试中，考官突然对一位应聘者提出这样的问题："你对琐碎的工作是喜欢还是讨厌，为什么？"对于这个两难问题，若回答喜欢，似乎有悖现在知识青年的实际心理；若说讨厌，似乎每份工作都有琐碎之处。因此，小江在思考过后回答道："琐碎的事情在绝大多数工作岗位上都是不可避免的，如果我的工作中有琐碎事情需要做，我会认真、耐心、细致地把它做好。而且，我刚到一个单位，情况还不十分熟悉，通过做小事，可以熟悉工作，熟悉单位，尽快进入角色。不管是什么学历，都要从小事做起，甘当小学生。'一屋不扫，何以扫天下？'只有把小事做好，才能让领导信任，才有机会做大事。"其实，考官并不是真正考察你到底是否喜欢做琐碎的工作，其真正的目的在于"工作态度"。小江的回答，委婉地表达了大多数人的普遍心理——不喜欢琐碎工作，又强调了自己对琐碎事情的敬业精神——认真、耐心、细致。既真实可信，又符合对方的用人心理，是个很好的回答。因此，对于这种两难问题，可以采取避实就虚的方法，不要从正面回答问题，而从多角度分析回答。

◇如何跳出刁钻问题的陷阱

在面试时，经常会碰到一些刁钻问题，如果按一板一眼的方式回答，很容易让自己处于劣势。这时你不妨以刁制刁。

在一次公司求职面试中，某主考官见一位应聘者知识渊博，思维敏捷，各类问题都对答如流，便突发异想，抛开原定题目，出了一道偏题："朱自清的散文《春》，尽人皆知。请你回答这篇文章一共多少字？"这下可真把这位应聘者考住了。他暗想，主考出此题目未免脱离常规，既然有意刁难，录取必然无望，就不管一切，大胆反问："主考官的尊姓大名，天天目睹手写，也已烂熟，请问共有几笔？"主考官想不到应考者竟会有如此反问，一时愣住了。事后，主考官十分赏识这位应聘者的才能和胆识，于是亲自录用。

有些问题过于刁难，而且实在无法回答，不妨反戈一击，反问对方，可能会起到意想不到的效果。不过，切记要保持微笑，以礼待人，因为考官只是在考察你的应变能力而非真的刁难你。

◇如何跳出压力问题的陷阱

在求职面试时，有些主考官会故意提出一些问题，让你处于不利的境况。如果回答得好你就可以顺利通过面试，否则只有失败的份儿。那么我们一起看看下面这个例子：

在一次公务员面试中，考官对一位女考生的其他问题的回答非常满意。最后，一位考官对她说："你是一个很漂亮的女孩，但是我们发现你脸上有不少雀斑，你觉得这会对你的面试有影响吗？"面对这种故意设置的压力问题，该女孩的回答非常精彩："我是来报考公务员的，今天主要考察的应该是能力，我想各位老师坐在这里也肯定是为国家选材而不是选美，如果各位是来选美的，我想我不合适，但如果是选材，我相信自己是栋梁之材。"

女孩非常自信，没有因为被问及自己的缺点而丧失信心，相反，回答得有理有据，没有正面回答缺点对面试是否有影响，而是从另外一个角度阐述,把问题交给考官,任其选择,获得成功。因此,当被问及自身缺点时,不要慌张。回答时可以扬长避短,突出自身优势,减少缺点的影响。

◇如何跳出测试式问题的陷阱

曹柯在应聘某家公司财务经理一职时,被问道:"作为财务经理,如果总经理要求你一年之内逃税100万元,你会怎么做?"因做过很多财务工作,曹柯深知工作中的要求规则,于是很快地回答:"我想您的问题只能是一个'如果',我确信像贵公司这样的大企业是不会干违法乱纪的事情的。当然,如果您非要求我那么做的话,我也只有一种选择:辞职。虽然能够在贵公司工作是我一心向往的,但是无论什么时候,诚信都是我做人的第一原则。我不能为了留在公司工作而违背良知、违背工作准则。"

面对这类问题,如果你抓耳挠腮地思考逃税计谋,或者思如泉涌地立即列举一大堆方案,都会中了考官的圈套。实际上,考官在这个时候真正考核的不是你的业务能力,而是你的商业判断能力及商业道德方面的素养,遵纪守法是员工最基本的要求。曹柯的回答非常精彩,既遵循了原则,又突出了诚信。

◇如何跳出诱导式问题的陷阱

王刚是一名大学毕业生,在一次公务员面试中,考官问道:"你认为金钱、名誉和事业哪个重要?"王刚面对这种诱导式的语言陷阱,回答道:"我认为这三者之间并不矛盾。作为一名受过高等教育的大学生,追求事业成功当然是自己人生的主旋律。而社会对我们事业的肯定方式,有时表现为金钱,有时表现为名誉,有时二者均有。因此,我认为,我们应该在追求事业的过程中去获取金钱和名誉,三者对我们都很重要。"

这个问题,好像是一道单项选择题,它似乎蕴含了一个逻辑前提,即"这三者是互相矛盾的,只能选其一"。实则不然,切不可中了对方的圈套,必须冷静分析,可以明确指出这种逻辑前提条件不存在,再解释三者的重要性及其统一性。对于这种诱导式问题，不能跟随考官的意图说下去，以讨好考官。这样做的结果只能给考官"此人无主见，缺乏创新精神"的感觉。

◇ 被提及薪酬时，不要急于报"实价"

一般而言，你目前的薪资水平是未来老板"出价"的参照，因此大多数老板在面试新员工时都会问到这个问题，恰当的回答很可能对将来的薪资有利。所以，当被专业的人事经理问及这一问题时，比较艺术的方法是避免正面回答，而采取迂回曲折的方式。先不急于报"实价"，以免今后没有迂回或进一步解释的余地，而是先简单地向对方解释一下目前的薪资结构，如可以这样说："我现在的收入除了每个月固定的工资之外，还有奖金、房贴、车贴，等等。"然后顺带说到某几个部分具体多少，这样一来，即便没有直截了当地报出身价，对方只要简单一估算，也就能大致明了。

◇ 如何说出你的"薪金期望值"

"薪金期望值"是求职者的必答题之一，而这恰恰也是令他们比较头疼的难题。在面试中被问及这个问题时，求职者最好先自己判断一下，对方和你是否真正进入实质性谈判了。一些人事部经理会拿这个问题作为对应聘人进行考察的一种手段，应对这种情况最好的方法是使用一些"外交辞令"，如回答"薪酬不是我的首要考虑因素，我更看重的是在贵公司的发展前景"，等等。而如果是经过几轮面试，双方已经明确进入实质性谈判阶段，这时就应当抓紧机会，委婉地说出自己的期望值，如果再拖泥带水、遮遮掩掩，就会错失良机。

要做到薪资的准确定位，首先要对市场行情、大环境比较了解，才市、行业某一阶段的景气状况直接影响到员工的薪资待遇。然后在此基础上提出合情合理的期望。

某些人跳槽后脱离目前的薪资情况，凭空要价的做法是不可取的。首先，求职者大可不必担心因自己"要价"低于公司"出价"而吃亏。正规的单位是不会贪这样的小便宜的。一方面，这样的公司都有一套明确而完整的薪酬体系，不合常规的随意变动只会导致组织内部薪资结构失衡，从而影响整个组织的有序管理。另一方面，如果你确实是公司中意的优秀人才，从留才与激励的角度出发，公司也会相应给出具有竞争力的薪资。其次，如被未来的老板发现你的期望值远远高出目前的薪资水平，则很可能引起他的不满，于己不利。

另外，在报期望值时，最好折算成年薪。因为各个公司薪酬福利的结构可能有很大的不同，特别是每月固定工资之外的其他福利待遇差别很大，因此只有以年薪的方式才能涵盖所有的收入。特别是对于非现金部分一定要说清楚，否则就很可能会吃亏。

◇不要把薪水要求说得过死

目前就业压力相当大，因此工作机会也是相当重要的，但是如果招聘方提供的薪资水平实在难以满足你的要求时，不妨采取以退为进的方法，或许能够让对方重视起来，认真考虑你的要求。当然，即使要拒绝对方，也要为协商留有余地。如果雇主需要你，他会乐于满足你的要求。而一旦你对他们提出的标准说出绝对的"不"，交易就肯定做不成了。

现在许多应试者不懂其中的诀窍，公司还没有表示出要录用，就冒失地和人力资源经理谈薪论酬，这是极不明智的做法。也有些应试者，对薪水要求说得过死，非要×××元，否则就不干，这也是不好的。最好的办法，不仅要给自己留余地，也要给对方留余地，最后，获胜的还是自己。如：

小黎经过笔试和面试后，终于进入了最后的面试。在谈工资的时候，小黎和公司一直谈不到一起。公司的招聘人员说："对不起，我们公司只能提供您每月2 000元的工资，不包括三险一金，不包括住宿。"这份薪水与小黎的心理期望值差了很多。小黎问道："你们决定雇佣我了吗？"招聘人员说："当然了，你各方面都很优秀，我们认为你非常适合我们公司。"双方又谈了好久，但都不愿妥协。小黎觉得虽然这个工作机会很难得，但是薪水还是不能接受，只好说道："谢谢您给我提供的工作机会。这个职位我很想得到，但是，工资确实不符合我的要求，这是我无法接受这份工作的原因之一。也许您会重新考虑，或者以后能有使我对你们更有价值的工作时再考虑我。"最后，由于小黎的执着坚持，公司又和她商谈，最终得到了双方都满意的结果。

◇不直接说出你目前的薪水

如果你目前薪水太少，那么直接回答不会给你带来什么好处。正确的回答是顾左右而言他，学会打太极，如巧妙地回答："我相信公司会根据我的业绩给予合理报酬，以体现多劳多得的原则。"或"钱不是我唯一关心的事，我想先谈谈我对贵公司所能作的贡献——如果您允许的话。"这样将球又踢了回去，由对方来做出决断。如：

在一家公司招聘行政助理的面试中，老板对有工作经验的李某的表现非常满意，在面试的最后，老板问李某："你目前的薪资是多少？"李某停顿了一下，微笑着回答："过去的工资并不重要，关键是我的工作能力是否能够达到贵公司的要求。"

李某回避了目前的工资水平，把本来很难回答的问题转移到其他与工资挂钩的事情上，由公司来根据能力的大小决定工资的多少。

◇在提薪水要求前，先弄清对方的薪酬标准

每个雇主在心里对薪水的上下限度都有个数，会经常在那个限度内自由调整，手头也掌握着你所不知的内情。当你不知道对方是怎样想的时候，你往往容易自降身价。这样岂不正中下怀？所以，在你提出任何薪水要求之前，请务必搞清它的大致价位，以退为进提出反问，如"我愿意接受贵公司的薪酬标准，不知按规定这个岗位的薪酬标准是多少？"这样，不但没有露出自己的底，反而可以摸清对方的底。假如它低于你的心理价位，你就定一个比你现在的薪水高至少10%~20%的价。总之，你必须得先开价，而且不要把底线定得太低。

小王是某大学法学院的应届毕业生，毕业后应聘到一家律师事务所做律师助理。经过几轮考核面试，在最后谈工资的时候，律师事务所主任问道："小王啊，你想拿多少工资啊？"说实话，小王当时就有点懵了，作为一个应届毕业生，没任何工作经验，根本就没有可以比较的，也不太清楚主任到底是什么意思。小王想了想，笑着说："主任您看呢？您说给我多少啊！"主任又说："像你们这样刚毕业的助理一般就是2000多元吧！"小王随后说道："那大致上就2000元~3000元吧！和市场挂钩啊！您看怎么样？"小王使用报出大致范围的方法，让薪金在一定区间内波动，没有把话说死，留下了比较大的回旋余地。

◇询问薪酬应谨记的禁忌

（1）切忌表现出极度关心待遇，一开头就谈薪水问题：关心自己的待遇并没有错，但不能一上来就问有什么待遇，这样心急是吃不到"热豆腐"的。如果你很唐突地问招聘者："你们的待遇怎么样？"对方很可能会抢白你："工作还没干就先提条件了，何况我们还没说要不要你呢！"

（2）切忌说出太过绝对的话：如"希望得到3000元的工资"，将薪水的具体数字说死，没有留下可以商量的余地。

（3）切忌不恰当的反问：如果招聘人员问你："关于薪金，你的期望值是多少？"而你反问道："你们打算出多少？"这样反问就有点儿像是在市场上买东西时讨价还价，显得很不礼貌，容易引起招聘者的不快，进而影响你的求职成败。

（4）切忌过于降低或过于提高薪金：这样只会让人感觉你能力差不值得请或能力太高请不起，不会对商谈起到任何正面作用。

◇求职说话忌缺乏主见

求职者适度、得体的恭维招聘者可以拉近二者之间的距离，让考官对你的谈话产生一定的兴趣，但这并非意味着你不能独抒己见、表露自我。部分求职者，面对正襟危坐的招聘考官，想到山外有山，天外有天,不敢谈想法说主张,面试时一味地唯唯诺诺,完全把自己置于一种被动受审的境地。也许他们认为,这样才可以避免恃才傲物、倚才轻上的人才通病,从而给考官留下"服从领导""尊重上司"的印象。其实不然,你如此"表现"只能让考官觉得你缺乏主见。

◇求职说话忌狂妄自大

求职看文凭,工作靠能力。用人单位在不了解求职者的能力时,文凭是一块敲门砖。某科技有限公司急需招聘高级软、硬件工程师各一名。刚毕业于北方一名牌大学计算机专业的沈平看到广告后前去应聘。他拿出烫金的毕业文凭,颇为自信地对主考官说:"我是名牌学府本科生,英语六级。读大学期间,对数字通信产品的软硬件开发有特别的研究,尤其是有较强的数字逻辑学电路设计能力,能熟练地运用汇编语言和C语言编写软硬件驱动程序,只需要用我一个人,就能解决贵公司的一切难题,确保科研项目上水平、上台阶。其他的人在我到后一周之内,全部可以辞去……"

在讨论是否录用沈平时,公司有关方面的负责人意见一致:沈平在求职时,虽然文凭占有一定优势,但他出言锋芒毕露,情绪偏激,不具备一名科研工作者所必需的涵养和风度。其次,沈平刚出学堂,连一点实践经验都没有就夸夸其谈,目中无人,缺乏现代企业所需要的团队合作精神。因此,沈平自然就落选了。

◇求职说话忌自惭形秽

一次专场招聘会上,一家儿童玩具公司"诚聘美术设计师"的广告前人头攒动。何湘看到一拨拨高兴而来扫兴而归的应届中专生同胞,既同情又气愤。她终于挤到考官面前,递上了自己的毕业证书,没料到考官看都没看一眼:"你是毕业于哪所名牌院校?你有创意经验吗?"

何湘面对这样一位刻薄的考官毫不友好地发问,她绵里藏针:"我想请问考官,比尔·盖茨是不是毕业于名牌的哈佛大学?谈到经验,总统是不是要曾经当过的才行？"

当考官又因为何湘的专业不对口进行挑剔时，何湘亮出自己的获奖证书和创意作品，底气十足："我要见见贵公司的老总！他一定欢迎复合型的人才。"考官不禁大吃一惊，用一种新奇的眼光打量着这样一位与众不同的求职者，并请她谈谈自己的优势在哪里。"我虽非专业人才，但我的思维没有定势，灵感往往要超过内行。"何湘出色的表现最终让主考官"OK"了。

学历不高又无经验的应届毕业生，求职场上千万不要自惭形秽，千万不要被广告上的条件吓跑，企业招人，重学历更重能力。鼓起勇气，亮出你的"绝活"，最终你就胜券在握了！

◇求职说话忌无回旋余地

常言道"君子一言，驷马难追"，但在求职时，倘若果真如此，十有八九，谈砸走人。招聘官大多对人才进行这样的攻心术：薪酬不高，待遇偏差，实则压价再压价，要你"物美价廉"。作为求职者，此时你不要一口回绝，也不要满口答应，可以留一个回旋的余地，同时又可以稳住对方，给对方一些希望，让他觉得你是此次招聘的合适人选。

◇求职说话忌不懂"包装"

"包装"原是演艺界一个挺时髦的词。求职者倘若能把求职语言也进行一番精美而富有创意的"包装"，那么，求职成功的机会就会大大增加。

A和B条件基本相同，都从同一公司辞职出来，又同时到一家私营公司应聘。初试都顺利通过。有趣的是，复试时，人事经理问到两人一个同样的问题："你为什么离开你原来的那家公司？"B抢先回答："原来那家公司的老板是一个昧良心的狗杂种，一个彻头彻尾的虐待狂，我不想再给他卖命了！"A却心平气和，用一口标准得让人感动的普通话说道："其实，老板能否留人的关键不完全在于薪水的高低。能否人尽其才，用人不疑，充分挖掘每个员工的聪明才智，我想这才是关键，同时也是我到贵厂的希望所在。"

结果可想而知。求职和招聘不是简单的"我卖你买"的生意,语言出口时,讲究一点"包装",它会给你的求职锦上添花。

第四节 演讲口才常识

◇演讲语言要有生活常识色彩

演讲要尽可能地掌握各种有用同时又极其普通的生活常识,如风俗人情、乡土言谈、趣闻轶事以及谚语笑话等。各种知识在演讲中的恰当运用,常常可以取得很好的效果。陈毅同志在三反五反运动开始时,接见了一些资本家,他见资本家神情很紧张,就风趣地说:"弦要拉紧才发音,但是,拉得太紧就会断。"在这里,陈毅运用的是一个极其普通的常识,而说的却是一个极其深刻的道理。

◇演讲语言要有专业知识色彩

演讲需要常识,更需要专业知识。如果说常识能使演讲显得生动、活泼,那么,专业知识却可以使演讲深刻、严密。

鲁迅先生在中华艺术大学做过一次演讲,他从上古时代的绘画、19世纪的新派画,一直谈到当时中国美术界的各种倾向,充分显示了鲁迅先生的知多识广,使听众受益匪浅。

演讲者的专业学识水平直接关系着听众获取的知识量(或称信息量)及其质量。领导者的专业知识丰富且有较深造诣,演讲就能深刻,给人以启迪。

◇演讲语言要符合逻辑

语言学家吕叔湘、朱德熙在《语法修辞讲话》中指出:"要把我们的意思正确表达出来,第一件事情就是要讲逻辑,一般人所说的'这句话不通',多半不是语法上有毛病,而是逻辑上有问题。"显然,逻辑是正确表达思想的首要条件。演讲者要使自己的演讲概念准确,判断恰当,推理合理,论证有力,同样要依靠逻辑,使之符合逻辑要求。

1919年3月,列宁在乌里茨基宫发表演讲。当时听众中别有用心的人叫喊:"自由在哪里?"

列宁便用无可辩驳的逻辑痛斥

叫喊者："自由是个好的字眼，到处都可碰到'自由'，贸易自由，买卖自由，等等。孟什维克和社会革命党人这些无赖在每一种报纸上，每一次演讲中，都要这样或那样地引用'自由'这个美丽的字眼，但所有这些人都是把人民拉向后退的资本主义的骗子和奴才。"革命导师用简明而有条理的逻辑判断和论证，有力地批驳了敌人的攻击。

◇演讲要善于运用警句

警句，就是诗文、谈话中言简意深、语意新颖、警策动人的句子。在演讲中适当使用警句，往往能够妙趣横生、余味无穷，使听众眼界大开，收到事半功倍的效果。

周恩来同志在《鲁迅逝世二周年纪念大会的讲话》中，评价鲁迅先生的一生时，引用了"疾风知劲草，板荡识诚臣"这句古诗，来表达中国人民在抗战年代对鲁迅先生的敬仰和怀念之情，意味深长。

李燕杰同志在给青年的一次演讲时，引用了"宁可枝头抱香死，不随落叶舞东风"这一警句，来歌颂像鲁迅、闻一多、张志新等这样一批"威武不能屈、富贵不能淫、贫贱不能移"的品德高尚者，进而鞭挞那些为了升官发财而不择手段、助纣为虐的人，使听众从富有哲理的警句中受到了教育。

◇演讲语言要规范化、条理化

要想让演讲获得成功，演讲者必须具有一定的驾驭语言的能力。诚然，每一个演讲者的演讲风格是由他的个性气质、生活经历、立场观点、知识修养等条件决定的，但是，我们也应该提倡在具体的一篇演讲稿、一场演讲中熔多种表现样式于一炉，使之规范化、条理化。

◇选对演讲风格

（1）庄重大方型：由于演讲者知识丰富，学识渊博，社会地位较高，又拥有大量材料，在登台演讲时，能不卑不亢，落落大方。演讲使用的语言稳重缓慢，铿锵有力，手势动作适度。如毛泽东、周恩来等老一辈革命家的演讲，多属这种类型。

（2）潇洒自如型：由于演讲者风度翩翩，装束大方，口齿伶俐，对于所讲内容十分熟悉，讲起话来从容不迫，侃侃而谈，长期以来，就形成一种潇洒自如的演讲风格。如一些竞选演讲者、著名演说家，多属这种类型。

（3）缜密严谨型：由于演讲者学识渊博，造诣颇深，专攻甚勤，又善于条分缕析，缜密思维。对所讲内容掌握大量材料，或阐释评述，或严密推理，都思路清晰，逻辑严密。在长期的演讲实践中，就形成了一种缜密严谨的演讲风格。如一些理论家、研究人员的学术报告、科技演讲，多属这种风格。

（4）幽默诙谐型：由于演讲者思维敏捷，语词丰富，口齿伶俐，又有一定的传情达意的技巧，能将平淡无奇的事稍加组合与调换，道出一些新颖别致、超乎寻常而又能说明问题的道理来。或讥讽嘲笑，或挖苦批驳，或揭穿表象，或赞美歌颂，或支持表扬，都能恰到好处地运用口头语言和态势语言，演讲起来，轻松活跃，令人捧腹，常使听众难以忍俊。文学家、诗人、演员及主持人常有这种风格。

◇演讲可采用赞扬式开场白

人们一般都有爱听赞扬性语言的心理。说几句让听众感到舒服的话能收到奇功异效。演讲者在开场时说几句赞扬性的话，可尽快缩短与听众的感情距离。有位演讲者到宜城作演讲，开场白充满赞美之情："有人问我，最喜欢哪一首民歌，我脱口而出：《回娘家》！是的，宜城是我的娘家，是我母亲的土地。我热爱宜城，赞美宜城，也许首先是因为宜城人外表美。古代宜城有个叫作宋玉的大文学家写道：'天下之美在楚国，楚国之美者在臣里，臣里之美者为臣东邻之女，臣东邻之女，增之一分则太长，减之一分则太短，施朱则太赤，著粉则太白。'宋玉说，天下最美的人是我家东边隔壁的那位姑娘，那位姑娘增一分就太高了，减一分又太矮了；抹点胭脂太红了，擦点粉又太白了。各位老乡，你们说我们宜城人美不美呀？"（台下热烈鼓掌）巧妙的引用，深情的赞美，一下子抓住了听众的心。接着他讲宜城人心灵如何美，家乡如何可爱，一步步切入"爱家乡才能爱祖国，爱祖国就要投身改革大潮，创造有价值人生"的主题，收到了良好的效果。

◇演讲可采用提问式开场白

提问式开场白，也叫作"问题引路"。演讲者一上台便向听众提出一个问题，请听众和自己一起思考，这样可以立即引起听众的注意，使他们一边迅速思考，一边留神听。这样，不仅有利于集中听众的思想，而且有利于控制场面。同时，听众带着问题听讲，将大大增加他们对演讲内容认识的深度和广度。例如，在为财贸系统职工演讲时，有位演讲者是这样开场的："我们财贸系统的同志，被人们戏称为'财神爷'。在座的各位，都是理财行家，做生意的能手。现在，请允许我向大家请教一个问题：（略停顿）美国十大金融财团的首富摩根，当年从欧洲到美洲时，穷得发慌，只得卖鸡蛋为生。他弄了三篓鸡蛋，可卖了三天，一个也没卖出去。第四天，他让妻子去卖。结果，不到半天全卖完了。请问，这是什么原因呢？"这样以生意之"磁"吸"财神爷"们的兴趣之"铁"，吸引力自然是很大的，一下抓住了听众的心。

◇演讲可采用悬念式开场白

悬念式开场白也叫"故事式开场白"。即开头讲一个内容生动精彩、情节扣人心弦的小故事，或举一个触目惊心的事实来制造悬念，使听众对故事发展和人物命运深表关切，从而仔细听下去。例如，李燕杰同志的演讲《爱情与美》是这样开头的："前年四月，北京一家公司的团委书记要请我去作报告，我因教学任务紧张推脱不去。这个团委书记恳切地说：'李老师，你一定要去，我们这次是请你去救命的。'我很纳闷……"听演讲者这么一说，听众也纳闷了：到底发生了什么事，非请他去不可？这样开场，吸引力极强。

◇演讲可采用渲染式开场白

渲染式开场白，即运用形象的、充满情感的语言开头，创造适宜的环境气氛，引发听众相应的感情，进而吸引听众。如恩格斯在《马克思墓前的讲话》的开头："3月14日下午两点二刻，当代最伟大的思想家停止思想了。让他一个人留在房里还不到两分钟，等我们再进去的时候，便发现他在安乐椅上安静地睡着了——但已经是永远地睡着了。"

这个开场白，只用了短短的两句话，便把听众引进了一个庄严、肃穆、沉痛的气氛之中，激发了人们对革命导师的景仰、悼念之情，有利于听众接受演讲者在正文中所要展开的论述。

◇演讲可采用模仿式开场白

模仿某个人的语调或动作姿态，使听众产生丰富的回忆和想象，有助于推动演讲的深入。例如，"大家还记得吗？1980年12月，在香港伊丽莎白体育场举行的世界杯亚太区足球预选赛中，中国队32岁的足坛老将18号容志行，（模仿宋世雄的音调）以其熟练、细腻、漂亮的盘带动作，晃过了对方三个后卫队员的拦截，在离对方禁区15米远处起脚射门！射出一个什么呢？射出了一个'足球热'。"由于演讲者模仿得惟妙惟肖，几乎能以假乱真，因此一下子就使全场的气氛活跃起来。但运用模仿式开场白，要注意内容、场所、听众心理、民族风格等因素的制约，要以讲为主，以演为辅，且适可而止，否则会使人觉得华而不实，产生逆反心理。

◇演讲可采用套近乎式开场白

演讲者根据听众的社会阅历、兴趣爱好、思想感情等方面的特点，描述自己的一段生活经历或学习、工作中遇到的问题，甚至讲自己的烦恼、自己的喜乐，这样容易给听众一种亲切感，他们会自然而然地把你当成"自家人"而乐于听你演讲。例如，某大学教授一次应邀到某体育学校演讲。一开始，他就介绍自己学生时代曾是大学田径代表队的队员，使听众觉得他是同行，有共同语言，双方的感情距离一下子缩短了。

◇演讲可采用新闻式开场白

新闻式开场白，即一开讲就发

布一条引人注目的新闻，以引起全场听众的高度注意。但运用这种方式开场要注意两点：一是新闻必须真实可靠，切不可故弄玄虚，否则，愚弄听众只能引起反感；二是事件要新，不能用早已过时的"旧闻"充当新闻。

◇演讲可采用道具式开场白

道具式开场白，也叫"实物式开场白"，即开讲之前先展示某件实物，给听众以新鲜、形象的感觉，引起他们的注意，从而一下子抓住听众的注意力，收到意想不到的效果。有位演讲者向数百名教师作一场题为《做教育改革弄潮儿》的演讲。一上台就展示出齐白石的名画《雏鸡》，当听众的目光全被吸引过来之后，他才开口："请看，在这幅一米多长、一尺来宽的画面上，齐白石先生只画了三只毛茸茸、憨乎乎的小鸡，其余处皆为空白，这些空白，给我们留下了无限广阔的想象和再创造的天地。看了这幅画，你是否会想到雏鸡会长成'一唱天下白'的雄鸡呢？你是否感到了春天的无限生命力呢？每个人可以根据自己的体验想象到很多很多——这就是'空白'的魅力。我们做教师的，能否都打破45分钟的'满堂灌'，也给学生留下一点回味和进行创造性思维的'空白'呢？"

◇运用设问创造演讲的高潮

设问就是自问自答。它之所以被广泛用于演讲，是因为它能够调节演讲时的气氛，唤起听众听讲的兴趣和热情，达到提醒和强调的目的，激发听众共同思考问题，从而使演讲者牢牢掌握住演讲的主动权。

我们不妨具体分析一下丘吉尔著名的《出任首相后的首次演讲》中最后一段的演讲："你们问：我们的政策是什么？我说，我们的政策就是用我们的全部能力，用上帝所能给予我们的全部力量，在海上、陆地和空中进行战争，同一个在人类黑暗悲惨的罪恶史上所从未有过的穷凶极恶的暴政进行战斗，这就是我们的政策。你们问：我们的目标是什么？我们可以用两个字来回答：胜利——不惜一切代价，去赢得胜利；无论多么可怕，也要赢得胜利；无论道路多么遥远和艰难，也要赢得胜利……"

该演讲的前部分主要报告新政府组阁的情况，后部分则是阐明新政府的态度和政策。通读全篇演讲不难看出，通过步步上升和层层推进，演讲者的思想表达越来越鲜明、深刻和完整，其感情也随之越来越强烈。到了结尾部分，演讲者巧妙地运用两个设问句，全盘托出了自己的观点主张，酣畅淋漓地抒发了自己的情感情绪，使演讲达到了最高潮。

◇运用反问创造演讲的高潮

与设问不同，反问是问而不答，是用疑问句的形式表达确定的内容。这种句式感情色彩浓重，有很强的感染力和说服力，因而同样有助于构筑演讲高潮，特别是在说理性、论辩性和鼓动性很强的演讲中，其作用显得尤为突出。请看：

"我们的同胞已身在疆场了，我们为什么还要站在这里袖手旁观呢？先生们希望的是什么？想要达到什么目的？生命就那么可贵？和平就那么甜美？甚至不惜以戴锁链、受奴役的代价来换取吗？"这是亨利在美国弗吉尼亚州议会上演讲结尾中的一组反问句。全篇演讲就像跌宕起伏的海浪；一个高潮接着一个高潮，而且处理高潮的语言修辞手段各不相同。这一连串反问句，使演讲显得更加轩昂激越，文气也随之大振，充分显示了反问所特有的鼓动力量。紧接着，亨利用呼吁式的口吻结束了演讲："全能的上帝啊，阻止这一切吧！在这场斗争中，我不知道别人会如何行事，至于我，不自由，毋宁死！"

演讲至此，演讲者的思想、意志、信念和感情都达到了最高潮，犹如空谷回音，三日不绝，给听众留下了深刻的印象。

◇运用排比创造演讲的高潮

连用两个或两个以上结构形式相同的句子，多角度地表达演讲者的思想感情，这就是排比修辞。使用排比句的地方，未必一定是演讲高潮的地方，但演讲高潮的地方却往往离不开排比句。

◇ **竞选演讲要展示自身优势**

竞选演说是通过自信地"说我行"来展示个人优势,从而达到竞选成功的目的,所以自信心是竞选演说成功的重要基础。由于受中国传统思想的影响,长期以来,"说我行"这一观念,并没有被大多数中国人所接受。中国古代虽有著名的"毛遂自荐"的故事,但自我推荐、表现自我,一直都不是个褒义词,"说我行"一不留神就会落下个"好表现""好出风头"的骂名。但是随着社会竞争的日益激烈,作为竞选者,必须在"说我行"中走上历史舞台的前台。竞争上岗的演说,就是要非常自信地"说我行",通过介绍个人的条件、个人的优势、个人的工作谋略来成功地展现自我,从而达到竞选成功的目的。如一位参加竞选处长的应聘者在竞争上岗的演说中是这样"说我行"的:"今天,我竞争的职位是综合处长,我认为自己具备担当该职务必需的政治素养和个人品质。理由有四:第一,我的敬业精神非常强,工作认真负责,兢兢业业,任劳任怨,干一行,爱一行,专一行。尤其是十多年的军旅生涯,培养了我严明的组织纪律性、吃苦耐劳的优良品质、雷厉风行的工作作风,这是干好一切工作的基础。第二,我思想非常活跃,接受新事物比较快,爱学习、爱思考、爱出点子,工作中注意发挥主观能动性,超前意识强,善于开拓工作新局面。第三,我办事稳妥,处世严谨,廉洁自律,对自己要求严格。第四,我信奉诚实、正派的做人宗旨,能够与人团结共事,而且具有良好的协调能力。"

◇ **竞选演讲要对应岗位特点**

各行各业有自己的业务特点,在演说时要对不同岗位的业务情况有比较清醒的认识和了解。如司法部门、审计部门、文化部门、民政部门等都有自己独特的工作特点,在演说中就要根据这些业务特点来展示自己的长处。如竞选办公室主任,竞选者就要对办公室的公文写作、公文运行、服务领导、沟通上下等业务有所了解,才能在演说中有针对性地发表见解。

◇ 竞选演讲要了解竞争对手

竞选演说还须充分了解竞争对手的具体情况，在比较中突出自己的强项。如你的学历比对方高，就可以突出学历的特长；如进行的是本行业本部门岗位的竞争，你就要突出对业务的熟悉程度；如你的年龄比对方小，就可突出年轻有为的特点；如是跨行业、跨部门的竞争，就要突出横向联系的优势，等等。总之，从自己的长处和优势入手，能较好参与竞争，赢得竞争。

例如，有两位军人竞选国会议员。一位是将军，他功勋卓著，曾任过两三次国会议员；而另一位则是名普通士兵，他曾是将军的部下。在参加竞选演说时，将军说："诸位同胞们，记得战争时期的一个晚上，我曾带兵与敌人激战，经过激烈的血战后，我在山上的树丛里睡了一个晚上。如果大家还没有忘记那次艰苦卓绝的战斗，请在选举中也不要忘记那位吃尽苦头、风餐露宿的、造就伟大战功的人。"他的讲话很精彩，博得了大家的掌声。这时，轮到那名普通士兵演讲了，他走上台说："同胞们，将军说得不错，他确实在那次战争中立下奇功。我当时是他手下的一个无名小卒，替他出生入死，冲锋陷阵。但这还不算，当他在树林里安睡时，我还得携带武器，站在荒野上，饱尝风寒露冷的味儿，来保护他。"士兵的演讲建立在将军演讲的基础上，说明了如果不是他的保护，将军是不可能"造就伟大战功的"，由于他对对手的熟悉和了解，最终那名普通士兵获得了竞选成功。

◇ 竞选演讲要语言质朴纯真

竞选演说中，竞选者要把服务群众的思想表现在竞争上岗的演说中，从而取得广大群众的信任。同时，在表述过程中也须注意语言的质朴纯真。

例如某地进行村民委员会换届选举，竞选者老张最后一位上场，这位朴实的农民走上讲台后，很平静地说道："我只讲两句话。第一句，如果大家选我干，我一定玩命干，好好干。第二句，如果大家不选我，我屋里还有2万斤谷，400只鸭，每年也有两万块钱的收入。我讲完了。"这段质朴的语言，赢来了在场的村民的一片掌声。在此后的投票中，老张以最高的票数顺利当选。这虽然是短短的两句话，但是村民们从第一句话中感受到老张为他们服务的真诚和好好干的决心。第二句话使人感到他的纯朴和高尚。如果不能当选，绝不在背后搞名堂，而是好好生活。这位农民用他那发自内心的真诚，向村民们质朴地表达了他服务群众的施政纲领，深深地打动了大家，所以获胜也就是自然而然的事情。

◇竞选演讲要感情真挚深切

竞选演说一般都比较平实，但是在平实中适当地倾注感情，使听众能在被感动的情况下接受你，并进一步在情感上认同你，也是竞选者惯用的一种艺术手法。如一位竞选护林队队长的演讲是这样说的：

"我是在大山里长大的，是大山养育了我。每每看见有人乱砍滥伐，从而引起水土流失、山洪暴发给我们的生产生活带来的灾难，我的心好痛啊！我在护林队干了很多年了，我护过的树和我抓过的盗林贼都已记不清了。去年，在我进山缉捕一个盗伐团伙时，我的老父亲去世了。依照乡俗，长子不在床前为老人送终是要遭人唾骂的，可我偏偏就不能床前尽孝！老父亲临死前留话给我，他说他干了一辈子伐木工，他造了孽啊，他要我替他看好这最后的林子，给子孙后代积点儿德。所以，今天，就是顶着坏蛋的枪子儿，我也要干这个护林队长！为我爹，为我，更为子孙后代！"

这段话把老父亲和"我"对大山的感情以及一家人与大山的恩恩怨怨都很好地表现了出来。竞选者甘心护林并奉献包括生命在内的一切，成为老父亲的嘱托，是竞选者的心愿，这个心愿，正是干好这个护林队长的基础。面对用真情的音符弹出的为事业奉献的"曲调"，选民能不动容吗？

◇领导就职演说要以民为本

领导者的就职演说，一定要在字里行间体现出以民为本的思想。这是因为在我国，领导不分级别，都是人民的公仆,都要向人民负责,使人民安家乐业。而作为一名新当选的领导,更要把为人民服务当作宗旨。例如某市一位新当选的市长在就职演说中是这样表述这一观点的:"今天,承蒙党组织的关怀、代表们的信任,全市人民的大力支持,我荣幸地当选为市长。在此我谨向各位代表并通过你们向全市人民表示衷心的感谢和崇高的敬意!市长,既是一个职务,更是一份责任!人民把我推到了这个岗位,我唯一能选择的,就是全身心地投入这项工作之中,以勤奋、务实的工作来感谢党的关怀,感谢人民群众的信任和支持。'为民之要,在于安民',我们党的根本宗旨是全心全意为人民服务,所以在今后的工作中,我将紧紧依靠上级和市委的正确领导,自觉接受人大的监督,团结政府班子,带领全市人民进一步解放思想,抓住机遇,保持稳定,加快发展。进一步围绕农业强市目标,加快农业和农村经济发展。尽快形成工业主导地位,更快更好地发展乡镇企业和民营经济,努力加大城市和旅游开发力度,努力改善城市形象,采取切实可行的措施,有效地制止'三乱'现象,维护人民的合法权益,圆满地完成本届政府任期内的各项工作……如果因为本人政务不廉洁或工作失职而对党对人民造成不应有的损失的话,那么,我将主动摘下市长这顶'乌纱帽'回家卖红薯!这就是我这名人民公仆所要向人民群众进行的最忠实的表白!"

在这篇以《当市长,就要向人民负责》为题的就职演说中,虽然只有400多字,但所表达的全心全意为人民、兢兢业业办实事的态度,却给人们留下了深刻的印象。

◇领导就职演说要注重创新

新上任的领导在就职演说中如何接好前棒,做到延续创新,是摆在他面前的难题,这问题解决好了,有利于进入角色、引导群众,并创造一个良好的开端。

例如,某市一位新当选的市长在就职演说中即巧妙地处理好了这个问题。他既注重延续前任市长的工作,又强调创新。"作为一市之长的交替,新市长将怎样工作,如何处理与老市长的政策关系,这是大家十分关注的问题。我个人认为,我和老市长的关系如同接力赛中后棒与前棒的关系。作为后棒,只能也必须在前棒的基础上前进,只有愚人才会退回去重跑。因此,首先讲继承、联系和稳定。把老市长未成和未来得及干的事、把既定的发展战略、地方性政策、规定妥当办理是我的首要工作。其次,继承并不排除创新,连续也不排除开拓。相反,正是创新的继承才是积极的继承;恰是发展的连续才是真正的连续;只有开拓的稳定才是最终的稳定。"这番讲话,导致阐述了与前任领导的关系是一个继承、联系、稳定和创新的关系。在就职演说中,这位新当选的市长还引用了毛主席的话:"不如马克思,不是马克思;等于马克思,不是马克思;超过马克思,才是马克思。"短短的几句话把与前任的关系——继承中创新、连续中发展的观点阐述得清清楚楚。

◇**领导就职演说要结构严谨**

就职演说的形式将多种多样,有的简短,有的生动,也有的本身就是一篇结构严谨的演讲稿。如某市长在就职演说中,从六个方面表达了内容:

(1)关于我与老市长工作连续问题。

(2)关于为政宗旨。这可以概括为三句话:一叫服务企业,二叫支持基层,三叫为人民办真事。

(3)关于从政准则。这也可以概括为四句话,一叫为政清廉,二叫治政从严,三叫从政务实,四叫勤政求效。

(4)我的人才观。

(5)关于三项工作的初步构思。

(6)干好政府工作靠什么。

◇**述职演讲要多"实"少"虚"**

这里的多"实",是指实事;"虚",是指理论。多实少虚,也就是要多讲述"实际"的东西,少说点理论的认识。如今,人们最崇尚的是"求实"精神,当你述职时听众最关心的往往是你干了哪些大事、实事,是否实现了你任职期间的目标,有哪些效益。因此一定要在"实"上下功夫。比如一位厂长在述职演讲中简单讲了一些对"三个代表"的认识后,便用一句"认识的提高,需要用实践进行检验,说得好听不如做得好看"作过渡,然后"口述"了一年来所做的几件实事:一是厂里办了再就业培训班,为108名下岗职工解决了工作问题。二是集资兴建了两幢住宅楼。三是为厂里的产品找到了销路。在讲每一件事时也是以实衬虚。他在讲第三个问题时说:"贯彻三个代表的思想贵在转变作风。过去只是坐在办公室里接电话、等订单,今年是亲自带人下去搞调查、'跑'客户。我和王主任三个月走遍了东北三省的21个城市,穿坏了3双鞋,结果使咱们厂的产品不仅在国内有了市场,而且还接到了美国、俄罗斯等五个国家的订单,使我们的企业走出了低谷,利税达980万元!"(热烈鼓掌)因为他的述职突出了一个"实"字,所以,不时引发听众的喝彩和笑声。

◇述职演讲要淡化自我

有人在述职时,一句一个"我"字:我认真学习了"七一"讲话;我带病下乡宣传;我帮助年轻同志提高讲课水平……让人听起来很不舒服。你站在讲台上述职,自然讲的就是你自己的事情,因此,要注意把"我"的身份淡化一些。方法是尽可能用无主句,省略主语"我",也可用"自己"代"我"或把"我"说成"和大家一起"。有时还可以在述完以后加点谦虚的"小料"。一位会计科科长汇报完工作诚恳地对大家说:"总之,是因为有了上级的正确领导和同志们的捧场,工作才取得了成绩,说真的,我这老头子就是浑身是铁也打不了几个钉,对吧?"他的话激起了大家会心的微笑。事实上,功绩不会因为你对"我"的淡化处理而减少,也不会因为你对"我"的强化而突出。关键是不能给听众一个"把功劳归于自己"的坏印象。

◇述职演讲要实话实说

"真"是述职演讲的灵魂和生命。听述职演讲的听众往往是自己的同事和直接领导,他们心里对你都有一本账,他们喜欢的是你掷地有声的"真"玩意。如果掺了假或讲过了"火",人们就会对你嗤之以鼻,不买你的账。

农业局有位技术员在讲述自己"诚心向果农献技术"时说道:"通过自己向农民传授技术,使原来不结果子和结果子少的树都果实累累,获得了从未有过的大丰收。每户果农收入增加万余元,全县水果产量比去年提高了30%左右。"听众听了他的话有的故意咳嗽,有的伸舌头,有的还小声说"你以为你是神仙呢"。因为实际情况并不像他讲述的那样,果实丰收是事实,但丰收的原因却是由于天时好、侍弄应时等多方面的因素,而不单是他传授技术的结果。另外,他用"万余元""左右"等模糊性数字,也有不实之嫌。他夸大其词讲过头话的结果不仅影响了他述职的效果,还使他在人们中的威信降低了"百分点"。

除了事"真"、数字"真"外,还要有发自肺腑实话实说的真情感。尤其是讲问题时要克服轻描淡写、一带而过的毛病;一位校长汇报完工作业绩后,诚恳地向大家说道:"这一年来,大家看得见的是咱校受到的表彰和奖励,看不见的却是我由于素质不高所犯的错误。五名学生辍学,一位老师因职称没得到解决而离职经商,一位下属受贿,还有我的家人几次私用公车等,这些都是我一把手的过失……"人们听了他掏心窝的真话,不由得向他伸出了大拇指。

◇述职演讲要加些"旁白"

述职时不顾听众心理,拿着稿一"念"到底是很糟糕的。为了满足听众求"知"欲望,述职者可进行必要的"稿"外"旁白",即对大家很想了解的事实做简单的补充说明(包括细节、背景和不便写在材料中而大家又非常想知道的内容)。县公安局刘局长在讲述"集中警力进行大案要案的侦破"时,脱稿讲了用三天时间便破获了小王村出现的那起绑架案的详细过程,人们听得入了神。当他讲完"组织开展了为期两个月的打击机动车犯罪专项活动,破案46起,追缴被盗机动车49辆,有效控制了机动车被盗窃案的高发势头"这一事实后，他放下稿说："大家知道，今年夏天，盗窃分子盯上了县城一些质量好、档次高的摩托车大肆进行犯罪活动。仅8月份一个月就出现了50多起摩托车被盗的案件。据我所知，在座的各位中就有三个人向我们报过案。"（笑声）他的"旁白"，不仅丰富了汇报的内容，吸引了听众的注意力，而且起到了很好的烘托作用。不过"旁白"不要过多，否则会喧宾夺主，影响"主旋律"。

◇述职演讲要平中见"趣"

述职演讲的语言一般以平实为主，但也应不失情趣，否则，就会成了催眠曲。一位老教师在参加县教育局举行的述职演讲时，被安排在了最后一位，他开头就说"有句成语叫抛砖引玉，而今天述职的实际情况却是抛玉引出了我这块普通的砖。不过，这块砖的质量如何还得请大家听完我的介绍进行技术鉴定。"他的一开场就以新鲜有趣的话语吸引了大家。而在讲述每一条成绩时又以"果实"作比喻："我班的一名学生在全国数学比赛中获得一等奖，功劳是他的，我是他的指导老师，列在这里也算我一条功绩吧，这是我收获的一个大金苹果。"（笑声）"工作中将教学与科研相结合，一篇《如何推进中学素质教育》的论文获得了市级一等奖，这是收获的一个银苹果。"接着他高兴地说："最让我欣慰的，那就是我教的两个班参加毕业生会考，双双合格。这可是咬一口甜掉牙的两个大西瓜呀！"说得大家哈哈大笑。最后结束时他没有高谈阔论今后如何做，而是借诗表意、用名字打趣："我不想说豪言壮语，只想告诉大家，我爱我所从事的太阳底下最辉煌的事业，我愿做春蚕吐丝尽，愿做红烛不流泪。我的名字叫马跃，就得不停地奔腾飞跃，争取在'马'年结出更丰硕的果实！"（热烈掌声）由于他打破常规，语言新鲜生动，富有趣味，因此，激起了听众的兴趣，受到了听众的好评。

第五节　即席讲话口才常识

◇即席讲话要先声夺人，抓住听众

即席讲话的开头，也叫开场白，它很重要，能不能马上抓住听众，往往决定着整个讲话的成败。好的开场白就像一个出色的导游员，一下子就可以把听众带入讲话者为他们拟设的胜境；好的开场白是演讲人奉献给听众的一束多姿的花朵；好的开场白最易打开局面，便于引入正题。因此，开场白不能平铺直叙，平庸无奇，而要努力做到不落俗套，语出惊人，这样才能出奇制胜，先声夺人。

◇即席讲话要快速组织，顺理成章

即席讲话没有精心制作的讲话稿，因此在讲话时，需要临场发挥。即席讲话者在构思初具轮廓后，应注意观察现场和听众，捕捉那些与讲话主题有关的人或情景，因地设喻，见景生情，以使讲话生动形象，沟通与听众的感情。

那么，在极有限的时间里，如何富有条理地做好即席讲话的呢？大致可分两步，即先明确讲什么，再设计怎么讲。分开来说，第一步便是明确讲话主旨、确定材料范围，也就是选择一个恰当的话题。第二步是顺应思路组织材料。从即席讲话人来说，现场准备，不可能去讲鸿篇巨论；从听众来看，由于是一种特殊场合，既不可能，也没心思去听滔滔不绝的讲话。即席讲话要精彩、热烈，要少而精，多则五六分钟，少则两三分钟，最好不要超过五分钟；从内容上说，一次只说一个问题，集中力量，说深说透说精彩，给人留下深刻印象。短话比长话更难讲，但是，它留给人的印象却也往往更深刻。

◇即席讲话要入情入理，说服听众

讲话的效果如何，不仅要看能否准确地表达，更重要的是要看听众能否理解和接受。由于即席讲话是针对性很强的说话形式，所以，说话时一定要考虑到听众的心理需要，了解听众的特点，说出听众急切想听到的内容，这样才能使讲话受到欢迎，才能使听众易于理解，肯于接受讲话人的观点。另外，把话讲到群众的心坎上，必然大大促进双方的心理交流，使听众信服。

◇即席讲话要态度诚挚，以情动人

即席讲话的最大特点在于助"兴"。所谓"助兴"，就是指讲话者在环境、对象、内容的感召下，有一种强烈的表达欲望。这种欲望产生于讲话之前，贯穿于讲话的全过程中，它首先应当体现在讲话的态度诚挚。诚挚的态度能够直接影响听众的情绪，关系到听众对讲话内容的接受程度。诚挚、热情、坦率的讲话能够吸引听众，能够缩短讲话者与听众之间的距离，使听众始终为讲话者的诚恳坦直所打动，大大增强讲话的实效。

◇即席讲话要立场鲜明，以理服人

讲话时诚挚的态度来源于讲话人对听众的尊重，只有这样，才能得到听众的尊重和信任，如果领导者态度倨傲，以势压人，也就不可能得到听众的信任和尊重，不可能在讲话时推心置腹，打动人心。这种诚挚的态度在讲话中应该具体地表现为襟怀坦白，观点鲜明。"诚挚"不等于"迁就"，诚挚感情应当融进话里所表达的观点之中，使观点更鲜明，使每一句话都是感情的凝聚，心声的流露，使讲话情动于中、寓情于理。尤其是某些批评性的讲话更要注意这一点。

◇即席讲话要生动活泼，吸引听众

即席讲话，应力求生动活泼，以增强临场气氛。讲话者可用听众比较熟悉的特定的地点、特定的节目，或有某种象征意义、纪念意义的实物等来设喻，把抽象的道理说得生动形象，增强讲话的通俗性和说服力，使人听起来亲切动情。

如著名爱国人士续范亭在抗战学院开学时向学生作即兴讲话，开场就说："我作为你们的校长，不像别人要你们服从我个人，不是的！而是要你们服从革命。今天礼堂门口挂着'熔炉'两个字，很好。现在中国有三个熔炉：一是延安、晋察冀边区，八路军和新四军所在地——这是革命的熔炉；二是大后方的熔炉，有革命的，也有施行顽固教育的；三是汪精卫——日本的奴才的熔炉……"他即景生情，信手拈来，把性质不同的三种环境比作影响人、改造人的三种不同"熔炉"，加深了学员对革命熔炉的理解，使听众备受感染。

◇即席讲话要通俗易懂、灵活掌握

讲话的目的是让人听懂。台下听众水平尽管不一，但是都要在短时间内迅速弄懂讲话人的每一句话，全面理解话里的观点，这并不是一件很简单的事。如果讲话人在讲话时板着面孔，卖弄辞藻，用一些艰涩的语汇和听众捉迷藏，无异于存心让听众听不懂，这样的讲话岂不是瞎耽误工夫？人们对任何道理的认识，都要经过由浅入深，由具体到抽象的过程，所以在讲话中，应当使用通俗易懂、生动形象的语言来表情达意。这样，才能使所讲的道理易于被听众接受，才能使讲话受到听众的欢迎，才能给听众留下深刻的印象。事实上，有时一个精彩贴切的比喻，可以使一个复杂的道理显得十分简洁明确，这也是人们常常感到某些讲话乍听起来平淡朴素，但是却耐人回味，而且越琢磨越感到真切清新、寓意深刻的原因。

◇即席讲话要结尾利落、回味无穷

即席讲话，如能有一个好的开头，好的内容，再有一个好的结尾，那就可以达到很好的表达效果。结尾时，更需要有力度，不冗长拖沓，更不画蛇添足，而要在言不必尽或达到高潮时戛然而止，给听众以深刻的印象，留有回味的余地。比如，美国的莱特兄弟在成功地驾驶动力飞机上蓝天后，人们在法国的一次欢迎酒会上再三邀请哥哥威尔伯讲话，他即席讲道："据我们所知，鸟类中会说话的只有鹦鹉，而鹦鹉是飞不高的。"这一句深含哲理的即席讲话，博得了与会者长时间的鼓掌，至今还一直为世人所称道。

即席讲话结尾的方法很多，可用充满激情的话语结尾、总结全篇的简短结论结尾、赞颂的话语结尾、名言警句结尾、诗词歌赋结尾、幽默的语言结尾和号召呼吁结尾，等等。不论采用哪种方法，都应使结尾干净、利落，起到再现主题、收拢全篇的作用。

◇即席讲话要多使用通俗易懂的词

不少人在即席讲话中，总是自然而然地使用大量通俗易懂的口语词，即使是学问渊博的知识分子，在平时谈话时也是如此。这对于使话语亲切平易、入耳入脑，提高表达效果是很必要的。如陈云同志在《要讲真理，不要讲面子》中的一段话，语句通俗平易，具有很强的吸引力和说服力："这七年来我看到一点，就是在我们党内一部分干部中间，有一股骄气。什么是骄气？就是骄傲之气。七年中间我在工作中接触的干部多不多呢？不很多。去过华北没有？去过华中没有？去过大后方没有？都没有。但是这些地方来延安'朝山进香'的很多，就在这些接触之中，我看到有一种情形，就是许多人喜欢人家说他好，不喜欢人家说他坏。有的人只能升官，不能降级，有功必居，有过必避。有功的时候他一定要居；有过的时候你批评他，他总是想很多道理来解释，其目的就是说明他没有过。人家说'功'他就舒服，说'过'就不舒服。"

◇即席讲话要尽量少用新出现的词语

在即席讲话中应该尽量少用新出现的词语。因为这一类词语出现的时间不太长，使用还不普遍，人们还不太熟悉，用在讲话中，听众从听觉上接受比较吃力，而且又不可能查阅资料，往往思路被打断，分散了注意力，使下面的内容听不清楚，只能囫囵吞枣，妨碍对讲话内容的理解，降低了听话的兴致，这样就会影响到表达效果。

第四章 不可不知的语言沟通常识

第一节 说服他人的常识

◇抓住最佳时机

要抓住最佳时机,就要善于在人的思想、情绪容易发生变化或可能出现问题的关口及时进行说服。一般来说,工作调动、毕业分配、家庭事件、婚恋受挫、提职加薪、意外事故、住房分配、子女就业、战士报考军校、退伍回乡、请假探家、负伤患病,等等,人们在面临这些情况时,极容易产生思想波动,这也正是进行说服的好时机,在这种时刻要及时劝导提醒,防患于未然。

个别说服的时机是否恰当,可以通过观察对方的情绪表现进行判断。如果对方心平气和,或者表现出情绪超乎平静的迹象,这往往说明时机较为合适。如果发现对方表现出反感和对立情绪,我们除应检查谈话方式、方法或自己的观点、态度是否正确外,还应考虑谈话的时机是否成熟,及时中止谈话,以免造成不利的后果。这时,我们应积极观察,耐心等待;或者采取恰当措施,创造有利的时机,使说服一举奏效。

◇说服他人时忌官腔官调

官腔官调会给人一种高高在上、唯我独尊、主观武断的官僚作风和指手画脚、发号施令的作用,这对于说服是十分不利的。所以在说服时还必须注意坚持实事求是的态度,慎用套话,加强语言表达能力的培养。此外,说服别人时,如果条件不具备就急于求成,不前思后想,总想一劳永逸,其结果往往事倍功半,"成"效甚微,甚至把矛盾激化。

◇从对方最得意的事情说起

生活中每个人都有自己认为得

意的事情，这事情的本身，究竟有多大价值，是另一问题，而在他本人看来，却认为是一件值得终身纪念的事。你如果能预先打听清楚，在有意无意之间，很自然地讲到他得意的事情，只要他对你没有厌恶的情绪，只要他目前没有其他不如意的事情，在情绪正常的情况下，他一定会高兴地听你说的，当然此时说服他就容易多了。

当然，对方得意的事情要从哪里去探听，就需要另谋途径，你可以试着在你的朋友之中找一下有否与对方交往的人，如果有，向他探听当然是最容易的。如能留心报纸上的新闻或其他刊物，平日记牢关于对方的得意事情，到时便可以应用。此外，随时留心交际场中的谈话，像这些时候谈到对方得意的事情，也是很平常的。但是必须注意，对方得意的事情，是否曾遭到某种打击而消灭，如有这种情形，千万别再提起，以免引起对方不快，反而对你不利。因为对方在高兴的时候，他易于接受你的请求；在对方不高兴的时候，虽是极平常的请求，也会遭到拒绝。比如对方新近做成了一笔生意，你称赞他目光精准，手腕灵活，引得他眉飞色舞，乘机稍示来意，也是好机会。诸如此类的例子很多，全在于你随时留心，善于利用。

◇**避开正面，迂回劝导**

在人际关系中，当遇到难以正面说服的人或难以拒绝的人时，我们就要考虑改变一下策略，避开正面，绕绕远路迂回出击对付说服的对象，在他们的头脑中总会抱有一定的观点、立场，乃至成见；这些观点、立场乃至成见又不是随意产生的，而是经过生活的点滴积累和思考分析后形成的，所以它的根牢固，不容易改变。说服者如果只知道单刀直入、直截了当地针对对方的观点、立场、成见展开辩论，肯定难于奏效。倘若从旁门、侧面入手，通过一些迂回的劝导应能自然而然地创立一种和谐的环境和气氛。进而借机转入正题，展开说服，这就是迂回劝导的说服方法。

◇**先接受对方的想法**

当你感觉到对方仍对他原来的

想法保持不舍的态度，其原因是尚有可取之处，所以他反对你的新提议。此时最好的办法，就是先接受他的想法，甚至先站在对方的立场发言。

"我也觉得过去的做法还是有可取之处，确实令人难以舍弃。"先接受对方的立场，说出对方想讲的话。为什么要这样做呢？因为当一个人的想法遭到别人一无是处的否决时，极可能为了维持尊严或咽不下这口气，反而变得更倔强地坚持己见，抗拒反对者的新建议。若是说服别人沦落到这地步，成功的希望就不大了。

某家庭电器公司的推销员挨家挨户推销洗衣机，当他到一户人家里，看见这户人家的太太正在用洗衣机洗衣服，就忙说："哎呀！这台洗衣机太旧了，用旧洗衣机是很费时间的，太太，该换新的啦……"

结果，不等这位推销员说完，这位太太马上产生反感，驳斥道："你在说什么啊！这台洗衣机很耐用的，到现在都没有故障，新的也不见得好到哪儿去，我才不换新的呢！"

过了几天，又有一名推销员来拜访。他说："这是令人怀念的旧洗衣机，因为很耐用，所以对太太有很大的帮助。"

这位推销员先站在太太的立场上说出她心里想说的话，使得这位太太非常高兴；于是她说："是啊！这倒是真的！我家这部洗衣机确实已经用了很久，是太旧了点，我倒想换台新的洗衣机！"

于是推销员马上拿出洗衣机的宣传小册子，提供给她做参考。

这种推销说服技巧，确实大有帮助，因为这位太太已被动摇而产生购买新洗衣机的决心。至于推销员是否能说服成功，无疑是可以肯定的，只不过是时间长短的问题了。

◇先"捧"再说服

为了说服他人，我们不妨"捧"他几下。所谓"捧"，并不是"瞎捧"，也不是"乱捧"，要根据对方的实际情形来"捧"，因为每个人各有所短，也各有所长。

战国时期，韩国修筑新城的城

墙，规定限15天完工。大臣段乔负责主管此事。有一个县拖延了两天，段乔就逮捕了这个县的主管官员，将其囚禁起来。这个官员的儿子设法解救父亲，就找到管理疆界的官员子高，让子高去替父亲求情。子高答应了这件事。

一天，见了段乔后，子高并不直接提及释人的事，而是和段乔共同登上城墙，故意左右张望，然后说："这墙修得太漂亮了，真算得上是一件了不起的功劳。功劳这样大，并且整个工程结束后又未曾处罚过一个人，这确实让人敬佩不已。不过，我听说大人将一个县里主管工程的官员叫来审查，我看大可不必，整个工程修建得这样好，出现一点小小的纰漏是不足为奇的，又何必为一点小事影响您的功劳呢？"

段乔见子高如此评价他的工作，心中甚是高兴，然后又听子高的见解也在情理之中，于是便把那个官员放了。

那个官员之所以能够获免，原因在于子高的求情。子高把一顶高帽子给段乔带上，然后就事论题，深得要领，不能不令人拍案叫绝。其实，一般人都存在顺承心理和斥异心理，对那些合自己心意的就容易接受。因此，顺应事物的发展规律，巧言游说，便容易成功。

当然，"捧"不等于奉承，不等于谄媚。普通人对于别人，只见其短处，不见其长处，且把短处看得很重大，把长处看得很平凡，所以往往觉得"欲捧而已无可捧"之感，其实只要你先存着"人无完人"的思想，原谅他的短处，看重他的长处，可捧的地方多着呢！所以，要说服别人，不妨找准他的痒处，把他吹捧上天，让他在舒服的同时又无法拒绝你的要求，从而达到你的目的。

◇巧用悬念，说服固执之人

在生活中，再随和的人有时也有固执的一面，人在固执时其心理往往处于一种紧张封闭状态。直言相劝恐怕会碰钉子，巧妙地制造悬念，通过卖关子来吊对方的胃口，松弛对方的紧张抗拒情绪，转移其注意力，然后再进行劝说，则比较容易达到目的。

某建筑公司的李工程师，有一次说服了一个刚愎自用的人。一个工头，他常常坚持反对一切改进的计划。李工想换装一个新式的指数表，但他想到那个工头必定要反对的。李工去找他，腋下挟着一个新式的指数表，手里拿着一些要征求他的意见的文件。当大家讨论着关于这些文件的事情的时候，李工把那指数表从左腋下移动了好几次，工头终于先开口了："你拿着什么东西？"李工漠然地说："哦！这个吗？这不过是一个指数表。"工头说："让我看一看。"李工说："哦！你不要看的！"并假装要走的样子，并说："这是给别的部门用的，你们部门用不到这东西。"但是，工头又说："我很想看一看。"当他审视的时候，李工就随便但又非常详尽地把这东西的效用讲给他听。他终于喊起来说："我们部门用不到这东西吗？糟糕，它正是我想要的东西呢！"李工故意这样做，果然很巧妙地把工头说动了。

对于自以为是的人，要说服他，最忌正面交锋、针锋相对，这样不但不能达到预期的目的，反而会激怒被说服者，使其更加坚守自己的观点。要说服这种人，应该先巧妙地制造悬念，把他的好奇心诱发出来，在解释悬念的过程中，可用简单的事理或推论证明对方的错误性，从而让其改变观点。

那么，怎样才能很好地运用制造悬念这一方法呢？有两点需要注意，一是悬念要具有新奇性；二是悬念和劝说的主题要具有关联性。紧紧把握住这两点，你便能巧妙地说服对方。

◇肯定性的问答，更易说服对方

我们在说服他人时，对方能不能被说服，关键是你能否牵着对方的思维跟着你的话题走。这种行为就是"诱导"。

诱导别人的一个绝妙方法就是从一开始你就要对方回答"是"，而千万不要让他说出"不"来。

心理学家说，当一个人对某件事说出了"不"字，无论在心理上还是生理上，比他往常说其他字要来得紧张，他全身组织——分泌腺、神经和肌肉——都聚集起来，成为一种抗拒的状态，整个神经组织都准备拒绝接受。反过来看，一个人说"是"的时候，没有收缩作用的产生，反而放开，准备接受，所以在开头我们获得"是"的反应越多，才能越容易得到对方对我们最终提议的认同。

而且，每个人都坚持他的人格尊严，他开头用了"不"字，即使后来他知道这"不"字是用错了，但为了自尊，他所说的每句话，都会坚持到底，所以我们要绝对避免对方一开头就说"不"字。

可见，学会循序渐进，一点一点引别人接受，一点一点诱别人上钩，既是说服他人的小技巧，也是嫁接成功的大原则。

◇站在对方的立场进行说服

说服时，不考虑对方的立场，或是找些莫名其妙的解释来搪塞，都会使事情更难处理。如果你想改变人们的看法，说服别人，而不伤害感情或引起憎恨，最好的方法就是：试着诚实地从他人的角度来看事情。你想让他人接受你的建议，就应该设身处地地想一想他们的处境、他们的感受。唯有如此，你才能取得说服的成功。

卡耐基有一次租用某家饭店的大礼堂来讲课。有一天，他突然接到通知，租金要增加三倍。卡耐基去与经理交涉，他说："我接到通知，有点儿震惊，不过这不怪你。如果我是你，我也会那样做。因为你是饭店的经理，你的职责是尽可能使饭店获利。"

紧接着，卡耐基为他算了一笔账："将礼堂用于办舞会、晚会，当然会获大利。但你撵走了我，也等于撵走了成千上万有文化的中层管理人员，而他们光顾贵饭店，是你花五千元也买不到的活广告。那么哪样更有利呢？"经理被他说服了。

卡耐基之所以成功，在于当他说"如果我是你，我也会这样做"时，他已经完全站到了经理的角度。接着，他站在经理的角度上算了一笔账，抓住了经理的诉求：赢利。使经理心甘情愿地把天平砝码加到卡耐基这边。

试着去了解别人，从别人的观点来看待事情，就能赢得别人的信任，在说服别人的同时还能减少人际交往的摩擦，使你获得友谊。设身处地替别人着想，了解别人的态度和观点。不但能得到你与对方的沟通和谅解，而且能更清楚地了解对方的思想轨迹及其中的要害点，瞄准目标，击中要害，就能使你的说服力大大提高。

◇说服他人时如何避免激化矛盾

大量的说服事例表明，因说服而使矛盾更加激化了的情况，主要有两类。

第一类是强化了对方本来就不该有的消极情绪，从而火上浇油，扩大了事态。

第二类是"惹火烧身"。因说服方法不当，激怒了对方，使对方把全部的不满和怨恨情绪都转移到你身上，你成了他的对立面和"出气筒"。

所以要想做说服者，就要有涵养，有博大的胸怀和宽厚仁义的气质。遇到上述情况，绝不可为了顾全自己的面子而反唇相讥，以牙还牙，使玉帛变干戈。

◇由别人去做结论

平庸的说服者会急于切中他的主题，抢先做出结论，而优秀的说服者则首先创造一个互相信任和心心相印的气氛，然后再提供自己的看法，而且仅仅是提供看法，而由别人做结论。

天锐公司需要添购一套自动化电镀设备，许多厂商闻讯纷纷前来介绍产品，负责电镀车间的老王因而不胜其扰。但是，有一家制造厂商就别出心裁，写来这样的一封信："我们工厂最近完成了一套自动化电镀设备，前不久才运到公司来。由于这套设备并非尽善尽美，为了能进一步改良，我们诚恳地请您拨冗前来指教。为了不耽误您的宝贵时间，请随时与我们联系，我们会马上开车接您。""接到这封信真使我惊讶。"老王说，"以前从没有厂商询问过我的意见，所以这封信让我觉得自己重要。"看了这套设备之后，没有人向他推销，而是老王自己向公司建议买下那套设备。所以，要说服成功，就不要把自己的意见强加于别人身上，而是由别人自己做出结论。

第二节 调解纠纷的常识

◇根据调解对象的心理特点加以调解

既然是调解，那么调解的双方均属于没有什么严重冲突的人民内部矛盾，应以和平解决为最佳途径，这就要求调解语言既符合法律规范，又要符合调解对象的特定心理。有时调解语言虽然合理、合法，却不合"情"。可见，调解语言不可生搬硬套，必须根据调解对象的不同的心理特点，选用不同的调解语言。

◇晓之以理，动之以情

世人常说"良药苦口利于病，忠言逆耳利于行"。但随着科学技术的迅速发展，良药也裹上了糖衣，变得可口了。既然良药未必苦口，那么忠言也未必逆耳，这就取决于说话的方式方法的优劣了。作为调解人员的你要抓住了调解对象自尊心理、爱面子的心理，从维护双方名誉出发，晓之以理，动之以情，使忠言的表达深刻得体，忠言也变得顺耳利行了。

◇抬高一方使其主动退出

俗话说："一个巴掌拍不响。"在双方接受自己来进行调解之后，可以考虑主攻一方，让其主动退出争执，另一方没了冲突对象，纠纷自然化解了。

让当事人为顾全面子而退出争执。对一方当事人进行夸奖，讲述他曾经有过的可引以为自豪的事情，唤起他的荣誉感，使之为了保全荣誉感和面子，主动退出争执。这种方式对于绝大多数受过良好教育的人都非常有效，因为荣誉和颜面往往是他们很看重的，是他们约束自己的动力。

小王与小刘是学校新来的两位年轻教师，小王心细，考虑事情周到；小刘性情鲁莽，但业务能力强。两人因一件小事发生争执，小王说不过小刘，并且被小刘训了一顿，觉得非常委屈，就去向校长诉苦。校长说："小王啊，你脾气好，办事周到，大家都很欣赏。你是个细致的人，小刘是个急性子，脾气上来了连自己说了什么都不知道。你怎么能和他计较呢？你一向都非常注意团结同事、不感情用事的，怎么能为了这点事情就觉得委屈呢？"一番话说得小王心里又甜又酸，从此再不与同事争执了。

事例中校长就是巧妙地运用了这一方法。他先夸奖小王，然后强调两人之间的差距，让听话者的一方受到赞扬，从而轻易化解了两人之间的冲突。

不过这个调解办法在使用时必须注意不可伤害到另一方的自尊，你对一方的"抬高"最好不要当着另一方的面说，否则会事倍功半，收效不佳。

另外，跟当事人说一件很重要的事让他感觉到自己的地位及价值的存在，从而让他退出争执，也是一种不错的方法技巧。冲突之所以持续，往往是一种非理性情绪支配的结果。所以，如果在调解冲突时，提出一件足以唤起一方理性思考的事情，转移其注意力，往往也能达到让一方退出争执、化解冲突的目的。

◇劝架要一碗水端平

劝架最重要的是一碗水端平，要做到公平。

（1）了解情况

盲目劝架，讲不到点子上，非但无效，有时还会引起当事人的反感："不了解情况，瞎说什么？"而弄清情况再讲话，效果就较好。假如对邻居、同事间原因复杂的争吵，更要从正面、侧面尽可能详尽地把情况摸清，力求把话讲到当事人的心坎上。解绳结就要看清绳结的形状，解除心上的疙瘩，更要把疙瘩看透。

（2）分清主次

矛盾有主次方面，吵架的双方有主次之分。劝架不能平均使用力量，对措辞激烈、吵得过分的一方重点做工作，就比较容易平息纠纷。如果不分主次，平均使用力量，效果肯定不佳。

（3）客观公正

劝架要分清是非，客观公正，做到分析中肯，批评合理，劝说适当。不能无原则地"和稀泥"，不分是非各打五十大板；应该实事求是，既要弄清是非，又要团结同志。

冲突双方之所以争论不休，往往是对于某个问题看法不同，而非要争个对错是非出来，结果各执己见、互相褒贬，一发而不可收，甚至互伤对方尊严。作为调解人，面对争论的双方，不能轻易下结论说谁对谁错，不能对哪一方做道德的评价，这样只会加剧冲突。

调解人最好是把双方的争执点，把双方的差异性归结为一种客观原因，让双方都不承担对错责任。这等于给双方台阶下，让双方的心理都能感到平衡，所以双方往往能平静下来，逐渐消除冲突力。

其实做一个好的调解人，也并不是特别困难。只要秉着一颗公正无私的心，做到"一碗水端平"加一些语言的技巧就可以了。

◇调解纠纷时先表"赞同"

在进行调解时，由于其特定的身份，往往使调解对象持有紧张、戒备，乃至对立的情绪。要使自己的意见易于被调解对象接受，不妨适当采用"赞同"的方法，即强调谈话双方在某一方面的"一致性"的方法，如强调共同愿望，肯定对方某一点意见的正确，等等。

这种寻找"一致性"的方法，有助于打消调解对象的对立心理，平定激动情绪，从而理智地、心平气和地接受自己的正确意见。这种找共鸣点，先赞同长处，后驳斥短处的调解语言，既使调解对象的委屈、愤怒心理得到了平衡，又使其顺其自然地接受了自己的意见，收到了事半功倍之效。

◇唤起当事人的荣誉感

讲述吵架者可引为自豪的一面，唤起其内心的荣誉感。一个人曾经拥有的荣耀和嘉奖常常会成为鞭策其严于律己的动力，但是在吵架的过程中，人们由于情绪激动，往往容易忘记平时对自己的要求。因此，调解人应该适时地点明争吵者引以为豪的地方，唤起他的荣誉感，使他认识到作为一个受人尊敬的人，应该克制自己的情绪，用理智来解决问题，这样才无愧于自己的荣誉，于是自觉放弃争吵。

例如，在一辆公共汽车上，乘务员关车门时夹住了乘客，但自己还不认账。这时一位名叫小丁的青年打抱不平,对乘务员说:"你是干什么吃的!不爱干,回家抱孩子去!"乘务员嘴像刀子,两人吵了起来。这时,站在小丁旁边的一位老人发话了,他拍了拍小丁的肩膀说:"小丁,你当机修大王还不够,还想当个吵架大王吗?"青年说:"师傅,我可不认识你呀!"

"我认识你,上次我去你们厂,你站在门口的光荣榜上欢迎我,那特大照片可神气呢!"小伙子一下红了脸。老者说:"以后可不要再吵架了,这不是解决问题的办法嘛。"一场纠纷就这样平息了。

在这个例子里,被唤醒的荣誉感发挥了很大的作用。小伙子由于打抱不平而与人争吵,那位老者及时地提醒他回想起自己曾上过光荣榜,暗示他吵架会损害他的荣耀,小伙子意识到这一点之后,立刻为自己的冲动感到惭愧,于是很快恢复了平静。

◇**唤起内心的真情,互谅互让**

当人们在吵架时,双方都处于不理智的状态,如果劝架的人硬是去为他们评个是非曲直,反而很容易加深他们的矛盾。如果能与他们一起回顾过去彼此之间的往事,唤起他们发自内心的真情,可能会让双方真正做到互谅互让。

有两个同胞姐妹为了父母的遗产产生了纠纷。大家一边吃晚饭一边讨论起这件事,两姐妹又吵起来了,互不相让。大姐假装不理会她们的争吵,而叹了口气,自顾自地说起来:"还记得你们小时候吗?有时候连鸡蛋都吃不上呢!我记得有一次你们俩看见邻居家的孩子拿着一个煮熟的鸡蛋,就吵着要吃鸡蛋。妈妈没法子了,就煮了一个洋山芋骗你们说这是洋鸡蛋。你们俩高兴得手舞足蹈。大妹说'小妹你先咬一口吧',小妹说'还是姐姐你先咬一口'……"

说着说着,大姐哽咽起来,听着的两姐妹也都落下泪来,一场遗产纠纷就此化解了。

这位大姐是聪明的,如果她就事论事地去分割财产,想以此来化解两姐妹的争吵和矛盾,只会越闹越僵,说不定两姐妹还会对做大姐的都产生意见。大姐对姐妹俩以前的真情进行了回顾,勾起了姐妹俩温馨的回忆,才使得矛盾得以成功地化解。

◇强调争执双方的差异性

不对争执双方作人格上的评价,而强调双方在性格、能力等方面的差异性,在客观上起到褒贬的效果,从而化解争执。人们在吵架的时候,经常为了谁对谁错,谁好谁坏而争执不休,直接的褒贬至少会引起一方的不满,甚至伤害其自尊心。因此,劝架者在对一方进行劝解时应该避重就轻,不对双方道德上的孰优孰劣做出判断,而是强调二者在个性、能力上的差异,在客观上肯定一方,使其心里得到满足并放弃争执。

◇抓住矛盾的主要方面,重点突破

与较通达的一方相配合,通过适当的方法解开较固执一方的心理疙瘩,打消其怨气。在产生矛盾的双方中,经常有一方比较容易说话,另一方比较固执的情况,而且往往因为固执一方坚持己见,不肯忍让而造成双方僵持的尴尬局面,此时,劝解者应该抓住矛盾的主要方面,利用较通达一方希望和解的心理并与之积极配合,主要针对固执一方做工作,只要解开了他的心理疙瘩,问题也就迎刃而解了。

例如,1943年,苏、美、英三国首脑在德黑兰会谈。斯大林傲慢、严肃、冷淡,而且沉默寡言。罗斯福想尽一切办法来打破斯大林的缄默。3天过去了,毫无进展。到了第四天,他决定采取一个新战术。他先在暗中对丘吉尔说:"温斯顿,过一会儿我将要干一些事情可能和你无关而冒犯你,我希望你别恼火。"

罗斯福先和斯大林进行个别谈话,谈得好像十分友好而投机,结果引得其他俄国人也来旁听。斯大林脸上仍然没有笑意。这时候,罗斯福用手遮着口角,低声说道:"温斯顿今天早上真有点儿古怪,他从床的一头转到另一头,不知他干些什么玩意儿。"此时,斯大林的眼神微露笑意。随后,他们坐在会议桌前时,罗斯福进攻丘吉尔,用一连串无聊的话取笑他,说他的英国绅士风度、他的大雪茄、他的古怪动作,又讲了约翰牛(指英国人)的种种笑料。

斯大林开始有所动,可丘吉尔满脸涨红,瞪目怒视。他越恼火,斯大林越发感到可笑。最后,斯大林终于禁不住哈哈大笑起来。罗斯福接着讲下去,一直讲到大家和斯大林一同欢快地大笑为止。此后,斯大林称罗斯福为"约瑟大叔",经常向他露出笑容,还常常主动和他握手。

在本例中,斯大林的傲慢和顽固使得谈判出现了僵持的局面,阻碍了会议的顺利进行,而丘吉尔相对来说比较容易相处。在这种情况下,罗斯福抓住斯大林这个"主要矛盾",事先暗示丘吉尔,然后对丘吉尔开一些善意的玩笑,这些玩笑正好迎合了斯大林的心理,使他很快打破缄默,气氛立刻变得轻松起来,尴尬的局面也由此而结束,会谈取得了进展。

◇**将严肃的问题诙谐化**

在双方僵持不下时,采用巧妙的方法将严肃的争执点转化为幽默诙谐的形式,以此来缓和气氛,制造转机。如果纠纷双方是为了一个严肃的问题而互相争执,那么这个问题的严重性带来的压力往往会加深他们之间的相互敌视,促使他们更加坚持己见、互不示弱,为了打破这种僵持不下的局面,调解方应该采取巧妙的方法将严肃的争执点转化为诙谐幽默的形式,使双方的心理压力得到缓解、气氛变得轻松,为问题的解决制造转机。

例如,1943年11月底,在德黑兰会议上,就如何处置德国纳粹分子一事,苏联元首斯大林跟英国首相丘吉尔发生争吵。斯大林毫不掩饰他对纳粹的仇恨,认为至少应处决5万名纳粹分子,一经俘获,立即处决。企图利用德国来制约苏联的丘吉尔一听,跳起来大声反对。斯大林紧盯着丘吉尔,斩钉截铁地说:"一定要枪毙5万人!"丘吉尔毫不示弱,坚持己见。在场的美国总统罗斯福在这个问题上倾向于斯大林,但他不是简单地支持斯大林,而是用折中的方法笑着打圆场:"我要来调解你们的争执了,那么减为49500人行不行?"斯大林一听，自然高兴，而丘吉尔则感到自尊心得到尊重，便不再坚持，于是会议顺利地进行下去。

在这个例子里，如何处置德国纳粹分子一事关系到苏联、英国的切身利益，是至关重要的问题，因此，斯大林和丘吉尔为了本国利益互不让步，争执不下。斯大林说的"5万"并不是一个确切的数字，罗斯福把它降为"49500"这个确定的数字，就好像用市场上的讨价还价来解决这个严肃的问题。这种有意的不合时宜的说法产生了幽默风趣的效果，缓和了会议上剑拔弩张的紧张气氛，使事态出现好转，会谈得以顺利进行。

◇只给出一个模糊的解决方案

不指明谁是谁非，只给出一个模糊的解决方案，让争执的双方都有台阶可下。

有些人因为一点小事而争执不下，以至于矛盾激化，主要原因倒不是因为争执的双方认为自己有多么正确，一定要捍卫"真理"，而是为了维护自己的面子，只好通过试图压倒对方来获得平衡，而这显然分外困难。那么，作为调解人，此时根本没有必要指明谁是谁非，以免进一步激化矛盾，只需给出一个模糊的解决方案，让争执的双方都有台阶下就可以了。

有两位中级主管近来行动反常，双方感情恶化，公司经理便把他们两人找来，动之以情："你们两人就如同车子的两只轮子，只要有一方脱离，整个车子就无法动弹了。希望你们同心协力发挥力量，把工作做得更好。"

两位中级主管缺乏作为总经理助手应该怎样做的自觉意识，缺少公司是一盘棋的观念。于是经理便又用比喻来加以说明："部门的职能就像一位家庭主妇，主妇如能尽心尽力地把家弄好，这位户主在公司才能安下心来去闯事业。"

经理助理没有判明谁是谁非，干脆给出了一个"各自分路而行"的解决方案，让两人都有了充分的理由掉转车头，找个台阶下。这样，两人的争执就"不明不白"地解决了。

◇ **委婉表达自己的倾向**

换一种富于情趣的委婉说法，把化解争执的理由和自己的良苦用心寓于其中，让争执双方自己领悟。

如果你是一位领导，自己的两位下属发生了争执，这时你该如何来进行调解呢。

对于相互争执的下属来说，利益固然重要，面子也不容轻视，特别是在领导的眼皮底下，谁都渴望成为让领导刮目相看的强者。但对于领导来说，下属谁强谁弱并不是最重要的，最重要的是大家都能够为共同的事业倾注心力。为了协调好下属之间的关系，领导可以不直接批评哪一方肯定哪一方，只采用富有情趣的幽默说法，委婉地表达自己的倾向或苦心。

一天，乾隆皇帝在新任宰相和珅与三朝元老刘通训的陪同下，游山赏景。乾隆随口问了一句："什么高、什么低，什么东、什么西？"饱读诗书的刘通训随口即应："君子高、臣子低，文在东来武在西！"和珅见刘通训抢在自己的前面，十分不快，随即相讥："天最高、地最低，河（和）在东来流（刘）在西！"因为当时的皇家礼仪中，上首为东、下首为西，此话暗示：你刘通训再老再有能耐，还在我和珅的下首。

刘通训知道和珅的用心，心里也极不满。当三人来到桥上，乾隆要他们各人以水为题，拆一个字，说一句俗语，作成一首诗。刘通训张口即来："有水念溪，无水也念奚，单奚落鸟变为鸡（繁体为'鷄'），得食的狐狸欢如虎，落坡的凤凰不如鸡。"和珅一听，好呀！老家伙骂我是鸡！岂能饶过他："有水念湘，无水还念相，雨露相上使为霜，各人自扫门前雪，休管他人瓦上霜！"告诫刘通训，给我当心点儿！乾隆听出了新老不和的弦外之音，二相不和，有损大清事业！于是，他一手拉一人，面对湖水中映出的三个人影说道："二位爱卿听着，孤家也对上一联：'有水念清，无水也念青，爱卿共协力，心中便有清。不看僧面看佛面，不看孤情看水情。'"二人听罢，心中为之一震，深为乾隆的如此循循善诱而不降罪的龙恩所感动。和珅和刘通训立刻拜谢乾隆，当着皇上的面握手言和，结为忘年交。

在皇帝面前，刘通训与和珅都渴望自己成为强者，成为皇帝最赏识的人，因此展露才华，互相贬低，搞得很不团结，此时乾隆如直接褒贬，一定会伤害一方的面子，致使双方的矛盾加深。因此，乾隆故意吟诗一首，通过诗歌来隐晦地传达自己希望二人和好的愿望，避免了对双方面子的伤害，收到了良好的效果。

◇拿出可感可触的证据进行证明

不单纯从感情上表现个人好恶，而拿出充足的证据来证明某一方所具有的业绩与才能，让另一方心服口服。

领导重用某位下属，主要看重的当然是他的真才实学，但这并不意味着其下属也这样看，特别是一些自恃才高或嫉妒心较强的下属，常常会认为领导是因为某种原因"复杂"的个人好恶而重用该人，于是在工作上不予配合，结果引发了种种争执。在这种情况下，如果你是领导，你应尽量避免表现出自己感情上的好恶（虽然这种好恶是不可避免和理所当然的），而应拿出可感可触的证据来证明被重用者的业绩与才能，让争执者在事实面前心服口服，无话可说。

建安二十二年，曹操和孙权在濡须交战之后，各自退兵。孙权留下了平虏将军周泰为镇守濡须的主将。当时，划归周泰指挥的朱然、徐盛等都是江东的名门望族，他们对于这个出自寒门的人来指挥自己，很不服气。孙权得知后，借巡视为名，来到濡须，置酒宴请众将。席间，他乘众人酒酣耳热之际，让周泰露出身上的累累伤痕。孙权指一处，问一处，周泰一一回答是在哪次战斗中留下的。最后，孙权拉着他的手流着泪说："你临战勇如虎豹，不惜自己的安危，以致负伤几十处，我怎能不像亲兄弟一样对待你，把重任托付给你呢？"

从此，朱然、徐盛等人才心悦诚服地听命于周泰。

在本例中，孙权就巧妙地使用

了"表现一方才能"的方法来化解争执。他并没有批评朱然、徐盛等人的不服指挥，避免他们产生更大的误解，而是在适当的时机让周泰展示其身上的累累伤痕，来表明自己正是因此而看重周泰的。面对周泰身上所记录的勇敢与功绩，朱、徐等人无法不心悦诚服，众将之间的争执也就化解了。

第三节 探望患者的常识

◇用积极的思维引导患者

人生病了，从哪个角度去讲都没有积极意义。但是，为了让患者宽心，我们完全可以换个相反的角度，从人生的过程着眼，赋予生病一些价值与意义，使患者觉得自己尽管耗损了身体，耽误了工作，却一样能够收获一些特殊的体验或能力，从而在精神上有一种补偿感。当然，在此之前最好先强调一下患者病情好转，使其具备一个深入思考的心理基础。

某人去看望朋友，他一反惯例，既不问病情也不讲调治方法，而这样安慰道："看来，你的危险期已经过去，这就好了。今后，你就多了一种免疫功能，比起我们，也就增加了一重屏障，这种病，也许就再也不会打扰你了！"探病者对生病意义的另一面的看法颇为独到。他先指出患者的危险期已经过去，让患者稍感安慰，然后再强调生病虽然不是好事，但却使患者具备了别人没有的优势：对此病产生了免疫能力，今后不会再得此病了。患者听他这样一说，心理自然得到了某种安慰，心情也就好多了。

◇多鼓励患者，增强治疗信心

有一个年轻建筑工人在高空作业时不慎摔伤，处于昏迷状态。患者在医院里苏醒后，觉得下肢不听使唤，遂怀疑自己将终身残废，萌生了轻生念头。患者的一个友人发现他的这一思想苗头后及时鼓励说："你年轻力壮，生理机能强，新陈代谢旺盛，只要你积极配合治疗，日后加强锻炼，肯定不会残废，这是医生说的，请你相信我！"短短几句鼓励话，终使患者抛却了轻生念头，增强了治疗信心。以后的日子，患者不但积极配合治疗，而且坚强地投入了生理机能的恢复锻炼。数月后即伤愈出院。后来他跟友人说："要不是你适时给予我鼓励，我是无论如何也不会对恢复健康抱有信心的。"

案例中，患者仅根据自己下肢不听使唤这一症状就认为自己将终身残废，这说明他过多地考虑病情，却没有认识到其他方面的影响因素。友人则抓住患者身体素质好这一优势，突出强调，尽力使他相信自己不会残废，并强调这是医生所说，起到了良好的安抚劝导效果，结果使患者重新对康复抱有了信心，并顺利出院。

◇在患者面前尽量显得轻松愉快

探望身患严重疾病的患者时，不仅应该尊重医嘱，尊重患者家庭的意愿，做到守口如瓶，而且在患者面前还要做到若无其事，甚至与之谈笑风生，显得轻松愉快。患者对周围亲友的一举一动一般是十分注意的。所以，要规劝患者的家属善于控制自己的感情，尤其是危重患者面前，绝不能流露出自己的悲伤情绪。一定要表现得镇静自若。还要注意：当患者有什么治疗上的要求时，应尽可能给予满足。患者托办的事，要千方百计去完成。在向患者告别时，要转达其他亲友对患者的问候和祝愿，并表示自己下一次一定会再来看望，使患者满怀希望和信心。

◇多说些有益养病的话

一般而言，我们在探视患者之时应多说些有益于养病的话。你可向患者介绍：你的熟人中有什么人得过同样的病，由于吃了某种药或使用某种体育疗法，很快好了，以增加患者的信心。你也可把报纸杂志上读到的某些人与疾病斗争的事例介绍一二，以鼓舞患者与疾病作斗争的勇气。总之，探视患者时谈话的内容、方式和语气都要以有助于患者恢复健康为宗旨，让他们轻松愉快地战胜疾病。

◇不要触及患者的痛苦

探望身患重病的不幸者，不必过多谈论病情，谈话不要触到患者最难受的症状，以免患者心烦。如果对方本来就背着病的精神包袱，你再过多地谈病情，势必包袱加重。当你看到患者脸色憔悴时，不能大吃一惊地问："您的脸色怎么这样难看？"而要说："这儿医疗条件好，您的病一定会很快好转的。"

探望时较好的谈话方式是：先简要问问病情，然后多谈一谈社会上生动有趣的新闻，以转移对方的注意力，减轻精神负担。久居病房，这种新消息正是他渴望知道的。如能尽量多谈点与对方有关的喜事、好消息，使他精神愉快，心宽体胖，更有利于早日康复。

◇怎样的安慰最有效

探视患者时，我们总免不了要安慰几句。可是，应当如何安慰呢？一个朋友生病了，你到医院或他家里看他。你也许会说："安心地休养一些时候吧，你不久一定会康复的。"你大概以为这是最妥善的安慰话了吧！但照谈话的艺术看来，这两句话不过是一种善意的祝愿，却不能算是安慰。"你不久一定会康复的"，除了医生，患者不会因从任何人口里听到这话而感到宽心。我们去看患者时，千万不要一副怜悯他的样子，因为你越怜悯他，越使他觉得自己的疾病是一种痛苦。所以，我们要用相反的方法。一个人生了小小的毛病，卧在床上不能起来，他的朋友来探望，一见面就说了这样的话："你多么幸运啊，唯愿我也生点小病，好让我也能安静地躺在床上休息几天。"若你去看一个伤寒病者，临走的时候，你对患者说："你的危险期已过，好了之后你将再不会害伤寒病了，你比我们多了一重保障。"相信这话一定会在患者的心里闪出光亮的。

◇如何安慰焦虑的患者

患者生病后，正常的学习、工作、生活等都被迫中断，自己不得不暂时与外界隔离，过上与病痛为伴的索然无味的生活，换了任何一个人，恐怕都会为此而感到烦躁、焦虑，特别是一些急性子的人，巴不得马上康复，把失去的时间补回来。对于这样的患者，讲个故事或打个比方，让其意识到"一心不得二用"的道理是非常必要的。只有明白了这个道理,患者才能够认识到自己的焦虑是非但无益,反而有害的,从而安心养病。下面就是这样一个例子:某校的高中生蒙军,因班内学习竞争比较激烈,又面临期末考试,结果一下子把身体累垮了,住进了医院,体重锐减了十几斤。住院期间,他一方面病痛缠身,另一方面又总惦记着自己的学习,生怕因为耽误了功课而落到后面去,结果反而加重了病情。他的朋友许兵来探望他,知道了蒙军的这种情况,对他说:"我希望你把你的生活想象成一个沙漏。你知道吗?在沙漏的上一半,有成千上万粒沙子。然而,永远也没有办法让两粒以上的沙子同时从一个窄细的漏管中流下去。我们每个人都像这个沙漏。每一天都有许多事情要做,如果我们一件一件地做,就像沙子一粒一粒地通过沙漏一样,那么我们就既能把事情做好,又能保证身体不受损害。相反,如果像你这样一面养病,一面还想着去背课文、做习题,那你就既没法搞好成绩,又养不好病,只有坏处没有好处,是不是?"

蒙军听了许兵的话,终于慢慢地把心态放平了。他记住了许兵说的"一次只流过一粒流子,一次只做一件事情"的忠告,很快恢复了健康。

许兵以沙漏作比方,向蒙军讲述了"一心不得二用"的道理,形象生动,颇给人启发。蒙军明白了这个道理,意识到只有现在安心养病,才能把失去的功课补回来,真正搞好学习,也就不再焦躁了。

◇以某些症状缓解为依据,给予积极的安慰

有些患者往往因自己的疾病好转缓慢而灰心。这时,探视者如果能抓住患者在治疗过程中出现的某些症状缓解的依据,适时予以积极的安慰,将会消除患者的悲观心理,使其鼓起希望的风帆,积极配合治疗。

有一个患黄疸型肝炎的患者通过一段时间的住院治疗,总以为自己的病没有好转,产生了悲观情绪,丧失了治疗信心。这时,一个亲戚前来探视,遂暗示说:"你的

脸色比以前好多了,听医生说,你的黄疸指数已有所下降,这说明你的病情在好转!"这句积极的安慰话,客观实在,使患者的精神倏然振作,于是,他乐观地接受治疗,加快了康复进程,不久便病愈出院了。

◇**巧用暗示性安慰**

探视者对患病亲友的安慰,是沁人心脾的。安慰性语言的力量比任何时候都显得重要,但如果运用暗示性的安慰,效果会更明显。

有个初患胆囊疾病的患者,因为疾病发作时疼痛难忍,加之一时未得到确诊而心理恐慌,大喊大叫。这时,患者的一个同事闻讯前来探望,并安慰说:"请你冷静一下,医生正准备给你作B超检查。你放心,这个部位不会有大病,我的一个亲戚和你有过相似病症,一查才知道不过是胆囊炎,容易治疗。"一席安慰话,似乎是一剂灵丹妙药,患者的情绪很快稳定了下来。

◇**运用现身说法对患者进行劝说**

一些患者在治疗过程中,往往会因为手术的疼痛或怀疑有危险而产生恐慌心理,进而拒绝治疗。面对患者的这一心理障碍,人们去医院探望时,应该积极做些说服工作。尤其是一些颇具现身说法的劝说性语言,说服力更强,效果最好。

有一个年老的胃癌早期患者,因为害怕剖开腹腔而拒绝手术。其家属虽一再劝说,都不奏效。一个做过胃切除手术的老朋友前来探视,他通过自己的亲身经历劝慰道:"你看我做了手术后恢复得多好。你还是早期,手术后更容易复原。所以,你不用害怕。"通过朋友的劝说,这个患者终于接受了手术。

◇**不要在交谈中以自我为中心**

当你看望生病的朋友时,请牢牢记住,你是去提供帮助、表示关心的。因此要多多注意别人的感情,而不要以自我为中心。

不要借朋友的不幸,引述出你自己的类似经历。你可以说"我也碰到过这种事"或者说"我能理解你现在的心情"。对待磨难各人有各人的处理方式，所以，不要把你自己的处世态度强加给或许并非与你一样感情外露的朋友。

◇不要使用怜悯的话语

人都是有自尊的，尤其是生病以后。自尊心的敏感度更是胜过以往。你若是怜悯他，他很可能认为你是在嘲笑他，越觉得自己的病非同一般。所以我们要使用相反的方法。当我们看望患者时，可以说："多幸运呀，我也想生点小病，好好地休息几天。"让患者不由自主地觉得偶尔生一点小病，也是一种幸福。

总之，探病是为了安慰患者、鼓励患者战胜困难，激发他们与病魔作斗争的勇气。因此，在与患者谈话时千万要做全盘细致周密的考虑，懂得什么样的话可说，什么样的话不可说。

第四节　向人道歉的常识

◇道歉必须及时

道歉必须及时。即使不能马上道歉，也要日后找准时机表示歉意。认错、道歉还要真心实意，不必找客观原因做过多的辩解。即使确有非解释不可的客观原因，也最好在诚恳道歉之后略为解释，而不宜一开口就辩解不休。这样只会扩大双方思想感情的裂痕，加深彼此的隔阂。

◇道歉要有诚意

诚心诚意的道歉，应该语气温和、坦诚直率、堂堂正正，不必躲躲闪闪、羞羞答答，更不要夸大其词、奴颜婢膝，一味往自己脸上抹黑。那样，别人不仅不会接受你的道歉，甚至还会觉得你很虚伪。

◇道歉不要一味找客观原因

有时，没有错也需要道歉。例如，由于客观原因：变幻无常的天气情况、出乎意料的交通事故，等等，你没有准时赴约或耽误了时机，造成了对方的许多麻烦和损失，为什么不道歉呢？如果一味找客观原因，虽然对方表面上不会责怪，但内心还是会有所抱怨的，那就不利于增进友谊。

◇直截了当，不推三阻四

向人道歉时，一定要注意不为自己找借口。强调客观原因，这只会冲淡你的诚意，对你的这种态度，即使对方表面上原谅你，但一定仍会心存芥蒂。无论你应该负全部或部分责任，都没关系，只要你心甘情愿地担负起责任，就会被对方看作是宽宏大度的人，就能使对方真心地原谅你。

◇不要怕碰钉子

一般的人，在异性面前都特别爱惜自己的面子，深恐对方让自己下不了台而不敢去向对方道歉。其实，这种担心往往是不必要的，对方未必像你想象的那样不通情理。退一步说，即使对方在你面前"发泄"一下，因为你做了对不起他的事，也是可以理解的啊！而且让他发泄出来，总比埋在心里好得多吧！

◇适当赔偿更能表达歉意

如果你做了有损于对方的事，就应该对人家有所补偿。当然，弄坏了别人的东西赔偿是不用说的了，但你使对方蒙受其他方面的损失呢？比如人格、形象等方面的伤害，是不是也可以考虑在一个适当的场合予以挽回，来作为你真诚歉意的表达呢？

◇异性面前不要一再道歉

向异性道歉，要大方，不要忸忸怩怩，一再向对方表示歉意。如果你是男性，更应注意这些方面，否则，对方会对你啰唆的行为厌烦，认为你不像一个真正的男子汉。

◇把道歉作为一种美德

道歉绝不是一件丢脸的事，你做错了事，向人家道歉，这是诚实和成熟的表现，是一种可贵的美德，特别是主动向他人道歉，体现了你对他人的尊重，会博得对方的好感。

总之，向他人道歉，不要觉得丢脸，应该把它看成是自己风度和修养的外在表现。

◇先发制人，首先道歉

如果我们免不了会受责备，就要学会先认错道歉。因为自己谴责自己比挨别人的批评要好受得多。你要是知道某人准备责备你，你自己先把对方责备你的话说出来，他十有八九会以宽大、谅解的态度对待你。

◇对对方尽了力但没办成的事要表示谢意和歉意

如果你有求于人，对方尽了最大的努力，但由于受多方面条件的限制，事未办成，而他为此付出了艰辛的劳动；或事办成了，但对方因此遇到了超乎想象的麻烦。这时为什么不能表示自己发自肺腑的谢意和歉意呢？这体现了对他人劳动的尊重，而且以后有求于他时，也好再开口。

◇找准道歉的时机

小雨不小心伤害了同学文，文一连好多天都没理她。小雨感到十分内疚，可看到文那双蕴含怒气的眼睛，又觉得没有勇气开口道歉。过了几天，文的生日到了，小雨到学校广播台为文点了首歌，并说："文，对不起，我真的不是故意伤害你的，你能原谅上周惹你生气的朋友吗？今天是你的生日，真心祝福你生日快乐，前程似锦，每天都有好心情！"

文听到了广播很感动，立刻主动找到了小雨致谢，两人和好如初。

当你惹朋友生气时，需要真诚地道歉，但道歉也要讲究时机的选择。道歉最好选在对方心平气和、心情较好的时候，这时，你在道歉的同时，再加上对对方真诚的问候或祝福，对方一定更容易接受你的道歉，与你握手言欢，而不至于被人拒绝接受道歉，使你遭遇尴尬。

◇运用赞美式道歉法

在道歉的时候，还可以称赞对方，让对方获得一种自我满足感，知道自己是正确的，别人是错误的，这样能轻而易举地获得对方的谅解。例如，当你用言语伤害了同一单位一位平常挺关心你的同事之后，你向他道歉。话可以这样说："我早就想给你做检讨，当年咱俩一块到单位，你对我一直很关心，像个老大哥似的，后来只怪我不懂事，做了些不恰当的事……""当初说的一些话是我不对,知道你宽宏大量,一定能原谅我的过错。"一般说来,在道歉时责备自己大家能做到,但是却常常忘了称赞对方几句。其实,赞美法是道歉的一个好方法。

◇巧妙别致的道歉法

直接道歉,在某些情况下可能会使自己和对方都产生尴尬之情,造成不太好的局面,但如果能采用巧妙别致的方式来道歉,就可以使对方在惊讶感动之余,不计前嫌,欣然接受。

◇借助第三者来转达自己的歉意

当你所犯过错很严重、对方对你成见很深时,直接当面道歉肯定会被对方劈头盖脸地训斥一通。在这个时候,对方只会发泄情绪,而难以接受道歉,所以你最好先借助第三者来转达自己的歉意,让对方先消消气,然后等对方心情稍稍平静之后,再亲自上门道歉。

一次,苏东坡去拜访王安石,恰逢王安石不在家,但见其书桌砚台底下压着一首未写完的诗:"昨夜西风过园林,吹落黄花满地金。"苏东坡想:菊花有傲霜之骨,花瓣怎么会四处飘落?王公真是"江郎才尽"铸成大错啊!于是,苏轼挥笔续诗:"秋花不比春花落,说与诗人仔细吟。"然后拂袖而去。

过了些时候,苏东坡去后花园赏菊,正值刮了几天大风,园中十几株菊花枝上,一朵花也没有,只见落英缤纷,满地铺金。苏东坡一时瞠目结舌,想起那两句续诗,羞红了耳根,想亲自向王安石道歉,又担心解释不清,自讨没趣。他终于想出了一个办法,邀请王安石最亲密的诗友王令来家做客。然后向他说了那天乱改诗句的事情,随后感叹:"我迄今对王安石深感惭愧内疚,这事给我的教训太大了,凡事不可自恃聪明,随便讥笑别人啊!"

后来,王令将苏轼的歉意转告了王安石。王安石知其良苦用心,便消除了与苏轼的隔阂。

第五章 不可不知的社交心理学常识

第一节 社交障碍的自我心理调节常识

◇如何克服人际交往障碍

要克服人际交往障碍，必须给自己制订一个交朋友的计划。起始阶段的要求比较低，任务比较简单，以后逐步加深难度。例如：

第一周，每天与同事（或邻居、亲戚、室友等）聊天10分钟。

第二周，每天与他人聊天20分钟，同时与其中某一位多聊10分钟。

第三周，保持上周的交友时间量，找一位朋友做不计时的随意谈心。

第四周，保持上周的交友时间量，找几位朋友在周末小聚一次，随意聊天，或家宴，或郊游。

第五周，保持上周的交友时间量，积极参加各种思想交流、学术交流、技术交流等。

第六周，保持上周的交友时间量，在公共场所尝试与陌生人或不太熟悉的人交往。

一般说来，上述梯级任务看似轻松，但认真做起来并不是一件轻松的事。最好找一个监督员，让他来评定执行情况，并督促坚持下去。其实，第六周的任务已超出常人的生活习惯，但作为治疗手段，以在强度上超出常规生活是适宜的。在开始进行梯级任务时，你可能会觉得很困难，也可能觉得毫无趣味，这些都要尽量设法克服，以取得良好的治疗效果。

◇如何消除社交恐惧症

有些人内心渴望同他人交往，以获得精神上的满足，但在实际生活中与别人打交道时却充满了恐惧，这就是社交恐惧症。社交恐惧症通常起病于青少年期，男女都可能出现。青少年渴望友谊，希望广交朋友，但有些青少年一到具体交往时，如找人交谈，或者别人与自己打交道，就出现了恐惧反应。表现在不敢见人，遇生人面红耳赤，神经处于一种非常紧张的状态。它往往会泛化，严重者拒绝与任何人发生社交关系，把自己孤立起来，对日常工作学习造成极大妨碍。

社交恐惧症是一种因心理因素造成的心因性疾病，只要积极治疗，是可以消除的。

（1）改善自己的性格：害怕社交的人多半比较内向，应注意锻炼自己的性格。多参加体育、文艺等集体活动，尝试主动与同伴和陌生人交往，在交往的实际过程中，逐渐去掉羞怯、恐惧感，使自己成为开朗、乐观、豁达的人。

（2）消除自卑，树立自信：对自己应有正确的认识，过于自尊和盲目自卑都没有必要，事事处处得体，求全责备也是没有必要的。可以暗示自己：我只不过是集体中的一分子，谁也不会专门盯住我、注意我一个人的，摆脱那种过多考虑别人评价的思维方式。要记住：我并不比别人差，别人也不过如此，以此来增强自信。

（3）转移刺激：转移刺激即暂时转移引起社交恐惧症的外界刺激。由于外界刺激在一段时间内消失，其条件反射在头脑中的痕迹就会逐渐淡漠，有时还可消除。

（4）掌握知识：尽管都懂得开展社交的主要意义，但是有关社交的知识、技巧和艺术，以及相关的社会学、心理学和传播学知识却掌握得不够。所以应全面地掌握有关知识，真正明白道理，这对消除心病是大有裨益的。

（5）系统脱敏疗法：其一般做法是：先用轻微的较弱的刺激，然后逐渐增强刺激的强度，使行为失常的患者没有焦虑不安反应、逐渐适应，最后达到矫正失常行为的目的。引导青少年患者先与家人接触，再与亲朋好友接触，然后再与一般熟人接触，最后与陌生人接触，一步步地引导脱敏，并通过奖励、表扬使其巩固。

◇**如何克服自傲心理**

在人际交往中，有人处处唯我独尊，"老子天下第一"，趾高气扬，轻视别人，甚至贬低别人、嘲笑别人，听不进别人的意见。这种心理对于交际危害很大，这些人也很难与别人相处。

自傲的人喜欢过高地估计自己，只关心自己的需要，强调自己的感受。他们在交往中通常表现为妄自尊大、自吹自擂、盛气凌人，高兴时手舞足蹈、滔滔不绝，不高兴时会不分场合地乱发脾气，丝毫不考虑他人的感受，而且不愿和自认为不如自己的人交往。他们还容易过高估计了和他人的亲密程度，有时候对人过于亲昵，说些不该说的话，会引起他人的反感。另外，有意思的是，自傲的人一旦遭受挫折，往往会变成自卑者。

自傲的根源是错误的自我评价。当然，与其成长环境也密切相关。

克服自傲心理，首先要学会尊重别人、善于发现别人的优点，以利于对自己做出客观评价。另外，还要学会严于律己、宽以待人。

◇如何克服孤僻心理

孤僻心理是因缺乏与人交流而产生的孤单、寂寞的情绪体验。有这种心理的人，社交对他们来讲没有任何意义，而且乏味至极，他们从不愿与人交往，喜欢孤独。

有这种心理障碍的人，往往缺乏自我解剖的精神，不敢正视自己的弱点，相反，对别人要求却极其严格，缺少宽容精神，别人稍有自己不喜欢的地方就从心里拒之千里，这在现代社交中是十分不利的。在现代社会中欲成就一番事业，与人合作交往是必不可少的。因此，这种心理应加以克服。

要克服孤僻心理，关键要在思想上解决问题。首先，不要过多地看到自己的优点和长处，而要更多地看到自己的缺点和不足，更多地看到别人的优点和长处，以此产生交往的强烈愿望，形成交往的动力。其次，择友标准不能太严，即使你自己确实在许多方面比你所要交往的对象强，但"三人行，必有我师"，你总有不如别人的地方，总有需要别人帮助的地方，再退一步说，你没有需要别人帮助提高和解决的地方，那你总需要进行情感的交流吧，总需要获得情感的输入吧。因此，对别人不能过于苛求。在以上两个方面做好了，孤僻心理就会得到克服。

◇如何克服虚荣心理

在社交中有的人为了满足一时心理上的需要，就弄虚作假、文过饰非，企图以各种伪装的方式来获得其他人的重视。这种表现就是虚荣心理在作怪。其实，带有这种心理去社交是很不对的，它不但不会有助你社交上的成功，反而会让你得到适得其反的效果。从某种意义上而言，虚荣是一种不成熟的心态，也是一种不自然的表现，看似能满足自己一时，但其有害的影响却很深远。

（1）树立正确的荣辱观

对荣誉、地位、得失、面子要持一种正确的认识和态度。每个人都需要有一定的荣誉与地位，这是心理的需要，因此人们都应十分珍惜和爱护自己及他人的荣誉与地位，但是这种追求必须与个人的社会角色及才能一致。面子"不可没有，也不能强求"，如果"打肿脸充胖子"，过分追求荣誉，显示自己，就会使自己的人格受到歪曲。同时也应正确看待失败与挫折，"失败乃成功之母"，必须从失败中总结经验，从挫折中悟出真谛，才能建立自信、自爱、自立、自强，从而消除虚荣心。

（2）在社会生活中把握好比较的尺度

社会比较是人们常有的社会心理，但在社会生活中要把握好攀比的尺度、方向、范围与程度。从方向上讲，要多立足于社会价值而不是个人价值的比较，如比一比个人在学校和班上的地位、作用与贡献，而不是只看到个人工资收入、待遇的高低；从范围上讲，要立足于健康的而不是病态的比较，如比实绩、比干劲、比投入，而不是贪图虚名，嫉妒他人表现自己；从程度上讲，要从个人的实力上把握好比较的分寸，能力一般的就不能与能力强的相比。

（3）自我心理调适

如果你已经出现了自夸、说谎、嫉妒等行为，可以采用心理训练的方法进行自我纠偏。即当病态行为即将出现或已出现时，自己给自己施以一定的自我惩罚，如用套在手腕上的皮筋反弹自己，以求警示与干预作用。久而久之，虚荣行为就会逐渐消退，但这种方法需要本人超人的毅力与坚定的信念才能收效。

◇如何克服自卑心理

（1）要正确认识自己，提高自我评价

形成自卑感的最主要原因是不能正确认识和对待自己，因此要消除自卑心理，须从改变认识入手。要善于发现自己的长处，肯定自己的成绩，不要把别人看得完美无缺，把自己贬得一无是处，"金无足赤，人无完人"。要知道，他人也会有不足之处，自己身上也有优点。只有提高自我评价，才能提高自信心、克服自卑感。

（2）要正确认识自卑感的利与弊，提高克服自卑感的自信心

有的人把自卑心理看作是一种有弊无利的不治之症，因而感到悲观绝望，这是一种不正确的认识，它不仅不利于自卑心理的消除，反而会加重。心理学家认为，自卑的人不仅要正确认识自己各方面的优点，而且要正确看待自己的自卑心理。自卑的人往往都很谦虚，善于体谅人，不会与人争名夺利，安分随和，善于思考，做事谨慎，一般人都较信任他们，并乐于与他们相处。指出自卑者的这些优点，不是要他们保持自卑，而是要使他们明白，自卑感也有其有利的一面，不要因自卑感而绝望，认识这些优点可以增强生活的信心，为消除自卑感奠定心理基础。

（3）要进行积极的自我暗示、自我鼓励，相信事在人为

当面临某种情况感到自信心不足时，不妨自己鼓励自己："我一定会成功，一定会的！"或者不妨自问："人人都能干，我为什么不能干？我不也是人吗？"如果怀着"豁出去了"的心理去从事自己的活动，事先不过多地体验失败后的情绪，就会慢慢地培养起自信心。

◇如何克服封闭心理

在社交中，要想交到更多的朋友，必须放开自己的心胸，以宽容、广阔的心灵接纳别人，而封闭

心理则在社交中是十分不利的一种心理。

所谓封闭，就是把自己的真实思想、情感、欲望掩盖起来，试图与世隔绝。封闭心理严重的人，对任何人不信任，怀有很深的戒备。在交往中或者少言寡语，或者不着边际，从不与人推心置腹，给人高深莫测、不可捉摸的印象，像个"黑洞"一样，让人不敢接近，也无法接近。一般情况下，封闭心理严重的人不易交到知心朋友。封闭心理，尤其在青年人当中也是一个比较普遍存在的心理障碍。

克服封闭心理，必须更新观念，封闭心理的形成可能是受传统的思想影响，因而不愿与人往来，必须改变这种观念。同时，要解除思想顾虑，不要怕公开了自己的思想、观点以及身世经历后，被别人轻视。一般情况下，向别人敞开心扉，人们更容易理解和接受你当前的行为，会更加和你亲近。

◇如何克服自私心理

（1）内省法：这是构造心理学派主张的方法，是指通过内省，即用自我观察的陈述方法来研究自身的心理现象。自私常常是一种下意识的心理倾向，要克服自私心理就要经常对自己的心态与行为进行自我观察。观察时要有一定的客观标准，这些标准有社会公德与社会规范和榜样等。加强学习，更新观念，强化社会价值取向，对照榜样与规范找差距。并从自己自私行为的不良后果中看危害、找问题，总结改正错误的方式方法。

（2）多做利他行为：一个想要改正自私心态的人，不妨多做些利他行为。例如关心和帮助他人，给希望工程捐款，为他人排忧解难等。私心很重的人，可以从让座、借东西给他人这些小事情做起，多做好事，可在行为中纠正过去那些不正常的心态，从他人的赞许中得到利他的乐趣，使自己的灵魂得到净化。

（3）厌恶疗法：这是心理学上以操作性反射原理为基础，以负强化作为手段的一种治疗方式。具体做法是：在自己手腕上系一根橡皮筋，一旦头脑中有自私的念头或行为时，就用橡皮筋弹击自己，从痛觉中意识到自私是不好的，然后使自己逐渐纠正。

◇如何克服依赖心理

依赖型人格的依赖行为已成为一种习惯，克服首先必须破除这种不良习惯。清查一下自己的行为中哪些是习惯性的依赖别人去做，哪些是自主决定的。你可以每天做记录，记满一个星期，然后将这些事件按自主意识强、中等、较差分为三等，每周一小结。

对自主意识强的事件，以后遇到同类情况应坚持自己做。例如某一天按自己的意愿穿鲜艳衣服上班，那么以后就坚持穿鲜艳衣服上班，而不要因为别人的闲话而放弃，直到自己不再喜欢穿这类衣服为止。这些事情虽然很小，但正是你改正不良习惯的突破口。

对自主意识中等的事件，你应提出改进的方法，并在以后的行动中逐步实施。例如，在制订工作计划时，你听从了朋友的意见，但你并不欣赏这些意见，便应把自己不欣赏的理由说出来，说给你的朋友听。这样，在工作计划中便渗入了你自己的意见，随着自己意见的增多，你便能从听从别人的意见逐步转为完全自主决定。

对自主意识较差的事件，你可以采取诡控制技术逐步强化、提高自主意识。诡控制法是指在别人要求的行为之下增加自我创造的色彩。例如，你从爱人的暗示中得知她喜欢玫瑰花，你为她买一枝花，似乎有完成任务之嫌。但这类事情的次数逐渐增多以后，你会觉得这样做也会给自己带来快乐。你如果主动提议带爱人去植物园度周末，或带爱人去参观插花表演，就证明你的自主意识已大为强化了。

依赖行为并不是轻易可以消除的，一旦形成习惯，你会发现要自己决定每件事毕竟很难，可能会不知不觉地回到老路上去。为防止这种现象的发生，简单的方法是找一个监督者，最好是找自己最依赖的那个人。

◇如何克服自负心理

（1）提高自我认识：要全面认识自我，既要看到自己的优点和长处，又要看到自己的缺点和不足，不可一叶障目，不见泰山，抓住一点不放，未免失之偏颇。认识自我不能孤立地去评价，应该放在社会中去考察，每个人生活在世上都有自己的独到之处，都有他人所不及的地方，同时又有不如人的地方，与人比较不能总拿自己的长处去比别人的不足，把别人看得一无是处。

（2）学会接受批评：自负者的致命弱点是不愿意改变自己的态度或接受别人的观点，接受批评即是针对这一特点提出的方法。它并不是让自负者完全服从于他人，只是要求他们能够接受别人的正确观点，通过接受别人的批评，改变过去固执己见、唯我独尊的形象。

（3）要以发展的眼光看待自负：既要看到自己的过去，又要看到自己的现在和将来。"好汉不提当年勇"，辉煌的过去可能标志着一个人过去是个英雄，但它并不代表着现在，更不预示着将来。

（4）懂得谦虚：没有一个人能够有永远骄傲的资本，因为任何一个人，即使他在某一方面的造诣很深，也不能够说他已经彻底精通、彻底研究全了。所以，谁也不能够认为自己已经达到了最高境界而停步不前、趾高气扬。如果是那样的话，则必将很快被同行赶上，很快被后人超过。

（5）平等待人：自负者视自己为上帝，无论在观念上还是行动上都无理地要求别人服从自己。平等相处就是要求自负者以一个普通社会成员的身份与别人平等交往。一个人想让别人怎样来对待自己，就要怎样去对待别人。

◇**如何克服完美主义**

（1）接受瑕疵：没有瑕疵的事物是不存在的，盲目地追求一个虚幻的境界只能是劳而无功。生活绝不可能一帆风顺，遇到挫折和处于低谷时，自信和乐观尤为重要，切不可自暴自弃。学会换个角度看问题，正因为生活中有让你感到沮丧、绝望的问题，你才会付出更多努力，才更懂得珍惜所得到的。即便是事情不尽如人意，即便失败，可那和成功一样构成你丰富的人生体验，那才不枉活一世。人只有经受住失败的悲哀才能达到成功的巅峰。不要为了一件事未做到尽善尽美的程度而自怨自艾。

（2）正确认识自我：既不要把自己的能力估计得太高，更不必要过于自卑。如果事事要求完美，将成为你做事的障碍。要在自己的长处上培养起自尊、自豪和工作兴趣，不要在自己的短处上去与人竞争。

不要对自己太苛刻，不要为了让周围每一个人都对你满意而处处谨小慎微，要有点"我行我素"的气魄，做事只要对得起自己的努力和良心，不要太在意他人对自己的评价。否则，遇到挫折就可能导致身心疲惫。

（3）设定短期合理目标：实际上，当你不追求完美，而只是希望表现良好时，往往会出乎意料地取得最佳成绩。寻找一件自己完全有能力做好的事，然后去把它做好。这样你的心情就会轻松自然，行事也会较有信心，感到自己更有创造力和更有成效。你的生活也会因此而丰富起来，变得富有色彩。

（4）宽以待人：完美主义者是仔细周到的人，但是，你要小心，不要总是指出别人的错误，让别人反感或紧张。也不要因为别人做事不合你的要求而大包大揽，尤其是对你的孩子。你喜欢干净整洁，但小心不要让家人和朋友在你的家里感到待在哪儿都不合适。

◇如何克服偏执心理

偏执的人喜欢走极端，是因为其头脑中有着非理性的观念，因此，要改变偏执行为，首先必须分析自己的非理性观念。如：

（1）我不能容忍别人一丝一毫的不忠。

（2）世上没有好人，我只相信自己。

（3）对别人的进攻，我必须立马予以强烈反击，要让他知道我比他更强。

（4）我不能表现出温柔，这会给人一种不强健的感觉。

现在对这些观念加以改造，以除去其中极端偏激的成分。

（1）我不是说一不二的君王，别人偶尔的不忠应该原谅。

（2）世上好人和坏人都存在，我应该相信那些好人。

（3）对别人的进攻，马上反击未必是上策，而且我必须首先辨清是否真的受到了攻击。

（4）我不敢表示真实的情感，这本身就是虚弱的表现。

每当故态复萌时，就应该把改造过的合理化观念默念一遍，以此来阻止自己的偏激行为，有时自己不知不觉表现出了偏激行为、事后应重新分析当时的想法，找出当时的非理性观念，然后加以改造，以防下次再犯。

◇如何克服暴躁心理

（1）容忍克制：俗话说："壶小易热，量小易怒。"动辄发脾气、动肝火是胸襟狭窄、气量太小的表现。有一位心理学家忠告："气量大一点吧，如果我们每件事情都要计较，就无法在这个大千世界上生活下去。"要保持克制，就必须有很高的修养，有修养的人才是有克制力的人。一个襟怀坦荡的人，是绝不会为了区区小事而随意发火的。即使遇有不顺心的事或受到不公正的待遇时，也能做到心平气和地讲道理，和风细雨地解决矛盾和问题。

（2）保持沉默：著名散文家朱自清说过："沉默是最安全的防御战略。"当意识到自己要发火时，最好的办法是约束自己的舌头，强迫自己不要讲话，采取沉默的方式，这样有助于缓和激情、冷静头脑，让沉默成为一种保持身心平衡、抑制精神亢奋的灵丹妙药，不借外力而能化解怒气。

（3）及时回避：生活中遇到能使自己动气的刺激时，只要情况许可，不妨采取"三十六计，走为上策"。这样，眼不见，心不烦，火气就消了一半。

（4）自我提醒：当要发火时，只要自己还能自我控制，就要试着用意识驾驭自己的情感，警告自己："我这时一定不能发火，否则会影响团结，把事情搞砸"。心中默念："不要发火，息怒、息怒。"这样坚持下去，就会收到一定的效果。

（5）转移注意：心理学研究表明，在受到令人发火的刺激时，大脑会产生强烈的兴奋灶，这时如果有意识地在大脑皮质里建立另外一个兴奋灶，用它去取代、抵消或削弱引起发火的兴奋灶，就会使火气逐渐缓解和平息。例如，转移话题、寻些开心快乐的事情干，听令自己愉快的音乐、戏曲，阅读引人入胜的小说、诗歌，或出去走走，等等。

◇如何克服怯场心理

心理学认为，人进入青年时期开始注重自我意识，这种自我意识表现就是摆脱对父母、师长的依赖性，去自我独立地观察、分析、体验社会，在此同时开始注重别人对自己的评价、关心自我在别人心目中的"形象"。他们需要得到别人的承认，但同时又经常担心和怀疑自己的言行能否得到别人的承认，这种心理状态再加上缺乏临场经验，因此，在一些社交活动中，特别是在自己不熟悉的环境中，就表现出不自然、腼腆甚至怯场。其次，腼腆、怯场还与个人的性格气质有关，一般说来，属于内向型和抑郁型气质的人较多出现这种情况。

你去参加一个座谈会，这本是一个发表意见、影响别人、结识朋友的好机会。可是，一见到那么多的领导和专家名流，再一听人家的发言，你胆怯了："算了，不发言了，听别人的吧！"主持人突然提到你的名字，你丝毫没有精神准备，不得不断断续续地说上几句，最后连自己都认为"砸了锅"。

据说当球赛进行到紧张阶段时，教练和队员们也时常会畏惧怯场，但他们常会想办法对付。其中一个绝招就是用心去想"我的心情紧张，对方同我一样紧张，可能比我还紧张。"这样一想，自己反而会平静下来，沉着应战。

◇如何克服猜疑心理

有猜疑心理的人，往往爱用不信任的眼光去审视对方和看待外界事物，每每看到别人议论什么，就认为人家是在讲自己的坏话。猜忌成癖的人，往往捕风捉影，节外生枝，说三道四，挑起事端，其结果只能是自寻烦恼，害人害己。

如何克服猜疑心理呢？

（1）培养自信心：每个人都应当看到自己的长处，培养起自信心，相信自己会与周围处理好人际关系，会给别人留下良好的印象。这样，当我们充满信心地进行工作和生活时，就不用担心自己的行为，也不会随便怀疑别人是否会挑剔、为难自己了。

（2）学会自我安慰：一个人在生活中，遭到别人的非议和流言，与他人产生误会，没有什么值得大惊小怪的。在一些生活细节上不必斤斤计较，可以糊涂些，这样就可以避免自己烦恼。如果觉得别人怀疑自己，应当安慰自己不必为别人的闲言碎语所纠缠，不要在意别人的议论，这样不仅解脱了自己，而且还取得了一次小小的精神胜利，产生的怀疑自然就烟消云散了。

（3）用理智力量克制冲动情绪的发生：当发现自己开始怀疑别人时，应当立即寻找产生怀疑的原因，在没有形成思维之前，引进正反两个方面的信息。如"疑人偷斧"中的那个农夫，如果失斧后冷静想一想，斧头会不会是自己砍柴时忘了带回家，或者挑柴时掉在路上了，那么，这个险些影响他同邻人关系的猜疑，或许根本就不会产生。现实生活中许多猜疑，戳穿了是很可笑的，但在戳穿之前，由于猜疑者的头脑被封闭性思路所主宰，却会觉得他的猜疑顺理成章。此时，冷静思考显然是十分必要的。

（4）及时沟通，解除疑惑：世界上不被误会的人是没有的，关键是我们要有消除误会的能力与办法。如果误会得不到尽快的解除，就会发展为猜疑；猜疑不能及时解除，就可能导致不幸。所以如果可能的话，最好同你"怀疑"的对象开诚布公地谈一谈，以便弄清真相，解除误会。猜疑者生疑之后，冷静地思索是很重要的，但冷静思索后如果疑惑依然存在，那就该通过适当方式，同被疑者进行推心置腹的交谈。若是误会，可以及时消除；若是看法不同，通过谈心，了解对方的想法，也很有好处；若真的证实了猜疑并非无端，那么，心平气和地讨论，也有可能使事情解决在冲突之前。

◇**如何克服狭隘心理**

（1）拓广心胸：陶铸同志曾经

写过这样两句诗："往事如烟俱忘却，心底无私天地宽。"要想改掉自己心胸狭隘的毛病，首先要加强个人的思想品德修养，破私立公，遇到有关个人得失、荣辱之事时，经常想到国家、集体和他人，经常想到自己的目标和事业，就会感到犯不着计较闲言碎语，也没有什么想不开的事情了。

（2）充实知识：人的气量与人的知识修养有密切的关系。有句古诗说："曾经沧海难为水，除却巫山不是云。"一个人知识多了，立足点就会提高，视野也会相应开阔，此时，就会对一些"身外之物"拎得起、放得下、丢得开，就会"大肚能容，容天下能容之物"。当然，满腹经纶、气量狭隘的人也有的是，但这并不意味着知识有害于修养，而只能说明我们应当言行一致。培根说："读书使人明智。"经常读一些心理健康方面的书籍，对于开阔自己的胸怀，收益当不在小。

（3）缩小"自我"：你一定要不断提醒自己，在生活中不要期望过高，可以来点阿Q精神降低你的期望。如果你坚持抱着一成不变的期望，不愿做任何改变，以缩减期望和现实之间的差距，那么你就会很快被激怒，让事情变得更糟。根据莫菲定律："只要事情有可能出错，就一定会出错。"这正好说明了降低期望、明智看待事情的想法，它也说明了该如何调整期望才不会留下满腹的失望和挫折感。

（4）走向自然：人们在学习工作之余，在庭院花卉、草坪旁休息，在绿树成荫的大道上散步，在风景秀丽的幽静的公园里游玩，往往心旷神怡，精神振奋，忘却烦恼，消除疲劳。当你情绪低落时，不要一个人闷在屋子里，要走到大自然中去，到绿色的世界中去，到自然中欣赏美好的风光来摆脱苦恼是一种心理调节的方法。令人心旷神怡的风景将冲洗掉心中的苦闷，惆怅的情绪将溶化在大自然的壮丽之中。

◇**如何消除吝啬心理**

（1）自我醒悟法：吝啬心理改正的方法是自我反省、自我思考，从内心深处领悟吝啬的危害，客观、理智、正确地看待一切事物，逐渐纠正这种不正常、不健康的心理状态。

（2）阅读浏览一些佛教书籍：几乎所有的佛教书籍都提倡扬善除恶，告诫人们要普度众生，慈悲为怀，多做好事，多做善事，强调善有善报。通过阅读此类书籍，潜移默化地逐渐消除吝啬心理。

（3）小量施舍法：消除吝啬心理不妨从小事做起，如给乞丐以小数量金钱、衣物、食物的施舍，参加一些社会公益活动，为公益事业、鳏寡孤独者募捐。通过这些活动对钱财有一个正确的认识，积小善为大善。

◇如何消除报复心理

（1）进行换位思考：当他人给你带来伤害或不愉快时，你应该试着回想自己是否在某时某刻也给别人带来过同样的伤害。如此将心比心，报复的欲念就会慢慢散去。在人际交往中，不可能没有利害冲突。当你受挫折或不愉快时，不妨进行一下心理换位，将自己置身于对方的境遇中，想想自己会怎么办。通过这样的换位，你也许能理解对方的许多苦衷，正确看待他人给自己带来的挫折或不愉快，从而消除报复心理。

（2）多考虑报复的危害性：一定要先用理智驾驭住冲动着的感情，冷静地思考自己打算采取的行为将可能导致的后果，充分意识到它将给他人及自己带来的伤害，克制过火行为。如，某同学想找人揍一个得罪过他的人，如果他能想到：这个行为可能伤害对方，对方也可能会再次报复自己，自己得到的将是更大的痛苦与惩罚，还会连累自己的亲人，并因此而影响自己今后的前途，将遭人唾骂，等等。经过全面的思考，觉得弊大于利，太不值得，就会放弃了这一念头。

（3）淡化报复心理：当遭受欺侮，自尊心受到伤害时，愤怒之情会油然而生，甚至怒火中烧。这时，可通过自我心理调节加以淡化、转移。如暂时离开一下看不顺眼的人或环境，转而从事一些自己最开心的活动以帮助转移注意。也可以找知心朋友倾诉、请教，以宣泄心理压力，听听他人的评论、劝解,冷静反思一下,看看对方的真正动机,弄清是有意的还是无意的,是客观存在的还是自己主观臆造或有人从中制造的,是不是事出有因。想想自己如采取报复行为是否值得,有没有不妥之处。经过冷静、理智的反思与调节,可能心中的火会不知不觉熄了一大半,甚至烟消云散。

◇如何克服嫉妒心理

嫉妒也是交往中的一种病态心理。自从人类进入文明时代以来,嫉贤妒能这个怪物就从来没有绝种,它不时地变换着面孔和姿态,坑害善良的人们,到处留下它的恶名。在圣洁的科学殿堂上,它如同暴虐的风刀霜剑,摧残科学新苗,恣意扼杀人才。

嫉妒,最容易发生在年龄、性别、职务、能力、水平相近的人之间。嫉妒的表现行为,就是破坏和拆台,而破坏、拆台则会影响团结,损害友谊。所以,看到别人事业上有了进步,或在某些方面超过了自己,请你不要嫉妒,最好的办法就是学习。学习别人的长处,增长自己的才干,通过自己的努力去超过他。

◇如何克服逃避心理

(1)要承担自己行为的后果:一个人如果对自己都没有责任感,就更不会对其他人有责任感了。可以让他先从小事做起,比如在家里应该买菜、做饭、洗衣服;应该出去挣钱,不能等着家里人来养;要有人生目标,应该自食其力,应该肯定自己。

(2)不在厄运面前低头:人性有一个弱点,就是把厄运当作难以逾越的障碍。人的一生中都会遇到困难,甚至是大的灾难。问题是,当有的人面临困难时,他们无所畏惧、百折不挠,将困难视为一种考验,并使之转化为一种积极有利的因素;而有些人遇到困难,首先会畏惧退缩,并且抱怨,他们把困难当作是一种无法逾越的障碍,甚至是人生的一种不幸。一个不成熟的人随时可以把自己与众不同的地方看成是缺陷、是障碍,然后期望自己能受到特别的待遇。成熟的人则不然，他们会先认清自己的不同处，然后看是要接受它们，或是加以改进。

（3）拥有自己的信仰并付诸行动：一个没有信仰的人就如一艘没有航标的生命之舟，你不知道自己将驶入何方。当然，只有信仰并不足以让我们变得成熟。信仰的好处是能增加勇气，使我们在接受考验的时候，不致临阵退却。除非我们以信仰做基础，然后付诸行动，否则任何道理原则都没有用处。

（4）学会摆脱生活中的不幸：人的幸福结局，并非是平淡安稳的喜乐，而是轰轰烈烈地与不幸斗争。接受不可避免的事实，让时间去治疗伤痛；采取行动以抵制困境；集中精神帮助他人；在有生之年，充分利用自己的生命；计算我们所拥有的幸福。

第二节 人际交往中的心理效应常识

◇首因效应的应用

"首因"也可以说是第一印象，一般指人们初次交往接触时各自对交往对象的直觉观察和归因判断。人际交往中，首因效应对人们交往印象的形成起着决定性作用。

初次见面时，对方的表情、体态、仪表、服装、谈吐、礼节等形成了我们对对方的第一印象。现实生活中，首因效应作用下形成的第一印象常常左右着我们对他人日后的看法。因为第一印象一旦形成，就不容易改变。初次印象是长期交往的基础，是取信于人的出发点。因此，我们在人际交往中应该注意留给他人好的第一印象。如何做呢？首先，我们应该注意仪表，比如衣着要整洁、服饰搭配要和谐得体等；其次，我们要注意自己的言谈举止，为此必须锻炼和提高言谈技能、掌握适当的社交礼仪。

◇近因效应的应用

人际交往中，人们初次见面时所留下的印象往往是深刻的，它对以后的交往有很大的影响，这是首因效应在起作用，而近因效应则是指近期所接受的刺激改变了以往的印象。主要是对熟人的感知，如果熟人的行为出现某些新奇表现，那么近因效应就会起很大作用，这时你往往认为某人"变了"。当然有变好和变坏之分了。"士别三日，当刮目相看"指的就是近因效应。

在人际交往中，在与陌生人接触过程中，第一印象起重要作用，而熟悉的人在行为上表现出某种新异的动作，常常会影响或改变别人对这个人的根本看法。"此人原来很好，怎么他现在会这样无情无义了？"或者是听了一次报告，对报告人生动有力的结束辞感到很新颖，或有新鲜感，就会对这个人有一种肃然起敬的感觉，逢人便会介绍"某某的报告真有感染力"，下次有他的报告还想去听。这表现了近因效应有莫大的魅力。所以在人际交往中，不论是首因效应还是近因效应，都会产生很重要的作用，它能使人们之间增进了解，互相加深认识，可以获得愉快的合作。我们要充分利用这种心理效应的作用。当然也要注意到它们的副作用，在人们相处中常常会看别人的缺点，对别人的某些品质或某种新异性，用固定不变的眼光去看、去评价，就会不利于人际的和睦相处，不利于调动人们的积极性、主动性和创造性。

◇马太效应的应用

《圣经》中有这样几句话："凡有的，还要加给他，叫他有余；没有的，连他所有的也要夺过来。"

这几句话是来自其中一章"马太福音"中的一个故事：

主人要到外国去，把三位仆人叫来，按其才干分银子给他们。第一个得了五千，第二个得了二千，第三个得了一千。

主人走后，第一个仆人用五千两银子做买卖，又赚了五千；第二个仆人赚了二千；第三个仆人则把一千两银子埋在了地下。

过了好久，主人回来了，与仆人算账。

第一个仆人汇报赚了五千两银子，主人说："好，我要把许多事派你管理，可以让你享受主人的快乐。"

第二个仆人汇报赚了两千两银子，主人说："好，我要派你管理很多的事，让你享受主人的快乐。"

第三个仆人汇报说:"我把你分给的银子埋在地下,一个也没少。"主人骂了这个仆人一顿,决定夺回他这一千两银子,分给拥有一万两银子的人。

美国著名科学家、哲学家默顿,最早用这句话来概括一种社会心理效应——"对已有相当声誉的科学家作出的贡献给予的荣誉越来越多,而对于那些还没有出名的科学家则不肯承认他们的成绩。"这便是"马太效应"一词的由来。

在我们生活的许多方面,如贫富不均,管理中的用人,青少年教育以及日常的社会交往等方面,都有"马太效应"的影子。

在社会交往中,"马太效应"的表现是,朋友多的人会借助频繁的交往得到更多的朋友;缺少朋友的人则会一直孤独下去。

如果"马太效应"发生在我们身上,我们该怎样对待呢?当我们处于负面的"马太效应"中时,不要自怨自艾地顺着"马太效应"发展下去,而是要逆转这个效应,要不信邪,把逆境当成磨炼自己的机会,无论怎样艰难的环境和条件,都要奋发图强,争取改变自己的环境,从而进入正面的"马太效应"。同时,利用正面的"马太效应",使自己越来越向成功靠近。在人际交往中,正面的"马太效应"告诉我们,如果你懂得交友之道,朋友会越来越多的。而这正是我们走向成功的必备条件之一。

◇**投射效应的应用**

生活中,在认识和评价别人的时候,我们常常免不了要受自身特点的影响,我们总会不由自主地以自己的想法去推测别人的想法,觉得既然我们都这么想,别人肯定也这么想。俗语"以小人之心,度君子之腹"讲的就是这种情况。这种现象在心理学上被称作投射效应。

所谓投射效应是指当人们不知道别人的情况(如个性、好恶、欲望、观念、情绪等)时,就往往主观地认为别人有同自己相同的特性。也就是说,人们总是喜欢假设别人与自己有某些相同的倾向,喜欢认为自己具有的某些特点别人也具有。投射效应是以己度人,把自己的感情、意志等投射到他人身上并强加于人的一种认知障碍。例如，贪婪的人，总是认为别人也都嗜钱如命；自己经常说谎，就认为别人也总是在骗自己；自我感觉良好，就认为别人也都认为自己很出色……

生活中的主观投射心理，常常对我们的人际关系和自己的心理健康有害。为了避免投射效应，我们需要学会换位思考，也就是设身处地地站在对方的立场上去看别人。在与人交往时，如果我们能站在对方的立场上，为对方着想，理解对方的需要和情感，这样我们才能与他人进行很好的交流和沟通，也更容易达成谅解和共识。

◇光环效应的应用

光环效应又叫晕轮效应，是指当一个人戴上美丽的光环时，顿时他就会变得身价百倍，人们不再顾及他的其他方面的不足甚至缺陷了，而一味地拜倒在这美丽的光环之下。

在人际交往中，光环效应是很重要的，光环具有无穷的魅力。在生活中常常遇到这样的事情：一个很不起眼的人，突然在某一方面一鸣惊人，很多人马上对他刮目相看，相继而来的是使很多追随者和崇拜者一拥而上。

光环效应之所以有威力，是因为它改变了人们的知觉评价。正如一些人在谈恋爱时，对自己所爱的人那种"情人眼里出西施"的感觉，即爱他（她）的一切乃至缺点，这是一种无条件的爱。乌鸦本是不招人喜欢的"不祥之物"，但因为爱上了一个人，所以连停在他屋上的乌鸦也爱得不行，这就是"爱屋及乌"之说了。

一个人如果被戴上美丽的光环，就变得一好百好了。什么是美丽的光环呢？美丽的光环主要指内在的美，如学识、人品，等等，人们在交往中十分看重这些信息。

在人际吸引中，我们要一分为二地对待光环效应，即：一方面利用它，增加自己的吸引力，从第一印象做起，重在优化自己的个性，因为只有它才是持久吸引力的关键。

另一方面，要预防光环效应的

副作用，特别是在与异性交往时，切记不可狂热，一个人某一方面的光彩不等于一切，更重要的是一个人的人品，这是真正的人格魅力。在人际交往的过程中，我们要善于倾听和接受他人的意见，尽量避免感情用事，全面评价他人，理性和他人交往。

◇ 邻里效应的应用

"邻里效应"，说的是一个人的性格、品性与其周围的环境有很大关系。

社会感染对处于邻近空间中的人群起到一定的整合作用，人们相互之间靠感染达到情绪上的传递交流，使之逐渐一致起来，进而引起比较一致的行为。

但这不是说，在邻近的人群中就一定能发生正常的社会感染，产生良好的"邻里效应"。个体的理智水平高低，是决定是否受消极"社会感染"的重要因素。不过，我们也必须承认，即使在人类文明高度发展的今天，任何人仍然不能完全摆脱"情不自禁"受感染的现象。对一个头脑冷静、自制力强的人来说，即使在自我控制的注意有所分散、自我控制的意志有所放松时，也可能会发生感染。

所以，对蕴藏于"邻里效应"背后的社会感染机制，我们应当采取分析态度，既要善于强化良性"邻里效应"，为自己与"邻里"双方扮演社会角色服务，也要注意防止恶性"邻里效应"对自己和他人的影响。

◇ 权威效应的应用

所谓"权威效应"，是指如果一个人地位高，有威信、受人尊敬，那么他所说的话，所做的事容易引起别人的重视，并相信其正确性。这就是说，人们对权威的信任要远远超过对常人的信任。

不可否认，"权威效应"有它积极的一面，在日常生活中，积极、上进的"权威效应"是值得提倡的。如果权威人士给群众做出好的榜样，会有助于形成良好的社会风尚。而消极、颓废的"权威效应"则应该杜绝和制止。

作为普通人，我们应该明白，其实"权威"也是凡人，他们或多或少都会受到时代和自身条件的局限。如果我们不能认识到这一点，而总是跪倒在"权威"的面前，那么我们的社会就永远不会进步。

其实，如果用辩证法的观点来看，权威是相对的，只要我们足够努力、勤奋，我们也可以从非权威变成权威。所以，我们不能盲目地迷信权威。

◇刻板效应的应用

我们在评判他人时，往往喜欢把他看成是某一类人中的一员，而很容易认为他具有这一类人所具有的共同特征，这就是刻板效应。比如，北方人常被认为性情豪爽、胆大正直；南方人常被认为聪明伶俐、随机应变；商人常被认为奸诈，所谓"无奸不商"；教授常常被认为是白发苍苍、文质彬彬的老人……

刻板效应在人际交往中既有积极作用，又有消极作用：积极作用在于它简化了我们的认识过程，因为当我们知道某类人的特征时，就比较容易推断这类人中的个体的特征，尽管有时候有所偏颇；消极作用，常使人以点带面、固执待人，使人产生认识上的错觉，比如种族偏见、民族偏见、性别偏见等就是刻板效应下的产物。

◇定式效应的应用

定式效应也称心理定式效应。心理定式，是指人们在认知活动中用"老眼光"——已有的知识经验来看待当前事物的一种心理倾向。或许你听过这样一个故事：有一个农夫丢失了一把斧头，怀疑是邻居的儿子偷的。于是他观察邻居的儿子的言行举止，没有一点不像偷斧头的贼。后来农夫在深山里找到了丢失的斧头，再看邻居的儿子，怎么也不像一个贼了。这个农夫就是受了心理定式效应的左右。

在人际交往中，定式效应常使人们对他人的认知固定化。比如，与老年人交往，我们往往会认为他们思想僵化、墨守成规、过时落伍；与年轻人交往，又会认为他们"嘴上无毛，办事不牢"；与男性交往，往往会觉得他们粗手粗脚、大大咧咧；与女性交往，则会觉得她们优柔寡断、没有魄力；与一向诚实的人交往，我们会觉得他始终不会说谎；碰到了曾经圆滑过的人，我们定会倍加小心。知道了定式效应的负面影响，我们就应该注意克服，看待别人要"与时俱进"，要有"士别三日，当刮目相看"的精神。

◇**互惠效应的应用**

互惠原理认为：我们应该尽量以相同的方式报答他人为我们所做的一切。简单地说，就是对他人的某种行为，我们要以一种类似的行为去回报。如果人家给了我们某种好处，我们就应该以另一种好处来报答他人的恩惠，而不能对此无动于衷，更不能以怨报德。于是，我们身边这一最有效的影响力的武器，就被某些人利用来谋取利益了。

中国有句俗话：吃了人家的嘴软，拿了人家的手短。任何人都不希望背后被同事或者朋友说成是小气鬼，一旦被朋友请了一次客，就要牢牢地记住对方请客用了多少钱，并努力争取尽快回请这个朋友，并计划支出相应的金额。这其实就是回报的心理作用。

◇**墨菲定律的应用**

"永远与错误共生"是人类不得不接受的命运。幸好它并不像我们所认为的那样可怕，更不可能使人裹足不前。其实，在很多情况下，错误并不是什么坏事，在对自然法则有个全面的了解后，这将有助于指导人类一切正常的日常生活行为，或者及时纠正错误。

墨菲定律给我们带来终生受益的启示，我们必须保持谦恭敬畏的态度。因为人永远也不可能成为上帝，当你妄自尊大时，墨菲定律会让你承受失败之痛；相反，如果你承认自己的无知，墨菲定律会帮助你把事情做得更好些来提升你的人际影响力。

◇**视网膜效应的应用**

"视网膜效应"就是当我们自己拥有一件东西或一项特征时，我们就会比平常人更加注意别人是否跟我们一样具备这种特征。

"视网膜效应"对人们有什么影响呢？卡耐基先生很久以前就提

出一个论点,那就是每个人的特质中大约有80%是长处或优点,而20%左右是我们的缺点。当一个人只知道自己的缺点是什么,而不知发掘优点时,"视网膜效应"就会促使这个人发现他身边也有许多人拥有类似的缺点,进而使得他的人际关系无法改善,生活也不快乐。你有没有发现那些常常骂别人很凶的人,其实自己脾气也不太好?这就是"视网膜效应"的影响力。

一个人要人缘好,要受人欢迎,一定要养成欣赏自己与肯定自己的能力。因为在"视网膜效应"的影响下,一个看到自己优点的人,才会看到他人的可取之处。能用积极的态度看待他人,往往是良好人际关系的必备条件。所以,从现在起,学习欣赏自己的优点和长处吧!

◇皮格马利翁效应的应用

古希腊有一个著名的神话故事。一位年轻的王子名叫皮格马利翁,他很喜欢雕塑。有一天,他得到了一块洁白无瑕的象牙,就用它雕刻了一个美丽的少女。这个雕塑太美了,以至于王子爱上了这个雕塑,热切地希望"她"成为一个真正的少女,并且每天不停地赞赏"她"的美丽。后来,雕像经不起王子的赞美,并被他的诚心感动,因此真的就变成了一个美丽的少女,和王子生活在一起了。

心理学家用这个故事命名了一个心理定律——皮格马利翁效应。是指我们对人的看法,无论是正面的或是负面的,都会对对方产生影响,对方的行为结果也越来越接近这种看法。这个效应告诉我们,要想使一个人发展更好,就应该给他传递积极的期望,即不断地赞赏他,因为这对于人的行为有巨大影响。皮格马利翁效应在人际交往中非常有用处。

一有机会就赞赏你身边的人,永远不要嫌多。赞赏你身边的人,可以用真诚的微笑来表达,许多人都支持这样的说法:"微笑的力量,无坚不摧,微笑是最好的交流。"当然,最直接的方式,还是用语言来赞赏别人。

人际交往中,有这样的不等式:赞赏别人所付出的要远远小于被赞赏者所得到的。在人际交往中如果人人都乐于赞赏他人，善于夸奖他人的长处，那么，人际间的愉快度将会大大增加。

事实上，对别人进行肯定的认可是我们可以做的最重要的事情之一。仅仅听几句赞赏的话就会形成更密切的关系。

◇手表定律的应用

只有一只手表，可以知道是几点，拥有两只或两只以上的手表，却无法确定是几点；两只手表并不能告诉一个人更准确的时间，反而会让看表的人失去对准确时间的信心：这就是著名的"手表定律"。

"手表定律"给我们的社会交往带来一种非常直观的启发：在与人交往的过程中，一定要信任他人。如果只是一味地怀疑他人，交再多的朋友也是不管用的，因为在你真正需要帮助时，一个也帮不上你的忙。只有发自内心的信任，才能在交往中给你带来信任的快乐。

手表定律给看表的人带来烦恼，但就其烦恼的源头而言，它是来自于看表人本身。试想，如果看表的人相信其中的一只表，又怎么会有第二块表的出现？不难看出，是看表人对表的不信任导致了他后来的无所适从。

其实，相信别人是很快乐的事，在一个自己所信任的朋友那里，我们会得到安全感，觉得可以靠着他温暖地睡去，而不必担心任何危险；我们会将自己心里的事全部说出来，不会有任何负担。人和人之间，若失去信任感，即使彼此吸引，也难以建立长久真挚的感情。

◇刺猬定律的应用

有这样一个有趣的现象：两只困倦的刺猬，由于寒冷而拥在一起，可因为各自身上都长着刺，刺得对方怎么也睡不舒服。于是，它们离开了一段距离，但又冷得受不了，于是又凑到一起。几经折腾，两只刺猬终于找到了一个合适的距离，既能互相获得对方的体温又不至于被扎。

后来，人们把这则故事作为人际交往的准则，即刺猬定律。

根据刺猬定律，人与人之间的交往应该保持一定的距离，即"身体距离"和"心理距离"。"身体距离"即"私人空间";"心理距离"即"孤独感"。

"私人空间"是人与人的双边关系,"心理距离"则是个体的内心需求。无论是"身体距离",还是"心理距离"都只能说明:人作为高智能生物,彼此之间的关系是很微妙的,距离是必不可少的。

那么,每个人的个人空间到底有多大呢?大多数心理学家认为,人们空间范围圈的大小,除了取决于不同民族和文化因素之外,同时也和许多其他因素有关。美国人类学家爱德华·霍尔就曾为此制定了一个人际心理距离和空间距离相对应的尺度。有的心理学家认为,这类空间都是人类为了追求内心的安定而设计的。

现实生活中,我们都知道,在人际交往中,应该热情些。但是,人和人不一样,情境和情境不一样,根据刺猬定律,有时"冷"一些,与他人保持一定的距离反倒有好处。

◇鲇鱼效应的应用

很久以前,挪威人从深海捕捞的沙丁鱼,总是还没到达岸边就已经口吐白沫,渔民们想了无数的办法,想让沙丁鱼活着上岸,但都失败了。

然而,有一条渔船总能带着活鱼上岸,他们带来的活鱼自然比死鱼的价格贵出好几倍。这是为什么呢?这条船又有什么秘密呢?

原来,他们在沙丁鱼槽里放进了鲇鱼。鲇鱼是沙丁鱼的天敌,当鱼槽里同时放有沙丁鱼和鲇鱼时,鲇鱼出于天性会不断地追逐沙丁鱼。在鲇鱼的追逐下,沙丁鱼拼命游动,激发了其内部的活力,从而活了下来。

自从"鲇鱼效应"的秘密被大家知道以后,已经被用到生活的各个方面。

许多人都把对手视为心腹大患,是异己、眼中钉、肉中刺,恨不得马上除之而后快。其实,能有一个强劲的对手,反而是一种福分、一种造化,因为一个强劲的对手会让你时刻都有危机感,会激发你更加旺盛的精神和斗志。

因此,欢迎你的对手,积极参与到你们之间的竞争当中,你会惊喜地发现，正因为有他的存在，你的进步才是惊人的。同时，你应该明白，你与对手间不光是竞争关系，如果处理得当，你们之间的合作也将会更有成效。

◇奥卡姆剃刀定律的应用

公元14世纪前叶，从法国的一所监狱中逃出一个囚犯。

那时欧洲正处在黑暗的中世纪，一个犯人越狱算不了什么大事，可是这个人非比寻常，他是一位很有学问的天主教教士，人称"驳不倒的博士"。

他叫威廉，出生于英国的奥卡姆，人们叫他"奥卡姆的威廉"。他曾在巴黎大学和牛津大学学习，知识渊博，能言善辩。由于他发表的言论有许多与当时的罗马教廷不合，因此被囚禁在法国的监狱。

在狱中过了四五年，他找到机会逃了出来，跑到巴伐利亚并投靠了教皇的死敌——德国的路易皇帝。他对路易皇帝说："你用剑来保卫我，我用笔来保卫你。"于是正在和教廷闹别扭的路易皇帝立刻收容了他。

随后他著书立说，但影响都不大。他对当时无休无止的关于"共相""本质"之类的争吵感到厌倦，主张唯名论，只承认确实存在的东西，认为那些空洞无物的普遍性概念都是无用的累赘，应当被无情地"剃除"。

这也就是他所谓的"思维经济原则"，概括起来就是"如无必要，勿增实体"。这句格言为他带来巨大的声誉，因为他是英国奥卡姆人，人们就把这句话称为"奥卡姆剃刀"。它表达了这样一种意思：把事情变复杂很简单，把事情变简单很复杂。人们在处理事情时，要把握事情的主要实质，把握主流，解决最根本的问题。尤其要顺应自然，不要把事情人为地复杂化，这样才能把事情处理好。

奥卡姆剃刀定律自从诞生以来，历经岁月洗礼，被广泛地应用于各个领域。

在人际交往中，奥卡姆剃刀定律可以帮助人们克服为难情绪，使人们更有效地进行交往。现实生活中有许多人害怕社会交往，也就是患上了通常我们所说的社交恐惧症。这是因为这部分人人为地将社会交往复杂化的结果，如果他们能够拿起"奥卡姆剃刀"，剔除社交中的多余成分，他们就会发现：社交其实很简单，它不过是两个人或多个人的相互对话、相互作用而已。懂得了这个定律，还能够使人们的社交活动顺利地继续下去。

◇华盛顿合作定律的应用

聪明的美国人喜欢把简单的道理总结成定律，所以中国版的"三个和尚"的故事就变成美国版的"华盛顿合作定律"：一个人敷衍了事，两个人互相推诿，三个人则永无成事之日。钓过螃蟹的人或许都知道，篓子中放一群螃蟹，不必盖上盖子，螃蟹是爬不出来的。因为只要有一只想往上爬，其他螃蟹便会纷纷攀附在它的身上，把它也拉下来，最后没有一只能够出去。

与此类似的是邦尼人力定律："一个人一分钟可以挖一个洞，六十个人一秒钟挖不了一个洞。"

人与人的合作不是力气的简单相加，其中的关系要微妙和复杂得多。在人与人的合作中，假定每个人的能量都为1，那么10个人的能量可能比10大得多，也可能甚至比1还小。因为人的合作不是静止的，它更像方向各异的能量，互相推动时自然事半功倍，相互抵触时则一事无成。

与人有效地合作是非常重要的。现代社会里，谁孤立，谁失败；如果失败了还坚持孤立，那他就只有一生与失败同伴，而且没有成功的可能。这绝不是危言耸听，毕竟在这个千变万化的年代，在这个日新月异的社会，个人的力量是渺小的，是微不足道的。在现代社会，沉默不再是金，开口寻求帮助，寻求合作才是金不换！

每个人的能力都有一定限度，善于与别人合作的人，才能够弥补自己能力的不足，达到自己原本达不到的目的。

第三节　让自己受欢迎的心理应对常识

◇微笑，吸引别人的利器

有句谚语说得好：微笑是两个人之间最短的距离。在人际交往中，真诚的微笑可以拉近人与人之间的距离。尤其是初次见面时，人通常会有一种不安的感觉，存有戒心。而微笑是人际关系的润滑剂，可以消除这种初次见面的心理状态，让人与人之间的沟通变得更容易。有人做了一个有趣的实验，以证明微笑的魅力。

他给两个人分别戴上一模一样的面具，上面没有任何表情。然后，他问观众最喜欢哪一个人，答案几乎一样：一个也不喜欢，因为那两个面具都没有表情，他们不想选择。

然后，他要求两个模特儿把面具拿开，现在舞台上有两个不同的人，两张不同的脸。他要其中一个人把手盘在胸前，愁眉不展并且一句话也不说，另一个人则面带微笑。

他再次问观众："现在，你们对哪一个人最有兴趣？"答案异口同声：是那个面带微笑的人。

任何一个人都希望自己能给别人留下深刻的印象，赢得别人的好感，而微笑就是最得力的武器。试想，当你遇到一位陌生人正对着你笑时，你是否感觉到有一种无形的力量在推着你跟他认识。相反，如果你看到的是一张"苦瓜脸""驴脸"，你还会有好心情吗？你是不是只能对这种人避而远之呢？

◇保持良好的仪表，增加人际吸引力

与人交往时，尤其是第一次见面时，给人留下良好的第一印象十分重要。心理学家指出，在初次见面时，人们首先注意的是对方的外貌。

《三国演义》中有这样一段：

庞统相貌丑陋，但很有才能。他去拜见孙权，想要效力于东吴。孙权本来是个爱才的领袖，但是一看到庞统相貌丑陋，就不太喜欢他，又看他性格傲慢不羁，更加没有好感。最后，他竟把与诸葛亮齐名的旷世奇才庞统拒之门外，鲁肃苦劝也无济于事。

由此可见，外貌对于人际吸引有极大的影响，尤其是和陌生人初次打交道更是如此。虽然有些人认为外貌几乎是无法经过个人努力而改变的特征，以它作为人际吸引的因素不公道；尽管人们常说"人不可貌相，海水不可斗量，以貌取人，贻误大事"，但是，爱美之心，人皆有之，爱美是人的天性，无论在哪种文化背景中，漂亮的人总是容易被人喜欢，总是更容易促进其人际关系的发展。

也许你会说，相貌是父母给的，自己又岂能改变。的确，我们不能改变自己的容貌，但我们可以改变自己的形象，通过仪表来展现自己。也许你长得很丑，但你是一个注重言谈举止，知道如何穿戴的人，那么你的容貌往往会被别人忽略，你也会很容易被人接受、得到别人的喜爱。

◇幽默，最具亲和力的"形象大使"

幽默是一个具有亲和力的"形象大使"，在人际交往中，得体的幽默最能取悦人心，吸引并获得他人的好感。

一个秃头者，当别人称他"理发不花钱，洗头不费水"时，他当场变了脸，使原本比较轻松的环境变得紧张起来。一位演讲的教授，也是一个秃头，他在自我介绍时说："一位朋友称我聪明透顶，我含笑地回答：'你小看我了，我早就聪明绝顶了。'"然后他指了指自己的头说，"我今天演讲的题目是外表美是心灵美的反映。"教授就这样开始了自己的演讲，整个会场充满了活跃的气氛。同样是秃头，同样容易受到别人的揶揄和嘲谑，却得到一同的认可，这就是幽默的魅力。

鲁特克先生在《幽默人生》一书中指出，在人生的各种际遇中，幽默是人际关系的润滑剂。它以善意的微笑代替抱怨，避免争吵，使你与他人的关系变得更有意义；它能帮助你把许多不可能变为可能；它比笑更有深度，它产生的效果远胜于咧嘴一笑。

◇做一个高情商的人

丹尼尔·戈尔曼说："成功是一个自我实现的过程，如果你控制了情绪，便控制了人生；认识了自我，就成功了一半。"

一个具有高情商的人，他受欢迎的程度往往更高，从而取得更大的成功。在今天这个凡事都离不开分工合作的时代，情商直接决定了一个人受欢迎的程度，情商高的人能够游刃有余地影响自己的下级、同事、上级、周围的人，成就自我。

西西里娅博士毕业于世界名校伦敦商学院，曾在巴林银行担任风险管理全球总管，她的成功与她的专业技术关系很小。她的顶头上司最欣赏的是她的情绪自控能力，"她很理智，有着极高的自我控制能力，她知道如何处理与各部门的人际关系。每当冲突出现时，她能客观地看待问题，把个人的情绪抛在事外。她积极乐观的态度，使我相信交给她的任何任务，我都可以放心地等待答案。"

像西西里娅这样的人，就是依靠高度的情商走向成功的。

◇打造非凡的亲和力

有时候，我们初见到一个人，他身上散发出一种独特的力量，迫使我们不得不去喜欢他，那神秘的力量便是亲和力，我们就是被这种力量给影响了。

有些人却不了解这一点。对他们来说，说一声"你好"来跟别人打招呼，都显得是那么多此一举。

他们只会点头，或低哼一声，表示知道你在那里了。他们就是跟你打招呼，也是一副勉强的样子。这样要不了多少时间，别人也会以同样的态度来回应他的招呼。

◇利用语言影响他人

对于个人来讲，语言是影响他人的一个关键因素，每个人都可以利用语言去说服他人接受自己的意愿，这本身就是影响人的一个过程。

话说得体、有分量的人，处处受人欢迎，因为他们能够和许多不相识的人成为朋友，亦能使许多本来彼此毫不相干的人互相了解，建立深厚的感情。而且还能使一些悲观厌世的人摆脱那些不良心理，使他们更聪明、更快乐。

◇增加接触的频率

一般来说，人与人之间的熟识程度，是与交往次数直接相关的。交往次数越多，心理上的距离越近，越容易产生共同的经验，取得彼此了解和建立友谊，由此形成良好的人际关系。例如教师和学生、领导和秘书等，由于工作的需要，交往的次数多，所以较容易建立亲近的人际关系。相反，如果两个人没有一定的交往，"老死不相往来"，那么情感、友谊就无法建立。

其实，人与人之间的感情发展，就像银行业务中的存钱，平时一点儿一点儿的储蓄，到了几年之后就有一笔钱了。朋友、同事、亲人之间的关系同样需要维护和经营，平时互不来往，相当于不存钱；有事才想到找他们帮忙，相当于从存折中取钱，只取不存，存折迟早会空的。

所以，在人际交往中，我们要想得到别人的喜欢，让别人熟悉你，就要多走动，多联系。

当然，任何事物都是辩证的，不是绝对的，我们应该承认交往的次数和频率对吸引的作用，但是不能过分夸大其对交往的作用。俗话说：距离产生美，任何事情都存在一个度的问题。有些心理学家孤立地把研究重点放在交往的次数上，过分注重交往的形式，而忽略了人们之间交往的内容、交往的性质，这是不恰当的。实际上，交往次数和频率并不能给我们带来预想的结果，有时，反而会适得其反。

◇**故意在明显的地方留一点儿瑕疵**

生活中，我们常可以见到这样一种现象：有一些看起来各方面都比较完美的人，却往往不太讨人喜欢；而讨人喜欢的，却往往是那些虽然有优点，但也有一些明显缺点的人。

为什么会这样呢？这是因为，一般人与完美无缺点的人交往时，总难免因为自己不如对方而有点自卑。如果发现精明人也和自己一样有缺点，就会减轻自己的自卑，感到安全，也就更愿意与之交往。你想，谁会愿意和那些容易让自己感到自卑的人交往呢？所以，不太完美的人，更容易让人觉得可亲、可爱。

从另一个角度来看，世界上不可能存在真正完美、没有缺点的人。如果一个人总是表现得很完美，倒很容易让人怀疑其中有造假的成分。或者说，故意把自己表现得很完美，这本身恐怕就是一个缺点。

所以，一个善于处世的人，常常会故意在明显的地方留一点儿瑕疵，让人一眼就看见他"连这么简单的都搞错了"。这样一来，尽管你出人头地，木秀于林，别人也不会对你敬而远之。一旦他发现"原来你也有错"，反而会缩短与你之间的距离。

◇避免争论

年轻人在一起喜欢讨论各种各样的问题，其间，难免会因意见不合而发生争论，这是很正常的事。但是这些争论往往都是以面红耳赤和不愉快结束的。事实证明，无论谁输了，都会很不舒服，更何况争论往往会演化成直接的人身攻击，对于人际关系是非常有害的。因此，解决观点上的不一致的最好途径是讨论、协商，要避免发生争论。

◇尽量不要去指责他人

无论是在交际中，还是在工作中，都尽量不要去指责别人，以一种平和的态度来面对对方的错误往往能够收到更好的效果。

人们可以接受外貌、身高、收入、地位上的差距，却很少能接受智力上的差距。由于你的自以为"识"而开始指责别人时，无论你是用一个眼神、一种说话的声调，还是一个手势，都会使你面临失败和社交悲剧的命运。因为没有人愿意承认自己的愚笨，你的指责直接打击了他的智慧、判断力和自尊心，这只会使对方产生反击的心理，却绝不会使他改变自己的主意。

◇背后不揭他人短

逢人不说他人过，谈话不揭他人短。揭人短遭人恨，补人台受人敬。背后揭人短，更让人咒骂。人无完人，金无足赤，看人还应多看对方的长处。刻意揭人之短，是一种恶劣的品行，是小人之举。无意之中揭人之短，也会造成不良的后果。善意补人之台，是一种优良的品行，是君子之举。每个人都喜欢炫耀自己的长处，都小心翼翼地掩盖自己的短处，绝不喜欢别人张扬自己的短处。对于别人揭己之短的举动,哪怕是无意的,或者是善意的,往往也会采取断然地反击,而且这种反击是全力的、致命的。

◇在矛盾中能礼让

在人际交往中,发生矛盾是在所难免的,面对矛盾,如果一意孤行,不去想方设法解决矛盾,非要以自己的意见为准,必然会使矛盾激化。那些善于在交际中调节自己交际策略的人,必会千方百计使矛盾弱化。要弱化矛盾,办法并不难,其根本原则是礼让。我国是一个十分讲究礼让的国家,有与人交往礼让三分的优秀传统。事实上是:一旦交际中发生了意见分歧或者矛盾冲突,只要一方能礼让,问题大多数能得到解决。能在矛盾冲突时及时做到礼让,不是一种畏缩退让,而是在特殊的交际环境中策略的调整。由此可知:礼让,实际上是在矛盾冲突中寻找交叉点;有了这个交叉点,矛盾双方会因为都能接受使矛盾有所缓和。中国古代所谓的"中庸"之道,并不单是封建遗毒,实际是在教导人们在人际交往中要学会自我调节。如能中庸一些,必会以礼让为先。能礼让,即使有矛盾,也会因让步而化解。可见,礼让,作为一种交际调节行为,在交际活动中的作用不能忽视。

◇塑造个人的外在素质

追求美、欣赏美、塑造美是人的天性。美的外貌、风度能使人感到轻松愉快,并且在心理上产生喜爱、欣赏的感觉。所以,即使你达不到美的标准,也应当修饰自己的容貌,扬长避短,注意在不同场合下选择样式和色彩适合自己的服装,形成自己独特的气质和风度,给人以舒服的感觉。同时,在注意追求外在美的同时,更要注意,内在美是更重要的。因为随着时间的推移,交往的加深,对外在的重视程度会越来越弱,而对你个人品质的关注成为关键。

◇加强交往,密切关系

心理学研究表明,人与人之间空间距离上的接近,是促进人际关系密切的重要因素,因为人与人之间空间位置上越接近，彼此交往的频率就越高，越有助于相互了解、沟通情感、密切关系。即使两个人的人际关系比较紧张，通过交往，也有可能找到机会逐步消除猜疑、误会。反之，即使两人关系很好，但如果长期不交往，彼此的了解必然会减少，留在两人头脑中的都是过去的印象，而人是会随环境的改变而调整的，两人也会因长时间不联系而不易找到共同的话题，其关系也就可能逐渐淡薄。因此，密切接触绝对是建立友情的首要条件，应充分利用这一条件，与朋友保持适度的接触频率，才使人际关系不至于淡化甚至消失。切忌"有事有人，无事无人"。

◇献出自己"挚情的爱"

古希腊哲学家苏格拉底曾经说过："不要靠馈赠来获得一个朋友。你必须贡献你挚情的爱，学习怎么用正当的方法来赢得一个人的心。"交友处世的"正当方法"很多，但其中贡献自己"挚情的爱"是至关重要的。生活是不能没有"爱"的，有了爱才有热情，才有追求，才有进取。人与人之间，也同样如此。俗话说得好："投桃报李。"你敬别人一寸，别人就可能敬你一尺，你付出了"挚情的爱"，别人不可能给你"满腔的恨"。所以，贡献自己"挚情的爱"，应该是我们为人处世的基本态度，是我们交朋结友的出发点。

英国作家萨克雷在他著名小说《名利场》中，借女主人公爱米丽亚之口说道："世界是一面镜子，每个人都可以在里面看见自己的影子。你对它皱眉，它还你一副尖酸的嘴脸。你对着它笑，跟着它乐，它就是个高兴和善的伴侣。"这话用于我们对待生活、对待友谊的态度，不仅是形象的，也是很恰当的。只要我们不失挚情的爱，并且能够运用一些正确的办法，相信是可以在人际关系中获得"如鱼得水"的效果的。

◇诚恳待人，不虚伪做作

诚恳待人基本上可以归结为两个方面：诚恳地对待别人的优点和成绩，善意地对待别人的缺点和过失。

对别人的优点、长处和成绩，

应该由衷地感到高兴并表示赞美。"良言一句三冬暖",真诚的赞美是一种鼓励,是关心的具体表现,不仅可以使人的尊重需要得到满足,而且还可以进一步激发他的成就需要。赞美应该中肯,鼓励应该真诚,而不是言不由衷的阿谀奉承,也不是虚伪的应酬话。阿谀奉承和虚伪的应酬话都会损伤正常的人际关系。诚然,社会上有一些人喜欢别人的阿谀奉承,但大多数人都能辨别出别人话中的诚意,只有中肯的赞美和真心的鼓励,才能加深双方的感情。

善意地指出别人的不足之处,是诚恳待人的另一方面。

常言道"忠言逆耳",批评本来是逆耳,如果不善意不真诚,那就会变成恶语伤人,使人难于接受。在批评别人的时候,要把握两条:一要实事求是,二要注意方式方法。要做到实事求是,就要了解当事人的处境和造成错误的原因,否则,就会使当事者感到委屈,而难于接受。人非圣贤,孰能无过。犯错误是难免的,多数人犯的错误,是由于不得已而酿成,或者由于客观原因而不得不这样做。因此,在批评时,首先应了解当事人的态度和造成错误的原因。等到整个情况都弄得一清二楚的时候,我们也许就会发现,当事者的全部行动过程中,并不是一无是处。其中有许多具体的做法,可能是对的。如果单根据其表面现象指责一通,就会伤害被批评者的自尊心,助长其防卫倾向。那么,即使我们的话是对的,他也会充耳不闻。

◇助人为乐,但要坚持原则

"一个篱笆三个桩,一个好汉三个帮"。人是需要帮助的,特别是在困难的时候更需要帮助。患难之中见真情,如果在朋友困难的时候袖手旁观,那还有什么友情?

帮助别人,有时要牺牲一些自己的利益,请不要吝啬,那是友谊的代价。我们的朋友对我们的帮助,将会铭记在心。投之以桃,报之以李,历来如此。当然,我们给别人的帮助,绝不应该以期望他的回报为前提。我们应该记住别人给我们的恩惠,而要遗忘自己给予别人的帮助。

也许，我们的朋友会提出一些使我们进退维谷的难题，这时你应当先将事情弄清楚，如果他的要求是合理的、正当的，那就应尽力而为。如果实在无法可想，帮助他又会违背原则，有损于他人，则可以婉言相劝，以取得他的谅解。在不得已时，"恕难从命"也是需要的。拒绝别人的要求，有一点应该注意，这就是千万不要强调自己的道德或行为标准，标榜自己公正无私、清高、坚持原则的品质，这会使对方感到难堪，甚至会觉得下不了台。要说明不能满足他的愿望即可。必要时，可以用诚恳的态度指出无益于对方或只有损于他人的情况。

◇保持本身人格的完整

每个人都有其独特的个性，有其特有的行为模式，这是健全的人格特征之一。与人相处，固然要尊重别人，谅解别人，要比较随和，但尊重、谅解不等于无原则的迁就。无原则的迁就，不会得到别人的信任和尊敬，当然也无法让别人欢迎你。

一个人要获得别人的尊重，必须首先要自己尊重自己。自尊和尊重别人是统一的，尊重他人，是尊重他崇高的美德，尊重他对社会的贡献，是为了向他学习，而不是向他叩首礼拜。因此尊重别人不能降低自己的人格。

维持自己人格的独立和完整，是自尊的表现。一个人如果没有独立的人格，那无异于行尸走肉。

保持人格的独立，就不能人云亦云，遇事要独立思考，要有主见。独立思考既是人的权利，又是个性的优良品质。善于独立思考的人，对别人的意见既不盲从，也不一概排斥，而是择善者而从之。迷信、盲从是自己不要权利，自己降低自己的人格。不考虑别人的意见是盲目自信。周恩来总理有一段话，很值得我们参考："我建议改革戏曲的同志们，你们对旁人提的意见，听一半，不听一半。好像我们年纪大的对医生的意见，就是听一半，不听一半。如果你要全听的话，这也危险，那也危险，紧张得不得了。这样，没有病也会有病的。"

◇让别人了解我们

让自己受到别人的欢迎,要以情感为支点,相互了解是彼此产生情感的前提。世界上没有无缘无故的爱,只有知之深,才能爱之切。因此,我们应该让别人了解自己。即使是缺点,也不要怕被别人了解。如果你躲躲闪闪、文过饰非,就难取信于别人。

相互了解也包括了解彼此的个性特点,一个人的个性特点包括气质、能力、性格、兴趣等,它可以在人的活动中表现出来,并且影响活动的速度、效率、活动方式等。了解了彼此的个性特点,有利于相互配合和以后的交往,防止误会的发生,从而增进人际吸引。

◇多和别人沟通意见

让别人喜欢你依赖于相互了解。意见沟通,是达到相互了解的途径。我们应该利用工作、学习之余,多和别人沟通意见(当然,有关工作问题,还可在工作时间进行讨论),以求得彼此的了解。工作之余的交谈,不一定要局限于学习、工作问题。可以海阔天空无所不谈。一般谈论,也是各人表达其态度的机会。"闲谈不超过三分钟"的见解未必正确,因为"闲谈"不仅能使我们获得各方面的社会信息,增长我们的社会知识,而且是了解他人增进人际吸引的途径。像俞伯牙、钟子期那样,一次交谈就成知音,古代不多,今天也是罕见的。良好的人际关系,不仅可以增进个人的幸福和进步,而且有利于集体的团结和目标的实现。因此,我们应该努力去建立良好的人际关系,种瓜得瓜,种豆得豆。爱人者人恒爱之。只要我们用善意和诚挚去浇灌,必将会获得鲜艳娇美的人际吸引之花。

第六章 不可不知的与人相处的常识

第一节 与人相处的常识

◇如何应对清高自傲者

清高自傲者多看重自我形象，对自我评价较高，自我感觉良好。与他打交道不妨采取投其所好的方式，对其业绩、学识、才能等给以实事求是的赞美，使其荣誉心、自尊心得到满足。这样就可以从心理上缩短距离，同样能起到左右他们态度的作用。比如，有位生性高傲的处长，一般生人很难接近他，他生硬冷漠的面孔常使人望而却步。有位外地来的办事员听说了他的脾气，一见面就微笑着递了一支烟说："处长，我一进门就有人告诉我，处长是个爽快人，办事认真，富有同情心，特别是对外地人格外关照。我一听，高兴极了。我就爱和这样的领导共事，痛快！"这几句开场白，把处长捧得脸上立刻露出一丝笑容，接下去谈正事，果然大见成效。

一些人自恃知识丰富，阅历广泛，因而目空一切，压根儿就瞧不起别人，表现出一股不可一世的傲气。对付这种傲气者只要巧妙地设置一个难题，就可抑制其傲气。这是因为，不管其知识多么广博，阅历多么丰富，在这个大千世界，一个人的认知毕竟是有限的，对方一旦发现自己也存在知识缺陷，其傲气自然就会烟消云散了。

◇如何应对自私自利的人

自私的人会以各种理由，推掉不属于自己的工作。如"自己的能力处理不了""自己手上的工作已很繁重""本来自己做也不妨，但宁愿把机会让给你，以使增加工作经验"，等等。在饭后结账时，总爱和别人斤斤计较，或喜爱拿着单据，逐项核对，不要期望他会在你有困难时帮助你。眼见别人犯错，他只会在旁偷笑，绝不会提醒别人，更不会拔刀相助。一旦有人向你嘲笑某人犯错也不自知时，你便要小心这个人了。

这种人尽管心目中只有自己，特别注重个人的得失和利益，但是，他们也常常会因利益而忘我地工作。对他们不必有太高的期望，也没有必要希望他们能够像朋友那样以义为重、以情为重。与这类人的交往关系可以仅仅是一种交换关系，干多少活，给多少利，干得好坏不同，利也不一样。人们之所以普遍地对这种自私自利的人感到厌恶，在很大程度上是因为仅仅按道德标准去衡量人，以其作为社会交往的准绳。这不能不有失片面，而当我们以一种利益标准作为社会交往的尺度时，你就不会在任何时候都对他们采取一种"敬而远之"的态度了。

如果换个角度、换种眼光来看待这种人，你会发现他们常常有不同于别人的优点——精打细算。如果我们能够通过适当的方式，将他们这种优点运用到某些比较合适的地方，也可以发挥其优势。例如，让这种自私自利的人干一些财务工作，在有严格约束的情况下，他们往往会成为集体的"守财奴"。这样，难道不是一件好事吗？

应付自私自利的人，切忌将他们一棍子打入"冷宫"，任何时候都得对他们采取一种敬而远之的态度。这种人虽惹人反感，招人讨厌，但如果不害人，也算是对别人损害较小的一类人。况且，他们还存在着非常人所具有的优点，促其发挥能带来不小的社会效益。

◇怎样与沉默寡言的人相处

沉默寡言的人，性格极倔强。和这样的人办事，人们总会感到沉闷和压力，特别是一些性格比较外向、活跃的人，更是觉得难受。因而，在这种情况下，有些人为了活跃气氛，打破这种局面，故意找话题。其实这是没有必要的。因为，对于沉默寡言的人来说，他们之所以这样，可能是出于有某种心事而不愿多言。在这种情况下，你应该尊重对方，不要去破坏对方的心境，让其保持内心选择的存在方式。相反，你如果故意地没话找话,并拼命想方设法与对方交谈,就会引起对方的反感和厌恶,以至于他们不愿意和你在一起。

人与人之间由于面对压力与竞争,特别是对事业成功的渴求,使自我意识和自尊心明显增强。沉默寡言的人不仅关注自己的发展,渴望实现自己的价值,还表现出对周围人关于自己的评价异常敏感,并常常为之引起较大的情感波动。他们希望从别人对自己的态度、评论中了解自己,借助外物折射来认识自己,尤其是领导的重视、同事的尊重和对自己的态度。作为合作共事的人应持以诚心,对其言行予以客观、公正的评价,这样才会引起他内心的反思,从而产生与人交流的愿望。例如,要想得到这类人的帮助,你可以这样说:"我了解到现在你还不便让我分享你的设计,然而我想知道你是否愿意看看这个,这是在工作中都可能出现的困难。老实说,这些问题我不在行,也许你可以指点指点我。"这样的话,既指出他在业务上精通,又对他很尊重,接下来的交流自然能水到渠成。

◇怎样与自以为是的人相处

同自以为是的人交往,你要注意以下几个方面。

(1)审视自我

你的目标是要客观可行,不要因对方的自以为是而感情用事。重新考虑自己的观点,自以为是的人观察问题的方法跟自己不同,而且固执己见。那个观点有道理吗?他是否在竭力把不能接受的标准强加于人?然而,再回到你自己的立场上,考虑正反两方面意见。在陈述观点时,要清楚具体。要仔细评估自己的方案,找出与对方的异同点,是自己的还是对方的方案更合适,或者能够互补,这样在应对他们的时候,你就有理有据了。

(2)充满自信

在陈述自己的观点时,要像自以为是的同事陈述观点时一样自信。因为自己的解决方案,除了有先进的理念、完美的步骤和平时积累的丰富素材外,还经过了严密的推理和论证。所以,只要充满自信地和对方竞争,自己就一定能够取胜。

（3）善意提醒

自以为是的同事都比较自信、固执，这其间你要探明他在多大程度上受到工作的影响，并在工作中注意提醒他，他就有可能对这些善意的言语有所接受。你可以讲一些巧妙的话语："你精力充沛、干劲十足，我们都很欣赏你全身心投入工作的精神。但这些记录提醒我们在哪个方面应谨慎从事，因为……的形势难以捉摸。"

"这项工作不能出半点差错，这关系着大家的利益特别是你的利益，如果出现闪失，其后果对你个人前途危害很大，而这一点，正是我要向你提及的。"

◇怎样与脾气暴躁的人相处

一句幽默的话语，一个微笑，也许是与脾气暴躁的人相处的一个很好的武器，同时赞扬也可以助你一臂之力。这种人一般比较喜欢听奉承话，听好话。因此，我们要不失时机、恰如其分地赞扬他。与之交往，宜多采用正面的方式，而谨慎运用反面的、批评的方式。

（1）宽宏大量，一笑了之：遇上脾气暴躁的人冒犯你时，你一定得保持头脑冷静，置之不理，或者瞪他一眼，或者一笑了之。这种"一笑了之"的笑，可以是泰然处之的微笑，可以是表示藐视的冷笑，也可以是略带讽刺的嘲笑……最好的是泰然处之的微笑，它不仅可以使自己摆脱尴尬的局面，而且还可以让对方知难而退，避免事态恶化。

（2）暂时忍让，避开锋芒：当脾气暴躁者冒犯你时，如果你自己也是个急躁的人，急躁碰上急躁，针尖对麦芒，很容易着火。你应当压住心头的火，暂时忍让，避开锋芒。待对方锋芒锐减时，再充分地、轻言细语地说服对方，也可讲事实摆道理，消除对方的误会。

（3）开阔胸怀，宽宏大度：只要你有宽阔的胸怀，你就会对别人的态度不加计较，对自己的行为勇于承担责任，做到任劳任怨。他吵，你不吵；他凶，你不凶；他骂，你不骂。这样就吵不起来了。"宰相肚里能撑船"，你只要有温和的态度，有宽广的胸怀，就会使本来发火的对方，火气消减，自感没趣，从而更加收敛。

（4）察言观色，防患未然：脾气暴躁的人，当他着火时，最容易对周围的一切人"发泄"。这时你就迁就一下。如果你与他计短长，就会成为他的"出气筒"。所以，你一定得察言观色，揣摩对方心理状态，先退一步，然后待他情绪稳定下来时，再进两步向他说明一切。

◇怎样与疑心重的人相处

同疑心重的人相处不要急于求成，要以诚相待。不要奢望在短时间内取得他们的信任，你需要较长的时间去慢慢说服对方，让他们相信你的真诚，而且是不带任何个人目的，只是为了帮助他们解决困难而已。

首先光明磊落地做人，当别人心里冒出严重猜疑的病症，开始影响到你和朋友的关系时，那就赶快寻求别人的帮助——不一定求专家，也可以找其他朋友。公开的对话有助于你们清醒头脑和驱散阴影。这时，你千万不要轻信多疑的人所说的与你有关的话，不管这类话是当着你的面还是在你背后说出来的。最高的境界是宽宏大量，不必在意别人的多疑。

相反，你可能因为一时的冲动，使误会变成了公开的顶撞，这样，不管谁取胜都会使另一方感到不快或委屈。你得善于调节和控制自己的情绪，别让情感冒出来并占了上风，而是用一种可行态度来应付这一切。

此外，要温和对待猜疑心重的人，避免粗暴说教，还要多鼓励他们与大家多接触、多沟通，如果他们做得好时要发自内心地给予真诚的表扬和称赞。

只要少一些猜忌和隔阂，以诚相待、宽宏大量、设身处地地去帮助他们，就会使性格多疑的人有所改变，千万不要和多疑的人斤斤计较那些毫无价值的是是非非，而要以自己光明磊落的胸怀去与他们相处。

◇怎样与搬弄是非者相处

怎样与搬弄是非者相处呢？

（1）坦荡：人生在世，全然不被人议论，是不可能的。背后议论，就其内容而言，有符合事实的，有不符合事实的；就其动机而言，有善意的，也有恶意的。但不管怎样，都应坦荡置之，不要因听到好议论而忘乎所以，觉得自己一下子高大起来，也不因听了难听的议论而怒发冲冠、耿耿于怀，或痛心疾首、惶惶不可终日。否则，就会失去心理平衡，做出蠢事，而中搬弄是非者的奸计。

（2）正直：背后议论别人，是一种不道德的行为，不能迁就，必须正直地站出来，帮助议论者改正不良习惯。帮助搬弄是非者改正恶习，行之有效的办法，是尊重对方，以朋友式的态度，进行善意的规劝；同时，巧妙地引导对方获得正确地认识人的方法。比如，当对方谈论他人时，可以先顺着对方的话音，谈谈这个人确实存在的缺点，然后再谈他的大量长处，从而形成一个正确的结论。

（3）三缄其口：与好搬弄是非的人相处时，涉及他人是非的话不说，关系到自己利害的话不说，不给挑拨离间者留下"做醋"的把柄和作料，让他无处下手才好。

在掌握以上三点原则的前提下，我们还应在具体相处中注重以下技巧的运用。

（1）谈工作，不谈关系：工作上多谈积极的，少谈或不谈消极的，或你与此人也许有工作上的合作关系，这也是很好的话题，谈一谈工作上的进展和工作方法，不牵连任何人际关系。

（2）只谈大事，不谈小事：这里所谓的大事可以是国家大事，也可以是世界大事，与本单位的人际关系和人事关系不沾边，不挂钩，对方从中找不到可以搬弄是非的对象。

如果对方搬弄是非恶习已成为性格特征，那就干脆不加理睬。"走自己的路，让别人去说吧！"千万不可一听到搬弄是非的话，就立即去找那人对质。这样会使大家都很难堪，解决不了根本问题。更不要一时性急，去找那人"算账"，打起来那就更难堪。这样也会使大家把你和他等同起来，看成没见识的人。

君子坦荡荡，小人常戚戚。的确，一个强者，是为自己的目标而活着；只有弱者，才被周围的是非议论所左右。

◇摆脱火爆型棘手之人的具体要诀

（1）给予对方缓和情绪及恢复自我克制的时间。

（2）如果对方仍未停止，大声喊叫诸如"停一下"等中立性词句，使对方中断乱发脾气的状态。

（3）无须表示自己的态度非常认真。

（4）如有需要或可能，设法先让大家暂停休息一下，并做私下的沟通。

◇不要与专泼冷水之人争辩

当你提出个人的看法时，切莫企图说服专泼冷水之人承认他们的观点错误。这是因为，第一，他们也许并没有错。极可能当你试过自己所建议的解决之道后，唯一的结果只不过是满足了你已竭尽所能的心愿而已，问题依然未获解决。第二，这种做法无异于是在浪费时间。要知道，专泼冷水型棘手之人通常已经有所根据而确信毫无办法可行，所以若要他们承认错误自是千难万难，最后，彼此的讨论不免流于"我对、你错"的争辩。如此一来，你原先提出看法而产生的任何积极作用，终将点滴无存。何况，你本身对自己所提的办法是否可行，尚属未知，但对方却"确已知道"行不通，在这样的争辩之中，哪一方较具说服力自是显而易见了。

所以，你应采取的对策乃是把某些值得一试的变通办法提出来，即使专泼冷水型棘手之人认为行不通的观点也许正确亦无妨，而不应采取直接争辩的做法。

◇帮助优柔寡断之人解决问题

（1）找出对方犹豫不决的原因：应付优柔寡断者的第一个步骤，也是不可或缺的步骤便是找出对方犹豫不决的真正原因，也只有如此，方能采取有效的措施来解决问题。

（2）帮助对方解决问题：一旦找出对方犹豫不决的原因，潜藏的问题也已呈现于表面，那么，便是你协助对方解决"他们的问题"的时候了。对于你本身是否即为问题的根源所在,你在应付手法上亦需稍有不同。

(3)当对方做出决定后,应给予支持:若是优柔寡断者在你的压力及说服之下终于接纳你的方案,你亦不可立即松懈下来,须知当你离去之际,对方脑中也许开始升起一连串的疑问,因为你可能尚未让对方所有的障碍浮出表面。对方也许是由于你的施压才暂时屈服,一旦你的压力退去,极可能立生变卦。

因此,你有必要从事一些与对方保持接触的后续动作,给予他热情的支持。

◇不与贪婪之人争名夺利

人皆有好名之心,内心常有一种出人头地的渴望,期待着有一天能成为名人。那些对功名利禄充满饥渴的人,钻营投机,争功夺利,看见别人头上的光环就觉得刺眼,心生邪念,找机会想把它夺过来戴在自己头上。名利可以让他们不择手段,丧失理智,做出伤害你的事。这时的光环反而让你成为招风大树,小人都争着以你为目标,展开不可告人的行动。放弃与他们争功名,反而是一种豁达和解脱,这时,你的内心会升起一种奇妙的平静感,你的成功自然昭示着一种无须声张的厚实,你会越来越受人欢迎。

能让功名的人,反而会留下美名。能把光环让给别人的人,反而得到更多的荣耀与赞美。

◇如何促使不合作者的合作

对待不合作的同事,在认清他们的特点之后,我们首先应该用实际行动帮助不合作的人消除不合作的因素。

我们应该清醒地认识到,在实际工作和生活中,要想使不合作者变为合作者,不仅仅是一个说服问题,还是一个实际行动问题,只有找到不合作的原因,在行动上帮助不合作者,消除对方不合作的原因,才能使不合作者成为合作者。

因此,消除不合作的因素是争取对方合作的最根本的方法,在日常相处中你一定要善于发现这类同事不愿意合作的原因,然后通过自己的实际行动巧妙地消除这些因素，这样可以使你与同事更好地合作，在工作中共同奋斗、共同进步。

◇诱导不合作者参加你的工作

在与不合作的同事相处时，你应该千方百计地想办法诱导他参加你的工作。这是转变不合作者的又一重要措施。不合作者不和你合作，就是由于没有参加你的工作，如果你能巧妙地使其参加你的工作，那么，他（她）就不会不和你合作了。

在实际工作中，很多时候，与你不合作的同事并不是主观上持有与你不合作的态度，而是他（她）从没有参与过同你的合作，根本不了解你的工作，不知道与你合作的意义。所以，在这种情况下，你应当想办法使对方加入到你的工作中来，让其在与你一起工作的过程中，亲身感受到与你合作的意义，这样，你就自然而然地得到了他（她）的合作。

◇用微笑化解尖酸刻薄之人的"刻薄"

应对尖酸刻薄者的法宝就是不必当真，最好是一笑了之。比如，有人嘲笑一位老农民说："你这件褂子好像是在旧货市场买来的。"这位农民很快笑着说："你的眼光可真准，我是走了好几家旧货市场才挑了这么一件上等品。"把机智派上用场，持开玩笑的态度，的确是应对刻薄者的有力武器。同时，还应尽量和他保持距离，不要惹他。万一吃亏，听到一两句刺激的话或闲言碎语，就装作没有听见，千万不能动怒。否则是自讨没趣，惹祸上身。

◇勇敢面对尖酸刻薄之人

尖酸刻薄的人，天生一副伶牙俐齿，得理不饶人。对于你来说，能够勇敢地对抗别人的侮辱而又不至于反唇相讥，实在不是一件容易的事。一个有效的办法是不要回避，而采取直截了当的反问；另一个办法，是要求对方解释他的话，一旦嘲弄你的人知道你看穿了他，也就自觉无趣，不会再骚扰你了。

◇如何避免尖酸刻薄之人得寸进尺

对待尖酸刻薄的人，有一个方

法是他说什么你不必动怒，反而顺着他的意思说下去，这也是一种抗拒之法。如他说："你怎么今天穿得花里胡哨的？"你可以这样笑着回答："我想做个小妖妹，你看好吧？"像这样的应对，既显出你的修养和素质，对方也就自然不能得寸进尺地伤人了。

◇对尖酸刻薄的话置之不理

谁都无法也不可能避免尖酸刻薄话的侵犯，就是最好的朋友，有时也会因各种原因说一些伤人的话，不管是无意的还是有意的。在这种情况下，你最好学得脸皮厚一点，既然人人都有这种缺点，你又何必为之耿耿于怀呢？

◇以大度的气量对待心胸狭窄之人

与心胸狭窄的人相处，肯定会发生一些不愉快的事，如果缺乏气量，与之斤斤计较，就无法相处。相反，如果气量大度，胸怀宽阔，就会使那些不愉快的事化为乌有。同时，对心胸狭窄的朋友也是个教育。

一个人怎样才能有气量呢？高尔基说过："一个人追求的目标越高，他的才力就发展得越快。"才力当然就包含着气量。诸葛亮之所以能对周瑜的嫉妒和迫害毫不计较，是因为他目光高远，时刻想的是如何联合东吴打败曹操，保卫蜀国。所以，他能从个人的恩怨中解脱出来，重事业，轻小侮。朋友之间也应如此。如果对方因心胸狭窄，做出对不住自己的事，我们应从有利于工作和友情的大局出发，能谅解的就谅解，能忍让的就忍让，不应为个人而斤斤计较，耿耿于怀。

◇对心胸狭窄之人要有忍让的精神

朋友因心胸狭窄，做出了对不住自己的事来，忍让，绝不是软弱，而是心胸宽阔、人格高尚的表现。忍让，并不意味着放弃原则。

一个人为什么会心胸狭窄？一个重要的原因，就是由于他习惯于孤立地、静止地看问题，因而目光短浅，不能认识事物的多维性。比如周瑜，他只看到诸葛亮的雄才大略，如果帮助刘备强大起来，将威胁到东吴称霸，而没有认识到面临曹操的百万大军，如果嫉贤妒能，破坏了蜀吴联盟,只能被曹军个个击破。诸葛亮却清醒地认识到这一点,才一方面"大人不计小人过",另一方面巧妙地同周瑜进行周旋,使他破坏联盟的计划无法实现。由此可见,心胸狭窄的人极容易错误地估计形势,错误地对待人和事。因此,对心胸狭窄的人忍让,绝不意味着迁就他的错误。

对心胸狭窄之人应该忍让,但对他的错误思想和行为绝不能迁就,这才是与心胸狭窄的人相处的分寸所在。

◇与富人打交道千万不能自卑

身处现代社会,人虽然有贫富之分,但人格上都是平等的。在与富人交往时,若是太过自卑不仅会令人感到不自在,而且会使对方产生戒心。而把"我们家穷"时常挂在嘴边的人,往往都有自卑、阴暗的心理倾向,令人感到厌恶。

◇与富人打交道不能过于谄媚

围绕在富人的四周,有太多谄媚的人,这些人整天不知疲倦地赞美巴结奉承,无非是为了多捞一些好处,富人对这种人早就习以为常,因此要想与富人平等交流,谄媚也是要坚决杜绝的。

第二节 与陌生人相处的常识

◇微笑是最好的沟通桥梁

微笑是没有国界的。不论在哪个场合,也不论那个场合有多少陌生人,只要你能发自内心地微笑,就能与他人架起一座沟通的桥梁。也许今天的陌生人就是明天的好朋友。

◇用幽默打破僵局

有了好的开端就是成功的一半。在与陌生人相处的过程中,一句恰到好处的话语能及时化解尴尬气氛,让双方不知不觉地撤除心防。比如碰上比你更羞怯的人时,你可以开开玩笑,缓和一下气氛:"我长得像大灰狼吗?奇怪,我天天照镜子,怎么从来没发现这一点?"只要你能用幽默打破僵局,对方就不会轻易拒绝你向他(她)伸出的友善之手。

◇与陌生人攀谈时要善于寻找话题

与陌生人攀谈时，要善于寻找话题。有人说："交谈中要学会没话找话的本领。"所谓"找话"就是"找话题"。写文章，有了个好题目，往往会文思泉涌，一挥而就；交谈，有了个好话题，就能使谈话融洽自如。

◇与陌生人开口交谈关键是要找到共同点

你可以从一个人的服饰、举止、谈吐看出他的心情、精神状态和生活习惯。开始谈话前首先看对方有何与自己相同之处。例如，他和你一样都穿了一双耐克气垫运动鞋，你可以以耐克鞋为话题开始你们的谈话。与陌生人交谈，你最好寻找对方也熟悉的人和事，以此牵线搭桥，引出话题。尤其是双方都与之关系很深的人和事。当谈到此类话题时，你们之间的距离就会很快缩短。

◇借"题"发挥，找到与陌生人交谈的话题

与陌生人交谈，还可以巧妙地借用彼时、彼地、别人的某些材料为题，借此引发交谈。有人善于借助对方的姓名、籍贯、年龄、服饰、居室等，即兴引出话题，常常会收到好的效果。

◇提一些"投石"式的问题

与陌生人交谈时，还可以先提一些"投石"式的问题，在大略了解后再有目的地交谈，便能说得更加自如。如在聚会时见到陌生的邻座，便可先"投石"询问："你和主人是老乡还是老同学？"无论问话的前半句对，还是后半句对，都可循着对的方面交谈下去；如果问得都不对，对方回答说是"老同事"那也可谈下去。

◇以对方的兴趣作为话题

如果能问明陌生人的兴趣，循趣发问，便能顺利地进入话题。如对方喜爱象棋，便可以此为话题，谈下棋的情趣，车、马、炮的运用，等等。如果你对下棋略懂一二，那肯定谈得投机。如果你对下棋不太了解，那也正是个学习机会，可静心倾听，适时提问，借此

大开眼界。

引发话题的方法很多，诸如"借事生题"法、"即景出题"法、"由情入题"法等。可巧妙地从某事、某景、某种情感，引出一番议论。引发话题，类似"抽线头""插路标"，重点在引，目的在导出话茬儿。

◇ **找不到话题时，不妨坦白说明你的感受**

例如你可能在晚餐会上对自己嘀咕："我太害羞，与这种聚会格格不入。"或是刚好相反，你认为许多人讨厌这种聚会，但是我很喜欢。

不管你怎么想，你要把你的感受向第一个似乎愿意洗耳恭听的人说出来。这个人可能就是你的知音。无论如何，坦白说出"我很害羞"或"我在这里一个人也不认识"，总比让自己显得拘谨、冷漠好得多。

最健谈的人就是勇于坦白的人。这还有一个好处，如果你能坦诚相见，对方也会无拘束地向你吐露心声。

◇ **谈周围的环境也是一个话题**

如果你十分好奇，你自然会找到谈话题目。有一次，一个陌生人审视周围，然后打破沉默，开口说："在鸡尾酒会上可以看到人生百态！"这就是一句很有趣的开场白。

◇ **察言观色，从细微处入手**

当你单独和陌生人相处时，比如说当你求职面试的时候，你的心跳会不会加速到120次／秒？那个面试官无论看起来有多么和蔼可亲，可他（她）说的每一句话，是不是都会让你紧张得手心出汗；他（她）的每一个问题都让你觉得即使想破脑袋，可能还是不得要领……这该如何是好呀？

这时你就要发挥察言观色的能力，最好能从各个细微之处入手，看能否找出他（她）也感兴趣的话题。比如，小麦色的皮肤说明他（她）可能很喜欢户外运动，说话中明显的e时代特色在告诉你他（她）也是网络一族，然后试着和他（她）聊一聊。这样你们的沟通就会渐渐加强，他（她）对你的好感也会慢慢提升。

第三节 与家庭成员相处的常识

◇父母应给予孩子尊重与理解

父母与孩子，作为两个不同的个体，最基本的就是平等，这样才能沟通。所以父母应放下自己的架子，把孩子当成一个大人，当成一个朋友，而不是把他们当成永远长不大、永远不懂事的小不点儿。父母应做到和孩子平等地讨论问题，让孩子有发言的机会，尊重孩子的想法，营造比较民主的家庭气氛，以缓大人与孩子的紧张关系。

在日常生活中，父母可试着抽时间与孩子聊聊天，耐心地倾听孩子的讲述，听取他的意见和建议，理解他的情绪，给他自主决策的机会。这样，孩子也就容易敞开自己的心扉，对父母讲自己的心里话。渐渐地，那条横在父母与子女之间的代沟便会日益缩小。

◇关心孩子的内心世界

父母与孩子之间的代沟很明显的表现是双方谈不到一块儿。与跟老年人谈话相比，跟孩子们谈话似乎更需要一种类似天赋的才能。你必须会说孩子们的话，懂得孩子们的内心世界，甚至还要保持与孩子们一样的天真，尊重孩子们的想法和观点。

在和孩子们交谈之前，你必须主动而自然地与孩子们接近。一般来说，未涉世的孩子都很害羞，不敢看你，不敢跟你接近，觉得你又怪、又大、又老。因此，你不要指望一下子就同孩子们亲热起来，因为你突然的亲近可能引起孩子们的害怕心理。开始同孩子们接触时，应该有意识地与孩子们保持一段距离，只对他们偶尔地注意一下，表示一下好感，等到孩子们对你的存在习以为常，感到你并无恶意之后，然后再寻机会同孩子们接近。

要真正与孩子们很好地相处，你还必须了解孩子们心理、生理上的特点，懂得他们喜欢什么，不喜欢什么。

随着社会的发展，科技的进步，孩子们智力的发展越来越趋向早熟。因此，经常看一些最新的关于儿童心理的书、电影和小说，对你与孩子们相处将大有裨益。

◇对孩子的"爱"需要讲究方法

每个做父母的都希望自己的"儿子成龙，女儿成凤"，他们给孩子倾注了全身心的爱，事无巨细都替孩子着想，恨不得一切包办代替，就像有的母亲所说："我一颗心都扑在孩子身上，可以说现在所做的一切都是为了孩子；只要孩子将来有出息，再苦再累我都愿意。"可是，做父母的不知道，有时太多的爱，对子女来说是一种负担，它会压得孩子透不过气来。而孩子为了甩掉这份爱，就可能对父母无缘无故地发脾气，或尽量躲避父母所给予的爱。而且，这种毫无节制的爱，也是对孩子成长空间的一种限制，将明显地扼杀孩子独立个性的发展。一句话，爱也会使孩子窒息。

因此，"爱"是需要讲究方法的。要做到理智地爱，最关键的是要尊重孩子，给孩子独立的空间，在关爱中引导孩子成长。这样也有助于缩小与孩子之间的距离。

有位母亲表现了一种现代父母对孩子的新认识与更博大的爱，她这样说："非常高兴今天我们能有这样一个交流的好机会。其实，孩子，妈妈很愿意成为你的朋友，你可以去闯自己的世界，妈妈不反对，困了、累了到家里歇歇，受伤的时候随时都可以回来，请相信无论你犯了什么错误，妈妈都一如既往地爱你，家永远是你的避风港，妈妈永远是最爱你的人。"

如果每一位父母都能以这样的胸怀来对待孩子、来爱孩子，孩子的逆反心理以及两代人之间的代沟冲突还会存在吗？

◇与孩子相处两忌

（1）切忌因为孩子小而看不起他们，而应尊重他们。他们与大人一样有独立的人格，有他们的感情、思想，不是低等动物，不是供你随意戏弄的玩物。他们对真与假、善与恶、是与非都有一定的辨别能力，甚至会记住一辈子。

（2）切忌对孩子过分施爱，这种非理智毫无节制的爱，只会限制孩子的成长空间，扼杀孩子独立个性的发展。

◇在婆婆面前演点"肉麻戏"

这并不是说要你和丈夫在婆婆面前表现得过分亲昵，而恰恰相反，这可是为人媳妇最应忌讳的一点！这里所说的"肉麻戏"，乃是指在婆婆面前你要表现出你对丈夫的疼爱与照顾。比如，如果你们没和婆婆住在一起，你就可以与丈夫在婆婆面前合演一些戏，让你的婆婆知道，你对她的宝贝儿子可是呕心沥血的，什么好吃的、好用的，你都不跟他抢；什么家里家外的事，你都抢着做。此时，肉麻一点、夸张一点儿都不要紧。重要的是，要让婆婆的心理得到满足，要知道，当妈妈的都偏心眼，就是看你怎么歪打正着啦！

一旦婆婆满意了你的这一点，她就会马上心疼你的营养不良、辛苦劳累，巧克力会成打地给你买，家务会大力地帮你做。终有一天，婆婆会把你拉到一旁说："你啊，不要把他宠坏了，让他自己动动手吧！"她嘴上虽然如此说，心里却是甜滋滋的，肯定是对你满意至极。

◇永远与婆婆同一战壕作战

一般来讲，婆婆很容易把媳妇看成"编外人员"，而心生隔膜，所以为了使婆婆早日接纳你，你必须要"更高、更快、更强"地灌输给婆婆一些"迷魂汤"，全方位地使她感受到你甚至比她亲儿子还要向着她。这是婆媳相处的重要一招，百试不爽！

◇做媳妇的不妨大度一点

在旧社会，"多年的媳妇熬成婆"，媳妇受尽了婆婆的欺负，可现在不同了，你又年轻又独立，她那宝贝儿子好不容易把你追到手，在他心目中你的地位可是如日中天。相比起来，婆婆却正好相反，所以她才会把你视作"竞争者"，潜意识里会对抗你的"入侵"。而这些，正是她心虚、敏感的表现，由此，她才会和你斤斤计较，不肯示弱。

此时，你不妨照顾一下婆婆的不良情绪，遇到一些明明是婆婆做得不好的事情时，你尽可以大度一下，低下你高昂的头颅，表现出你已经服输,等到婆婆心气顺了,想必她也不会真的和你没完没了。

◇婆媳相处四忌

(1)媳妇切忌跟婆婆年龄、地位相当的女性来往密切。遇到问题时要在第一时间和婆婆沟通,而不是别人。同时要把婆婆当作朋友看待。这样既可以赢得婆婆的信任又可以建立起密切的婆媳关系。

(2)不管你和丈夫之间的关系有多密切,也不管他在背地里如何的温顺。切忌在婆婆面前对他颐指气使,而要在婆婆面前充分表现出你的贤德来。

(3)切忌在老公面前批评他的任何亲戚,特别是婆婆那边的亲戚。

(4)切忌争吵。在任何情况下,婆媳都不要"针尖对麦芒"地吵,如果一方发威了,另一方要暂时忍让,平时如果有些意见,千万不要和邻居、亲友乱讲,话传来传去,往往没有矛盾也弄出矛盾来。但是有些事情如果非说不可,有机会双方可以好好地、开诚布公地说,或是由儿子恳切地转达。

◇取得小姑子心理上的认同

尊重小姑子,就是要尊重她的人格,尊重她的自尊心,切不可为一点儿小事,就以长者自居,挖苦她、贬低她;理解小姑子,就是正确对待她在生活、工作和学习中遇到的酸甜苦辣,并给予支持与帮助。小姑子在生活、工作和学习中,可能会遇到种种麻烦,甚至是挫折,也许在单位里人们不能理解她,不能正确对待她,这时,嫂子就要向她伸出热情之手,给她无微不至的关怀。关心小姑子,一方面要关心她的工作和学习,另一方面,还要关心她的生活、她的人生大事。只有这样做了,小姑子才会在心理上认同你,才会拉近彼此之间的距离,才会像亲姐妹一样无话不说,无事不讲。

◇不与小姑子斤斤计较

与小姑子生活在同一个屋檐下,往往会因为在某些事情上意见、态度、看法不一致而发生分歧,甚至会出现斗嘴,闹得不愉快。因此,作为嫂子要顾全大局,从维护家庭团结的良好愿望出发，能明辨是非，不斤斤计较。同时，要避免言辞激烈，以免伤害对方感情。总之，对一些无关紧要的小事，应采取不细究、不计较的态度，对己严，待人宽，谦和忍让，豁达大度。

◇把小姑子当成自己的亲妹妹

有些嫂子把小姑子看成一个包袱，把她当成争夺公公婆婆财产的"眼中钉"，对她往往不冷不热。看到婆婆对小姑子好，就生忌妒，心怀不满，生怕婆婆将自己的"私房钱"独自给了小姑子。媳妇应该明白，小姑子和婆婆本是母女俩，婆婆对女儿好点儿，在情理之中，媳妇应能理解。不要因为小姑子不是自己的亲妹妹，就对她漠不关心。只有把小姑子当成亲妹妹，有福同享，有难同当，这样才会有家庭的和睦和幸福。

◇对嫂嫂宽容大度，以礼相待

小姑子自幼生长在这个家庭，对家庭的生活模式是适应的，她的性格和习惯一般都能为家庭的其他成员所理解和谅解。因此，相对于嫂嫂来说，小姑子是生活在一个熟悉、友善、"左右逢源"的家庭中；而嫂嫂却不同，她是家庭中的新人，其他成员同她既没有血缘联系，又对她的性格和思想没有深入的了解，她自己也对婆家的生活模式在短时期内无法适应，因此，相对于小姑子来说，嫂嫂是生活在一个陌生的"碍手碍脚"的家庭。正因为如此，做小姑子的就应该理解嫂嫂的处境和心境，不仅要以礼相待，而且要对嫂嫂的缺点和过失采取宽容的态度，并热心帮助嫂嫂熟悉适应婆家的生活，并尽力让家中的其他成员了解嫂嫂，也让嫂嫂了解家庭中的其他成员。

第七章 不可不知的宴请常识

第一节 宴请规则常识

◇宴请重在满足客人的需求

请客应酬是求人办事常用的一种方法，在请客时，只要招待好所请之人，那么所求之事也就差不多了。

在请客时，很重要的一个原则就是要尊重对方特别是少数民族的饮食习惯，比如请回族的朋友吃饭，就应该到清真饭店请客。

大多数情况下，正式宴请的具体时间遵从民俗惯例。比如在国内外举办正式宴会，通常都要安排在晚上进行。因工作交往而安排工作餐，大都选择在午间进行。而在广东、海南、港澳地区，亲朋好友聚餐，则多爱选择饮早茶。

宴请时主人不仅要从自己的客观条件出发，更要讲究主随客便，要优先考虑被邀请者，特别是主宾的实际情况，不要对这一点不闻不问。如果可能，应该先和主宾协商一下，力求双方方便。至少，也要尽可能提供几种时间上的选择，以显示自己的诚意。

现实生活中有很多人，宴请时"仅凭自己的感觉就断定别人会喜欢自己的安排"，这是很多求人不成、办事无果的原因。

宴请是针对所请之人进行的，因此要千方百计地满足客人的需求，宴请的地点和时机应尽可能让客人感到方便。主人可在宴请前征求客人的意见，以便充分准备。

◇根据被宴请的对象和事由，选择宴请地点

根据主人意愿、邀请的对象、活动性质、规模大小及形式、商谈的内容等因素，选择宴请的地点。一场宴会，你所宴请的对象可能不止一两个，因此要在尽量满足大多数赴宴者的客观要求的同时，侧重

迎合其中少数特殊人物的心理要求。很显然，这些特殊人物对你办事情要有非常大的帮助才行。当主宾的地位、身份、影响高于主人时，以主宾为主；当主宾的身份、地位低于主人时，则要以主人为主。

◇宴请要考虑周边的环境

（1）选择交通方便的地方。选择用餐地点，对于交通方便与否，要高度关注。要充分考虑聚餐者交通是否方便，有无停车场所，是否有必要为聚餐者预备交通工具等一系列的具体问题。

（2）选择卫生良好的饭店。外出用餐时，人们最担心的就是"病从口入"。所以，确定宴请的地点时，一定要看其卫生状况如何。倘若用餐地点过脏、过乱，会破坏用餐者的食欲。

（3）选择环境幽雅的地方。对现代人来讲，宴请不仅仅是为了吃东西，也讲究环境。如果用餐地点档次过低、环境不佳，即便菜肴再有特色，也会令宴请大打折扣。

这里的环境既包括宴会举办场地的自然环境（如湖边、闹市、船上等），宴会所在的建筑环境（如酒店建筑风格、餐厅装修特点等），也包括宴会举办场地（餐厅的大小、空气状况和环境布置等）。

◇选择宴请地点三原则

（1）询问你的客人是否有某些饮食方面的偏好，比如是否属于素食主义者或者是否爱吃鱼等，事前确保你选择的饭店符合客人的口味。

（2）选择大家都喜欢的地点就餐，让聚会中的每个人都有宾至如归的感觉是很重要的。比方说，要事先问清楚有没有适合素食者的选择、小孩子用的高凳，还有那些对某些食物过敏的人能吃的东西。如果聚会的人有需要的话，甚至还要看看有没有足够的车位。

（3）请熟悉的人去不熟悉的饭店，请不熟悉的人去熟悉的饭店。对熟人（包括家人、朋友等），可以请去以前没去过的饭店尝尝鲜、探探路等；而请不熟悉的和重要的客人要求对整个点菜服务质量等了然于胸，最好去熟悉的饭店。

◇ **借花献佛邀请他人**

宴请别人时，如果邀请方式得当，当然会皆大欢喜。但邀请不当，不仅会让别人挡回，更会觉得堵心。

你不妨采用借花献佛的方式邀请他人，一般说来这种方式可使受邀请者因盛情无法回报的拒请心态得到缓和，会接受你的邀请。

你不妨以自己有什么喜庆作为"花"来借一下。例如："王总！今天获奖名单公布了，我中奖了！走吧，我们去庆祝庆祝！"然后在酒宴上再提自己求他所办之事，那个时候他的酒都喝了，哪好意思不帮你。

◇ **喧宾夺主发出邀请**

在宴请他人时，还有一种喧宾夺主的邀请方式，这种方式需要你事先调查一下要邀请的人所在的环境，就近选择一家有特色的酒店，然后开始发出邀请。

例如："吴院长，中午有空儿吗？一起吃饭好吗？我在你这边发现了一家烤味店，就在对面小巷中，距离你这里走路三分钟就到了，那里的烤蚝烙真的是一流，而且环境也不错……真的是休闲吃饭的好地方！"……

"哦！你中午没有时间啊？没有关系，这样吧，下午我去定个位置，然后晚上你带上你的家人，我们一起去吃怎样啊？晚上我给你电话哦！"

这样发出去的邀请，别人就很难再有借口推辞了。你也就有了接近对方，求其办事的机会了。

◇ **先诱惑别人再发出邀请**

在对别人发出邀请时，你也可以先说一些极具诱惑力的话，然后再发出邀请。这样，邀请成功的机会就比较大。

你可以先跟他（她）说一些无关紧要的话，然后再提出邀请。例如："孙总，你是东北人吧？"……

"我就喜欢东北人，直爽！哦！还特别喜欢吃你们那里的菜！那个大骨头蒸出来吃，一股酱味道，叫什么来着？"……

"对！就是'酱骨架'！我特

喜欢吃！我知道一个地方，有家东北菜馆，他们那里厨师地道，酱油地道，做出来的'酱骨架'真的是一流，想着就流口水……这样吧，现在我们就去尝尝？"

对方听到这里，多半已经在心里流开口水了，再加上你的劝说，他就会不自觉地跟你去了。等到他吃的心里美滋滋的时候，再向他提出要求，对方就很难拒绝了。

因此，在宴请时，不妨抓住对方饮食上的偏爱或癖好，来一招"先诱惑再邀请"，这样就能很容易地达到目的。

◇参加宴会有哪些礼仪

赴宴礼仪是现代人交际过程中需要经常面对的问题。参加一个宴会，最重要的不是吃，而是体现你修养与内涵。

（1）适度修饰：外出赴宴或聚餐时，应适度地进行个人修饰。总的要求是：整洁、优雅、个性化。一般而言，男士可穿套装，并剃须。女士则应穿时装或旗袍，并化淡妆。倘若不加任何修饰，甚至仪容不洁、着装不雅，则会被视为不尊重主人，不重视此次聚餐或宴请。

（2）准时到场：应邀赴宴或参加聚餐时，一定要准点抵达现场。抵达过早或过晚，均为失礼。早到的话，主人往往还未做好准备，因而措手不及。晚到的话，则会令他人望眼欲穿，甚至打乱整个原定的计划。

（3）各就各位：在一些正式的用餐活动中，一定要按照指定的桌次、位次就座。倘无明确排定，亦应遵从主人安排，或与其他人彼此谦让。

（4）认真交际：大凡宴请或聚餐，其主要目的是交际，而不仅仅是为了大饱口福。所以在用餐前后，尤其是用餐前稍事等候时，不要忘记尽可能地进行适当的交际活动。假若一言不发，就会显得与其他人完全格格不入。

（5）开始宴会前，主人与主宾大都要先后致词：当他们致词时，务必要洗耳恭听，专心致志。如果此刻开吃，闭目养神，与人交谈，或是打打闹闹，都是不对的。

◇宴会上如何就座

在进入宴会厅之前，先了解自

己的桌次和座位。入座时注意桌上座位卡是否写着自己的名字，不可随意乱坐。如果有领位员引导宾客入座，客人要走在领位员的后方，不可超前。如果男女一同赴宴，男士宜走在女士左后半步的位置。

入座时要从椅子左侧就座，如果餐中要出去打电话或方便，也从左侧退出。对于女士，一般有招待员为其拉出椅子，没有招待员时，男士要代替。如果你是一位男士，邻座是年长者或女士，你应主动为其拉开椅子，协助他们坐下。

客人从左侧入座，其正确的入座方式是：先用一只脚跨入桌椅间的空隙，另一只脚再随后跟上，这时身体到达座位，上身保持挺直，下半身弯曲垂直坐下。入座时切忌慌慌张张、左顾右盼，更不可一屁股坐下，这是不礼貌的。一般说来，最合乎国际标准的坐姿是：上身保持挺直，身体距离桌面两个拳头的宽度。

◇邀请领导吃饭要慎重

身为下属，邀请领导吃饭要慎重对待，即使与领导之间有深厚的交情，也不可大意。如陈胜、吴广反秦起义初步胜利后，陈胜在耕田时的一帮朋友去找陈胜吃饭，因为陈胜曾经说过："苟富贵，勿相忘。"其中一个人因为老是叫陈胜落魄时的小名，陈胜后来竟找个理由把他杀了。

请领导吃饭，首先要选择时机，如：很重要的工作告一段落，最好是大功告成，任务圆满完成半月之内，或者你刚得到提升或者你想给领导一个很重要的建议时，可宴请领导。

如果你从小跟领导毗邻而居，或你们是同学，那么，你可随时请他，他也可随时请你。新上任的经理可以请老总吃午餐，因为会有很多事可以谈，但总有点勉强。邀请领导到家做客，则显得不合适了，除非你们有非常亲近的亲戚关系。

◇与领导进餐的注意事项

在工作酒会、宴会中，一定要等到领导举杯了，你才能举杯，或者你可以举杯敬领导。可千万不要拿起杯一句话不说一饮而尽，那领导会以为你对工作有不满情绪，更不要在领导前喝醉失态。

邀请经理携配偶用餐，其他人的配偶也应参加。当然，也有例外，若客人的配偶目前在上班，未予邀约并不失礼。

如果没有客户在场，作为年轻职员，要体现出照顾上级和年长同事（特别是女士）的风格，包括部门经理、领导和其他年长同事。当然，如果有客户，就要照顾客户的需求。如果有"外人"在场，一定要表现出对上级的尊重，千万不要像在单位一样随意开玩笑。

此外，如果前夜领导请客吃饭或喝茶什么的，第二天见到领导时一定要再次致谢。也可以送个小纪念品以示谢意，哪怕是一张卡。特别注意不要在领导面前道人是非。

只有懂得这些宴请之道，以后你求领导办事才会更加顺利。

◇升职时如何请同事吃饭

许多公司有不成文的习惯，就是升职要请客，你若身处这样的公司，当然要入乡随俗。至于请客请些什么呢？那要视加薪额和职级而定，一则是量入为出，二则是身份问题。一切最好依照旧例，人家怎样，你就怎样。有人当面恭维："你真棒，什么时候再请第二次？"你可微笑地回答："要请你吃东西，什么时候都可以呀！"

相反，有同事表示要请客为你祝贺，你也要答应，否则就是不给面子，不接受人家的好意。不过，答应之余，请考虑对方是否出于一片真心，还是彼此只属泛泛之交，此举只是拍马屁。前者你自然可以开怀畅饮，至于后者，吃完之后你最好反过来做东，这样既没接受他的殷勤，又没有得罪他。

◇与同事进餐时不谈同事的隐私

即使闲聊也不可以谈论同事的隐私，如被心怀不轨的同事听到，很可能会添油加醋地到处宣扬。这样，别的同事会怨恨你，你就会处于非常不利的境地。

◇与同事进餐时不要在同事面前批评上司

有人在白天被上司没道理地骂一通之后，喜欢晚上约同事喝一杯，然后对着同事发牢骚。这种事情一定要避免。不论多么值得信赖的同事,当工作与友情无法兼顾的时候,朋友也会变成敌人。在同事面前批评上司,无疑是让别人抓住你的把柄,有一天身受其害都不自知。

◇宴请下级,以情为先

在同一个单位里,领导要求下级办事,宴请下级也是比较常见的现象,那么,在应酬下级时,领导要注意哪些问题呢?

虽然身为领导,但是请下级吃饭时不要摆出一副施恩者的架子,要把你的下属想成是跟你一样有价值、有智慧的人,他们只是目前的资历不如你,或者具有不同的优势。同时,还应该注意防止那些觊觎你的人有可乘之机。

兵法有云:"攻心为上。"人心最难了解,也最难赢得。要想当好领导,唯有对下属诚恳、真挚,只有这样才能凝聚成坚不可摧的向心力。微笑、放下领导的架子、不责备他们的过错,都能使下属随时感受到你传递的温暖,从而丢掉包袱,激发工作的最大积极性。

除此之外,领导还要有足够的"外交"技巧,即适时给予奖励,鼓励团队成员努力工作。如果公司不能为他们加薪,你不妨自掏腰包请大家出去吃一顿饭。试想,你如果真能成为一位得人心又善于笼络感情的上司,还有什么事情办不成呢?何况,即便你是别人的顶头上司,有很大的权利,也总有请求下级帮忙办事的时候。所以,请下级吃饭要以情动之,谨慎应酬。

◇宴请重要客户要讲究档次

重要客户是公司利润的主要来源,更是公司稳定发展的基本保障。对于重要客户来说,东西好不好吃不那么重要,重要的是吃东西的环境和档次一定要高,要讲究排场。因为讲究排场才能说明对客户有足够的诚意和尊重。邀请重要客户吃饭,首选"大腕餐厅"或四星级以上的饭店。一般来说,海鲜类餐厅、日本料理、法式大餐等常是首选。而且,这些地方还有许多舒适的单间、雅座,保证你与客户的沟通不会受到外界的干扰。

第二节　点菜的常识

◇点菜时，征求一下客人的意见

宴请之际，主人一定要了解客人的口味。国内客人的口味特征大致为东辣、西酸、南甜、北咸。宴请时要根据客人的具体情况点菜。

点菜时，我们一般都会有礼貌地征求一下客人的意见，但怎么问大有讲究。有经验的人有两种问法：一种是封闭式问题。比如，"来条草鱼还是鲤鱼？"如此在两者之间进行选择，大大缩小了选择的余地。又如，"喝茶还是喝咖啡？"就是告诉对方，你不要喝酒。而另外一种问法是问开放式的问题。比如，"您想喝什么酒？"由被问者自由选择。此外，需要注意的是，一定要了解客人不吃什么，尤其注意不要犯宗教禁忌或民族禁忌。

◇侧面帮助客人点菜

入席后，主人往往把优先点菜的权力让给客人，这是出于礼貌考虑的。一般来说，客人不好意思点价格较贵的菜品。如果你看出客人有些为难，可以从侧面来提醒和帮助他。例如，可用以下述问题来打破僵局："这里的咖喱牛肉比较有特色，你可以试试看"，或者"咱们共同点道海鲜浓汤吧，这里的海鲜比较新鲜，值得一尝"等。用轻松的语气向客人提出建议，意思是这样的价位你可以接受，客人尽管依此类推来点菜，不必感到拘束。

◇拿不准菜单时，可请职业点菜师代劳

如今，社会上出现了一种职业——点菜师，如果你对饭店的菜实在拿不准，不妨请个职业点菜师。实际上，上档次的饭店都会培养一些训练有素的点菜师，当客人面对菜单无所适从时，点菜师会为客人配出一桌好菜。

如果当着客人的面，不方便讲要花多少钱时，可以通过特定的词汇，比如"来点家常菜""来点清淡爽口的"，这是暗示点菜师自己不想高消费，而"有什么山珍海味""来点海鲜"，则是暗示点菜师你请的是贵宾，并不在乎花费多

少。这样点菜师会让你既有面子，又不会荷包大出血。

◇点菜前要对价格了解清楚

点菜前要对价格了解清楚，点菜时不应该再问服务员菜肴的价格，或是讨价还价，这样会让你在对方面前显得有点小家子气，而且被请者也会觉得不自在。

◇依宴请对象来确定点菜的分量

若是普通的商务宴请，可以节俭些。如果这次宴请的对象是比较关键的人物，则要点上几个够分量、拿得出手的菜。

◇优先让领导点菜

和领导一起吃饭时，往往是领导一个人说了算，决定大家吃什么菜，而部下通常异口同声说"都行都行""什么都行"，将选择权拱手让出。当然，也有那种宽厚的领导，让大家群策群力，想吃什么就说，或者索性放手让手下人去点菜，毕竟吃饭不是什么原则问题，轻松一点才好。不过，和领导一起吃饭还是应该优先考虑让领导点菜，这是职场中的一门艺术。

◇"女士优先"同样适用于点菜上

在当今世界，除了少数地方外，在一些较正式的场合，"女士优先"这句话可以说是放之四海而皆准的，女宾点菜亦成为当今的一种时尚。男女在餐馆、饭店约会，点菜时应让女士先点，尊重女士的意见。在西餐厅，如果女士对吃西餐已经轻车熟路，那就大大方方点好了。当然，要不时征询一下对方的意见。但如果不熟悉西餐的点法，菜单又全是英文，女士可以坦率而诚恳地说："你来点吧，你熟悉，我相信你点的菜很美味。"

◇亲朋好友吃饭，轮流点菜最佳

亲朋好友一起吃饭，大多是一人点一个菜。不过，如果大家都不爱吃你点的那道菜的话，你就有责任吃掉2/3。点菜吃饭是个人行为，和工作不一样，每个人都有自己的机会和选择权，不必有太多的顾虑。

◇点菜要以人为本，看人下菜

点菜要以人为本，看人下菜。俗话说，知己知彼方可百战不殆，所以掌握同席之人的口味乃点菜之先。选菜不以主人的爱好为准，主要考虑宾客的喜好与禁忌。作为宴请的你要记住：你是请别人，你自己的口味是无所谓的，对方喜欢就好。

◇点菜要注重特色

特色菜又叫招牌菜，一般是餐厅用来吸引客人的拿手菜，味道不错，价钱也不会太贵。每到一个不熟悉的餐馆，不妨先问问有什么特色菜，这样就可对该餐馆的档次心中有数，点得有底。

◇点菜要巧妙搭配

点菜时要注意巧妙搭配菜。以中国菜而言，并不要求每个菜都出色精彩，但讲究一桌菜的五味俱全，且要搭配合理，咸淡互补，鲜辣不克，让每种味、每道菜都发挥到极致。菜肴应强调荤素、浓淡、干湿、多种烹调方法搭配，原料尽量不重复。如果有人让你点一桌菜，要求一道鲁菜，一道淮扬菜，一道湖南菜，一道徽菜。你应该这样搭配：鲁菜点炒豆腐脑，取个鲁菜的鲜嫩，吃个清淡开胃；湖南菜点一道东安子鸡，又麻又辣又烫，实为下酒好菜；徽菜点一道蟹粉狮子头，此物亦可下酒，亦可当主食，还可解辣，妙极！淮扬菜点个汤菜鸡汁煮干丝收尾，亦汤亦菜，也好解酒。

点菜时要注重高、中、低不同档次菜肴的搭配。根据经验来看，10个人聚餐，高档的菜肴只要2~3个就可以了，而且其中最好有一个是其他饭店不常做的菜。在低档菜中选取该饭店的一些特色菜，这样能给予宴者留下深刻印象，主人也可不失体面，从而达到宾主尽欢的目的。

◇点菜时要照顾到每位成员的爱好

选择菜种时，先注意用餐者的年龄，如果宴请的客人以中老年居多，则宜多点质地软嫩、口味清淡、做工精细的菜肴。中老年人肠胃较弱，食量不大，而且对高脂肪、高热量食品心怀顾虑，所以应避免过多大鱼大肉、煎炸熏烤等油腻厚味的食品，最好在餐前上一碗开胃汤以促进食欲。

如果用餐者以青年人为主，可点些味道浓香、油脂较多的菜，以免食客们感到"不解馋"，也避免桌上的菜肴很快吃完而尴尬。若是女客较多，可点一些带酸甜味的菜肴或甜味的精致小点心。

◇点菜要尊重埋单的人

如果是别人做东，要记得为对方留点余地，多为对方着想，不要点太贵的菜，不能因为是别人付钱，就尽情地点，这是很不礼貌的行为，还会造成铺张浪费。改天若是换成自己做东，别人一定也会存有报复你的心态，那就得不偿失了。另外，当对方问你要点什么的时候，必须先将自己的决定告诉对方，而不是服务员，否则对方会觉得不被尊重，场面也会很尴尬。

◇点菜时要考虑来宾宗教禁忌

对此一点也不能疏忽大意。例如，佛教徒不吃荤腥食品，这不仅是指不吃肉食，还包括葱、蒜、韭菜、芥末等气味刺鼻的食物。

◇点菜时要考虑来宾个人禁忌

有些人由于种种原因，在饮食上有一些与众不同的特殊要求。比如，有的人不吃肉，有的人不吃鱼，有的人不吃蛋等。对于这些人的饮食禁忌，亦应充分予以照顾。不要明知故犯，或是对此说三道四。出于健康方面的原因，有的人对于某些食品有所禁忌。比如，心脏病、脑血管、动脉硬化、高血压和中风后遗症的人不适合吃狗肉，肝炎患者忌吃羊肉和甲鱼，胃肠炎、胃溃疡等消化系统疾病的人也不合适吃甲鱼，高血压、高胆固醇患者要少喝鸡汤等。对此也应加以考虑。

◇点菜时要考虑来宾地方禁忌

不同的地区，人们的饮食偏好往往不同。对于这一点，在安排菜单时，也要兼顾。比如，湖南人普遍喜欢吃辛辣食物，少吃甜食。

◇点菜时要考虑来宾职业禁忌

有些职业，出于某种原因，在餐饮方面往往也有特殊禁忌。例如，国家公务员在公务宴请时不准大吃大喝，驾驶员在工作期间不得饮酒等。要是忽略了这一点，就有可能使对方犯错误，甚至造成事故。

◇点菜时要考虑来宾国际禁忌

如果你经常有机会宴请外国朋友的话，最好了解一下他们的饮食禁忌，以免引起不必要的麻烦。以下几点应特别注意：切不可点动物内脏及肥肉制作的菜肴。如果你要宴请外国客户，千万不要点一些由动物内脏烹制的食物。虽然法国名菜"煎鹅肝"很受欢迎，但是这不意味着他们能接受用地道的中式方法烹制的其他动物内脏食物。

尽量不要点有骨头的菜。外国人吃鸡鸭鱼肉一般都是把骨头剔得干干净净才拿来做菜，吃起来完全不费半点工夫。所以，请外国人吃饭要尽量尊重他们的习惯为好。

◇所点酒水要与宴会相配

俗话说人分三六九等，宴会的档次也有高、中、低之分，酒有上品、中品、下品之分，不同的宴会选酒应当与其规格相匹配。如我国举办国宴时，往往选用茅台酒，因为它被称为我国的"国酒"，其质量和价格在我国酒类中最高。但是，如果是普通宴会，则可选用档次稍低的酒品，如果在普通宴会上用茅台酒，酒水的价值就会在整桌菜肴之上，整体显得不协调。

◇所点酒水要与季节相配

我国地域辽阔，各地区气候有差异，不同季节选用的酒也有不同。比如，冬天人们一般喜欢喝"烫酒"，既开胃又养胃；夏天则喜欢冰镇啤酒，有消暑的功效。因此，宴请宾客时，冬天饮用白酒较多，而夏天选择啤酒较多。

◇所点酒水要与菜肴相配

在任何宴席之上，酒与菜都很难分家。尽管中餐没有西餐中酒类的选择与菜肴的搭配那么严格，但是，假如宴请很讲究，那么，红酒专门搭配鸡鸭菜肴，竹叶青酒专门搭配鱼虾菜肴，加饭酒专门搭配冷菜冷盘，吃螃蟹时则应饮黄酒而非白酒。

◇讲究酒水之间的搭配

酒与酒的搭配也是有一定讲究的：低度酒在先，高度酒在后；新酒在先，陈酒在后；普通酒在先，名贵酒在后；软性酒在先，硬性酒在后；有汽酒在先，无汽酒在后；干冽酒在先，甘甜酒在后；淡雅风格的酒在先，浓郁风格的酒在后；白葡萄酒在先，红葡萄酒在后。从科学饮食的角度来看，最好不要将多种酒混杂饮用，否则人很容易醉。至于不含酒精的软饮料，一般是不含糖分的在先，含糖分的在后；无汽的在先，有汽的在后。宴席不可无酒，纯粹的中餐应该避免啤酒、欧洲葡萄酒。当然，中亚的如波斯葡萄酒是可以的。

◇中餐宴席饮用酒水注意事项

（1）餐前用饮料。一般在餐前，我们中国人喜欢饮茶或软饮料，以饮茶居多，而不像西方人饮餐前酒。软饮料通常是碳酸饮料，但是也可能会有客人点果汁或者矿泉水。多数客人在选定一种饮料后，用餐过程中不再更换。需要注意的是，餐前饮料最好不要点果汁类，因为口味浓郁的果汁会将饭菜的味道冲淡。

（2）佐餐酒。宴会上，很熟悉的客人也许会自己点自己喜爱的酒，但宴席有多桌时，每桌选用的酒品要相对统一，绝对不能区别对待，厚此薄彼，这样才能在敬酒、劝酒时显得更为公平、和谐。

（3）餐后饮料。中餐一般用茶水作为餐后饮料。在民间，人们认为茶水具有止渴、解酒、帮助消化的功能。根据我国许多地方的饮食文化和传统，宴席上所斟的酒大多必须在上最后一道菜之前"门前清"，同时也宣告饮酒活动告一段落，此后一般不饮用酒精类的饮料了，所以吃中餐很少喝餐后酒。当然，如果是大家相谈甚欢，酒兴未尽，则另当别论。

◇饮料和酒水的巧妙搭配

由于饮料和酒水一个甜蜜一个浓烈,在不同的饭局上二者巧妙搭配能取得不错的效果,下面介绍几种搭配可供大家借鉴。

(1)啤酒+牛奶,牛奶酒水还有蛋清按照奶多酒少的原则混搭,外表是牛奶,喝起来却有啤酒的清香。适合任何人士任何场合。

(2)红酒+绿茶\雪碧\苏打+冰块,干红里放入冰块和雪碧,减少了酒精的浓度,口感爽冽,别有一种情调。最适合稍具小资情调的KTV、酒吧等交际场合。

(3)白酒+可乐\雪碧,长期以来大家都习惯在酒席上饮用白酒,饮法也比较单调,多数是"一口干"。其实白酒里也可掺上可乐、雪碧,再加上点冰块和柠檬,这样白酒的度数低了许多,酒质丰润、入口爽滑,很有点鸡尾酒的味道。适合家宴和聚会等场合。

◇宴请中常喝的中国十大名酒

(1)茅台酒。茅台酒在历次国家名酒评选中,都荣获名酒称号,被誉为"国酒""外交酒"。

(2)五粮液。五粮液酒是浓香型大曲酒的典型代表,共获国际金奖30余枚。

(3)西凤酒。西凤酒属其他香型(凤型),曾多次被评为国家名酒。

(4)双沟大曲。产于江苏省泗洪县双沟镇,曾多次被评为国家名酒。

(5)洋河大曲。洋河大曲曾被列为中国的八大名酒之一,至今已有三百多年的历史。

(6)古井贡酒。据当地史志记载,明代万历年间,当地的美酒曾贡献皇帝,因而就有了"古井贡酒"一美称。

(7)剑南春。其前身是唐代名酒剑南烧春。唐朝就列入当时天下的十三种名酒之中。

(8)泸州老窖特曲酒。泸州老窖窖池于1996年被国务院确定为我国白酒行业唯一的全国重点保护文物,誉为"国宝窖池"。

(9)汾酒。1915年荣获巴拿马万国博览会甲等金质大奖章,连续五届被评为国家名酒。

(10)董酒。董酒1963年首次

被评为国家名酒，1979年后都被评为国家名酒。

◇宴请中常喝的中国十大名茶

（1）西湖龙井。"茶中之美数龙井"。龙井茶素有"色翠、香郁、味醇、形美"四绝之称。

（2）洞庭碧螺春。"洞庭碧螺春，茶香百里醉"。碧螺春产于江苏吴县太湖洞庭山，兼有茶香果味之美。

（3）黄山毛峰。黄山毛峰成茶外形细嫩扁曲，多毫有峰，冲泡杯中雾气轻绕顶，滋味醇甜，鲜香持久。

（4）君山银针。君山银针色泽鲜绿，香气高爽，滋味醇甜，汤色橙黄，是中国黄茶珍品。

（5）祁门红茶。祁门红茶曾于1915年在巴拿马万国博览会上获得金质奖。

（6）六安瓜片。一种外形似瓜子，色泽翠绿，香气清高，味鲜甘美的片形茶。

（7）信阳毛尖。是我国著名的内销绿茶，以原料细嫩、制工精巧、形美、香高、味长而闻名。

（8）都匀毛尖。明代时就已为"贡茶"。冲泡时茶叶沉于杯底，绒毛浮游水中，清香持久，醇和味甜。

（9）武夷岩茶。武夷岩茶具有绿茶之清香，红茶之甘醇，是中国乌龙茶中之极品。

（10）安溪铁观音。成品茶外形头似蜻蜓，尾似蝌蚪。泡于杯中"绿叶红镶边"，是乌龙茶之上品。

第三节　喝酒、劝酒和拒酒常识

◇划拳规矩知多少

划拳又叫猜拳，最早见于唐代皂甫嵩的《醉乡日月》，后来的诗歌、小说等多有记载。

通常情况下，划拳时两人为一组，手口心一致配合来完成。简单地说就是：两个人面对面，同时伸出一只手。攥紧的拳头和伸出的一到5个手指分别表示从0到5这几个数字，同时要喊出从0到10的数字。如果两人伸出的手指表示的数字之和与其中一个人喊出的数字相同，那么这个人就算胜出。例如A伸出了4个手指，B伸出了3个手指，A喊了7，B喊了6，那么A就是赢家；如C伸出攥紧的拳头（表示0），嘴里喊出了4，而D伸出了4个手指可嘴里喊了7，那么获胜的人就是C。

详细说来，划拳要遵循以下规则：

（1）伸出手指与喊出数目要同时进行。

（2）双方伸出的手指所表示的数字相加，如果一人喊出的数字与拳数相同，就为赢拳。

（3）喊出的数必须多于伸出的手指数、少于与5相加得数的数，如一个人伸出了3个手指，就必须喊3以上、8以下的数；若伸出5个手指就要喊5以上、10以内的数。如果自己喊了"9"，却伸出1个手指，那么对方即使伸出5个手指也不能凑成9，这种拳就叫臭拳，如果不是事先约定，是要罚酒的。

（4）大拇指和食指虽然表示2，但也表示"枪指人"，这一动作在划拳时十分忌讳。出2时，可用拇指和除食指以外的任何一指来表示。

（5）出拳时，大拇指最好一直竖起来指向对方，表示尊敬。

◇ **划拳呼词中的吉祥之意**

划拳的呼词，从0到10均有祝福吉祥之意，且含有典故。

零，"宝"，即"元宝"。唐朝时有"开元通宝"，泛指钱财。中国人主张财不外露，故划拳行令时，握紧拳头，将财宝死死抓住，口呼"宝不出、宝不露"或呼"元宝一对"。

1，"一心敬你"。唐代杜甫《高都护马行》："与人一心成大功。"《古诗十九首》："一心抱区区，惧君不识察。"猜拳时，表示祝酒人诚心敬酒，同心共饮之美好心愿，体现了对对方的尊重。

2，北方多呼"二郎担山"，源于二郎劈山救母这一传说；南方则呼"两家好""哥俩好"，表示与对方的关系亲密。

3，"三星高照""三元及第"以及"三状元"。所谓"三星高照"：一为福星，即天官赐福；二为禄星，管人间钱财；三为南极老寿星。三星高照象征吉祥幸福、富裕和健康长寿。"三元"即古时读书人会考，乡试头名为解元，会试头名为会元，殿试头名为状元，合称"三元"。殿试的前三名状元、榜眼、探花亦称"三元"。

4，"四喜""四美"。"四喜"即"久旱逢甘露，他乡遇故知，洞房花烛夜，金榜题名时"；"四美"则是"良辰、美景、赏心、乐事"（南朝诗人谢灵运语）。

5，"五魁首""五子登科""五福"等。"五魁首"，系指古人苦读《诗》《书》《礼》《易》《春秋》五部经籍著作，以求功名，夺得魁首。

6，"六顺""六六大顺"。《左传》云："君义，臣行，父慈，子孝，兄爱，弟敬；此数者累谓六顺也。"

7，"七巧"。这是指夏历七月初七夜，天上银河灿灿，牛郎织女相会。人间妇女或对月穿针，或献女红，以争奇斗巧和各自心中的祝祷取胜，并希望天上织女暗中相助，故称"七巧"（又写作"乞巧"）。

8，"八匹马"、"八仙庆寿"。"八马"是指周穆王的八匹骏马。穆王是个喜欢远游的天子，常驾八骏到处游玩。相传他驾此八匹骏马至昆仑山与西天王母娘娘相会，两人在瑶池上待酒唱和。

9，"久长""快喝酒"。据《史记》载："建久安之势，成长久之业。"后人取其"久长"二字作为典故，谐音为"酒长"，借喻人们相聚美酒不尽。

10，"十全""全到来"。清朝乾隆皇帝自诩文治武功，福禄寿俱全，自称"十全老人"。今人常理解为"十全十美"。

◇ **常见划拳呼词集锦**

一回手，哥俩好，三星照，四季财，五魁首，六六六，七巧妹，八大仙，九大运，十满上。

一个巧，二个好，三墩墩，四美美，五魁首，六六顺，七道湾，八抬观，九道沟，十竟成。

一定恭喜，两厢好，三元及第，四季发财，五魁首，六六大顺，七巧女子，八仙过海，九九归一，十全大福。

一定高，二家好，三桃园，四

喜财，五魁骢，六连霸，七巧妹，八仙聚，九快到，满堂红。

一心敬你，二红喜，三桃园，四季发财，五魁首，六六顺，七个巧，八马双飞，酒碗端起，满堂红。

包拳送，一兴丁，哥俩好，三三朵，四发财，五魁首，六六连，七巧巧，八仙到，九长长，十满堂。

一条龙，并蒂莲，三阳开泰，四季发财，五魁骢，六六六，七仙女，八大仙，九连环，合家欢。

一锭金，双喜临门，三结义，四季如意，五纪魁，六六顺，七子团圆，八大寿，九重天，十全十美。

一夫当关，哥俩好，三结义，四季发财，五福同寿，六六大顺，七夕，八马快，九龙盘，满堂红。

不伸不伸，敬你一个，两厢好，桃园三，四喜红，五魁首，六六六，巧到七，发发发，快喝酒，全到来。

一听酒，哥俩好，三多多，四季发财，五魁首，六六顺，七个巧，八匹马，你吃酒，满堂红。

向你学习啊，哥俩好，三桃园，四季财，五魁首，六六顺，七巧妹，八马双飞，酒倒满，全给你。

乱就乱啊，好就好啊，三三三，四四四，五都跳不来，流也流不出，七星岗，爬下来，酒是一包药，全在酒里头。

铃铛对锤，一根筋，哥俩好，三星高照，四季发财，五魁手，六六大顺，巧七妹，八抬手，快升官，满堂红。

点状元，哥俩好，三三元，四季财，五魁首，六六连，巧七个，八仙到，九长久，满堂彩。

一心敬你，二红（家）有喜，三星高照，四季来财，五经魁首，六连高升，七巧梅花，八马鸿图，九九长寿，满十满在。

一敬你，二兄弟，三桃园，四喜财，五魁首，六升高，七个巧，八仙飞，九重天，十圆满。

一点能，哥俩好，三星照，四喜财，五魁首，六高升，七个巧，八双马，九连环，全来到。

◇**妙趣横生的酒令玩法**

在各种酒令中，流行最广的是划拳，此外还有许多与划拳相似的相博酒令。

"猜拳"：俗称"十五、二十"。这套拳法非常流行，其规则也十分简单。双方都出两只手，同时开喊，可以喊的数字是"5、10、15、20和没有"（一只手张开代表5，两只手张开代表10，以此类推。双手握紧则表示没有）。例如两人伸手的手指加起来是20，恰巧甲报出的数字也是20，由甲方继续喊，若再喊中，乙方就输了，若没喊中，就换乙方喊，一方都需要连续两次喊中才算赢。若嫌麻烦，也可以一次喊中就定输赢。

"蜜蜂拳"：两人面对面同时念着"两只小蜜蜂呀，飞到花丛中呀，飞呀，飞呀"，接着出拳（石头、剪刀、布）。猜赢的一方就做打人耳光状，左一下，右一下，同时口中发出"啪、啪"两声，输方则要顺手势摇头，作挨打状，口喊"啊、啊"。如果猜和了，就要作互亲状还要发出两声相似的配音。动作及声音出错则喝酒。这种拳法较适合女生玩。

"青蛙落水"：一只青蛙一张嘴，两只眼睛四条腿；两只青蛙两张嘴，四只眼睛八条腿；三只青蛙三张嘴，六只眼睛十二条腿；四只青蛙……以此类推，每人说一句，出错者喝酒。这套拳法不仅考验嘴与手搭配的和谐能力，还检测人们的反应速度。

"棒子拳"：此套拳法共有四个说词，棒子、老虎、鸡、虫，规则是棒子打老虎，老虎吃鸡，鸡吃虫，虫吃棒子。玩时，两个人分别拿着筷子，敲碗同时说道：棒子棒子—棒子、棒子棒子—老虎、棒子棒子—鸡、棒子棒子—虫。按照上述一物克一物的规则，谁被吃掉谁就输了，负者饮酒。如果同时喊出棒子与鸡、虎与虫这两组没有直接关系的事物时就是平局，不分胜负。

◇**需要注意的酒仪**

饮酒时应正确举杯，不必矫揉造作地在举杯时翘起小手指，以显示自己的优雅举止。会喝酒的人，在饮酒前应有礼貌地品一下酒。可以先欣赏一下酒的色彩，闻一闻酒香，继而轻啜一口，慢慢品味。千万不要为显示自己的酒量，看也不看杯里的酒便一饮而尽，也不可喝得太急，使酒顺着嘴角往下流。这都是有失风度的行为，在国际场合则有失国格。

◇正式场合，不可过于喧嚣

在正式宴会场合，千万不要猜拳行令，吵闹喧嚣，粗野放肆。有人想以这种方式烘托气氛，结果喊声一片，令人心烦。在公共场合不能划拳，纵使主人许可，行些酒令，划些文拳聊以助兴即可。

在宴会进行过程中，不要一边饮酒，一边吸烟。

◇正确的倒酒方式

在正式场合倒酒的时候，啤酒和葡萄酒都是不能手持酒杯的。但在轻松的场合，啤酒是可以手持着倒的，但要注意右手拿瓶，左手拿杯，并且右手要倾斜着倒才美观。另外，注意啤酒泡沫要与杯口齐平，不能有溢出。

倒酒时注意将商标向着客人，不要把瓶口对着客人，如果倒含汽的酒可用右手持杯略斜，将酒沿杯壁缓缓倒入，以免酒中的二氧化碳迅速散逸。倒完一杯酒后，应将瓶口迅速转半圈，并向上倾斜，以免瓶口的酒滴至杯外。

接受斟酒时，不要把酒杯拿在手里。

◇倒酒有何次序讲究

第一次上酒时，做主人的你可以亲自为所有客人倒酒，不过记住，依逆时针方向进行，从坐在左侧的客人开始，最后才轮到主人自己。客人喝完一杯后，可以请坐在你对面的人帮忙为他附近的人添酒。如果你同时准备了红酒和白酒，请把两种酒瓶分放在桌子两端。如果有领导在场，最好从领导位置开始倒酒，然后按照逆时针方向一一倒酒。如果领导较多，坐的位置都不统一，你如果没有把握怎么倒酒，就别自己逞能，如果是你请客，就喊酒店的服务小姐倒酒，这样做既不失礼仪，又能显示出你自己的身份。

◇别人向你祝酒时,一定要站起来

祝酒者并不一定要把酒杯里的酒喝干,每次喝一小口足矣。你可能根本不碰包括葡萄酒在内的各种酒精饮料,但是当别人向你祝酒时,无论怎样你都应该站起来,加入到这项活动之中,至少不应该极端失礼地坐在座位上。

◇对别人的祝酒表示谢意

当别人向你祝酒时一定要说"谢谢",同时要向对方祝酒。在宴会活动中,女性可以非常自由地面对别人的敬酒,而且回应敬酒者只要笑一笑,或向祝酒者点头示意就足够了。在祝酒结束后,还可以朝祝酒者举起杯子,作出姿势表示"谢谢你,也祝你"!

◇饮酒适度,保持文雅的酒态

现实生活中,不少人虽然非常注意自己的打扮和言谈举止,唯恐给别人留下不良印象,但在觥筹交错的宴席上,常常忘记保持一份文雅的酒态,往往是酒过三巡后摇头晃脑、吆三喝四、词不达意,不但脸被酒精刺激得变了形,而且走起路来也是手舞足蹈,非常不雅观。酒德即人品,很多人往往通过饮酒来考察一个人的自制力和素质高低。我们有"君子饮酒,三杯为度"的古训,即饮第一杯,表情要严肃恭敬;饮第二杯,要显得温文尔雅;饮第三杯,要神情自然,而知道进退。酒过三巡仍无节制,就叫失态。现代人虽然并非一定要做到酒饮三杯而止,但适可而止是非常重要的。我们不能把饮酒作为目的,而应当把它作为调节气氛、增进感情交流的一种手段。

◇你来我往五大敬酒方式

中国人敬酒时,往往都希望对方多喝点酒,以表示自己尽到了主人之谊。一般而言,敬酒有以下方式。

(1)文敬:即有礼有节地劝客人饮酒。酒席开始,主人在讲完祝酒辞后,便开始了第一次敬酒。这时,主客都要站起来,主人先将杯中的酒一饮而尽,并将空酒杯口朝下,说明自己已经喝完,以示对客人的尊重。客人一般也要喝完。在席间，主人往往还分别到各桌去敬酒。

（2）回敬：这是客人向主人敬酒。即主人亲自向你敬酒干杯后，要回敬主人，和他再干一杯。回敬的时候，要右手拿着杯子，左手托底，和对方同时喝。干杯时，可以象征性地和对方轻碰一下酒杯，不要用力过猛，非听到响声不可。出于敬重，可以使自己的酒杯较低于对方酒杯。如果和双方相距较远，可以以酒杯杯底轻碰桌面，表示碰杯。

（3）互敬：这是客人与客人之间的"敬酒"，为了使对方多饮酒，敬酒者会找出种种必须喝酒的理由，若被敬酒者无法找出反驳的理由，就得喝酒。在这种双方寻找论据的同时，人与人的感情交流得到升华。

（4）代饮：这是一种既不失风度，又不使宾主扫兴的躲避敬酒的方式。如果你不会饮酒，或饮酒太多，但是主人或客人又非得敬上以表达敬意，这时，就可请人代饮。代饮酒的人一般与他有特殊的关系。在婚礼上，男方和女方的伴郎和伴娘往往是代饮的首选人物，故他们的酒量必须大。

（5）罚酒：这是中国人"敬酒"的一种独特方式。"罚酒"的理由也是五花八门。最为常见的可能是对酒席迟到者的"罚酒三杯"，有时也不免带点开玩笑的性质。

◇回应祝酒时话语宜泛泛而谈

有的人在致谢时，常常犹如语不尽意，在必要信息已基本传达完以后，仍然不放心地添上几句，或出于习惯，无意地多言几句，从而造成偏离原有谈话方向、破坏原有致谢意图的负面影响。

例如，在一个刚上任的副厂长的生日宴会上，该副厂长的哥哥出于礼貌，站起来一边向弟弟工厂的同人以及上司敬酒，一边说："多谢各位同人和上司多年来对我弟的关照，使他当上了副厂长。"这句话说完，弟弟就向哥哥瞪了一眼，宴会结束后，弟弟因为这句话的后半句和哥哥吵了起来。

显然，哥哥的后半句话说得不得当，因为感谢的内容过于具体，容易让人产生误解，觉得当上副厂长只是同人和上司关照的结果，而不是他本人具备实力，所以要特别为此表示感谢。它造成的负面效果是：既缩小了谢意的范围——似乎只为提携一事而谢，又贬抑了弟弟——似乎他无能，只能靠提携。事实上，当上副厂长有诸多因素：自己的主观努力、天时地利、同人的信任、上司的提携，等等。其实，哥哥只需谢谢各位同人和上司的各方面关照就行了，无须说出关照的具体内容，让人产生不必要的误解。

◇回应祝酒时可风趣幽默

幽默是快乐的分子，在回应祝酒时幽默一些往往能营造出轻松愉悦的气氛，令人开怀大笑。

1930年2月9日，蔡元培70岁生日，上海各界人士在国际饭店为他设宴祝寿，他在答谢时风趣洒脱地说："诸位来为我祝寿，总不外要我多做几年事。我活到了70岁，就觉得过去69年都做错了。要我再活几年，无非要我再做几年错事喽。"宾客一听，哄堂大笑，整个宴会充满了欢声笑语。试想，如果他摆出一副严肃相，一本正经地致答谢辞，那整个宴会就不会产生如此活跃快乐的效果了。

◇酒桌上的规矩

我们的生活离不开酒场，了解一些酒桌上的规矩，必定事半功倍，一路绿灯。

（1）主人在为客人斟酒时，常说"满上满上"，这个"满"不是指满到杯口几乎溢出来，而是指斟满八成就行了。

（2）主人斟酒时，客人可行"叩指礼"，表示感谢主人斟酒。行"叩指礼"时，客人把拇指、中指捏在一块，轻轻在桌上叩几下。

（3）祝酒时要表示祝愿、祝福等。

（4）席上喝酒讲究碰杯，要碰杯就必须把杯中的酒喝干，一口气喝下去，还要把杯子倒过来让旁人看看杯子是空的。在酒席上还常常有"无三不成礼"的说法，意思是喝酒一次高潮必须是三杯以上。所谓"酒过三巡"也是这个意思。

（5）如果你准备喝酒或者很

能喝酒的话，就不要把"我不会喝酒"挂在嘴上，免得让别人觉得你虚伪。能不能喝酒，明眼人一看就知道。

（6）酒桌上虽然"感情深，一口闷；感情浅，舔一舔"，但喝酒的时候绝不能把这句话挂在嘴上。

（7）自己敬别人，如果碰杯，说一句"我喝完，你随意"，方显大度。

（8）自己敬别人，如果不碰杯，自己喝多少可视情况而定，可以看对方的酒量和喝酒态度来决定自己的酒量，但是切不可比对方喝得少，因为这是你在敬别人。

（9）如果没有特殊人物在场，碰酒最好按逆时针顺序，不要厚此薄彼。

（10）要韬光养晦，厚积薄发，切不可一上酒桌就充大。

（11）掌握节奏，不要一下子喝得太猛。

（12）桌面上不谈生意。喝好了，生意也就做得差不多了，大家心里面了然，不然人家也不会敞开了跟你喝酒。

（13）如果说错话、办错事的话，不要申辩，自觉罚酒才是硬道理。

（14）假如遇到酒不够的情况下，把酒瓶放在桌子中间，让人自己添，不要老实地去一个一个倒酒，要不然后面的人没酒怎么办？

（15）最后一定还有一个闷杯酒，所以，不要让自己的酒杯空着。

◇与领导同桌喝酒要注意的事项

（1）领导相互喝完才轮到自己敬。

（2）要记得多给领导添酒，不要瞎给领导代酒，就是要代，也要在领导确实想找人代，还要装作自己是因为想喝酒而不是为了给领导代酒而喝酒。比如领导不胜酒力，可以通过旁敲侧击把准备敬领导的人拦下。

（3）不要以为给领导祝酒领导都会喜欢，有的领导由于平时应酬较多并且已经对这种杯来盏往的形式出现厌烦的情绪，那么你就不要敬酒过多，只要懂得适时为领导添加酒水就可以了。

（4）领导给你敬酒时，不管

领导要你喝多少，自己都要先干为敬，并且要用双手端杯，杯子要低。

（5）领导夹菜时，千万不要转酒桌中间的圆盘，领导夹菜你转盘是酒桌上的大忌。

（6）端起酒杯（啤酒杯），右手握杯，左手垫杯底，记着自己的杯子要永远低于别人。但是如果自己就是领导，那就不能放得太低。

（7）可以多人敬一人，绝不可一人敬多人，除非你是领导。

◇用强调彼此关系的方式劝酒

酒宴是联络和增进感情的重要场所，通过向同级、上级与下级祝酒能够促进双方的情感交流，使彼此的关系更密切、更稳固。一般来说，如果劝酒本身真的能够达到这个目的的话，对方是不会轻易拒绝的。针对这种心理，在劝酒时你可以充满感情地强调一下自己与对方的特殊关系，使劝酒为两人之间独特的情感交流方式。

◇用强调两人缘分的方式劝酒

（1）以"有缘千里来相会，无缘对面不相识"为由来劝酒：大千世界，人海茫茫，大家能够相识，并同在一个酒桌上喝酒，这本身就是一种缘分。为了这种缘分，我们也得干一杯。

（2）谈"第一"：第一次相逢，有很多话可以用来劝酒：如初次见面，真是一见如故，相见恨晚，一定要好好喝上一杯。此外，人生有很多第一次都可以拿来套用，如第一次喝酒、第一次出差、第一次一起做某事，等等。即使不是人生第一次、还可以根据具体情况加上定语：如今年第一次见面、这个月第一次、荣升以后第一次、在某地第一次，在座的相聚在一起的第一次、出差中的第一次，等等。

◇用祝福的方式劝酒

祝愿是对未来的美好期望，听到别人真诚的祝愿很容易让人快乐，可以结合被劝对象的实际情况来说一些良好的祝愿。如是生意人，可祝其"生意兴隆通四海，财源茂盛达三江"；若是老人，则可祝其"福如东海长流水，寿比南山不老松";若是机关干部,则祝其"步步高升";若是新婚夫妇,则可祝其"早生贵子,百年好合";若在新年,则更多了,如"新春快乐、万事如意、阖家幸福","祝你一帆风顺,二龙腾飞,三阳开泰,四季平安,五福临门,六六大顺,七星高照,八面来财,九九同心,十全十美,百事亨通,千世吉祥,万事如意"……

第四节 酒宴上的致辞常识

◇祝酒辞要注意格调

幽默的祝酒辞往往能带动整个宴会气氛的活跃,但是在一些正式场合还是需要有所顾忌,如"客人喝酒就得醉,要不主人多惭愧""喝酒不喝白,感情上不来""量小非君子,无毒不丈夫""人在江湖走,哪能不喝酒""宁可胃上烂个洞,不叫感情裂条缝""屁股一抬,喝了重来""屁股一动,表示尊重"等内容,虽然语言诙谐,或许能起到调节气氛的效果,但因为格调不高,还是不用为妙,否则只能让商务伙伴或者其他人士对你的印象大打折扣。另外,祝酒辞应略加修饰,但不可矫揉造作。

◇祝酒辞要言简意赅

祝酒辞必须短小精悍,千万不能太长、太啰嗦。因为大家举杯,情绪高昂,要是啰嗦半天,热乎劲儿就冷了。

我们中国人举杯时常说"祝咱们合作愉快""很高兴认识您""为我们的愉快合作,干一杯"等,以表示一种欢快情绪或加强酒宴的气氛。而美国人和加拿大人在祝酒时则直截了当地说"cheers",表示高兴、快活。好的祝酒辞要简洁、寓意深长、富有哲理和情趣。如:"祝你将来最不幸的一天就像你过去最幸福的一天。""献给我们最好的朋友!他深知我们最坏的毛病,但绝对不愿相信。""愿贫困永远在我们身后。"祝酒辞讲奉承话只要没到讽刺的程度就是正常的,简短的幽默也多半不会错。

◇ 祝酒辞要紧扣中心

一般说来，一个酒宴总有一个中心话题。一旦开始祝酒，就不要离题，要沿着一个中心，保持一个完整的结构，逐步趋向一个明快、自信的邀请，让每个人都举起酒杯，还要把你所祝愿的那个人或那些人的名字准确无误地、牢牢地记在脑子里。你的主题可以着眼于被祝愿的人的成就或品质、一件事情的重要意义、伙伴们的乐事、个人的成长或集体工作的益处，等等。无论说什么都要和那个场合相适应。例如，老友聚会，那么可以说："此时此刻，我从心里感谢诸位光临，过去的时光有着令人心醉的友情，但愿今后的岁月也一如既往，来吧，让我们举杯，为我们深厚的友谊干杯！"这样的祝酒辞会勾起彼此间温暖的回忆和向往，为后面的宴饮营造温馨的气氛。

◇ 祝酒辞要巧妙联想

在祝酒时如能就地取材进行联想，就可以产生出乎意料的好效果，使人生发出许多美好的想象，从而达到使人愉悦、使人振奋的目的。例如，有位同学在为老师祝贺生日的聚会上说的话就很有意思，他说："同学们，看着面前的这杯水我就想起了'饮水思源'这个典故。我们之所以有今天的成功，完全是老师辛勤培养的成果啊！师恩如海，我们一定继续努力来报答老师的教诲！同学们，让我们以水代酒，祝老师青春永驻！"

◇ 祝酒辞要合时合地

在宴会上，祝酒通常是主人优先。但是如果无人祝酒，客人则可以提议向主人祝酒。如果其中一位主人第一个祝酒，一位客人可以在第二个祝酒。在不太正式的场合，可以在葡萄酒和香槟酒上来之后，就提议祝酒。祝酒辞还应当与场合相吻合，避免弄巧成拙。

清洋务大臣李鸿章一次出访美国，在一家饭店宴请美方人士。开席前，他按中国世事讲了一番客套话："这里条件差，没有什么可口的东西招待各位，粗茶淡饭，谨表寸心。"不想饭店老板却火冒三丈，认为李鸿章诋毁了饭店的声誉，非要其公开赔礼道歉不可。李鸿章的客套话，在国内是很普遍的，但美国没有这样的习俗，老板发火也在情理之中。

有时候你也有可能在毫无准备的情况下被推举出来祝酒，这时你可能会很紧张，此时最好的解决办法就是说出你的感受。由于祝酒辞不用太长，所以你大可根据当时的情况说一些简单的话摆脱困境，如果你想表现得更有风度，更有口才，也可以增加一些回忆、赞美，以及相关的故事或笑话。只要注意合时合地就行，如在婚礼上的祝酒辞应该侧重于情感方面，向退休员工表达敬意的祝酒辞则应当侧重于怀旧等。当然，在大多数场合，"祝你如意、快乐、幸福"这样的祝辞总不会错。

◇司仪祝酒辞

结婚乃人生中的一件大喜事，每一位新郎、新娘都希望婚礼既温馨浪漫，又热烈喜庆。因此司仪的祝酒辞一定要含蓄、文雅、浪漫。

例如，有个司仪主持婚礼，新郎是畜牧场技术人员，新娘是纺织厂女工。他的祝辞是非常经典的：

"我今天接受爱神丘比特的委托，为现代的牛郎织女主持婚礼，十分荣幸。"

此外，司仪的祝酒辞还应该灵活多变，善于即兴发挥，这样才能推波助澜，使婚礼的气氛益趋生动、活泼。例如，在新郎、新娘喝交杯酒时，司仪可以这样说："喝了这杯酒，生活美满全都有；喝了这杯酒，夫妻恩爱心中留；喝了这杯酒，祝福你们天长又地久！"这一番话轻而易举就烘托出了结婚的喜庆气氛，让在场的每个人都能感受到结婚的热闹红火。

范文
尊敬的各位朋友，女士们、先生们：
大家好！

朋友们，看你身旁女士灿烂的笑脸，再看你身旁男士喜悦的面容，就知道今天是个好日子。是的，今天是个好日子，一对相亲相爱的恋人，经过一个个365里路的携手并肩，经过一个个花前月下的卿卿我我，终于走到了一起。朋友们，走到一起来，天地放光彩；走到一起来，幸福大无边。

……

今天阳光明媚，天上人间共同舞起美丽的霓裳；今夜星光璀璨，多情的夜晚又增添了两颗耀眼的新星。此刻，让我们为幸福的恋人起舞，为快乐的爱侣歌唱，为火热的爱情举杯，愿他们的人生之路永远撒满爱的阳光！

◇证婚人祝酒辞

证婚人的祝酒辞是指证婚人在婚礼上对新人的结合予以"证明"，并向新人致以祝福和希望的发言。证婚人身份很特殊，正是因为有了证婚人的"证明"，婚恋双方的结合才显得神圣而庄重。因此证婚人的希望与勉励对新人来说也是颇有分量的。

（1）证婚人祝酒辞的主要内容

①表达自己作为证婚人的高兴心情。

②对喜结连理的双方予以证婚。有时还要宣读双方的结婚证书。

③向新人致以祝福和希望。

（2）证婚人致祝酒辞时应注意的问题

①证婚人的祝酒辞本身并不是婚礼程序中最重要的内容，其主要目的只是对婚恋双方的结合予以"证明"，以示郑重、正式之意。因此篇幅以简短为佳。

②证婚人在证婚时应保持郑重的语气和态度，以使在场的人感受到婚姻的神圣。

范文

各位来宾：

今天，我受新郎、新娘的重托，担任××先生与××小姐结婚的证婚人，感到十分荣幸，在这神圣而又庄严的婚礼仪式上，能为这对珠联璧合、佳偶天成的新人作证致婚辞而感到分外荣幸，也是难得的机遇。

新郎××先生现在××单位，从事××工作，担任××职务，今年××岁。新郎不仅英俊潇洒，而且心地善良、才华出众。

新娘××小姐现在××单位，从事××工作，担任××职务，今年××岁。新娘不仅长得漂亮大方，而且温柔体贴、成熟懂事。

古人常说：心有灵犀一点通。是情是缘还是爱，在冥冥之中早已注定，今生的缘分使他们走到一起，踏上婚姻的红地毯，从此美满地生活在一起。上天不仅让这对新人相亲相爱，而且还会让他们的孩子们和子子孙孙永远幸福下去。

此时此刻，新娘、新郎结为恩爱夫妻，从今以后，无论贫富、疾病、环境恶劣、生死存亡，你们都要一生一心一意忠贞不渝地爱护对方，在人生的旅程中永远心心相印、白头偕老、美满幸福。

请大家欢饮美酒，祝新人钟爱一生，同心永结。谢谢大家！

◇介绍人祝酒辞

介绍人是促使新郎、新娘结合的中介，因此他们所致的婚礼贺辞应主要偏重于对新人从认识到结合过程的介绍。一篇好的介绍人致辞不但能够活跃婚礼气氛，而且对于促进新郎与新娘的心灵契合也起到很好的作用。

（1）介绍人致辞的主要内容

①表达自己作为介绍人的特别心情，向新人致以由衷的祝福。

②讲述婚恋双方经自己介绍由相识到相恋的过程，使宾客对新郎、新娘的基本情况有更多的了解。

③对新人的婚后生活提出希望和勉励。

（2）介绍人致祝酒辞时应注意的问题

①介绍人是促成新人姻缘的大功臣，新郎、新娘一般都会对介绍人怀有很强烈的尊敬与感激之情。鉴于这一特殊的身份，介绍人可以向新人婚后的生活提出更具体、更切实的要求，促使他们珍惜来之不易的幸福。

②介绍人可选取两人在相知相恋过程中的一两件感人故事细致讲述，既可以激发参加婚礼者的兴致，又能够使一对新人感怀往事，增进心灵的契合。

③语气应当是亲切的、关爱的，充满感触与祝福的。

范文

新郎、新娘、证婚人、主婚人、各位来宾：

大家好！

今天是×××先生和×××小姐缔结良缘、百年好合的大喜日子。作为他们的介绍人，参加这个新婚典礼，我感到非常荣幸。同时，我也感到惭愧，因为我这个介绍人只做了一分钟的介绍工作，就是介绍他们认识，其余的通讯、约会，花前月下的卿卿我我，等等，都是他们自己完成的。

这也难怪，你们看新娘这么端庄秀丽，新郎这么英俊潇洒，又有才干，确实是女貌郎才，天作之合。

让我们一起举杯，衷心祝福这一对新人情切切，意绵绵，百年偕老，永浴爱河。干杯！

◇新人家长祝酒辞

新人家长一般要作为主人向来宾的到来表示感谢，并向自己的子女提出祝福和希望。

新人家长致辞应注意的问题：

（1）新人家长的身份既是新人的父母，又是在座来宾的主人，因此，在致祝酒辞时一定要用较多的篇幅向客人们的光临致以谢意。

（2）可以适当讲一讲自己在为儿子或女儿筹备婚事这一段时间的所思所感，以浓浓的亲情感染人，但同时也要适可而止，切不可带来"眼泪效应"。

（3）要表达一些期望，比如："希望你们从今以后，要互敬、互爱、互谅、互助，以事业为重，用自己的聪明才智和勤劳双手去创造美好的未来。同时，还要孝敬父母，爱护儿女，共同承担家庭责任，营造一个和谐美满的幸福家庭。"

范文

两位亲家、尊敬的各位来宾：

大家好！

今天我的儿子与××小姐在你们的见证和祝福中幸福地结为夫妻，我和太太无比激动。作为新郎的父亲，我首先代表新郎、新娘及其我们全家向大家百忙之中赶来参加××、××的结婚典礼表示衷心的感谢和热烈的欢迎！

感谢两位亲家……

缘分使我的儿子与××小姐相知、相悉、相爱，到今天成为夫妻。从今以后，希望他们能互敬、互爱、互谅、互助，用自己的聪明才智和勤劳的双手去创造自己美好的未来。

祝愿二位新人白头到老，恩爱一生，在事业上更上一个台阶，同时也希望大家在这里吃好、喝好！

来！让我们共同举杯，祝大家身体健康、合家幸福，干杯！

◇**新人领导祝酒辞**

单位领导能够在百忙之中抽出时间来参加婚礼，这本身就说明领导对新人的关心和重视，而领导致辞则集中体现了这一点。好的领导致辞不仅能给人关怀与祝福，还能够密切领导与下属之间的关系，促进工作的顺利开展。

（1）单位领导致辞的主要内容

①表达心情，真诚祝愿。

②说明自己和新人的关系，恰当地赞扬新人的人品、能力以及结合后的美好前景。

③从工作的角度给予希望和鼓励。

（2）单位领导致辞应注意的问题

①婚礼是充满人情味儿的交际场合，而不是凡事照章行事的单位办公室，因此领导要放下架子，以普通人的态度向新人贺喜，切忌摆架子，以免大煞风景。

②领导在致辞时可多讲讲新郎或新娘在工作中的良好表现，给予适当的肯定与鼓动。鉴于婚礼场合的特殊性，这种鼓动肯定会给作为下属的新郎或新娘以很大的鼓舞，从而激励他们在今后的工作中更加努力。如果你以领导身份参加婚礼，你可以这样说："我是小高单位的办公室主任。小高进入公司5年来一直是一位很有干劲的优秀青年。我是看着他从年轻一天天走向成熟的，所以我相信他今后一定会大有前途的。而且他聪明能干，乐于助人，很有人缘，公司上上下下都很喜欢他。如今他娶妻成家，这是他的大喜事，也是我们公司的一大喜事，因此我代表全公司同人祝他生活甜甜蜜蜜，新婚快快乐乐！"

范文

各位来宾、朋友们：

你们好！×先生是单位的业务主干，×女士温柔贤惠，今天是你们大喜的日子，我代表×单位和×单位全体员工忠心地祝福你们：新婚幸福、美满！

愿你俩百年恩爱双心结，千里姻缘一线牵；

海枯石烂同心永结，地阔天高比翼齐飞；

相亲相爱幸福永，同德同心幸福长！

为你祝福，为你欢笑，因为在今天，我的内心也跟你一样的欢腾、快乐！祝你们百年好合！白头到老！

◇新人祝酒辞

当领导、家长、宾朋致辞完毕之后，新郎和新娘自然免不了要对来宾和父母进行祝酒，把自己此时此刻的幸福和喜悦说出来与大家一起分享。

（1）新郎、新娘致辞的主要内容。

①对大家的光临表示感谢，向致辞者表示感谢。

②表达喜悦的心情，表达自己的决心，祝福来宾等。

（2）新郎、新娘致辞应注意的问题

①新郎、新娘的祝酒辞应体现出各自鲜明的性别特点，如新郎可表现自己对爱情的坚定、对事业的信心等，而新娘可适度表现女性独有的温柔、细致的特点，这样两人才显得般配和谐。

②不要轻易放过这个赢取领导与宾朋好感的机会，可在致辞中有针对性地表达自己今后搞好工作、与亲朋交好的决心，以利于将来工作与生活的顺利开展。

范文

各位领导，各位亲朋好友：

人生能有几次最难忘、最幸福的时刻，今天我才真正从内心里感到无比激动，无比幸福，更无比难忘。今天我和××小姐结婚，我们的长辈、亲戚、知心朋友和领导在百忙当中远道而来参加我们的婚礼庆典，给今天的婚礼带来了欢乐，带来了喜悦，带来了真诚的祝福。

借此机会，让我们真诚地感谢父母把我们养育成人，感谢领导的关心，感谢朋友们的祝福。我还要深深感谢我的岳父岳母，您二老把你们手上唯一的一颗掌上明珠交付给我，谢谢你们的信任，我也绝对不会辜负你们的。我要说，我可能这辈子也无法让您的女儿成为世界上最富有的女人,但我会用我的生命使她成为世界上最幸福的女人。

……

有专家说,现在世界上男性人口超过了三十亿人,而我竟然有幸得到了这三十亿分之一的机会成为××小姐的丈夫,三十亿分之一的机会相当于一个人中500万元的彩票连中一个月,但我觉得今生能和××在一起,是多少个500万元都无法比拟的!

最后,祝各位万事如意、合家幸福。请大家共同举杯,与我们一起分享这幸福快乐的夜晚。谢谢!

◇婚礼来宾代表祝酒辞

来宾代表一般由新郎或新娘比较亲密的同事或朋友担当,因此相互之间的顾忌往往会少一些,致辞内容也往往会活泼、灵活些,对于活跃气氛有很大的作用。

(1)来宾代表致辞的主要内容

①介绍自己与新郎、新娘的关系,对新人的婚礼表示祝贺。

②称赞新郎、新娘的人品、能力、人缘等。

③介绍新人的生活趣事、恋爱故事等。

④提出祝福与希望。

(2)来宾代表致辞应注意的问题

①由于来宾代表往往是与新郎、新娘关系比较亲近的同事或朋友,因此致辞可以不拘形式,自由发挥,争取使婚礼的气氛达到高潮。

②可以讲述新郎、新娘的生活趣事、恋爱故事等以烘托气氛,但切忌在公共场合泄露两人不愿人知的事情,以免出现尴尬的场面。

范文

女士们、先生们、朋友们:

大家好!

今天是好朋友×××的大喜日子,小弟得以参加盛会,万分荣幸。在此,我谨向他们表示温馨的恭贺和美好的祝愿,向养育他们成长成才的双方父母、亲眷和向前来贺喜的各位来宾、好友表示真挚的谢意与问候!

二位新人可谓郎才女貌,佳偶天成。

十年修得同船渡,百年修得

共枕眠。于茫茫人海中找到他（她），分明是千年前的一段缘；无数个偶然堆积而成的必然，怎能不是三生石上精心镌刻的结果呢？用真心呵护这份缘吧。

我希望你们互助互谅，共同努力，创造美满幸福的家庭。

最后，我祝愿新郎、新娘健康快乐，鸾凤和鸣，白头偕老。干杯！

◇父母生日祝酒辞

范文

尊敬的各位领导、各位长辈、各位亲朋好友：

大家好！

在这喜庆的日子里，我们高兴地迎来了敬爱的父亲（母亲）××岁的生日。今天，我们欢聚一堂，举行父亲（母亲）××华诞庆典。这里，我代表我们兄弟姐妹和我们的子女们大小共××人，对所有光临寒舍参加我们父亲（母亲）寿礼的各位领导、长辈和亲朋好友们，表示热烈的欢迎和衷心的感谢！我们的父亲（母亲）几十年含辛茹苦、勤俭持家，把我们一个个拉扯长大成人。常年的辛勤劳作，他们的脸上留下了岁月刻画的年轮，头上镶嵌了春秋打造的霜花。所以，在今天这个喜庆的日子里，我们首先要说的就是，衷心感谢二老的养育之恩！

……

我们相信，在我们弟兄姐妹的共同努力下，我们的家业一定会蒸蒸日上，兴盛繁荣！我们的父母一定会健康长寿，老有所养，老有所乐！

最后，再次感谢各位领导、长辈、亲朋好友的光临！

再次祝愿父亲（母亲）晚年幸福，身体健康，长寿无疆！干杯！

◇恩师寿宴祝酒辞

范文

各位领导、老同学们：

值此尊敬的老师××华诞之时，我们欢聚一堂，庆贺恩师健康长寿，畅谈离情别绪，互勉事业腾飞，这一美好的时光，将永远留在我们的记忆里。

现在，我提议，首先向老师敬上三杯酒。第一杯酒，祝贺老师华诞喜庆；第二杯酒，感谢老师恩深情重；第三杯酒，祝愿老师百岁高龄！

一位作家说："在所有的称呼中，有两个最闪光、最动情的称呼：一个是母亲，一个是老师。老师的生命是一团火，老师的生活是一曲歌，老师的事业是一首诗。"那么，我们的恩师——尊敬的老师的生命，更是一团燃烧的火，老师的生活，更是一曲雄壮的歌，老师的事业，更是一首优美的诗。

老师在人生的旅程上，风风雨雨，历经沧桑××载，他的生命，不仅在血气方刚时喷焰闪光，而且在壮志暮年中流霞溢彩。老师的一生，视名利淡如水，看事业重如山。

……

回想—恩师当年××播春雨，喜看—桃李今朝九州竞妍丽。

最后，衷心地祝愿恩师福如东海，寿比南山！干杯！

◇领导生日祝酒辞

范文

各位朋友、各位来宾：

你们好！

今天是×××先生的生日庆典，受邀参加这一盛会并讲话，我深感荣幸。在此，请允许我代表××并以我个人的名义，向×××先生致以最衷心的祝福！×××先生是我们××公司的重要领导核心之一。他对本公司的无私奉献我们已有目共睹，他那份"有了小家不忘大家"的真诚与热情，更是多次打动过我们的心弦。

……

他对事业的执着令同龄人为之感叹，他的事业有成更令同龄人为之骄傲。

在此，我们祝愿他青春常在，永远年轻！更希望看到他在步入金秋之后，仍将傲霜斗雪，流香溢彩！人海茫茫，我们只是沧海一粟，由陌路而朋友，由相遇而相知，谁说这不是缘分？路漫漫，岁悠悠，世上不可能还有什么比这更珍贵。我真诚地希望我们能永远守住这份珍贵。在此，请大家举杯，让我们共同为×××先生的××华诞而干杯！

◇ 爱人生日祝酒辞

范文

各位朋友：

晚上好！

感谢大家来到今晚我太太的生日会！大家提议让我讲几句，其实也没什么可讲的。你们从我一脸的灿烂足可以看出我内心的幸福。那请大家容许我对我亲爱的太太说上几句。老婆，你"抱怨"我不懂浪漫，其实看得出来你满心欢喜。你说只要我有这份心，你就很开心。

我们曾是那样充满朝气，带着爱情和信任走入婚姻，我要感谢你，给了我现在拥有的一切——世上唯一的爱和我所依恋的温馨小家！很多人说，再热烈如火的爱情，经过几年之后也会慢慢消逝，但我们却像傻瓜一样执着地坚守着彼此的爱情，我们当初钩小指许下的约定，现在都在一一实现和体验。

今生注定我是你的唯一，你是我的至爱，因为我们是知心爱人，让我们携手一起漫步人生路，一起慢慢变老！爱你此生永无悔！

最后，祝愿各位爱情甜蜜，事业如意！干杯！

◇ 朋友生日祝酒辞

范文

各位来宾、各位亲爱的朋友：

晚上好！烛光辉映着我们的笑脸，歌声荡漾着我们的心潮。踏着金色的阳光，伴着优美的旋律，我们迎来了××先生的生日，在这里我谨代表各位好友祝××先生生日快乐，幸福永远！在这个世界上，人不可以没有父母，同样也不可以没有朋友。没有朋友的生活犹如一杯没有加糖的咖啡，苦涩难咽，还有一点淡淡的愁。因为寂寞，因为难耐，生命将变得没有乐趣，不复真正的风采。

朋友是我们站在窗前欣赏冬日飘零的雪花时手中捧着的一盏热茶；朋友是我们走在夏日大雨滂沱中时手里撑着的一把雨伞；朋友是春日来临时吹开我们心中冬的郁闷的那一丝春风；朋友是收获季节里我们陶醉在秋日私语中的那杯美酒……

来吧，朋友们！让我们端起芬芳醉人的美酒，为××先生祝福！

祝你事业正当午，身体壮如虎，金钱不胜数，干活不辛苦，悠闲像老鼠，浪漫似乐谱，快乐莫你属！干杯！

◇满月宴宝宝父母祝酒辞

范文

各位来宾、亲朋好友：大家好！

此时此刻，我的内心是无比激动和兴奋的，为表达我此时的情感，我要向各位行三鞠躬。

一鞠躬是感谢，感谢大家能亲临××酒家和我们分享这份喜悦和快乐。

二鞠躬，还是感谢。因为在大家的关注下，我和妻子有了宝宝，升级做了父母，这是我们家一件具有里程碑意义的大事。虽然做父母只有一个月的时间，可我俩对"不养儿不知父母恩"有了更深的理解，也让我们怀有一颗感恩的心。除了要感谢生我们、养我们的父母，还要感谢我们的亲朋好友、单位的领导同事。正是有了各位的支持、关心、帮助，才让我们感到生活更加甜蜜，工作更加顺利。也衷心希望大家能一如既往地支持我们、帮助我们、关注我们。

三鞠躬，是送去我们对大家最衷心的良好祝愿。祝大家永远快乐、幸福、健康。今天，我们在××酒家准备了简单的酒菜，希望大家吃好、喝好。如有招呼不周，请多多包涵！

◇满月宴来宾祝酒辞

范文

来宾、各位朋友：

佳节方过，喜事又临。今天是我们×××先生的千金满月的大喜日子，在此，我代表来宾朋友们，向×××先生表示真挚的祝福。

在过去的时光中，当我们感悟着生活带给我们的一切时，我们越来越清楚人生最重要的东西莫过于生命。×××先生在工作中，是一个勤谨、奋进、优秀的人，相信他创造的新的生命，奉献给这美丽人生的，则一定是无比美妙的歌声。

让我们祝愿这个新的生命、祝愿×××先生的千金，更祝愿各位朋友的下一代，在这个祥和的社会中茁壮成长，成为国家栋梁之材！也顺祝大家身体健康，快乐连连，全家幸福,万事圆圆。

◇周岁宴宝宝父母祝酒辞

范文

各位领导、各位亲友:

首先对大家今天光临我儿子的周岁宴会表示最热烈的欢迎和最诚挚的谢意!

此时此刻、此情此景,我们一家三口站在这里,心情很激动。

为人父母,方知辛劳。××今天刚满一周岁,在过去的365天中,我和妻子尝到了初为人母、初为人父的幸福感和自豪感,但同时也真正体会到了养育儿女健康成长的无比辛劳。今天在座的有我的父母,还有公公、婆婆,对于他们三十年的养育之恩,我们无以回报。今天借这个机会向他们四位老人深情地说声:谢谢了!并衷心地祝他们健康长寿!

在过去的日子里,在座的各位朋友曾给予我们许许多多无私的帮助,让我感到无比的温暖。在此,请允许我代表我们一家三口向在座的各位亲朋好友表示十二万分的感激!现在和未来的时光里,我们仍奢望各位亲朋好友进行善意的批评教导。

今天以我儿子一周岁生日的名义相邀各位至爱亲朋欢聚一堂,菜虽不丰,但是我们的一片真情,酒纵清淡,但是我们的一份热心。若有不周之处,还盼各位海涵。

让我们共同举杯,祝各位工作顺利、万事如意!谢谢。

第八章 不可不知的职场生存常识

第一节 顺利进入职场的常识

◇找工作时不能只看自己的好恶

若想在社会上为自己找个好工作，就必须拥有一技之长。不过，当我们去学习技艺时，不能只从自己的好恶出发，更应该重视社会的需要。学习是为了应用，所以必须要有明确的目的，要适应社会需要。对那些脱离实际需要的"学问"，学得再精通也毫无用处。

◇找工作时要充分利用多渠道信息

看报纸寄简历的时代已经过去了，现在找工作要求的是速度快、定位准、门路广。有些公司的职位空缺，并不一定会对外发布消息，不少是通过相关人士的穿针引线。所以，在生活、工作中建立庞大的人际关系网络，或和同学保持联系，就显得相当重要——也许他就是你跳槽时的贵人。另外，充分利用计算机网络也是个不错的选择。现在，通常有点规模的公司都有自己的网站，在那里你不仅可以了解公司的动态，还可以时常查询到招聘资讯。如果你能在进入这个公司或行业之前，就得知有关的企业文化、薪资福利、公司结构等资讯，将有助于你做出是否去应聘的正确决定。

◇找工作时要精心制作你的简历

简历是公司对你的第一印象，也是为你赢得面试机会的关键，因此千万不可小看。成功的简历除了简洁之外，最重要的是要"令人垂涎"。

怎样的简历是"令人垂涎"的呢？首先，条理分明，一目了然而且必须是用电脑打字编排，方便阅读。原则上简历以不超过一页为佳。如果一页不足以尽述，那么至少第一页必须是简短的摘要，累赘而冗长的简历可能意味着你不够体贴，没有顾及到阅读者的时间压力。简历中最忌不实的言论，过度吹嘘的内容更让人觉得反感。通常如此吹捧自己的人，不是能力不足，就是企图掩饰什么。

◇找工作时要考虑长远的职业前景

对现在的你来说，十年后也许是个遥远的未来。但是，何不试着预测一下十年后的你会是什么样子的呢？十年后你会从事什么样的工作？是否幸福、满足呢？一旦考虑到这些长期性的问题，就必须列出一串对你而言具有魅力的职业清单；接着，还要把几项主要因素考虑进去；然后了解这些职业的生活形态，有什么样的特征，例如会不会像海洋生物学者和考古学者一般就业机会很少？有无地理上的限制？地质学者为了要找寻新的矿床，必须长期离开家庭，那样的条件和你理想中的家庭生活协调吗？

◇要有一技之长

在当今社会，全才不过是天方夜谭，于是，专家出现了。专家其实只意味着他对某个专业的某个细节了解得比别人多一点而已。既然我们已经无法成为全才，那么，不妨试着去了解某个专业的某些细节吧，越细越好，这样，当别人有疑问时，首先想到的肯定会是你。

小陈在参加一家县级杂志社的招聘考试时，面对学历高、专业对口的众多竞争对手，却意外地成了一匹黑马。原来小陈擅长撰写新闻评论，多年的潜心经营使他在这个县城小有名气，形成了个人特色鲜明的"职业品牌"，而招聘方正缺这种在某个领域能独当一面的专业人才。

在求职过程中，一些求职者虽然学历高、知识面广，却被拒之门外，其中一个很重要的原因便在于他们十八般武艺样样都通晓一二，但没有一样拔尖，不具备出奇制胜的利器，也就失去了令人刮目相看的"职业品牌"。

◇首先给面试官一个好印象

在作介绍前，要先向主试官打个招呼，道声谢，如："经理，您好，谢谢您给我这么好的机会，现在，我向您作个简单的自我介绍。"介绍完毕后，要注意向主试官道谢，并向在场面试人员表示谢意。

这能给主试官留下很好的印象。没有人会拒绝谦恭的态度。

◇大胆自信地推销自己

谈自己、推销自己本来是可以谈得很好的话题，但是许多人却在推销自己上缺乏勇气，这或许是怕引起别人反感的缘故。而在平时生活中也常常听他们说："我有什么好说的。你们天天不都看见了吗？"这就使他们养成从不自我评价、自我展示的习惯，可到了要谈论自己时，免不了有些难以启齿。大学刚毕业的范萍萍去面试，整个过程，她的声音都如蚊蝇，特别是谈到自己时，更显得羞于张口。后来她打电话给公司秘书，公司秘书非常为难地告诉她，面试官说，你那么小的声音，显得对自己不自信，缺乏活力，也缺乏必要的应酬能力。所以，大胆自信地推销自己是面试成功的一个前提条件。

◇求职面试时，要有超人一等的自我推销方式

为了在激烈的竞争中脱颖而出，在求职的时候，不妨采取一种显示创造力、超人一等的自我推销方式。他人信口开河，你则不妨保持沉默；他人总是扬长避短，你可试着公开自己的某些弱点，以博得人们的理解与谅解；他人自命清高，孤陋寡闻，你应该尽力地建立一个可以信赖的关系网；他人虚伪做作，你要光明磊落，待人坦诚；他人只求可以，你则应全力以赴，创第一流业绩；他人对上司阿谀奉承，你却以诚信取胜。倘若你愿意试试以上方法来表现自己，就一定可以收到异乎寻常的效果。

不过要切记：推销自己的时候，要突出自己的特色，抓住自己最能打动别人的优点。

◇底气十足，增加赢的机会

有的面试程序中，主考官会刻意加入一些压力面试来测验你的抗压能力。如果你退缩，表现不出足

够的信心，面试十有八九都会"泡汤"。

所谓压力面试一般是指在面试刚刚开始时，主考官就风向一转，给应试者以意想不到的一击，以此观察应试者的反应。

比如，面试官会突然发出一些不甚友好或具有攻击性的问题，这时如果你能顶住压力，从容不迫，表现出你十足的把握，依靠这种志在必得的气势，面试成功的机会就多了几分。凡是经历过压力面试的人可能都很难忘记那个过程。没有愉快的交谈、友好的笑容，有的只是招聘官严厉的表情和苦大仇深的脸。曾有位女士抱怨她所经历过的一次压力面试：

她向一家广告公司申请了一个文案的职位并顺利地通过了筛选面试。在第二轮面试时，她遭遇了公司的人事经理杨女士。

当她信心十足地跨进杨女士的办公室，在例行的欢迎之后，气氛就完全变了。

杨女士首先浏览了一遍她的简历，然后冷冷地抬起头盯着她："你觉得这份简历能说服我留下你吗？"

她自信又不失礼貌地答道："诚然，简历只是让您了解我的工具之一，所以我现在坐在您的面前，相信经过面试您会对我有更全面深入的了解，并做出选择。"

听完这番话，杨女士立刻露出了微笑的表情，对她的态度一百八十度转弯，示意她先喝水再慢慢聊……

说话的底气来自于内心的勇气和自信，将它们展现于主考官面前，才有说服力使他相信你的能力和决心，放心把工作交给你。

◇ **面试重在有备而来**

最近两个月，陆续有三四家公司（公司规模逐级升格）向李仪抛来橄榄枝，邀请她去做部门主管。

总结经验，李仪认为，自己之所以每次都与考官相谈甚欢，与充分的前期准备分不开。几乎每天她都要上网留心各种相关资料，给每个公司建立自己的数据库。"如果对一个公司很了解，这会让招聘者感到轻松。因为他没有时间磨合，他希望你是个熟手。"

其次，争取熟悉一下你的主考官。他有怎样的背景？你与他之间有什么共同的东西？

对话开始时，应聘者以说为主，考官以听为主。经过5分钟一个回合的交手后，应聘者应该对考官的兴趣有所了解，并成功调动他发言的积极性，应聘者站到听众的位置。

在这个交锋中，应聘者不应该是简单地敷衍或附和考官。经验说明，有时谈一些敏感的问题是吸引考官注意力的好手段。

此外，对于自己，也要提出一些问题。

我是否已了解了这项工作的要求？

如果对方问："你为什么要到我们公司来工作呢？"我能否予以有力而理想的回答。

我要不要坦率、愉快地回答主试者的各种问题？

除了展示我的资历和背景之外，我能否让对方相信我具有发展的潜力？

对自己提出这些问题后，你还要试着从主试者的角度考虑问题。你要明白自己所具有的专业经验、资历及兴趣之中有哪些符合他的要求，并能说明你正是他所寻求的对象。把这些有条有理地做好准备。

在这一过程中，你还应该尽可能考虑到会被问到的所有问题，给每个问题一一找出满意的答案。这个办法连总统也不例外。举行记者招待会前，尼克松总统的幕后人员将为他提供一份资料，上面列出了可能被问及的各种问题，还有一些资料摘要，以便于总统准备对答。总统一直要看到把这些资料消化掉为止，甚至他进行对答的语言都要事先做好安排。当然，你未必能拥有像总统那么丰富的资料来源，但还是应尽你的力量在面谈前把一切准备妥当。事前的准备工作永远不嫌多，千万别打没准备的仗。

◇面试中的自我介绍要主题明确

在作自我介绍时，最忌漫无中心，东扯一句西扯一句，或者陈芝麻烂谷子事无巨细都一一详谈，让人听了不知所云。求职面试中的自我介绍宜简不宜繁，一般包括这些基本要素：姓名、年龄、籍贯、学历、学业情况、性格、特长、爱好、工作能力和工作经验等，对于这些不同的要素该详述还是略说，应按招聘方的要求来组织介绍材料，围绕中心说话。假如招聘单位对应聘的人的工作能力和工作经验很重视，那么，求职者就得从自己的工作能力及经验出发做详细的叙述，而且整个介绍都是以这个重点为中心。

下面是一位求职者面试时的自我介绍，非常的精练，分寸把握得当："我的经历非常简单。1985年，18岁的我高中毕业没有考上大学，招工进入某厂当上了一名车工。从此，我操刀切削十多年。其间3次参加全市车工岗位技术大比武，荣获两次第3名，一次第2名。去年企业破产，我下岗失业。下岗后参加过3个月的电脑培训，3个月的英语培训，取得两个上岗证书，为我掌握现代化的数控车床打下了基础。听说贵公司招聘技工，我觉得我是比较合适的人选。"

从上例中可以看出，介绍自己简历时可以从参加工作时讲起，不要拉得太远；经历中重点介绍自己从事什么工种，有何特长，凡与此无关的都可省略；能够显示自己优势的，可以讲详细些，而且与招聘内容联系起来。例如，三次参加技术比武获奖，两次参加技术培训，都显示了应聘者的技术水准，可以说正投招聘者所好。所以，立刻引起主考官的兴趣。当然，介绍自己的经历中的成绩时，要注意口气，要巧妙地表露出来，不显示出自我吹嘘的痕迹，给人以自信、谦逊、不卑不亢的印象。在应聘前的准备过程中，要注意把握好分寸。

◇应聘者自我介绍时，忌"我"字连篇

千万不要以为"自我介绍"最容易用上的字是"我"字。当面试官说："谈谈你自己吧！"一名应试者十分巧妙地回答："您想知道我个人的生活，还是与这份工作有关的问题？"他把应该用"我"字打头的话，变成"您"字打头。

老把"我"挂在嘴边的人，易使人反感，受人轻视，被认为是强迫性的自我推销。所以，要经常注意把"我"字变成"您"字。"您以为如何呢？""您可能会惊讶吧？""您一定觉得好笑。""您

说呢？"把"自我介绍"变成一场你与面试官之间沟通的谈话。

◇应聘者自我介绍时，忌空泛无物

许多人往往急于介绍自己，推销自己，却因为讲话空泛无物，而引起面试考官的怀疑。

吴小京去某报社应聘业务主管，主持面试的负责人问他："你日常的兴趣是什么？"他说是爱看书。主试官问："你爱看什么书？"吴小京回答说："爱读西方经济学著作。"主试官又问："主要是哪些著作？"吴小京搜肠刮肚偏偏一部著作也想不起。其实他的确读了一些，只是时间太长了，近日根本没有摸过这类书，一时想不起书的名字。吴小京以为把自己塑造成爱读书、学识渊博，有能力胜任主管工作的人，但由于介绍不"畅"，反而给自己留下了爱吹牛皮的嫌疑。面试结果，他没有收到录取通知书。

◇应聘者自我介绍时，忌说话不留后路

自我介绍最忌吹嘘，夸海口。

大话一旦被拆穿，面试很难再进行下去。

小张去面试一家国际旅游公司的导游，他自我介绍说："我这个人喜欢旅游，熟悉名胜古迹，全国的大城市几乎都去过。"面试官很感兴趣，就问："你去过杭州吗？"因为面试官是杭州人，很熟悉自己的家乡。可惜小张偏偏没去过杭州，心想若说没去过这么有名的城市，刚才那句话不是瞎吹吗？于是硬着头皮说："去过！"面试官又问："你住在哪家宾馆？"小张再也答不上来，只好支吾说："那时没有钱，只好住小旅馆。"面试官又说："杭州的名小吃你一定品尝过？"小张照样说："那时没有钱，就一心看风景，没有去吃小吃。"面试官偏偏只问关于杭州的事，小张语无伦次，东拉西扯，答非所问，最后终于不能自圆其说，谎言被当场识破，主考官十分反感，面试一败涂地。

◇用真实事例展露你的才华

在面试交谈中，要尽量避免对自己做过多的夸张，一般不宜用

"很""第一""最"等表示极端的词来赞美自己。在面试场上,有些人为了让面试官对他留下深刻的印象,往往喜欢对自己进行过多的夸耀,如"我是很懂业务的","我是年级成绩最好的一个",总是喜欢带着优越的语气说话,不断地表现自己。其实,如果对自己做过多的夸耀,反而会引起面试官的反感。

谈论自己的话题,应尽可能避免一些夸大的形容词,把话讲得客观真实,尽量用实际的事例去证明你所说的,最好用真实的事例来向面试官显露你的才华。

一家搬家公司在招聘考试时,发现一位应试者在校成绩不太好,主考者问道:"你的成绩不大好,是不是不太用功?"应试者回答说:"说实在话,有的课我认为脱离实际,所以把时间全花在运动上了,所以身体特别好,还练就一身好功夫。"主考者很感兴趣,让他表演一下,应试者脱下衣服,一口气做了100多个俯卧撑,使主考者大为吃惊,立即录用了他。有位成功面试者这么说:"我毕业于一所没有名气的大学,但请看看我过去10年的工作成就吧!"用事实来突出他的精明和能干。

当你提到自己某方面长处时,请千万记住要用具体论据来支持。比如说,你说:"我和其他工作人员关系很好"时,别说到这里停止了,还要举一些具体事例来加以陈述,如:"我总是与我的工作伙伴、与属下有着相当融洽的关系,而且我也跟从前每一位上司都成了好朋友。"

◇不要一开始就说出自己的"伟大业绩"

当你有了不起的业绩时,或者你有足够的资历经验能胜任这项工作时,不要在"自我介绍"中和盘托出、暴露无遗,要给自己留一手,一开始就说出"伟大业绩"会给人自吹自擂的感觉,引起人反感,留在后面说,会给人以谦虚诚实的印象,使面试官对你格外地刮目相看。

小秦曾经得过全国发明奖。他跟面试官没有提过这件事,因为他觉得目前这份工作与他的发明没什么关系。没想到当谈话进一步深入时，面试官无意中提到这项发明。小秦笑笑说："这是我前年搞的。去年和今年又搞了两项。"面试官问："得奖了吗？"小秦说："那有什么可值得提的。"小秦也许在今年和去年都没有得奖，他对得奖的淡漠，赢得了面试官的格外好感。面试官十分高兴，录用了小秦。

试想，如果小秦一开口讲话就把自己发明的成果大大宣扬一番，面试官就会说："你更适合搞发明吧！"而且心里还会想：这人有什么了不起的，别拿什么奖来吓唬我。你越用过去的业绩来炫耀，面试官就越不买你的账。

◇学会"瞬间展示法"

现在许多企业特别是外资企业和合资企业，都喜欢采用"一分钟录像"的办法来选择人才。所谓一分钟录像，就是只给应聘者一分钟的时间，让他们利用这短暂的时间来介绍自己，同时录像，然后拿给招聘者观看。

如果招聘单位使用"一分钟录像"的方法录用人员，那么求职者在一分钟的时间里，如何充分地表现，如何更多、更好地让对方了解自己，便成了求职成败的关键所在。因而，要求应聘者必须在短短的几十秒或某一瞬间，最有效、最充分而又最简洁地表现自己，从而获得求职成功。这种策略称为"瞬间展示"法。

"瞬间展示"法的求职技巧主要包括以下两个方面。

（1）精选一分钟录像内容

由于是一分钟，时间很短，因此说话内容不宜太多、太繁杂，着重讲好以下几个方面即可。

①自己的简历、家庭状况。

②自己的专业、主修的课程。

③所曾担任过的社会工作。

④对自己未来工作的简单设想。

⑤应聘的态度。

⑥自己的抱负和理想。

（2）一分钟内注意的事项

在服装方面要着意打扮一下，衣着整洁，将会给人一种美的感觉，也是社交活动所必备的。

①切忌蓬头散发，不修边幅。

②镇定自如，不要紧张。

③礼仪周全。开始时，先说声

"你好",然后再作自我介绍,最后不要忘了说声"谢谢!"

④内容要简单精练。

⑤说话声音要高低适中,吐字发音要清楚。

◇在谈缺点时,暗中对自身优点加以宣扬

金无足赤,人无完人,如果你想刻意掩盖自己的缺点,尤其是那些显而易见的缺点,恐怕会招致反感。最好的办法就是在与主考官交谈时坦然地主动承认,但是,承认缺点是要讲求方法的,最好在谈缺点的时候,模糊该重点,甚至暗暗对自身优点夸赞一番。

当求职者的简历上有明显的留级记载,他可以这样谈及这件事:

"我也觉得留级一年很不应该,当时我担任社团的负责人,全身投入社团活动上,反而忽略了自己当学生的本分,等我察觉到这个错误时,我已经留级了。虽然我花在社团的心血,也带给我不少的收获,可是每想到自己因此而留级,就觉得很可耻,我一直都为此事耿耿于怀,更不愿重蹈覆辙。"

从他的话语中,主考官反而关心起他的社团负责人的工作来,他猜测该应聘者在社交方面的能力会非同一般。求职者明说缺点,暗中却在体现自己的能力,这样的坦白何其高明,何其漂亮。

我们都非完人,但可以扬长避短,向完人的标准靠拢。让我们再来看一段戴维与法拉第的对话。

戴维:很抱歉,我们的谈话随时有可能被打断。不过,法拉第先生,你很幸运,此时此刻仪器还没有爆炸。你的信和笔记本我都看了,你好像在信中并没有说明你在什么地方上大学。

法拉第:"我没有上过大学,先生。"

法拉第:"我尽可能学习一切知识,并在用自己的房间建立的实验室进行试验。"

戴维:"唔,你的话使我很感动。不过科学太艰苦了,付出极大的努力只能得到微薄的报酬。"

法拉第:"但是,我认为,只要能做这项工作,本身就是一种报酬!"

这是一段精彩的传世对白，它是英国科学巨匠法拉第当年向戴维爵士求职时的对话。当戴维爵士强调法拉第没有正规学历时，法拉第毫不避讳地承认自己没有上过大学，并把话锋迅速转向他的长处——执着、勤奋。最后，法拉第被戴维破格收为自己的助手。

这就是一种典型的扬长避短式的回答。答者极力宣扬个人的长处，并把自己的长处同应聘的工作有机地结合起来，变不利为有利。

◇用幽默化解紧张气氛

大多数人刚进入面试厅时都表现得略显紧张，有不少有能力、有才华的人为此痛失机会。对于面试官来说，紧张慌乱的应聘者，意味着不能很好地胜任工作。此时，如果你善于幽默，就可以借此美言笑语化解紧张气氛。幽默可以说是一种优美的、健康的品质；幽默也是人与人之间的润滑剂，是一个敏锐的心灵在精神饱满、神气洋溢时的自然流露。每个人都喜欢有幽默感的人。幽默在某种时刻是通向事业坦途的一盏明灯。

一位考官这样问一个应聘者："为什么你要选择教师这个职业？"

应聘者回答说："我小时候曾立志长大后要做伟人的妻子。但现在，我知道我能做伟人妻子的机会实在渺茫，所以又改变主意，决定做伟人的老师。"

这位应聘者的回答博得在场人员的一片掌声，结果她被录取了。

这位应聘者的明智之处就在于打破了常规思维和表达模式，以真实感受去胜人一筹；她用了"伟人"这个范畴来贯穿前后表达自己所立志向。

在求职面试过程中，求职者在回答问题时采用一些幽默的语言，这样不但活跃气氛，也能获得面试官的好感。达到成功彼岸的路可以说有千条万条，而幽默是一条阳光大道，是潇洒走一回的必然选择。

◇两难问题折中答

折中可以说是一门艺术，是祖先智者留下的一颗智慧结晶；是为人处世，各个方面都可以适当运用的生存立世之道。

在求职面试中，主考官经常会给你出一些令你左右两难的问题。在这个时候，你可以选择缄默吗？不能，那只会使你与工作失之交臂。你只能勇敢作答，但有勇也要有谋。左不行，右也不行，那就最好采取折中术。

在一次外企面试中，双方交谈得很投机，看来希望不小。接近尾声时，考官看了一下表，问："可不可以邀请您一同吃晚饭？"

原来这也是一道考题。如果考生痛快接受，则有巴结、应酬考官的嫌疑；如干脆拒绝，又被说成不礼貌。考生动了动脑筋，他机智地回答道："如果作为同事，我愿意接受您的邀请。"

由于他预设了一个前提条件，所以他的回答十分得体到位，获得好评。

其实，在面试中折中回答问题，就是避开问题锋芒，不要表明你对任何一个方面的倾向，所有的回答都要为求职这个目的而服务。

总之，对于可能设有"陷阱"的提问，一般情况不要直答，而应想一想对方的用意是什么，"机关"在哪里，然后运用预设前提的说法跳过陷阱，予以回应。所谓折中术，就是采取一个巧妙的方法将划分左右的界限模糊掉。

◇ **一道针对女性求职者的难题**

由于女性本身所具有的一些求职方面的先天劣势，如结婚生子、照料家庭内务等，招聘单位常担心其婚姻和家庭会影响工作，所以面试时往往提出许多相关的问题。这些问题或刁钻古怪，或直击要害，总让人觉得左右两难，如何回答都不妥当；但能否回答好这些问题，又直接关系到求职是否能获得成功。比如，其中有一个问题常常被当作拦路虎时时跳出来为难求职女性：如果让你在家庭与事业之间做选择，你认为哪一个更重要？

这是一个老生常谈的问题，也是一个难题。事实上这是一个对于任何人都重要的问题，之所以更经常地出现在女性求职者面试的情景中，是由于女性往往要对家庭内务承担更多的责任，而这些责任很可能与工作相冲突。招聘单位自然非常希望你以事业为重，但也很清楚谁都希望拥有一个幸福美满的家庭，有幸福的后方保证，才能无后顾之忧地集中精力工作。显然，这道题目是个两难的选择，不管你选择家庭还是事业，无疑都是不合适的。所以，回答这个问题的时候，不妨换个角度，不和题目正面冲突，又给出了招聘单位想要的答案。

你可以参考以下的回答。

"我认为，无论在工作上还是在家庭中，女性的最大目标都是要使自己活得有价值。虽然我很想通过工作来证实自己的能力、体现活着的意义，但家庭对于我的意义也是不容小觑的，我也相信，不只是我，可能每个人都是这么认为的。家庭和生活也许是互相影响的两方面，但我相信，它们并不是站在对立的立场上，处理得当的话是完全有可能两全其美的。事实上，有很多女性都是这样做的，而且她们也做得很不错。我认为我也可以做到。"

这样的回答，既表明了你对待工作的态度，又表达了你对家庭的热爱，而这两点，正是一个心理健康、成熟的女性所应该具备的。

◇**警惕求职中的误区**

在寻找工作的时候，一定要多听别人的建议，避免以下误区。

（1）只注重物质收入

有些人出于经济方面的考虑，去从事那些低贱的，甚至其正当性还值得怀疑的职业。这样，他们出卖了自己的人格，出卖了自己的身体，出卖了自己的才智，甚至出卖了自己的灵魂。这种不明智的选择是极为可悲的。

（2）只为满足虚荣心

我们寻找工作的目的绝不是求得一个足以炫耀的职业，而是求得一种使我们长期从事而始终不会感到厌倦、始终不会松劲、始终不会情绪低落的职业；相反，如果仅仅为了满足我们的虚荣心而工作，我们很快就会觉得，愿望没有得到满足，理想没有实现，就会怨天尤人。

（3）体质不能胜任

在我们所能选择的可能性范围内，不要从事那些损害你的健康、超越你的体质限制的职业。我们的体质常常威胁我们，任何人也不能小视。诚然,我们能够超越体质的限制,但这么一来,我们也就垮得更快。

如果我们把这一切都考虑过了,加上我们生活的条件容许我们选择任何一种工作,那么我们就可以选择一种使我们最有尊严的工作;选择一种建立在我们深信其正确的思想上的工作;选择一种能给我们提供广阔场所来为人类进行活动、接近共同目标(对于这个目标来说,一切工作只不过是手段)的工作。

第二节 职场优势生存常识

◇要有竞争意识

在工作中勤于上进和学有所长的人,有时会遇到这种情况:有些比自己条件差的人却先于自己取得了某种成功,或者比自己升迁得快,或者比自己更被老板赏识和器重。这究竟是怎么一回事呢?答案之一便是缺乏"竞争意识"。

人类自古至今,总是生活在各种各样的竞争之中,一个人要在职场生存和发展,就要有竞争意识,就要有一种比对手做得更好的意识。

勇于竞争和善于竞争,是使自己在人群中脱颖而出和在事业上卓尔不群的基本原因之一。一味埋头赶路而丝毫不顾及其他对手情况,缺乏在社会上立足的竞争意识,你就很可能会成为在同一起跑线上起跑的落伍者。

◇在互惠互利中共筑双赢

一只狮子和一只野狼同时发现了一只山羊,于是商量共同去追捕那只山羊。它们配合得很默契,当野狼把山羊扑倒后,狮子便上前一口把山羊咬死。

但这时狮子起了贪念,不想和野狼共同分享这只山羊,于是想把野狼也咬死。野狼拼命抵抗,后来狼虽然被狮子咬死,但狮子自己也受了很重的伤,无法享受美味。

如果狮子不起贪念,和野狼共享那只山羊,那不就皆大欢喜了吗?何必争得个你死我活的"单赢"呢?

单赢不是赢,只有双赢互利才是真正的赢。战争的至高境界是和平,竞争的至高境界是合作。一名职业人士在进入职场伊始，就应当力求这样的结果。互惠互利，共筑双赢，这是与竞争对手寻求共同利益的最好办法。

◇ 心胸开阔，以静制动

通常情况下，我们会将自己的竞争对手看作死敌，为了成为那个令人艳羡的胜利者，也许会不择手段地排挤竞争对手：或是拉帮结派，或是在上司面前历数别人的不是，或是设下一个又一个巧计使得对方"马失前蹄"……但可悲的是，处心积虑的人往往并不能成为最终的赢家，除了收获一脸沮丧和悔恨，再也得不到别的什么。

◇ 加强沟通，展现实力

工作是一股绳，员工就好比拧成绳子的每根线，只有各根线凝聚成一股力量，这股绳才能经受外力的撕扯。这也是同事之间应该遵循的一种工作精神或职业操守。其实生活中不难发现，有的企业因为内部人事斗争，不仅企业本身"伤了元气"，整个社会舆论也产生不良影响。所以作为一名员工，尤其要加强个体和整体的协调统一。因为员工作为企业个体，一方面有自己的个性，另一方面，就是如何很好地融入集体，而这种协调和统一很大程度上建立于人的协调和统一。所以，无论自己处于什么职位，首先需要与同事多沟通，因为你个人的视野和经验毕竟有限，要避免给人留下"独断专行"的印象。当然，同事之间有摩擦是难免的，即使是一件事情有不同的想法，我们应具有"对事不对人"的原则，及时有效地调解这种关系。不过从另一角度来看，此时也是你展现自我的好机会。用实力说话，真正令同事刮目相看。即使有人对你有些非议，此时也会"偃旗息鼓"。

◇ 学会欣赏你的竞争对手

张前应聘一家著名的广告公司，经过层层选拔，最终进入了复试，成了6位入围者之一。复试内容很简单：让每位入围者按要求设计一件作品并当众展示，让另外5人打分，写出相关的评语。

张前在评分时，对其中两人的作品非常佩服，怀着复杂的心情给他们打了高分,并写下了赞语。令他意外的是,他入选了!而更令他意外的是,他欣赏的那两人中只有一位入选!他不明白这是为什么。

该广告公司老总的一番话使他幡然醒悟。老总说:"入围的6个人可以说都是佼佼者,专业水平都较高,这固然是重要的方面。但公司更为关注的是,入围者在相互评价中,是否能彼此欣赏。因为,庸才自以为是,看不见别人的长处,若对对方视而不见,那就显得心胸太狭隘了,从严格意义来说那不叫人才。落聘的几位虽然专业水平不错,但遗憾的是他们缺乏欣赏对手的眼光,而这点较专业水平其实更重要。"

在当前日趋激烈的就业竞争中,是否具有欣赏别人的眼光和接纳别人的胸襟,是非常重要的。因为有了这样的眼光和胸襟,才能取长补短,团结协作,共同进步。这也正是复合型人才必备的素养之一。

◇不要小瞧别人

生活中,很多人都想着要占点儿别人的便宜,似乎别人都不如自己聪明,但他们小瞧别人的代价就是"搬起石头砸了自己的脚"。

有一只狐狸看见一户人家的窗户上挂着一串香肠,它馋得直流口水,于是想方设法要吃到香肠。这时它注意到了院子里的狗,它狡猾地想:"我只要三言两语就能让那只蠢狗把香肠送给我!"于是狐狸就和狗套起了近乎,最后它说:"兄弟,看到那串香肠了吗?你那吝啬的主人是不会给你吃的,我替你望风,你把它偷出来大吃一顿多好!"狗想了想,就让狐狸跟它进院:"到草地那等着,我偷下来就跟你会合。"狐狸刚走到草堆就一声惨叫——它被一只捕鼠夹夹住了,而主人则跟着狗走了出来,一枪就把狐狸打死了。

在某些情况下,千万不要刻意地低估别人,抬高自己,其实你并不比别人聪明多少,便宜也不是那么好占的。脚踏实地做事,清清白白做人,只有这样你才能在职场路上走得顺顺畅畅。

◇以工作为重

一切从工作出发,一切以工作为重,可以使你更少地卷入上司复杂的关系中。这样你就可以更好地完成工作，使自己不断创造更多更好的业绩，同时你的做法也会让上司们对你格外欣赏，他们会认为你是一个正直、能干的下属。

◇等距离外交

应对互相存在矛盾的上司时，你可以采取"等距离外交"策略，就是你要与互相存有矛盾的上司们保持同等距离，不亲此疏彼，要一视同仁。这是与这些上司相处最为明智的做法。

◇坚持三"不"原则

面对公司内的复杂关系，这里提供一个三"不"原则——不介意、不参与、对事不对人。

其中，"对事不对人"是指保持平常心，一切从工作出发，从组织利益出发，按公司的规则和程序来判断、处理工作中的是是非非。

◇如何应对工作中遭人排挤的状况

被同事排挤，必然有其原因。这些原因不外乎以下六种情况。

（1）近来升级连连，招来同事妒忌，所以群起排挤你。

（2）你刚到本单位上班，你有着令人羡慕的优越条件，包括高学历、有背景、相貌出众，这些都有可能让同事妒忌。

（3）雇用你的人为公司内人人讨厌的头号公敌，故而你也受牵连。

（4）衣着奇特、言谈过分、爱出风头，而令同事却步。

（5）过分讨好上级而疏于和同事交往。

（6）妨碍了同事获取利益，包括晋升、加薪等可以受惠的事。

如果是属于第一项、第二项，这情况也很自然，所谓"不招人妒是庸才"，能招人妒忌也不是丢面子的事。其实只要你平日对人的态度和蔼亲切，同事们不难发觉你是一个老实人，久而久之便会乐于和你交往。另外，你可培养自己的聊天魅力，因为你的同事们的最大爱好之一就是聊天，通过聊天可以改变同事对你的态度。

如属第三项，那便是你本人的不幸，唯有等机会向同事表示，自己应聘主要是喜爱这份工作，与雇用你的人无关，与他更不是皇亲国戚的关系。只要同事了解到你不是公敌派来的密探，自然会欢迎你。

如果是属于第四项、第五项，那你便要反省一下，因为问题是出在你自己身上，如想令同事改变看法，唯有自己做出改善。平时不要乱发一些惊人的言论，要学会当听众，衣着也应切合身份，既要整洁又要不招摇，过分突出的服装不会为你带来方便，反而会令同事们把你当成敌对目标。

如果是属于第六项，你就要注意你做事的分寸。能够获利当然令人向往，但做人不要把利看得太重，更不要和同事争名夺利。人们常说该是你的推也推不掉，不该是你的抢也抢不来。明白了这个道理，还有什么可争的呢？在遇到这类事情时，该让就让，摆出一副高姿态来。虽然你这次吃了亏，但以后会得到补偿的。塞翁失马，因祸得福，眼前看来不是好事，谁说将来就不会有好的结果呢？

◇在新环境下，如何尽快被大家所接纳

你从一个环境转调到一个新环境中，面对的上司和同事都是陌生的，从事的工作有时也与你以往做过的不大相同，这无形中在你的内心造成一种负担，仿佛人海茫茫，你却在一个孤岛上，不知道如何才能使自己投入人群之中并被大家所接纳。

在人们的内心深处，对外来及新来的人都多少有些排斥心理，你如果聪明的话，就应该首先抛开自己对他人的陌生感、畏惧心、戒备心等。一方面多多拜访你的新同事、新上司，另一方面专注地投入你的新工作。这样的话，人们很快会适应你、接受你，因为你的拜访说明你对他们有兴趣，喜欢和他们结交、相识；同时你的专心投入工作，也使他们认为你是个很认真，并喜欢你的新职业的人，表明你在各个方面都力求和他们保持一致，所以他们会很快消除对你的排斥心理，愉快地把你作为他们中的一员的。

所以一旦当你转入一个新单位、新环境，最好的方法就是利用业余时间多和人们交流，多向人学习、讨教，通过你的话语，要让人

们知道,你需要他们的帮助,你需要他们的友谊。如果你能做到这种程度,那么还会有谁能拒绝你伸出的友谊之手呢?

只要你诚恳、虚心并主动向他人伸出友谊的手,人们也一定会张开双臂欢迎你的。

◇被提拔时要怎样面对新老同事

在现代社会,提拔有德有才之士到领导岗位上是平常的。这些人大都年富力强,前途远大,不管他们自身愿不愿意,一旦到了领导岗位,就必须掌握说话的艺术和技巧。在被提拔之前,你或许只是个芝麻大的小官,或许是个平民百姓,话说得好不好,对你的影响不太大;可现在不同了,你到了官场上。

古人认为,官场之妙,妙在心机和口舌。可见学会说话已是你当务之急。

在你被提拔之后,原来的领导或许成了你的同人,而原来的同事成了你的下级,这样在你与他们之间就突然有了一种很微妙的距离感。你如何说话才能尽快打破这种局面,下面的方法可以一试。

(1)对旧领导、新同事的说话技巧

"各位领导,原来你们是我的上级,曾经不断鼓励我争取上进,并给了我许多机会显示自己的能力和才华,才使我在众多候选人中脱颖而出,得到提升。

"我很感谢各位对我的扶持和帮助,也希望在今后的工作中继续给我指出努力和前进的方向。

"对于做领导的艺术和学问,我想我一定不会像你们那样在行,你们从事领导工作时间比我早,所以在许多方面都是我的老师,我要好好向你们讨教学习……"

(2)对旧同事、新下级的说话技巧

"以前我们大家是同事,在一起打打闹闹,处得非常愉快,现在虽然没有机会多和大家热闹,但我们的关系还和过去一样是平等的,在工作中希望大家支持我;工作之外,和过去没有任何区别,你们有什么意见和要求可随时提出来,有什么建议和不满也随时反映,我一定会尽自己的能力尽快地给予解决。

"希望大家理解和支持我的工作!希望大家配合我把工作做得更好!"

这样一番话说下来,相信谁也不会与你为难,对你心存芥蒂了。

◇时刻保持谦虚的态度,才会走得长远

俗话说:"枪打出头鸟。"锋芒太露了总是会招人嫉妒的。一个人只有时刻保持谦虚的态度,他的路才能走得长远。

身在职场处于优位时,自然是可喜可贺的事。如果别人一提起一奉承,你就马上陶醉而喜形于色,这会无形中加强别人的嫉妒。所以,面对同事的赞许恭贺,应谦和有礼、虚心,这样不仅能显示出自己的君子风度,淡化同事对你的嫉妒,而且能博得同事对你的敬佩。

"小姜毕业一年多就提了业务经理,真了不起,大有前途呀!祝贺你啊!"在外单位工作的朋友小叶十分钦佩地说。

"没什么,没什么,老兄你过奖了。主要是我们这儿水土好,领导和同事们抬举我。"小姜见同一年大学毕业的小吴在办公室里,便压抑着内心的欣喜,谦虚地回答。小吴虽然也嫉妒小姜的提拔,但见他这么谦虚,也就笑盈盈地主动招呼小姜的朋友小叶:"来玩了?请坐啊!"

不难想象,小姜此时如果说什么"凭我的水平和能力早可以提拔了"之类的话,那么小吴不妒忌、进而与小姜难以相处才怪呢。

在职场中,当你明显比同事强时,你在感情上还是要和大家在一起,千万不能与他们拉开距离,同事们也就不会再嫉妒你了,同时也会在心里承认你的"优位"是靠自己努力换来的。当你处于优位时,注意突出自己的劣势,就会减轻妒忌者的心理压力,产生一种"哦,他也和我一样无能"的心理平衡感觉,从而淡化乃至免除对你的嫉妒。

◇职场中话要少说

有的新员工进公司后没有多久,就能融入公司的整体氛围中,说话办事都适应公司的作风。而有的人只做了两三个月就辞职了,因

为他们实在是无法适应公司的作风，并且与同事之间的关系是别扭而疏离的。为什么会有这些不同的情况出现呢？关键就在于前者往往善于不耻下问。

职场上的路是要靠自己走出来的。在你"不耻下问"的过程中，你在工作中与其他人员的关系往往会更加紧密，从而带来更加美好的成果。

古人云："人之恶在于好为人师。"可见一般人都有这样的心理：除了爱听奉承话之外，还愿做别人的老师。

在与同事或上司交往时，你也不妨做一个忠诚的听众。把别人都当成自己的老师，少说多听，做一个学生，给对方充分表现自己的机会，最后达到保护自己的目的。这就是"甘为人徒"法的根本所在。

职场中话要少说，并不是不说话。你得说，投其所好，不懂就问；懂的，有时也要暂时装作不懂去问。你提问的方式，要能使对方口若悬河，使对方心里有一种满足感和被尊重感。这时再展示自己，也不会太引人注目，你的目的也就容易实现了。

◇不妨让自己"吃吃亏"

人与人之间缺乏彼此的信任，则没有互助互利；缺乏深厚的感情则没有彼此的信任。在人际交往中重视情感因素，不断增加感情的储蓄，就是积聚信任度，保持和加强亲密互惠的程度。

通俗点说，与人的交往实际上也是一本账。只有那些肯吃眼前亏的人，才能争取到"长期客户"，签到大单。

在办公室的"刀光剑影"中，得与失的计算更是大智慧。吃亏其实是占便宜，施小惠得大利，你的"失"会让你得到更多，认清了这一点，你的竞争之路将会越走越平坦。

◇不要加入到背后说别人坏话的闲聊中

其实，人与人之间的关系是非常复杂的。特别是在办公室这种场合，几个人在一起闲聊时，就容易说起某个人的坏话。在这种时候，很多把持不住的人，也会跟着附和说起某人的坏话来，其结果可想而知,这种坏话不久便添油加醋传到他的耳朵里,别人不仅对你有了看法,还有可能以其人之道,还治其人之身,说你的坏话或打击报复你。

◇ 学做一个"慎言者"

懂得在别人面前不显露言行,学习做个聆听者,避免建立任何小圈子,对谣言一笑置之,深藏不露,你才能避免成为办公室中的受害者。

同事间因为夹杂了利害关系、人事关系,今天的好搭档,明天却有可能变成对手,所以为了保护自己,最好别轻易将感情放到同事身上,只要合乎礼貌,一般的人情就可以了。

在竞争日益激烈的职场中,有些人总是喜欢沾惹别人的功劳,将之占为己有。这样的人,不去积极地完善自我,创造业绩,而是偷偷地去占有别人的功劳,到最后只能是既损人又不利己。

◇ 做一名忠诚的员工

王双长相平平、学历不高,在一家进出口贸易公司做电脑打字员。那年,公司现金周转困难,员工工资开始告急,人们纷纷跳槽。在这危急的时刻,王双没有走,而是劝说消沉的老板振作起来。在王双的努力下,公司谈成了一笔很大的服装业务,王双为公司拿到1000万美元的订单,公司终于有了起色。后来,公司改成股份制,老板当了董事长,王双则成了新公司第一任总经理。有人问王双如何取得了这样的成就,王双说:"要说我个人如何取得了这样的成就只有两点:那就是一要用心;二没私心。"

现在很多人一面在为公司工作,一面在打着个人的小算盘,这样的人怎么能为公司的发展作出贡献呢?公司没有发展,个人又怎能成功呢?

任何一个老板都喜欢忠诚的员工,只有忠诚的员工才能获得老板的信任。如果员工不忠诚,老板就会有如坐针毡的感觉,一些重大的事情就不敢交给这样的员工去做,员工又怎能获得加薪与晋升的机会呢?

◇让老板知道你做了什么

你是不是每天全力以赴地工作,数年来如一日?不过,有一天你突然发现,纵使自己累得半死,别人好像都没发现,尤其是老板,似乎从来没有当面夸奖和表扬过你。

你知道吗?这个问题可能不在老板,而是出在你自己身上。大多数的员工都有一种想法:只要我工作卖力,就一定能够得到应有的奖赏。但问题是:光会做没有用,做得再多也没有人知道。要想办法让别人,特别是你的老板知道你做了什么。

◇力所能及时,主动向别人提供援助

可以说,在现代社会里,只靠自己独立就可完成的工作几乎是没有的。随着科技的迅猛发展,越来越多的工作是单个人所不能胜任的,因此,知识共享和合作精神成为对企业员工的基本要求。

任何事物都不可能十全十美,企业的规章、制度也是如此,总有些事情是规章、制度无法规定的,也一定会有一些意外的情况出现。在这种时候,能否主动请缨,毫无怨言地接受任务,是优秀与平庸相区别的标志。一般说来,老板都会铭记员工对企业的超额付出,一有机会就会给予回报。所以,当自己力所能及的时候,要主动向别人提供援助。

◇积极参与到团队之中

在团体活动中,如果你总喜欢让别人出头露面,自己却静静地坐在那里,做一个感兴趣的旁观者。那么,你就无法培养自己的社交能力,赢得团体中其他成员对你的尊重。无法对团体的决定施加影响。既然你同样对团体的最终决策负有责任,无论你态度积极或保持沉默,你都可以贡献你的聪明才智。你应该创造较积极的心理暗示。第一步要意识到你的想法或许是不合理的,那些最担心"每个人将认为我是一个傻瓜,都会耻笑我"的人,一般来说是最有思想和见识的。实际上,往往是那些喋喋不休的人缺乏自律意识,善于空谈,徒有热情而无建树。如果你感到忧虑和焦急，那么，你需要迫使自己迈出第一步。万事开头难，随着你不合理的怪念头的减退，以及你自信心的增强，你就能积极地参与到团体的活动中来，为团体的发展作出自己应有的贡献。

◇ **主动去做上级没有交代的事**

在现代职场里，有两种人永远无法取得成功：一种人是只做上级交代的事情，另一种人是做不好上级交代的事情。这两种人都是首先被上级炒"鱿鱼"的人，或者是在卑微的工作岗位上耗费终身却毫无成就的人。

在现代职场，过去那种听命行事的工作作风已不再受到重视，主动进取、自动自发工作的员工将备受青睐。在工作中，只要认定那是要做的事，就立刻采取行动，马上去做，而不必等到上级的交代。

◇ **敬业让你出类拔萃**

无论从事什么职业，只有全心全意、尽职尽责地工作，才能在自己的领域里出类拔萃，这也是敬业精神的直接表现。

王凯大学毕业后被分配到一个研究所，这个研究所的大部分人都具备硕士和博士学位，王凯感到压力很大。

经过一段时间的工作，王凯发现所里大部分人不敬业，对本职工作不认真，他们不是玩乐，就是搞自己的"第三产业"，把在所里上班当成混日子。

王凯反其道而行之，他一头扎进工作中，从早到晚埋头苦干业务，经常加班加点。王凯的业务水平提高很快，不久成了所里的"顶梁柱"，并逐渐受到所长的重用，时间一长，更让所长感到离开他就好像失去左膀右臂。不久，王凯便被提升为副所长，老所长年事已高，所长的位置也在等着王凯。

敬业不但能使企业不断发展，而且还能使员工个人事业取得成功。

◇ **谨言慎行，不强做"出头鸟"**

越是有本事的人，越要尽量地不显山不露水，这样才能避免不必要的伤害。一个人越是出类拔萃，越会受到别人的嫉妒和攻击。

"出头的橡子先烂""枪打出头鸟""人怕出名猪怕壮",就是形象的比喻。所以说,一个有本事的人,为了避免别人无端的伤害,在职场中,就要采取谨言慎行的方式。有大智慧,表面却很木讷;有大本领,却不显山不露水。这样,别人会忽视自己,也会不在乎自己。要想成就大事业,在自己的奋斗过程中,必须时时处处都要小心翼翼,做到"目标不能随便暴露,行动要谨谨慎慎"。

◇何时是提出加薪的最佳时机

提出加薪的最佳时机一般是在公司每年年底进行一年的业绩评估的时候。公司要根据评估的结果在第二年的年初会进行职位、薪酬等各方面的调整,因此在评估结果出来之后,如果自己的业绩不错,与其他员工进行合理比较后发现有升职加薪的空间,那么可以以业绩为资本向老板提出要求,这样做成功的可能性较大。

此外,要寻找一个老板比较休闲的时机,如公司活动、节庆等,在轻松的气氛下适时给老板一点非正式的暗示,一次不奏效,多试几次往往能引起老板警觉。但这样的方式要冒一定的风险,所以一定要把握分寸、找准时机,否则可能"偷鸡不成反蚀把米"。另外,一定要适应老板"先干活、后加薪"的方式,没有业绩,加薪就免谈。

◇向老板提出加薪时应避免哪些误区

(1)主动提出加薪时,切忌就谈薪而谈薪,直接冲到老板的办公室,说:"我要加薪!"如此,你马上会得到老板100个拒绝的理由。

(2)切忌拿其他员工的薪水和能力水平跟自己作比较,以此向老板要求升职加薪。

(3)切忌选择不适宜的时间,在公司某项业务进展不好、老板正被公司的某件大事扰得心情不好的时候去谈这个问题。

(4)切忌在提出加薪要求前不做好充分准备,比较妥当的是先研究同行业相关职位薪酬的大体数目,再根据自己工作中的表现,评测一下老板对自己的重视程度,而不是贸然提出不合理的要求。

◇在关键时刻恰当地表现自己

现在是一个讲究张扬自己个性的时代，尤其是身处职场中的人们，在关键时刻恰当地张扬，也就是"秀"（Show）一下，不失为一个引起领导注意的好办法。

要在上级面前表现自己，这是大家都知道的，让有权控制升迁的人知道你有优良表现。此外，在同事面前，一样要保持最佳状态，要让同事也觉得你办事能力强，同事对你的评价也是上级考虑是否提拔你的因素。当然，要让同事觉得你升级是值得的，不作第二人之想，赢取他们的敬服。

不要理会别人的闲言碎语。人人都希望获得上级赏识，得到提拔，为此展开明争暗斗，谁跑在最前头，谁就成为众矢之的。中伤、谣言、闲言碎语、冷言冷语最易令人困扰，挫伤工作热情和斗志，因此，集中精神工作，只要闲言冷语无损你的形象和前途，就不要理会。你为闲言碎语而烦恼，别人会暗里高兴。因此，要争取工作表现，用优良的工作成绩来回答闲言闲语。

在某种特殊的场合下，沉默谦逊确实是一种"此时无声胜有声"的制胜利器，但你不要把它当作金科玉律来信奉。在人才竞争中，你要将沉默踏实肯干谦逊的美德和善于表现自己结合起来，才能更好地让别人赏识你。

◇遵守公司的规章制度

在办公室里，往往会有一些规章制度挂在墙上，或印成小册子。作为一名职员，应该时时事事遵守这些规章制度。

公司制度是企业的秩序和规范，是确保企业有效健康运行的法则，如果法则遭到破坏，就会扰乱公司的正常秩序，企业的健康发展就会受到影响。员工严格遵守公司制度，有利于公司的正常运行。

玫琳凯在阐述她的做法时说："我每次遇到员工不遵守纪律时，都采取一种与他人十分不同的处理方法。我的第一个行动，是同这个员工商量，采取哪些具体措施以改进工作。我提出建议并规定一个合情合理的期限。这样，也许会获得成功。不过，如果这种努力仍不能奏效，那我必须考虑采取对员工和公司可能都是最好的办法。当我发现一个员工不遵守纪律、工作老出差错时，就决定不要他！因为遵守纪律没商量。"

任何企业的各项规章制度都不能成为摆设，公司常以有效的手段保证其得以贯彻落实，一旦发现有人违规犯戒，就会受到惩处，绝不姑息迁就。负责任是一种生活态度，不负责任也是一种生活态度，作为企业的一名员工，有责任遵守公司的一切规定。当你违背了公司的规定但却没有足够的理由，形式上的惩罚并不能掩盖你对自身责任的漠视。

◇不占公司的小便宜

一家公司的女职员把公司的稿纸拿回去，给上小学的孩子当作业本用。而孩子老师的丈夫就是另一家公司的部门经理，该家公司正要与女职员所在的公司合作一个项目。当他无意中看到孩子的作业本竟是公司的稿纸时，他就想："这家公司的风气太坏了，这样的公司怎么能做好生意呢？"于是便中止了与该公司的合作计划。

有谁会想到这么一个大项目的合作失败竟然是一本稿纸惹的祸呢？可以试想一下，如果那名女职员的老板知道了这件事的原委，女职员会有怎样的结果呢？

也许你会这样想：占用公司一本稿纸、一支圆珠笔有什么大不了的，这些不值钱的东西，用用又有什么关系？其实，你的想法是错误的。一个人职业品质的好坏，往往从细小的地方表现出来，不要小看一张纸或一支笔，它所造成的伤害，会比你想象的要严重得多。许多人在职场打拼多年，没有取得成功，就是败在自己不良的职业操守上。

一个优秀的员工不会放弃对金钱和物质生活的追求，但他会严守道德的底线，严守良知的底线。这是因为，对个人而言，这才是立足于公司、立足于社会的根本。

◇不带亲友到公司

有些企业明文规定，非本部门员工不得进入工作场所，门卫也实行了严格的控制，但还有人会通过有形或无形的"后门"让亲人进来。这种犯规的行为，一旦被老板发现，是要受处分的。即使没有明文规定的单位，也不宜这样做。

在工作场合会见亲人，肯定会影响工作，就是不同亲人谈话，也会影响工作。非本单位的人往往对厂里的机器、设备、原材料等情况不熟悉，一不小心就会出事故。轻则磕磕碰碰，弄得头破血流，重则可能有生命危险。尤其是孩子，他们年幼无知，好奇心又大，生性顽皮，一不小心就会出事故。又要工作，又要分心管孩子，到头来很可能孩子没管好，工作上又出了差错。

一个优秀的员工，在工作的时候心里应当只有工作，不论家里究竟有没有事也不要随便带亲朋好友到自己的单位。实在有事，万分紧急的情况下，宁愿请假也不要把你的私事拿到公司讨论、解决。

◇**不要抱怨分外的工作**

在柯金斯担任福特汽车公司总经理时，有一天晚上，公司里有十分紧急的事，要发通告信给所有的营业处，所以需要全体员工协助。不料，当柯金斯安排一个书记员去帮忙套信封时，那个年轻的职员傲慢地说："这不是我的工作，我不干！我到公司里来不是做套信封工作的。"听了这话，柯金斯一下就愤怒了，但他仍平静地说："既然这件事不是你的分内的事，那就请你另谋高就吧！"这个青年因为不愿做分外的事，而失去了工作。

一个员工，要想纵横职场，取得成功，除了尽心尽力做好本职工作以外，还可以多做一些分外的工作。这可以让你时刻保持斗志，在工作中不断地锻炼自己，充实自己。当然，分外的工作，也会让你拥有更多的表演舞台，让你把自己的才华适时地表现出来，引起别人的注意，得到老板的重视和认同。

在工作上，常常有这样的员工，他们认为只要把自己的本职工作干好就行了。对于老板安排的额外的工作，不是抱怨，就是不主动去做。这样的员工，自然不会获得升职加薪的机会。

◇不要轻易缺勤请假

不要随便找个借口就去找老板请假，比如身体不好，家里有事，孩子生病……这样次数一多，任何一个老板都无法接受。

永远别把请假当作一件无足轻重的小事对待！那种总爱说"我真的有事，要扣工资就扣好了"的员工，无论到哪个单位，都不会有老板欣赏的。

其实老板并非不准员工请假，作为自然的人，谁都难免要生病；作为社会的人，有事也同样不能避免。在工作繁忙的情况下，老板很不高兴下属请假，这种心态是无可厚非的。任何人当了老板都不希望下属经常脱离工作岗位。

员工经常缺勤请假，从某种意义上说明员工缺乏忠诚敬业精神，这样必会给老板留下不良印象，至于影响你的升迁那是很自然的结果。所谓"种瓜得瓜，种豆得豆"，今天我们的状态都是对昨天的所为负责而已。没有别人会为我们的"倒霉"埋单，除了自己。所以，不要轻易缺勤请假。

◇不要事事找借口

没有任何人会欣赏一个整天不干事，却还在为自己找借口的员工。

鲁迅先生说："浪费时间等于慢性自杀，浪费别人的时间等于图财害命。"谁在为拖延时间找借口，谁就是在为浪费生命找借口。浪费生命是最大的失败。

通常借口有两种，一种是以自己正在做某种事情为理由，其实这个也不是正式的理由，应该说借口才比较准确；另外的是一种假托的借口，以为是无伤大雅的理由。但是长久下去的话，当借口已经化为你的"护身符"的时候，你距离你的失败人生就很近了。

习惯性的拖延者通常是制造借口与托词的专家。他们经常为没做某些事而制造借口，或想出各式各样的理由为事情未能按计划实施而辩解。"这项工作的难度太大了"，"那个客户还没给我回信"，"我的事情太多了，忘了还有这样一件事"，"老板规定的完成期限太紧"，"我们的工作条件太差了"，听上去好像是"合情合理的解释"，但不论借口多么冠冕堂皇，借口就是借口，而非其他。

在我们平时的工作中肯定也会听到类似这样的说法：上班迟到了，会说"路上堵车""睡过头了"；考试考不好，总爱说自己没有时间复习，或者别人是得到老师的指点之类的话来自我欺骗；生意失败，就爱以对手太强，对手没有采取正当的竞争手段为借口。不在自己的身上去找原因，而是想方设法寻找为自己开脱的借口。这样的人是懦弱的，不敢为自己的失败承担责任，这不是一个成功者的做法和想法。

第三节　与上司打交道的常识

◇创造惊人的工作效率赢得上司的重视

要想获得上司的重视，在专业领域内下气力也能够收到良好的效果，这就要求在一个人人熟悉业务的现代企业内部，你能够凭着勤奋刻苦的精神和超越常人的业务操作技巧创造出更高的工作效率。在任何时代、任何人群之中，手脚麻利者都是为人尊重的，而对于要在激烈的竞争中创造高效率的现代企业来说，工作效率就更是至关重要的制胜因素。如果你在业务上创造出的效率确实令上司吃惊，而且你善于表现这种效率背后的努力，那么他无法不给你以充分的重视。

例如，有一次，某县县长要求秘书写一篇关于本县乡镇企业发展的报告，秘书小何立即行动起来，广泛查阅资料，下班时，县长对小何说："下班休息吧！明天再干吧！"小何心里明白表现的机会来了，便回答县长说："这篇文章需要很多数字材料，我今晚没事，正好整理一下统计资料明天用。"结果第三天就把初稿交给了县长，县长满意地说："完成得很及时。"小何便接过来说："加了几个班，总算很快拿出来了。"县长点头："不错，好好休息两天吧，放你两天假。"

在本例中，秘书小何仅仅通过完成一篇上级领导安排的报告就令领导刮目相看，关键即在他专心投入该项任务中，创造出很高的工作效率，大大出乎了领导的意料。而且，他还以恰当的方式向领导表现了自己在效率背后的种种艰辛，使领导无法不对这位努力的部下报以特殊的关注。

◇关注上司，得到上司的赏识

作为一个现代员工来说，必须具有很强的敬业精神，表现出对所从事的工作的强大的兴趣与钻研精神。此外，员工光有敬业精神还是远远不够的，还必须去关注一些只有管理和领导人员才会关心的问题。当你把你的关注以适当的方式表现出来时，上级领导一方面看到了你的才干，另一方面感受到了你的忠诚，自然会对你刮目相看。

例如，某公司的销售员张干，十分希望自己能得到上司的赏识，但一直苦于没机会。一天，他突然在省报上看到了一篇介绍公司经理管理经验的文章，便灵机一动地顺手把它剪了下来，压在自己办公桌的玻璃板下。终于，公司经理在一次巡视中看到了这个与众不同的办公桌，也认识了桌子的主人，很快，张干与经理之间就建立起了联系。这件事看来很简单，但其中蕴含着一条重要的人际关系法则——让对方觉得你重要。

在本例中，张干其实只做了很简单的一件事——把剪报压在玻璃板下，就幸运地获得了公司经理的重视。这事情虽然简单，但却透露了张干对公司命运的关心，表现了他兢兢业业的工作精神和忠心耿耿的工作态度，而这些恰恰是一个公司的领导最看重的。这样看来，张干受到赏识是理所应当的事。

◇赞美上司成就时，可表达关心

赞美上司成就时，可表达关心。成就是需要辛勤劳动的，身心会很累很累，那么这种关心会让人心醉。

你不妨对上司说："周总，听说我们公司又兼并了一家公司，你真有能耐。不过，你别太操心，多保重身体……"

"刘经理，我们公司的股票已上市了，大家都挺高兴的，说你特'神奇'。只是，你又瘦了一些，还需多补一补身体，也要忙里偷闲歇一歇。你是大家的支柱。"

关心的话语，会使领导深深地感到自己的成就已得到了大家的共享，也因此而更得意。赞美领导的成就时，还可表示你的信赖。比如："郑总，大伙儿私下里都在夸你的成就，有你这样的带头人我们前途会很美好的……"

◇如何应对嫉贤妒能的上司

方法一：放低姿态、小处着眼

把姿态放低，对人更有礼、更客气，千万不可有倨傲侮慢的态度，这样就可适当降低上司对你的嫉妒，因为你的低姿态使上司在自尊方面获得了满足。因此你必须注意以下三个方面。

一是不要穿着太名贵。切勿穿得比自己的老板更好。

二是当你在办公室闲聊时，不要拿上司开玩笑。

三是开会时不要在上司面前滔滔不绝地发表意见。你自以为很"醒目"，殊不知，实际上是在自招祸患。

方法二：适当在某些方面表现差一些

嫉妒心强的上司有能力差的方面，也有比你强的地方；你有水平高的地方，也有弱的地方。因此，你可以在你弱而上司强的地方让他表现一把，让领导的心理平衡一些。

方法三：谦恭请教

你要时时请教他，并和他经常沟通，诚恳地请求他的配合。当然，也要揭示、赞扬对方有而你没有的长处，这样或多或少可消除他的嫉妒。

方法四：在上司长处之外发挥自己的特长

在有较强嫉妒心的上司手下工作，要善于在上司的长处之外发挥自己的特长，避免与上司的特长发生冲突。下属长上司之不长，才是扬长避短、明智之举。

方法五：与上司共享成功

如果你确信自己只是由于表现超过上司而不小心给自己带来麻烦，你需要做的只是找个办法与上司分享光荣或至少把自己的成功部分地归功于上司。

方法六：寻求组织解决

如果上司心胸狭窄、妒火难

平，不断地对下属进行压制、打击和报复，下属就有必要以切实的行动向上司发出警告，进行反击。

◇如何应对背信弃义的上司

背信弃义的上司是言行不一的，表面上对你一副面孔，背后却对你不仁不义。他们惯于违背诺言，因为他们一开始就不想履行诺言，以此去误导你。

应对这样的上司，可采取以下方法：

方法一：把事情当作他的问题来讨论

探讨一下你们共同的目标以及对本公司、本部门最重要的事情。提醒他，如果他履行诺言，就会从中得到好处。

方法二：进行必要的申辩

如果你觉得有必要申辩，就要把握好自己的语言和态度。对此，除了考虑当时上司的心情与上司的性格特点及工作方式以外，非常重要的是，你切不可表现出一种蒙受冤枉的委屈状，而应该表现出一种非常豁达的态度，首先肯定对方也许是无意中错怪了自己，这样，便给对方一个很好的台阶，以便于改变自己的观点。另外，在申辩过程中，最好是多用事实讲话，用事实来证明自己没有错，而不要表示自己没有责任。最好是避免出现"不是我的错""我没有责任"等话，以免直接刺激对方，使对方产生强烈的抵触情绪。

方法三：提醒上司遵守承诺

明确自己的所需并且明说出来："您当初说过，如果我们能在两个月内把销售额提高25%，每个人都可以浮动一级工资。现在我们做到了，不知为什么迟迟未见涨工资？"

方法四：请老板出面解决

你可以联合其他员工，用信函的方式，或者选出一位代表与老板见面，说明上司对自己不合理的地方，让老板知道问题所在，从而出面改变不合理的要求。

◇如何应对推卸责任的上司

推卸责任的上司总是费尽心机将自己掩藏起来，他相信这样做，一旦公司的项目出了问题，便由下属承担责任，他自己当时置身事外，对此全然不知。

如何应对这样的上司呢？

方法一：提出将加强他地位的建议

他要在伙伴和上级心中留下好的印象，这显然对他非常重要。你要努力发掘信息，加以提炼，供他直接使用。他喜欢让别人认为自己是有能力的人，你就帮他成为那种人。

方法二：唤醒他的公正意识

他从未因所受到的影响而失眠过。他考虑的只是如何保护自己，你要用问话向他提示真实情况。提问，要深入到问题的核心。如果讨论未按你的期望进行，你就多提问题，以此改变讨论方向。

◇如何应对奚落下属的上司

通常情况下，喜欢奚落他人的上司，都有自己的动机。要么是针对你的短处进行贬低，要么是因对你的嫉恨而对你进行嘲讽。自己的表现就像是舞台上的喜剧演员，除非你指出这样做不合适。否则，他一直会认为嘲讽是一种不错的缓和冲突的办法。

奚落下属的上司，通过对你的奚落已经向你明确地传达了某种信息。这时，你的目的应该是请上司坦率、更直接地告诉你他的要求和条件。

方法一：请上司直言不讳

坦然对待所有善意的、建设性的批评。不找任何理由为自己开脱，要认真听，并且保证改进。

方法二：找时间与上司私下交谈

开门见山地承认那些奚落令你很不舒服，你想消除彼此间的误会。切记不要批评上司奚落你。你要就事论事，哪里对、哪里不对，清清楚楚、明明白白。

◇得罪上司后怎样挽回不利局面

不管谁是谁非，得罪上司无论从哪个角度来说都不是件好事，只要你没想调离或辞职，就不可使关系陷入僵局。如果你想留有回旋的余地，下面几种对策应该比较有用。

方法一：找个合适的机会沟通

消除你与上司之间的隔阂是很有必要的，最好自己主动伸出"橄榄枝"。如果是你错了，你就要有认错的勇气,向上司做解释,表明自己会以此为鉴,希望继续得到上司的关心。假若是上司的原因,可以在较为宽松合适的时候,以婉转的方式,把自己的想法与对方沟通一下,你也可以以自己的一时冲动或是方式还欠周到等原因,请上司谅解。

方法二:反躬自省急补救

一旦你发现自己得罪了上司,不妨静下心来仔细分析一下,看看问题到底出在哪儿。过反思,如果问题确实出在自己身上,就要赶快采取措施加以补救。比如说及时找上司真诚地承认错误,以求得上司的理解。

不过有一点需要注意,那就是你在向上司承认错误时要选择恰当的时机和场合,比如说在上司心情愉快的时候或只有上司一个人在场的时候。否则,时机选择不当,即使你态度再诚恳,恐怕也难以取得理想效果。

方法三:利用一些轻松的场合表示对他的尊重

当你与上司发生冲突后,不妨在一些轻松的场合,比如会餐、联谊活动上,向上司问个好,敬个酒,表示你对对方的尊重,上司会记在心里,排除或是淡化对你的敌意。

方法四:不寄希望于别人的理解

无论何种原因得罪上司,尽量不要向同事诉说苦衷,以免加深你与上司之间的裂痕。

方法五:借风扬帆求调和

如果你尽了很大努力仍不能改变上司对你的态度,那你就要考虑寻求外援了。比如,找一个与你私人关系较好的本单位的其他领导,或是在你的上司面前能说得上话的人当"和事老",从中协调。

◇如何消除上司对你的误解

及时、有效地化解上司对自己的误解,这对下属的工作和前程来说十分重要。

为此,我们通常应遵循以下两个原则:

(1)让时间来做公证

正所谓"路遥知马力,日久见人心",上司正在气头上时进行解释,他肯定是听不进去的。自己到底是什么样的人,还是让事实来说话，让时间来检验吧！

（2）遵循"解铃还需系铃人"的法则

上司误解了自己，还得自己去向上司解释清楚，自己既是"系铃人"也是"解铃人"，要化干戈为玉帛，还要靠自己用心努力去做才行。

此外，还应积极地采取应对方法。

方法一：极力掩盖矛盾

每当有人说起某位上司与你关系不好时，你要极力否认，不要让更多的人知道那位上司和自己有矛盾。

方法二：公开场合注意尊重上司

在工作中你们是会经常碰面的，每次见面时你要和那位上司主动打招呼，不管对方是不是爱理不理，你都要始终保持微笑。有时可能会因工作需要和他同在一桌招待客人，你除了主动向他敬酒外，还要利用这一场合公开对他表示感激与尊敬。

方法三：注重褒扬上司

当面说别人好不如背地褒扬别人效果好。如果有人背地里说那位上司的坏话，你应尽力为他辩护。

方法四：紧急情况"救驾"

在平时工作中，你若知那位上司遇到紧急情况，要挺身而出及时前去"救驾"，如你可在他意外缺席某种急需场合时，主动承担一些他的任务。

方法五：找准机会进行解释

待对方对自己慢慢有了好感以后，可利用一些与他单独相处的机会，如一同出差到外地开会等。你可以心平气和地与他进行交流。当你客观、真诚地向他解释其间的误会，并诚恳地向他道歉，他是会被你的诚心所打动的。

方法六：经常加强感情交流

当你们之间的误解烟消云散之后，要趁热打铁，经常与他进行感情交流。如向他讨教各种工作经验，或到他的家中和他下棋、打牌等。

◇表达与上司相反的意见时，先赞扬再反对

向上司表示反对意见时，不仅要有充分的理由，而且要说得使他完全信服。同时，说话技巧的运用也不能不讲究。首先，你可对上司的建议表示一番恭维的赞扬，如你可说："太好了！"然后对这个建

议的优点大概做个分析，阐明你能认同的原因。紧接着点出这个建议的局限性，让上司意识到这个建议存在的不足，从而让其动摇对这个建议的坚持。这时，你就可趁机推出你的建议，并详细分析这个建议的优点，从而让上司认识到你的建议要优于他的建议。采用这种方法既满足了上司的自尊心，同时也不会使他产生不悦。待他作一番详细的斟酌后，他就极有可能推翻自己的建议，采纳你的了。

◇ 表达与上司相反的意见时，迂回说理

在向上司提建议，特别是要表达相反的意见时，一定要仔细研究对方的特点，不能粗心大意，不考虑对象，不分析形势，只知冒冒失失去据理力争。聪明的人分析具体情况，在某些场合，需采取迂回战略，进行迂回说理。

◇ 表达与上司相反的意见时，反说正话

跟上司提相反的意见，有些时候是不好直接说出来的，为了避免尴尬，甚至是导致的不良后果，不妨从其反面说起，反说正话。因为真理再向前一小步就会变成谬误，同样，反面的话稍加引申，就可能走向反面的反面。在你的反话中，上司认识到自己的不对，自然就会改变他原来的意见，而且这样上司不会觉得你是在扫他的面子。

◇ 关键时刻，为上司挺身而出

琼斯是某学院的部门助理，他的上司博格负责管理学生和教职员工。极其糟糕的签到系统使学生们常常因还未上课就被记名，许多班级拥挤不堪，而另一些班级却又太小，面临被注销的危险。博格的工作遭到众多师生的非议，承受着改进学生签到系统的压力。琼斯自告奋勇组织攻关，负责开发一个新的签到体系。上司博格高兴地同意了他的意见。经过艰苦工作，这个攻关小组开发出一个准确高效的签到管理系统，不久后的一次组织机构改组中，博格升任主任，随即，琼斯被提升为副主任。

对于琼斯开发并成功地完成了这套系统，博格给予了高度赞扬。

一般来说，时刻和上司保持一致，并帮助上司取得成功的人往往最终会成为企业的中坚力量，并且会成为令人羡慕的成功人士。

当某项工作陷入困境之时，如果你能挺身而出，大显身手，定会让上司格外赏识；当上司生活上出现矛盾时，你若能悉心劝慰，也会令上司十分感激。此时，你不要变成一块木头，呆头呆脑、冷漠无能、畏首畏尾、胆怯懦弱。若那样的话，上司便会认为你是一个无知无识、无情无能的平庸之辈。

◇不要直接指出上司的错误

"人活一张脸，树活一张皮"的说法，做上司的更爱面子。作为上司，他要树立起权威，若不慎做了错误的决定或说错了什么话，下属直接指出上司的错误，无疑是向他的权威挑战，会让他很没有面子。相信一个最宽宏大量的上司也无法忍受。

金无足赤，人无完人，上司也有错了的时候。这时候，你要装作不知道，事后尽力去弥补就是了。有些人直言快语，肚子里放不住几句话，发现领导的疏漏就沉不住气。

某公司召开年终总结大会，主任讲话时出了个错，他说："今年本公司的合作单位进一步扩充，到现在已发展到46个。"话音未落，一个下属站起来，冲着台上正讲得眉飞色舞的主任高声纠正道："讲错了！讲错了！那是年初的数字，现在已达到63个。"结果全场哗然，主任羞得面红耳赤，情绪顿时低落下来。

上司有错时，不要当众纠正。如果错误不明显，不关大局，其他人也没发觉，不妨"装聋作哑"，等事后再予以弥补。

有一个上司在会上将一组财务数据讲错了，一个做财务工作的下属没有马上纠正，他在做财务报表时，将上司说错的数据纠正了过来。上司看到财务报表时，才知道自己在会上说错了，因此对这个员工的好感大增。有时，上司的错误明显，确有纠正的必要，最好寻找一种能使上司意识到而不让其他人觉察的方式纠正，让人感觉到是上司自己发现了错误，而不是下属指出的，一个眼神、一个手势甚至一声咳嗽都可能解决问题。

不要在公众场合或同事的面前跟上司顶嘴，否则会弄巧成拙。因为有些上司极重"面子"，即使明知自己错了，也拉不下脸当众承认，如果你穷追猛打，在大家面前让他出丑的话，吃亏的只会是自己。

◇尽量不要越级报告

公司的组织机构是逐级上报的，下级员工都有直属上司、顶头上司。在工作中，越级报告意味着要越过直属上司，直接与顶头上司说明你的看法或争取权益。

通常打越级报告是一种危险的行为，会产生众多不良后果，往往容易伤害到自己。顶头上司不喜欢越级报告，一般会"退回原级处理"，你无法收到预期效果。这还有可能导致你与直属上司之间关系的恶化，因为你这样做明显是对他的不尊重。事后就算他不炒你鱿鱼，也难对你委以重任。你的报告如果被同事们知道了，他们可能会攻击你而使你"里外不是人"。

就算你的报告是非常正确的，你也破坏了单位的正常运行程序，这会使顶头上司头疼。即使你成功了，他们也会心存芥蒂，认为你对他们也可能采取同样的行为。所以，一般情况下，不要打越级报告。

在工作中，你若是想打越级报告，需要先检视一下自己的动机，是为公司利益着想而不是为了个人利益。确认了这一点，你就能选择正确的做法了。

所以，在工作中你有什么建议需要打报告时，一定要逐级上报。最好先与直属上司进行沟通，这样才能收到更好的效果。

◇与上司的关系要适度

你和上司在单位中的地位是不同的，这一点要心中有数。不要关系过度密切，以致卷入他的私人生活中。过分亲密的关系，容易使他感到互相平等，这是冒险的举动。因为不同寻常，会使上司过分地要求你，也会导致同事们的不信任，可能还有人暗中与你作对。因此一定要把握好与上司之间的关系。

◇ 让上司觉得你是一个信守诺言的人

只要你的优点超过缺点，上司是会容忍你的。他最讨厌的是一个人不可靠，没有信誉。如果你承诺的工作没兑现，他就会怀疑你是否守信用。如果工作中你确实难以胜任时，要尽快向他说明。虽然他会暂时的不快，但是要比到最后失望时产生的不满要少得多。

◇ 上司讲话时，要专心聆听

当上司讲话的时候，要排除一切使你紧张的意念，专心聆听，眼睛注视着他，必要时作记录。他讲完以后，你可以稍思片刻，也可以问一两个问题，真正弄懂其意图。然后概括一下上司的谈话内容，表示你已明白他的意见。切记，上司不喜欢那种思维迟钝，需要反复叮嘱的人。

◇ 牢记上司偶尔吐露的话

所谓"说者无心，听者有意"，就是对上司偶尔吐露的话要牢记，并在恰当的机会中加以实践。比如上司说："最近听说有家杂志曾刊载各界名人演讲酬劳一览表，有机会的话真想看看。"这时就要抽空到书报摊或书店，找上述的一览表买回来呈给上司看。

有时虽然上司的话和工作根本扯不上关系，但在可能的范围下，对上司的一些话都应给予重视。虽然上司说话并不期盼别人来做，但将上司无意的谈话当真地予以实现，就可能给上司留下你勤快、认真和负责的印象。

除对上司的言谈要用心外，对与第三者谈话交易时，对方的一言半句也要认真听取，遇有言外之意时，马上要懂得给予应和，拥有这种伶俐、敏捷的部属，是上司最感骄傲和值得炫耀的，当然会给这种部署很高的评价。

◇ 跟上司没有"道理"可讲

领导批评下属的错误。假如下属以为自己没错，往往就忍不住要对领导解释是这么回事或者是那么回事，说这不是我的错或者这事我没做错，错的是对方或者天意等，于是与领导讨论甚至辩论起来。有时，下属争辩一番却发现还是自己错了，心里很担心。而有的领导会很宽宏地笑笑说，没关系，以后注意就是了。

原来，领导因为终于说服了下属心情就很愉快，就可能不计较下属的态度。

有时，下属终于证明自己的正确，正在高兴时，却发现领导不高兴了。不高兴的标志就是领导会说："不管怎么说，你还是有不足之处吧！"或者："无论如何，这事还可以办得完美一些吧！"

所以，在向领导分辩时一定要注意方式、场合，只要不是大的原则问题，要给领导保留面子，要考虑领导在工作中需要的权威。即使必要的申辩也要委婉，平心静气。

◇怎样与男女上司相处

如果你的上司是一位女性，那么不要穿得像她的"孪生姐妹"。对于青春靓丽的女下属来说，穿得像女上司一样雍容华贵，是对她的成就感的一种微妙侵犯。

不明情况下，不要问候她的家人。除非被咨询，否则勿向她陈述养颜的秘方。交换美容心得是女性之间增进亲密感的秘诀之一，不过这一手法不适合用于女上司和女下属之间。女上司十有八九会失去平常心，因为她为自己的晋升付出太多。

不管女上司是否严肃，记住在电梯里一定要对她露出微笑。与男上司相比，女上司更关注你与他人融洽相处的能力，而不是你单枪匹马的业绩。

女上司生病时，记着对她打电话表示问候。不必登门慰问，毕竟女上司也是女人，不希望别人看到自己的病态形象，尤其是自己的女下属。

别跟她交流柴米油盐及打毛衣的心得。人的精力有限，跟她谈持家心得，会引起她的警觉，她会有你的心一半在公司一半在家的感觉。

如果你的上司是一位男性，那么不要在他面前发嗲。因为这在旁观者看来，会认为你有某种企图心，而男上司可能会因为流言而利用你的这种企图。

空闲时可以和他聊聊儿女的情况。现代成功人士总是乐于展示他们贤夫良父的形象，无论他是35

岁还是45岁，儿女总是他的掌上明珠。

如果你跟随男上司外出谈判或参加有关会议，衣着要恰到好处。对此，曾有公司员工有过深刻的教训。该员工本来只是事务性秘书之一，但有一次，她穿上色调深沉并饰金纽扣的名牌职业女装，让谈判对手误以为她也是决策层中的人物之一，一定要听她的意见，男上司当下脸色就十分难看。男上司往往对职业身份十分看重，人微言轻之际，别去讨那个没趣。上班穿着一定要整洁、得体、大方。低胸衣、迷你裙、夸张的饰物等最好不要出现在工作中。

第四节　与同事打交道的常识

◇多向老同事学习

那些比你先来的同事，相对来说比你积累了更多的经验，有机会不妨聆听他们的见解，从他们的成败得失里寻找可以借鉴的地方，这样不仅可以帮助自己少走弯路，更能让他们感受到你对他们的尊重。尤其是那些资历比你长，但其他方面比你弱的同事会有更多的感动，而那些能力强的同事，则会认为你善于进取，更会乐于关照并提携你。

◇乐于帮助新同事

新到的同事对手头的工作还不熟悉，当然很想得到大家的指点，但是常心有怯意，不好意思向人请教。这时，你如能主动伸出援助之手，往往会让他们打心眼里感激你，并且会在今后的工作中更主动地配合和帮助你。切不可自以为是，不把新同事放在眼里。

◇一定要尊重同事

相互尊重是处理好任何一种人际关系的基础，同事关系也不例外。同事关系不同于亲友关系，它不是以亲情为纽带的社会关系，亲友之间一时的失礼可以用亲情来弥补，而同事之间的关系是以工作为纽带的，一旦失礼，创伤难以愈合。所以，一定要尊重同事。

◇拿出自己的真诚

与同事相处，以诚为贵，当他

需要你的意见时，你不要使劲给他戴高帽，发出无意义的称赞，而是要真诚地为他剖析问题，提出自己独立的见解；当他遇到工作上的困难时，你要尽心尽力予以援助；当他无意中冒犯了你，你要抱着宽容大度的心情，真心真意原谅他，日后他有求于你时，要不计前嫌、毫不犹豫地帮助他。

如果你仍然觉得与同事相处很困难，请细心阅读以下意见，相信能从中获得启示。

当对方有意无意表示自己有多能干，怎样获得上司的信任时，切勿妒忌他，你应该诚心诚意欣赏对方的长处。

当大家趁着上司不在聚在一起聊天的时候，你应该暂且放下工作，走过去跟他们讲些无伤大雅的玩笑，让同事感觉你是他们的一分子。

再有，不要随便把同事告诉你的话转告上司，否则你会失去同事对你的信任，更甚者会招致大家的联合反对。

◇同事间的物质往来要一清二楚

同事之间可能有相互借钱、借物或馈赠礼品等物质上的往来，切忌马虎，每一项都应记清楚。向同事借钱、借物，应主动给对方打张借条，以增加同事对自己的信任。如果所借钱物不能及时归还，应每隔一段时间向对方说明一下情况，不要一声不吭。在物质利益方面，无论是有意或者无意地占对方的便宜，都会在对方的心里引起不快，从而降低自己在对方心目中的地位。

◇不在背后议论同事的隐私

每个人都有隐私，隐私与个人的名誉密切相关，背后议论他人的隐私会损害他人的名誉，导致双方关系紧张甚至恶化，是一种不光彩的、有害的行为。

◇对自己的失误或彼此之间的误会应主动道歉说明

同事之间经常相处，一时的失误在所难免。如果出现失误，应主动向对方道歉，求得对方的谅解；对误会应主动向对方说明，不可小肚鸡肠，耿耿于怀。

◇用自己的性别优势关心异性同事

男性较有主意,能承受艰苦劳累的工作,也能更理性地分析并解决问题等;女性比较有耐心,做事细心有条理,善于安慰人。尽管只是同事,并不是在家里,但每个人也渴望得到同事们的关心和理解,若能发挥自己的长处,对异性同事多些关心和帮助,如男性多为女同事分担一些她们觉得较为吃力的事,女性多做些要求细心的工作,多为办公室的环境美化做些事,这并不难,效果却很好,对方会将你视为可以信赖的好同事。

◇适当淡泊名利

对那些细小的、不会影响自己前程的好处,多一些谦让,比如单位里分东西不够时少分些,一些荣誉称号多让给即将退休的老同事等,再比如与其他人共同分享一笔奖金或是一项殊荣等,这种豁达的处世态度无疑会赢得人们的好感,也会增添你的人格魅力,带来更多的回报。

◇尽量保留同事的面子

人人都爱惜自己的面子,因此在与同事交往的过程中,不要把话说得太死,否则结果只能是使自己无路可走。

类似"我永远不会办你所搞砸的那些蠢事""你跟××一样缺心眼儿,看他那巴结相"这种绝对的断言,谁听了都会不痛快。

保留他人的面子,这是何等重要的问题!而我们很少会考虑到这个问题。我们常喜欢摆架子、我行我素、挑剔、恫吓、在众人面前指责同事或下属,而没有考虑到是否伤了别人的自尊心。其实,只要多考虑几分钟,讲几句关心的话,就可以缓和许多不愉快的场面。

真正有远见的人不仅会在与同事一点一滴的日常交往中为自己积累最大限度的人缘儿,同时也会给对方留有相当大的回旋余地。给别人留面子,其实也就是给自己挣面子。言谈交往中多用一些"可能""也许""我试试看"和某些感情色彩不强烈,褒贬意义不太明确的中性词,以便自己能"伸缩自如"，这种做法是相当可取的。

人人都有自尊心和虚荣心，甚至连乞丐都不愿受嗟来之食，因为太伤自尊、太没面子，更何况是原本地位相当、平起平坐的同事。但很多人却总爱扫别人的兴——当面令同事面子难保，以致当面撕破脸皮，因小失大。即使我们是对的，错的是别人，如果不给别人保留面子，也将两败俱伤。

◇不要在同事面前炫耀自己

在工作中不乏这样的人，他们思维敏捷，但说起话来令人感觉狂妄，这种人多数都是因为太爱表现自己，总想让别人知道自己很有能力，处处想显示自己的优越感，从而获得他人的敬佩和认可，但结果往往适得其反。

在交往中，任何人都希望能得到别人的肯定评价，都在不自觉地强烈维护着自己的形象和尊严，如果他的谈话对手过分地显示出高人一等的优越感，那么无形之中就成为对他自尊和自信的一种挑战与轻视，排斥心理乃至敌意也就不自觉地产生了。

当我们的朋友表现得比我们优越时，他们就有了一种重要人物的感觉，但是当我们表现得比他们还优越时，他们就会产生一种自卑感，造成羡慕和嫉妒。

小王刚调到某地区人事局调配科时，在同事中几乎连一个朋友都没有。因为他正春风得意，为自己的机遇和才能满意得不得了，因此每天都使劲吹嘘他在工作中的成绩，每天有多少人找他帮忙等"得意事"。但同事们听了之后不仅没有人分享他的"成就"，而且还极不高兴，后来还是当了多年领导的老父亲一语点破，他才意识到自己的症结到底在哪里。

从此，小王开始很少谈自己而多听同事说话，因为他们也有很多事情可谈，让他们把他们的成就说出来，远比让他们听别人吹嘘更令他们兴奋。后来，每当他有时间与同事闲聊的时候，他总是先请对方滔滔不绝地把他们的欢乐炫耀出来，与其分享，而只是在对方问他的时候，才谦虚地说一下自己的成就。

只有学会谦虚，我们才能永远受到欢迎。

第九章 不可不知的理财常识

第一节 正确的理财理念常识

◇年轻人要学理财

在西方，18岁的年轻人已开始自立，独立养活自己，不伸手向父母要钱。他们从年轻时就逐步理财，到中年时已是市场主要的竞争对象。而在中国，绝大部分年轻人仍然依赖父母，到中年时才开始学习理财，此时由于家庭、孩子的影响，精力已经有限。随着年龄的增长，又面临退休，手中有点儿钱又想到为自己退休后经济来源作准备，根本无力再让自己的钱投入较大规模进行投资，最后也只能碌碌无为。

年轻就是财富，每个人都羡慕青春年华。我们可以用简单的复利公式得出这样的结论。假如年轻时有1万元创业基金，10年后，1万元可变成200万元；而年老时同样的1万元，10年后只能成长为6万元甚至倒贴亏空，因此青春年华是黄金时代，这句话一点儿也不过分。

同样地，年轻也是理财最重要的本钱。名人常对大学在校生说："年轻人，你的名字是财富！"因为由复利公式可明显看出，时间就是金钱，年轻就是财富。复利图给我们一个明确的理财生涯规划：年轻时应致力于开源节流，并开始投资，因为年轻时省下的钱对年老时的财富贡献度极大。

事实上，等到年老之后，手中有些资金再开始理财，已因时间不够而来不及。正确的观念是：投资是年轻人的工作，而老年后的工作是如何善用财富。然而许多年轻人往往只注重眼前的生活享受，一有钱就买一辆跑车、一套高级音响或出国旅游，总认为年轻时尽情享乐，年老时再来担心理财。

大家若已了解时间在理财活动

中所扮演的角色，就不难理解，这样的人注定一生庸碌。现实社会中，因年轻时注重享受，而导致年老时贫穷的例子数不胜数。关键在于你们忽略年轻时开始理财的重要性，等到年岁渐增觉悟时，不只是事倍功半而已，且为时已晚。

◇越没钱越要理财

在我们的日常生活中，总有许多工薪阶层的年轻人抱有"有钱才有资格谈投资"的观念。普遍认为每月固定的工资收入应付日常生活开销就差不多了，哪来的余财可理呢？事实上，越是没钱的人越需要理财。举个例子，假如你身上有10万元，但因理财错误，造成财产损失，很可能立即出现危及你生活保障的许多问题，而拥有百万元、千万元、上亿元"身价"的有钱人，即使理财失误，损失其一半财产亦不致影响其原有的生活。必须先树立一个观念，不论贫富，理财都是伴随人一生的大事，在这场"人生经营"过程中，越穷的人就越输不起，对理财更应严肃而谨慎地去看待。

财富能带来生活安定，快乐与满足，也是许多人追求成就感的途径之一。适度地创造财富，不要被金钱所役、所累是每个人都应有的小庸之道。要认识到"贫穷并不可耻，有钱亦非罪恶"，不要忽视理财对改善生活、管理生活的功能。谁也说不清，究竟要多少资金才符合投资条件、才需要理财呢？

从多年从事金融工作者的经验和市场调查的情况来看，理财应"从第一笔收入、第一份薪金"开始，不要低估微薄小钱的聚敛能力，1000万元有1000万元的投资方法，1000元也有1000元的理财方式。绝大多数的工薪阶层都从储蓄开始累积资金，应将每月薪水拨出10%存入银行，而且保持"不动用""只进不出"的情况，这样才能为积累财富奠定一个初级的基础。

◇投资不是一夜暴富

投资不是一夜暴富。投资要求做到未雨绸缪，在力求财务安全的基础上，实现财产持续稳定的增长，这同一夜暴富没有关系。那些妄想一夜暴富的人们，最终的结果往往是上当受骗,严重亏损,甚至血本无归。所以要保持平常心。投资是一种生活方式,"长期投资,分享收益,规避风险"是每个人都应保持的心态。

另外,投资的范围很广,股票、基金、保险、黄金,等等,但是最终不要忘了一项最根本的投资:投资自己。自我增值,是终身理财的第一步。人对于财富的向往是无穷尽的,其根本目的是提高生活品质。在筹划好基本的生活需求后,积极投资,充分投资,将理财纳入生活的步伐中才能真正享受生活。

◇个人理财的范围有哪些

理财可以说是围绕着"钱"字在做文章,我们用"钱"来表达理财的范围,可以概括为赚钱、用钱、存钱、借钱、省钱、护钱。

(1)赚钱:赚钱是指收入。收入包括工作收入和理财收入。工作收入是以人赚钱,工作收入包括薪资、佣金、工作奖金、自营事业所得等。理财收入是以钱赚钱,理财收入包括利息收入、房租收入、股利、资本利得等。

(2)用钱:用钱是指支出。支出包括生活支出和理财支出。其中生活支出包括衣、食、住、行、育、乐、医疗等家庭开销。理财支出包括贷款利息支出、保障型保险保费支出、投资手续费用支出等。

(3)存钱:存钱是指资产。当期收入大于支出时就产生了储蓄,而累积下来的储蓄就是资产,这些就是可以帮你产生投资收益的本金。

(4)借钱:借钱是指负债。当现金收入小于现金支出时就会有借钱的行为产生。主要有消费负债、投资负债、自用资产负债。

(5)省钱:省钱是指节税。收入除了支出外,还需要纳税。如何合法节省赠与税或遗产税,也成为理财中重要的一环。

(6)护钱:护钱是指保险与信托。主要做法是预先作保险或信托安排,使人力资源或已有财产得到保护,或当发生损失时可以获得理财来弥补损失。

◇理财如何理性化

要想成为理财高手,每个人首

先学会的就是理性的理财，如果你能按下面这六条规则进行理性的理财，相信会得到较大的回报。

（1）坚持存钱计划：如果你每年存2000元，这并不难做到，但如果能坚持10年，每年的回报率按15%计算，10年后的总额将很惊人。良好的投资回报当然起了大作用，但坚持存钱同样重要，总收益中有2万元是你自己存出来的。

（2）早些开始投资：如果你只是存钱，那么10年后的你也许只有2万元（按你每年存2000元计算），假若你在第一年就把钱用于投资，一边存钱一边投资，那你的回报要大得多。

（3）坚持投资多元化：如果你只持有几种股票，你可能会有巨大收益，但同样可能遭受巨大损失。把投资分得广一些，可以使你免受"覆灭性"打击。

（4）早作计划。尽早作出计划，这样就会心中有数，到时候知道自己离预定值还差很远。

（5）始终如一：任何投资计划在过程中都不会一帆风顺，风波是在所难免的，如果不能"坚守阵地"，很容易造成投资失利。

（6）谨慎冷静：在选择投资项目时要谨慎，在投资不顺利时要冷静。许多完美的策略都毁于某个仓促的决定，只有冷静才能作出准确的判断。

◇**投资理财应掌握哪些基本法则**

目前，投资理财已逐步成为决定和影响人们生活的重要方面，成为普通百姓生活的必要组成部分，很多人已经认识到投资理财与自己生活的直接关系，开始注意培养自己的投资理财意识，希望使自己能真正成为投资理财的好手。因此要想使自己成为投资理财的好手，必须掌握投资理财的三大法则。

法则一：确定生活目标，合理使用金钱。在投资理财中，你要认真地考虑如何努力安排好家庭生活；如何恰当地支配金钱；确定生活的目标，并确定为之奋斗的目标得以实现，而不会顾此失彼。

法则二：选择恰当的家庭投资理财方案，正确合理地处理各种经济关系。在目标实现的过程中，可能会有很多途径能实现我们的最终目标。然而，不同的道路会有不同的障碍，有的是可以预期的，有的是无法预期的。

法则三：培养处理突发事件的能力，恰当安排计划外时间的资金使用。突发事件出现之时，作出果断的决定，从容应对、合理分配资金。

这三大法则，是你找到家庭投资理财的支点、培养生活平衡能力、产生推动力的关键。然而，生活却是不可预测的，很多不知或不可控制的因素随时随地会发生变化，我们避免不了，逃避不得，只有积极地去面对。在积极面对的过程中，学会家庭投资理财，合理地使用金钱，变压力为动力，取得人生的巨大成功，在"顾此"的同时，也不"失彼"，"鱼"与"熊掌"兼得之。

◇理财规划步骤和核心是什么

理财规划主要包括以下几个步骤。

第一步，对自己的资产状况进行盘点。包括存量资产和未来收入的预期，知道有多少财可以理，这是最基本的前提。

第二步，对理财目标进行设定。需要从具体的时间、金额和对目标的描述等来定性和定量地厘清理财目标。

第三步，弄清风险偏好是何种类型。不要作不考虑任何客观情况的风险偏好的假设，如有的人把钱全部投入股市，没有考虑到家庭责任，这个时候他的风险偏好偏离了他能够承受的范围。

第四步，对资产进行战略性分配。在所有的资产里作资产分配，然后是投资品种、投资时机的选择。

理财规划的核心：理财规划的核心就是资产和负债相匹配的过程。资产就是以前的存量资产和收入的能力，即未来的资产。负债首先是家庭责任，要赡养父母，要抚养小孩，供他上学。其次是目标，目标也变成了我们的负债，要有高品质的生活，让你的资产和负债进行动态的匹配，这就是个人理财最核心的理念。

◇怎样做好家庭理财规划

成功的理财讲求理财规划，家

庭理财也不例外。做好家庭理财的第一步就是要搞好家庭理财规划。就家庭理财规划的整体来看，它包含三个层面的内容：首先是设定家庭理财目标；其次是掌握现时收支及资产债务状况；最后是如何利用投资渠道来增加家庭财富。

应该说，一个好的家庭理财规划至少应妥善考虑家庭经济生活中的几个重大问题。

（1）适当开源，增加家庭收入，利用各种投资增加资产的价值。

（2）控制预算，倡导节流，削减不必要的支出。

（3）系统地考虑家庭重要支出事项（如高额教育经费），有效积累大额、长期性资金。

（4）保障家庭财产安全，妥善进行家庭资产管理。

（5）处理好家庭风险问题，防患于未然。

当然，在拟定家庭理财规划时，最重要的一点是：所有的目标必须具体、可行。

◇家庭理财的十二条基本原则

（1）明确人生目标，做好理财规划。

（2）坚持勤俭节约，避免奢侈浪费。

（3）严格收支平衡或收支结余，量入为出，不透支。

（4）坚持储蓄，夯实家庭财务基础。

（5）学会股市投资，寻找机会让家庭资产快速增值。

（6）控制风险，家庭资产配置要多样化，不把所有鸡蛋放在一个篮子里。

（7）多研究现代金融理财产品，善于利用专家理财。

（8）保持足够的现金，维持家庭日常生活的较高质量。

（9）家庭融资要谨慎，避免高成本。

（10）建立购房、子女教育、退休三大家庭基金。

（11）利用社会保障体系，做好家庭投保组合安排。

（12）养成理性、平和、不急于求成的家庭理财心态。

◇如何为收入支出做本账

随着财富的积累，很多人会想

到理财，而不知钱花到何处的"月光族"更是急于学会理财。但是具体操作起来，许多人又不知从何做起。专家介绍，收支财务状况是达到理财目标的基础，要理财，先要学会记账。

记账贵在清楚地记录钱的来去，每个人生活资源有限，每一方面的需要都要适当满足，平日养成的记账习惯，可清楚得知每一项目花费的多寡，并得知需求是否得到适当满足。

逐笔记录自己的每一笔收入和支出，并在每个月底做一次汇总，久而久之，就对自己的财务状况了如指掌了。同时，记账还能对自己的支出作出分析，了解哪些支出是必需的，哪些支出是可有可无的，从而更合理地安排支出。

◇家庭理财投资渠道有多少

家庭理财渠道有很多，具体要看个人情况，同时收益是伴随着风险的。

（1）抗风险能力非常强的，可投资黄金、古玩、外汇、期货、字画等。

（2）抗风险能力比较强的，可投资实业、房地产、股票等。

（3）抗风险能力一般的，可投资基金、分红保险、银行理财产品等。

（4）抗风险能力较低的，可投资比较安全，同时收益也比较低的储蓄、保险等。

◇鸡蛋应该放在一个篮子还是多个篮子

在考虑资产风险时，我们常常会听到这样一种观点："要把鸡蛋放在不同的篮子里"。然而，在实际运用中，不少投资者由于错误地理解了鸡蛋和篮子的关系，将鸡蛋放在过多的篮子里，使得投资追踪困难，若分析不到位，可能会降低预期收益。

著名的经济学家凯恩斯曾经提出这样一种投资理念，就是要把鸡蛋集中放在优质的篮子中，这样可能会使有限的资金产生的收益最大化。

具体操作时，建议对于资金量较多的客户而言，有必要进行资产分散投资来规避风险，但对于资金不多的投资者而言，把鸡蛋放在过多的篮子里，收益可能不会达到最大化。

由此可见，理财时真正要注意的是：不要将鸡蛋放在一个篮子里，但也不要放在太多的篮子里。

◇ 家庭投资理财的禁忌

如今，家庭投资理财正呈现出前所未有的多样化发展趋势。然而每个家庭只有根据自身的实际情况去选择合适的投资方式，应综合考虑多种因素，慎作投资决策，具体地说，应做到"五忌"。

一忌不顾及自身实力。例如自身原本资金有限，但为了跟风炒作房地产不惜举债杀入，就属于明显的不自量力的行为，风险一旦降临，后果将不堪设想。

二忌不尊重经济规律。譬如，你在储蓄存款时，如不考虑经济发展的周期性变化，不使自己的存款周期与经济发展周期相一致，就难以实现储蓄存款利率收益的最大值。

三忌不善于扬长避短。家庭投资理财要根据家庭成员的实际情况，充分发挥自身的优势，切忌不考虑自身的职业性质和知识素质。

四忌不计算机会成本。家庭在投资理财中，货币的时间价值同样是不可忽视的一个因素。所谓货币的时间价值是指货币在不同的时间里具有不同的价值，一般说来是随着时间的推移而逐渐升值的。

五忌不考虑长期效益。由于各个家庭的实际情况千差万别，在具体投资理财中，就应立足当前，注重长远。

第二节　生活省钱常识

◇ 如何把钱花在刀刃上

有道是"不当家不知柴米贵"，其实就是当了家的人有时也会一时头脑发昏，忘记柴米价格的高低，使家庭消费出现不和谐的音符。家庭购物一定要掌握以下几个基本要诀。

（1）要适用：每种消费品都有大小型号，家庭购物就要考虑自身的环境条件，不要"小脚买大鞋"，也不要"大脚买小鞋"。比如说，二十几平方米的大客厅摆上一部几英寸的彩电，极不相称，也许没过多久，就又想换一台大英寸的了。

（2）要实用：如今的电器功能越来越多，一排排的按钮，密密麻麻的文字说明，往往让人无所适从，但有一些功能对某些家庭来说是没有多少实用价值的，比如说一个低收入家庭就用不着买一台带留声机的录音机。

（3）要常用：家里可不是仓库，不是百货商店，什么也不能缺，如果把只能偶尔用一两次的东西都买回来，方便是挺方便的，但使用价值并不大。比如说摄像机，喜庆的日子拍一拍，帮助我们留下美好的回忆，但也不一定非得买一台，必要的时候可租一台，又省钱又免去维修保养之苦。

（4）要真正有用：不要因为便宜而买你不需要的东西。

（5）要经久耐用：购物一定要考虑一下价格与耐用程度的关系。用20块钱买一双鞋穿两个月，还不如花100元钱买一双鞋穿一年。

◇怎样才能花最少的钱，办最多的事

在全球最发达的美国，节俭也是备受推崇的美德。伊科诺米季斯一家就因为擅长节俭、理财而被美国各大媒体追捧，并称其为全美"最节俭家庭"。这个收入平平的7口之家有一套成效卓越的"省钱战略"，坚信"省下的就是赚的"。以下是他们传授的秘诀。

（1）购物一定要有计划：他们认为购物无计划等于给存款判死刑。

（2）提前预算不立危墙：伊科诺米季斯先生说："如果你不提前做预算，你就很可能从一个财政危机走入另一个财政危机。"

（3）穷追不舍买便宜货：每次到超市购物，都要在购物架前来回逡巡，寻找要购买物品的最便宜价格，直到找到最低价才买东西。

（4）永不花费超过信封内总金额80%的钱：即每个月把家中的钱放入一个个信封，分别用于买食物、衣服、汽油，付房租，等等，而且永远不花费超过信封内总金额80%的钱。

（5）每个月只购物一次：最好每个月只购物一次。因为逛得多就买得多，买得多就花得多。

（6）巧妙利用购物优惠：许多

商场、超市都会推出买二赠一、低价促销等购物优惠活动，对这些商品一定要经过反复比较，以最优惠的价格买下所需要的物品。

（7）提前购买节日物品：提前购买一些节日所需物品，并储备起来，以防节日时涨价。

（8）会省也会赚：抓住机会，想办法多赚钱！

◇ "吝啬专家"教你省钱

这里有两位"吝啬专家"省钱致富的小秘诀可作为你理财的参考，他们都是加拿大人，一位叫尼克森，一位叫达希·珍。他们各办有一份报纸，教人节俭过日子。

他们在报纸上提供了10项小秘诀。

（1）不断从薪水中拨出部分来存入银行，5%、10%、25%都可以，反正一定要存。

（2）搞清楚你的钱每天、每周、每月流向哪里，也就是要详细列出预算与支出表。

（3）检查、核对所有的收据，看看商家有没有多收费。

（4）信用卡只保留一张，能够证明身份就够了，欠账每月绝对还清。

（5）自带饭菜上班，这样可节省午餐费。

（6）乘公共交通工具上下班，节省停车费、汽油费以及找停车位的时间。

（7）多读些有关修理、投资致富的实用手册，最好从图书馆借，或从因特网上下载，这样更省钱。

（8）简化生活，房子不用太大，买二手汽车，到廉价商店或拍卖场等处购物。

（9）买东西时别忘了想想"花这钱值不值得"。便宜货不见得划得来，贵也不一定能保证质量。

（10）绝对要砍价。你不提出，店家绝不会主动降价卖给你东西。

这两位另类致富专家的共同秘诀是：你省下来一块钱，等于你赚了一块钱。学习他们的方法，这对你养成节俭储蓄的习惯是有帮助的。

◇ 超值"省"经要记牢

购物时让自己的智商高人一等，学会各种省钱的妙方，这样，每个月花同样多的钱，你却能比别人获得更高的生活品质。

（1）错季购物：商品处在滞销淡季，价格会便宜许多。但是错季购买应有计划性与前瞻性，如果你在冬季买了一件夏季的连衣裙，到了夏季却因不喜欢了或过时了而惨遭冷落，就得不偿失了。

（2）不去熟人那里买东西：买熟人的商品有许多尴尬之处，一是不便压价，因为熟人已称"看在你我的交情上，只收成本价"了；二是商品发生质量问题时不便找熟人"讨个说法"，更不便提出退货、索赔。

（3）到大商场看，去小商店买：处在黄金地带的大商场不仅经营场地租金昂贵，且因豪华气派的装修，各种现代化的服务设施增大了成本费用，相同商品往往价格高于其貌不扬的小商店。而且，小商店普遍服务更周到，挑选商品更方便，购物程序也没那么烦琐。

（4）光顾不讲价商店：在竭尽讨价还价之能事，奋力杀价下来之后，吃亏的仍是消费者，所以应光顾不讲价商店。此不讲价应是明码实价，而不是虚抬价格的商家。这些商家常常这样对你说"我已经不赚钱了"，这时你就可能乖乖地不讲价。

◇**到世界各地购物有讲究**

（1）香港：香港圣诞节除了有庆祝活动外，自12月下旬开始至次年3月底的秋冬商品特卖也于此时热烈展开，折扣从最初的七折降到三折或两折，不愧为购物天堂。

（2）新加坡：新加坡各大百货公司的大减价大多从12月26日至农历新年，以乌节路为主的商铺最为热闹。这个特惠活动与圣诞节点灯活动同时进行，不但节庆的气氛十分热烈，连购物的热潮也不逊色。这里适合购买的有鸡肉干、祛风油。

（3）吉隆坡：马来西亚旅游局推出"欢乐购物嘉年华活动"即在每年的3~4月，7~8月和12月至~次年1月都有全国范围内的大型折扣销售活动，这期间，即使范思哲这样的品牌，也能够触手可及。这里的土特产是风筝、榴莲膏、蜡染、豆蔻油。

（4）伦敦：英国的HARRODS

百货公司,每年均于1月初至2月展开"新年大减价特卖活动"。所以每年这个时候,总是一大早便有许多人挤在百货公司门前大排长龙,以两折或三折的价钱抢购平时只有皇室级人物才消费得起的名牌商品。除此之外,英国其他百货公司多半在12月底开始持续2~5周的特卖会。大量的古玩、陶瓷、绒布料让你目不暇接。

(5)巴黎:法国自圣诞节次日开始,百货名牌开始大甩卖,五折以下不在少数。QUAIDESMARQUES、USINESCENTER、LAURED、ALESIA都是法国观光局推荐的直销店。巴黎歌剧院附近的一二区是购香水、化妆品、酒类、时装的好地方。

(6)罗马:意大利是少数从圣诞前一周就展开冬季折扣特卖会的欧洲国家,热卖活动一直到1月,可望以三折的折扣买到名牌。游客可在罗马西班牙广场购皮衣、时装、皮鞋、丝绸。

(7)渥太华:加拿大是从12月26日开始展开大减价的,这几天,无论是礼品、服装还是电子产品都大大降价。当地的急冻三文鱼、皮衣、木刻、印第安人工艺品都是很好的旅游纪念品。

(8)堪培拉:冬季到堪培拉旅游,是个购物的好机会,各种流行服饰用品从11月开始打折,直到1月份。因为此季是南半球夏季,所以减价的是夏季服装,旅客正好可以为来年的春、夏两季添装。

◇消费前先问五个"W"

面对琳琅满目的商品和各种打折促销,你一定要有清醒的头脑,多问自己几个问题,如果这几个问题都通过了,再掏钱你就会有理性了。

(1)为什么要买(Why)

家庭消费好比三部曲:第一是生活必需品,吃穿即属于此类;第二是维持家庭生存的消费,如房租、水电费等;第三是供给家庭成员发展和时尚领域的消费,如教育投资、文化娱乐消费等。这三种消费对每个家庭而言都是合情合理的,但具体开支就要分清轻重缓急。一般说来,家庭的月收入首先要保证生活开支,而后才能考虑发展消费与享受消费。

（2）买什么（What）

合理的家庭消费结构必须根据收入情况来确定，总的原则是：量入为出，略有节余。

从生存性需求来看，柴米油盐等属于非买不可的物品；从享受性需求来看，美味可口的高档食品，做工考究的精美服饰要与自己的经济实力挂钩；从发展性需求来看，音响是否环绕立体声、彩电是否纯平大屏幕等，就不属于"必需"之列了。然而，家庭中年轻成员的教育开支应列入常备必要项。

（3）什么时候去买（When）

购物时如果你能巧妙地利用时间差，同样会使你获益匪浅。如在换季大减价的时候购买时装，就有可能以较低的价格买到较称心的衣服；在夏季的时候买冬季的东西，冬季时买夏季的东西，反季购买往往价格便宜又能从容地挑选。

（4）到什么地方去买（Where）

稍微动点脑筋便能猜到：土特产品在原产地购买，不仅价格低廉，而且货真价实；进口舶来品在沿海地区购买，往往比内地花费要少，即使在同一地方的不同商家，也有一个"货比三家不吃亏"的原则，只要不怕费鞋花时间。

（5）让谁去买（Who）

买食品、服装和床上用品等，做妻子的往往比丈夫精明；而购买家电、家具等耐用消费品则做丈夫的比妻子内行些。

◇**超市采购窍门**

超市大采购，花钱没商量；分享小窍门，让你的钱袋不变样。

女士们逛起超市来，这也要，那也要，拿的时候掂不出钱的分量，算起账来往往吓一大跳：哇，怎么会花这么多钱！虽说过了把"购物瘾"，但钱包也空瘪了许多。那么，如何才能防止钱包"为伊消得人憔悴"呢？

（1）进门之前好好计划：进超市前最好先制订一个购物计划，将必买品记下来，粗略算一下价格，带上略多的钞票，然后再进超市购物。

（2）打折商品三思而行：其实打折减价均是商家促销的一种手段。俗话说，"只有错买，没有错卖"。尤其是食品，都有其特定的保质期。有些超市减价的食品大都快过期,如果贪图便宜过多购买,一下子又吃不完,就会有变质的危险。

(3)最好使用手提篮:纤纤女士,手无缚鸡之力。手提篮无形中从质量和体积上限制了购物的数量,何乐而不为呢?

(4)别带孩子逛超市:小孩子天性爱吃爱玩。如果带小孩子去超市,往往会增加许多计划外开支。小孩子一进超市,仿佛刘姥姥进了大观园,兴奋得不知东南西北,吃的喝的玩的都要买,增加了不该有的额外开支。

(5)尽量少往超市跑:最好定期去超市,1周或半个月去一次。平时把需要购买的家庭必需品及时记下来,然后集中一次购买。逛超市次数越多,花的票子也就越多。

◇从小账记起

在有限的薪水中多存些钱并不是不可能的,只要懂得如何改进自己的消费行为,记录便是进行这种改进的必要方法。

也许有人认为小的花费不需要随时记录,这种观念是错误的,任何大的开支都是由小的花费组成的。想要做好家庭理财,就一定要从小账记起。例如,使用信用卡付款后将签名的单子拿回来,把消费项目、金额、地点等都做记录,并保存好副本,等信用卡账单寄来时,再核对每笔金额是否有误,并在已付款项旁做记录。这样做既可以了解消费的方向,也避免了重复付账。此外,每个月的电话、煤气、水电费等也要做记录,有时这些费用会突然暴增或异常,有了平时的记录,就可以向有关单位查询。

每年整理家中物品的时候,总会清理出一堆不需要的家庭用品,有时还会忘记曾有这样的东西而再买一个。人脑能记住的毕竟有限,家里有哪些东西,它们放在哪儿可以记下来,以免重复购买。

可能刚开始做记录的时候会感到麻烦,但只要坚持下去就会养成习惯,而且这种习惯将有利于家庭理财的出色完成。

◇将价格"杀"到最低

商品价格放开后,一种商品多

种价格，高低不等，五花八门。作为消费者，应该学会砍价，以免上当挨宰。那么，怎样砍价呢？

（1）吹毛求疵：对你欲购的物品，在讨价的过程中，要不时指出所购商品的种种缺陷和不足，使你还价有理有据，卖主也心服口服地逐步让价。

（2）掏空腰包：当你购物时，明知卖主想多赚些钱，以保本为借口，你便可采用掏空腰包法。例如，老板的一件衣服卖120元，你说："卖120元也不算贵，可我就带着100元，不卖就算了。"同时表示出去意。这时，卖主就会让步了。

（3）欲擒故纵：在发现自己心爱之物时，要不露声色，欲买这件偏问那件并讨还价，做出十分感兴趣的样子。然后，再在无意中随便问自己真正想买商品的价格，在"有意无意""可买可不买"的表情下压价，往往十分奏效。

（4）声东击西：当自己较理想的商品摆在面前时，要不露声色，先找出其美中不足后再砍价。如欲买双红色皮鞋，而柜台上只有红色、白色和黄色三种，那你就采用声东击西法，多问卖主有没有黑色的。卖主因没有黑色的而内疚，便会对你"勉强"买红色的而让价，因为他怕你去别处买。

◇还是租东西更合算

按照我们的传统习惯，用的任何东西都是买来的，如果说到租则会被别人瞧不起。如今人们改变了消费观念，出租行业也日渐发展，大到电脑、手机，小到刷墙用的排笔，都可采用租赁方式得到。

租的物品首先适合于价格较贵而又非用不可的商品。如结婚礼服、婚纱等，这类物品的价格十分昂贵，但又必须使用。现在，婚纱的日租金不过百元，相对于自己购买至少花几千元，而只穿一次来说当然要合算得多。其次，有的东西价格虽不太贵，但只使用一次或一段时间，这些也是买不如租，常见的有图书、录像带、磁带、儿童玩具、装修工具等。另外，对于自己需要而一时又拿不出那么多钱购买的商品，也可暂时采用租赁的方式，花钱不多却解了燃眉之急，而且还避免了机型落后被淘汰的问题。

◇网上购物怎样省钱

如果你要购买书籍（最好是对此书有一定了解）、光盘、软件，那么选择网上购物就很合适，可以在家轻松享受服务。还有一些著名品牌的商品也比较适合网上购买。而像服装等需要消费者亲自体会穿着效果的商品则不太适合在网上购买。还有很多高档消费品，一般是消费者比较慎重的，也不太适合在网上购买，因为这类商品需要多方咨询、比较，而网上购物在这一点上就显得不足了。

关于付款，可以教给你一个省钱的好方法。目前在网上购物一般是要收取一定的送货费用的，所以进行网上购物不妨和朋友或同事共同购买，一次送货，这样可以节省很多的配送费，而且大家一起买还可能获得网站提供的优惠。

关于二手商品的买卖，本来网络确实是以快捷免费的特性作为二手商品资讯传递的最佳媒体，只可惜部分网民的道德水准较低，网上二手商品交易中以次充好、滥竽充数的情况时有发生。

◇助你实现储蓄目标的七大途径

（1）打开你的钱包，看看里面的银行信用卡，找找是否有哪家银行的信用卡你还没有申请，然后去这家银行开立一个存款账户，并不是要你去申请该行的信用卡。

（2）定期从你的工资账户上取出20元、50元或100元，存入你新开立的存款账户中，给自己一段过渡时间去适应这种手中可支配现金比以往减少了的生活。待2~3个月后，逐步增加从工资账户中每次取出的金额，存入新的存款账户。

（3）小额储蓄起步。建议你先按月收入的10%参加储蓄，制定目标后要持之以恒。培养良好的储蓄习惯胜于偶尔一次存入一笔大额的钱款。

（4）每天从你钱包里拿出5元或10元钱，放入一个信封。每月将信封里积攒的一定数目的钱存入银行存款账户中。聚沙成塔，如每天存10元，每月就是300元，一年可达3600元。

（5）核查信用卡的对账单，看看你每个月用信用卡花去了多少钱。如有可能，减少每月从信用卡中支取的金额，每到月末，你可将信用卡里省下的钱存入存款账户中。

（6）确定储蓄目标。储蓄不是最终目的，理财是为了善用钱财，实现你的某项生活目标，如购买住房、轿车，或是读书深造，或进行投资。把储蓄目标贴在冰箱门、餐桌上等醒目的地方，提醒你时常想起存钱目标，激励你增加储蓄的动力。

（7）及早还清你欠银行的贷款，尽量减少利息支出。你一旦养成了储蓄的良好习惯，并能坚持数年，那么你就需要选择一种或几种适合自己的投资理财方式，以获得较高的投资回报，将你的生活装扮得更为艳丽多彩。

◇**居家节约宝典**

"冰冻三尺，非一日之寒。"巨大的浪费往往就是由我们日常生活中不起眼的小环节慢慢积累而形成的。因此，节约，要从点滴小事做起，节约一度电、一张纸、一滴水。

（1）肥皂用到一小块时不要扔掉，积攒多了用纱布包在一起，又可以用来洗衣服。这样下来，每年就会省下好多块肥皂。

（2）购物时少用塑料袋，既避免浪费，又不污染环境。

（3）选用节能型电器；随手关闭电源；随手关灯；家电不待机、多用节能灯；饮水机不用时关闭。

（4）外出时，短途以步代车；就餐时点餐适可而止，剩余食物打包带回去吃。

（5）家里尽量少用餐巾纸，多用手绢和抹布；节约学习用品，纸要两面用。

（6）多采用淋浴，少用或不用盆浴，因为淋浴比用浴缸洗澡可节省八成水量。

（7）洗澡要快，洗澡时不要将淋浴喷头一直开着也不要在洗澡时洗衣服、鞋子。

（8）熟食加热或冰冻食品解冻最好用微波炉，这样既方便又节能。

（9）减少电脑待机时间，不用时关闭。启用电脑的睡眠模式，使电脑在不用时即进入低能耗模式，将能源使用量降低到一半以下。

你还可以缩短显示器自动进入"睡眠"模式前的延长时间。电脑在"睡眠"状态下也有7.5W的能耗;即便关了机,只要插头还没拔,电脑照样有4.8W的能耗。因此,不用电脑时请记得拔掉插头。

(10)让孩子少玩电脑游戏,多做户外运动,既强壮身体,又节约电能。

(11)看电视音量要小,亮度要低,不仅节能,还能延长电视机寿命;不看电视时,要把电源插头拔下,既省电又安全。

◇**居家节约五妙招**

(1)炒菜前,用干净的百洁布把洗锅后锅内的剩水擦干,可减少煤气消耗。

(2)将米浸泡3分钟,洗净滤干水,用保鲜袋装好,放入冰箱冷藏室过夜,次日凌晨煮很省时。

(3)煮绿豆汤时,可在晚上把水烧开后装入热水瓶,加入适量绿豆,盖好瓶盖,第二天早上绿豆汤就好了。

(4)煮粥。用电饭锅煮粥时,把米放入,待水烧开达到沸点后,可以调至保温状态或拔掉电源,粥照样可以煮好,可节省好多电。

(5)夏天出门前,将房间窗户、窗帘关严,只留一扇小窗户通风,到中午,室内温度比不关窗时低2~3℃,再开空调可节约电能。夏天烧水,用饮料瓶装上水,把瓶放在阳光充足的地方,放一上午,下午烧水时,可以省电。

◇**家庭节电四妙招**

(1)家用电器不用时,随手关掉,并拔掉插头。

(2)使用太阳能热水器。

(3)买电器用品时,购买有高能源效率(EER)标识的产品。

(4)利用自然通风排除室内湿热,以减少使用空调的次数。另外,空调温度要设定在28℃左右,并利用隔热设备,防止热气进入室内,以免冷气流失;可搭配电风扇使用,省电又凉爽;勤加清洗冷气滤网,以增强制冷效果。

◇**保鲜膜让微波炉省电**

在加热食品时,在碗外面套上保鲜膜,这样一来,食物的水分不宜蒸发，味道好，而且加热的时间也会缩短，达到省电的效果。

此外，使用微波炉时，还要注意以下几点。

（1）微波炉须用特殊微波炉盛具，以免发生危险。

（2）微波炉适合于食物的加温和解冻，参考微波食谱做菜，省电效果好。

（3）详读微波炉操作手册，以提高能源效率。

◇冰块帮冰箱省电

首先，尽量少开冰箱柜门。然后在冰箱下层冻一大块冰块，放到一个保鲜盒里，盒内装些水，让冰块漂浮起来，不要盖盖子。这样可以减少冰箱启动的次数，自然就省电了。

另外，冰箱里不要塞满食物，要留下空隙利于冷空气循环，这样食物降温的速度比较快，减少压缩机的运转次数，节约电能；在冰箱里放进新鲜果蔬时，一定要把它们摊开。如果果蔬堆在一起，会造成外冷内热，就会消耗更多的电量；热的食物放凉后再放入冰箱；需解冻的食物，可以提前几小时从冷藏室拿到微冻室里，因为冷冻食品的冷气可以帮助保持温度，减少压缩机的运转，从而达到省电的目的；制作冰块和冷饮应尽量安排在晚间。

因为晚间气温较低，有利于冷凝器散热。而且，夜间一般不开门取放食物，压缩机工作时间也短；在保证食物质量的前提下，根据季节变化、食物种类和数量多少，合理调整温度控制器，使电冰箱经常处于最佳工作状态；停电时，请减少开门次数，尽量不要再往里放食品，以减少冷量散失；每当环境温度高于10℃（有的是16℃）时，冬季补偿（节电开关）一定要关掉，防止增加开机时间和开停次数，造成不必要的消费；经常检查箱门四周的密合垫是否密闭，以避免冷气外泄；手动除霜式电冰箱，积霜厚度超过0.6厘米时即应除霜，以保证蒸发器和冷凝器的吸热和散热性能良好。缩短压缩机工作时间。这些小问题只要稍加注意，都可以帮冰箱省电。

◇电饭锅如何省电

电饭锅是我们每天都要用的电器，因此，电饭锅省电尤为重要。

（1）选购适当的容量，烹煮适量的食物。

（2）做饭前先把米在水中浸泡一会儿，这样做出的米饭既好吃，又省电。

（3）最好用热水做饭。这样不但可保持米饭的营养，也能达到节电目的。最好不要用电饭锅烧水。

（4）在电饭锅通电后用毛巾或特制的棉布套盖住锅盖，不让其热量散发掉，在开锅将要溢出时，关闭电源，大约过5~10分钟后再接通电源，直到自动关闭，然后继续让饭在锅内焖10分钟左右再揭盖。这样做不仅省电，还可以避免米汤溢出，弄脏锅体。

（5）食物保温时间不要超过12小时。

（6）尽量避免在用电高峰时段（上午10~12时，下午1~5时）使用电饭锅。

◇电磁炉省电法

（1）务必使用铁质、特殊不锈钢之平底锅具，且其锅底直径以12~26厘米为宜。

（2）电磁炉附有温度控制器，可防过热，省电又安全。

（3）电磁炉不用时应立即关掉电源。

◇热水器巧省电

（1）瞬间电热水器装置于水龙头端，没有保温热损，比较省电。

（2）储槽式电热水器因有热水储存之热损失，要选保温良好机种，操作温度越低越省电。

（3）电热水器使用220V，并应加装漏电断路器，安全又省电。

◇洗衣机怎样省电

洗衣机的耗电量取决于电动机的额定功率和使用时间的长短。电动机的功率是固定的，所以洗衣前宜先浸泡20分钟，这样可适当减少洗涤时间；洗涤时间的长短，要根据衣物的种类和脏污程度来决定；避免在用电高峰时段（上午10~12

时，下午1~5时）洗衣，以免因电压过低增加耗电量。

◇烘衣机省电技巧

（1）烘干控制除定时器外，选择附有干燥终点控制装置者比较省电。

（2）全载烘干最省电，一批接一批烘干可利用蓄热节省电费。

（3）避免在用电高峰时段烘衣服。

（4）多利用自然晾干，少用烘衣机，若需熨烫之衣物应缩短烘干时间。

（5）利用自动控制干燥模式，避免过度干燥。

◇电视机如何省电

（1）选购电视机及录放机一体结合型，且具自动上带、退带及电源开关自动切断之机型，可节省电量。

（2）使用放映机影像输出端子连接电视机影像输入端子，除提升画质外，并可减少功率消耗。

（3）电视摆于背光位置，适当照明来自观赏者背面，调整屏幕明暗度以省电。

◇空调的省电法则

（1）冷气机的温度设定范围以26~28℃为宜，每调高温度设定值1℃，约可节省冷气用电6%。对于经常进出的房间，室内温度不要低于室外温度5℃以上，以免影响身体健康。所以，制冷时将室温定高1℃，制热时将室温定低2℃，均可省电10%以上，而人体几乎觉察不到这微小的差别。

（2）设定开机时，设置高冷／高热，以最快达到控制目的；当温度适宜时，改中、低风，减少能耗，降低噪声。"通风"开关不能处于常开状态，否则将增加耗电量。

（3）冷气房内配合电风扇使用，可使室内冷气分布较为均匀，不需降低设定温度即可达到相同的舒适感，并降低冷气机电力消耗。

（4）冷气房内避免使用高热负载之用具，如熨斗、火锅、炊具等。

（5）停用冷气前5~10分钟可先关掉压缩机（由冷气改为送风或调

高温度设定），维持送风换气，则下次再开冷气时较省电。

（6）少开门窗可以减少房外热量进入，利于省电；使用空调器的房间，最好使用厚质地的窗帘，以减少冷气散失。

（7）室内、外机连接管不超过推荐长度，可增强制冷效果。

（8）安装空调器要尽量选择房间的阴面，避免阳光直射机身。如不具备这种条件，应给空调器加盖遮阳罩。

（9）定期清除室外散热片上的灰尘，保持清洁。散热片上的灰尘过多，可大幅度增加耗电量。

◇除湿机省电妙法

除湿机运转前，先将门窗关好，以免潮湿的空气进入室内，影响除湿效果。使用过程中若没有需要，也尽量减少门窗开闭次数。另外，除湿机要经常检修，避免不必要的电能浪费。

◇电风扇低速可省电

配合室内面积大小，尽量选择附有定时开关的电风扇，并尽量使用低风速，可以达到省电效果。还可以将电风扇配合冷气机使用，以增加室内空气对流，不但省电且有益身体健康。

◇照明灯具省电窍门

（1）日光灯具有发光效率高、光线柔和、寿命长、耗电少的特点，用电量仅有白炽灯的1/3左右，所以尽量用日光灯代替白炽灯。

（2）采用三波长的日光灯管，不仅寿命较长，也给人较为明亮的感觉。

（3）选用电子式安定器，可较传统安定器省电30%。

（4）灯泡效率随着灯泡种类的不同而有所差异，高压钠汽灯的效率最高，同种类的灯泡中，瓦数高的灯泡效率较高。

（5）40W单管日光灯（含安定器）较20W双管日光灯效率高出30%以上。

（6）在走廊和卫生间可以安装小功率的日光灯，看电视开1W小灯即可。

◇ 吸尘器省电法

（1）先整理房间再使用吸尘器，可以减少使用吸尘器的时间。

（2）使用时依地面（地毯或地砖）情况、尘量多寡调整风量强弱，并配合适用的吸嘴。

（3）勤于清理或更换集尘滤袋。

◇ 电熨斗省电法

（1）购买电熨斗时选附有温控调节器、蒸气熨烫功能者。

（2）配合衣料调整合适温度，适时使用蒸气熨烫。

（3）连续熨烫用完即切电，避免一次只烫一两件或让熨斗空摆加热。

◇ 日常省水全攻略

（1）要采用节水型马桶，将水箱底小浮饼拆下，即成无段式控制出水；将小便池自动冲水器冲水时间调短。

（2）安装流量莲蓬头、水龙头曝气器，或加装缓流水龙头汽化器；将全转式水龙头换装式1/4转水龙头，缩短水龙头开关时间，减少水的流失量；随手关紧水龙头，不让水未经使用就流掉，水龙头加装有弹簧的止水阀或可自动关闭水龙头的自动感应器；洗澡改盆浴为淋浴，并使用低流量莲蓬头，淋浴时间以不超过5分钟为宜。

（3）定期检查抽水马桶、水塔、水池、水龙头或其他水管接头以及墙壁或地下管路有无漏水情况。

（4）勿对着水龙头直接冲洗碗、洗菜、洗衣，应放适量的水在盆槽内洗涤，以减少流失量；用淘米水、煮面水洗碗筷，可节省生活用水及减少洗洁精的污染；用洗菜水、洗衣水、洗碗水及洗澡水等清洗水来浇花、洗车、擦洗地板等；将除湿机收集的水，饮水机、蒸馏水机等净水设备的废水回收再利用。

（5）植物浇水时间应选择早晚阳光微弱、蒸发量少的时候；洒水系统喷洒范围不要超出庭园以外，庭园边缘采用"部分圆形洒水器"往内喷洒；配合天气浇水，在雨天时关闭自动洒水器及不在强风时浇水；对花草施以足够存活的水即可，花圃使用微灌方式最有效的方法是以低流量喷雾器对整个花圃施水；冬天时，只在连续高温及干旱时才浇水；利用屋顶装置雨水贮留设备，收集雨水作为一般浇花、洗车及冲马桶等替代水源。

（6）控制适量的洗涤物，避免洗衣机及洗碗机中洗涤物过多或过少；选择有自动调节水量的洗衣机，洗衣清洗前先脱水一次，可节省用水及清洗时间；游泳池溢水回收过滤再使用，或作为运动场洒水用。

◇日常节水点点滴滴

（1）一水多用：洗脸水用后可以洗脚，然后冲厕所；家中应预备一个收集废水的大桶，将洗衣等生活废水收集起来，用来冲厕、拖地等，如此，一个三口之家每月可节水1吨左右。

（2）用洗涤灵清洗瓜果蔬菜，需要用清水冲洗几次，才敢放心吃。可改用盐浸泡消毒，只冲洗一遍就够了。

（3）在水箱里竖放一块砖头或一只装满水的大可乐瓶，以减少每次的冲水量。但须注意，砖头或可乐瓶放得不要妨碍水箱部件的运动。尤其6L以下的马桶，就没必要安放这些东西。

（4）洗衣服时，要先用少量水加洗涤剂—肥皂、洗衣粉等充分浸泡一段时间，先洗去污渍，再用清水漂洗。机洗时水位不要定得太高，要利用程序控制选择合适的水位段，一般以刚淹没衣物为宜。洗衣粉的量要适度，过量的洗衣粉只会增加漂洗难度和次数。漂洗时要注意增加漂洗次数，每次漂洗水量宜少不宜多，也以基本淹没衣服为准，每次漂洗完后，尽可能将衣物拧干，再放清水。

◇怎样洗碗省时省水

在生活中，大家习惯用洗涤灵清洗各种各样的餐具，其实这样做并不科学，不仅东西很难洗净，而且还很浪费水。而用潮湿的抹布蘸一点小苏打，直接在餐具上干擦，然后用清水洗净就可以了，既省时又省水。不过按照餐具材料的不同，清洗的方法也不同：清洗塑料质地的餐具用漂白剂加水来清洗；瓷器餐具可用牙膏来清洗；

玻璃质地的餐具可以用喝剩的茶叶渣来清洗。

◇ 空调冷凝水的再利用

一匹的空调在常温制冷或除湿工作时,每两小时可排出冷凝水1L。如在空调排水管下放一个可乐瓶来积攒冷凝水,则可用来冲马桶、洗墩布、养鱼、浇花效果更好。因为空调冷凝水的pH为中性,十分适合养花、养鱼,用于盆景还不易出碱。

◇ 怎样洗车更省水

很多人洗车时会直接用水管冲车,宝贵的水就这样白白流掉了,浪费严重。你可以试一下用下面的方法洗车,会节省不少水呢!

(1)提一大桶水,先把干净的抹布泡在水里,抹布一定要是干净的,无沙砾的。

(2)用擦车的干布掸子把车上面的灰土轻轻掸掉。

(3)用一个小盆往车上淋水,以把车各部位弄湿为宜。

(4)从玻璃开始,用泡好的抹布将车擦干净。

(5)最后,用一块干棉布擦掉车身上的水,最后计算一下,这样洗车可比用水管冲洗节水200L左右。

◇ 节俭不要忘了私家车

(1)买浅色汽车,夏天可节省车内空调耗电。

(2)不正确的驾驶习惯会导致车辆耗油量增加10%以上,而保持汽车匀速行驶可以使燃油得到充分利用,频繁改变车速会导致燃油浪费,要尽量避免突然加速和急刹车。

(3)应匀速行驶,避免猛加油;在下缓坡时,尽量使用高挡滑行;停车超过1分钟,请及时关掉引擎;行驶中应保持发动机正常的工作温度,温度过高或过低都会增加油耗。

(4)每次出行应选择最近的距离,尽量避免上、下班高峰时段出行,因为堵车总是最费油的。在高速公路上行车时,如果情况允许,时速应保持在80公里/小时左右,这时最省油。

(5)有人习惯在车里放东西,过重的车辆在行驶时会更费油,要尽量清空行李箱，不要将它当储存室。

（6）每天早起10分钟，趁车上露水未干时自己擦车，既锻炼身体，又节约水，还省钱。将布拖把换成吸水海绵拖把，会更省水、省力，更洁净。

◇天然气巧节省

（1）天然气燃烧时火焰呈红黄色说明缺氧，产生"脱火"现象则说明空气过多，此时可适当调整灶具风门，待火焰呈紫蓝色时，表示燃烧充分。

（2）做饭时应让火焰分布面积与锅底相平，这样可加速传热，节约用气。

（3）使用天然气暖炉的用户，室温一般设定在16℃。

（4）使用燃气空调的用户在离开房间时，应关闭中央空调。

（5）定期检查燃气设施、管道、胶管，防止因为泄漏带来的危险和浪费。

（6）做饭时，应事先把要做的食物都准备好，然后再开火做饭。如果是烧汤或是炖东西的话，则可以先用大火烧开，然后关小火，只要保持锅内食物滚开又不溢出就行了。

（7）做菜时尽量不要用蒸，蒸出来的菜不一定比焖出来的菜好吃，并且蒸所用的时间是焖所用时间的3倍。

（8）做饭或是烧水之前，应该先把锅、壶表面的水渍擦拭干净，然后放到火上。这样可以使热能尽快传到锅内，从而达到节约用气的目的。

（9）若有风把火焰吹得摇摆不定，使火力分散，这时可以用薄铁皮制作一个"挡风罩"，既能保证火力集中，而且不致浪费天然气。

（10）炒菜、蒸馒头用大火，熬汤、烙饼用文火煮食物香，食物沸腾之后，可把火关小，保持微沸即可。

（11）蒸煮时，一般以蒸煮后留下半碗水的用量为宜；水升温较慢，要先用小火，等水温升高后，再开大火烧；选择直径较大的炊具能减少热量散失。

◇如何节约打印耗材

（1）打印东西时，选择最小的

可以看清的字号，就可以节省打印纸。还可以通过缩小文档的页边距和行间距，尽可能地节约纸张。

（2）打印纸的正反面都可以用。

（3）尽量用薄些的打印纸：打印纸也有薄厚之分。有关资料显示，一张厚纸的耗材是一张薄纸的2~3倍。

（4）选择60%的墨色浓度就可以看清楚文章，还可以节省墨；尽量不加粗字体，在不需要打印正式文件的时候，可以选择打印机的高速节墨模式打印。

（5）能够用电脑网络传递的文件就尽量在网络传递，比如电子邮件、单位内部网络等，这样下来也可以节约不少纸张。

第三节　保险理财常识

◇人身保险的可保范围是什么

人身保险是我们最常见的保险类型之一。它是以人的生命和身体为保险对象的一种保险，它是区别于财产保险一类保险业务的总称。根据我国《保险企业管理暂行条例》有关规定，我国的保险企业划分为经营人身保险的保险企业和经营人身保险业务以外的各种保险业务的保险企业两大类。

人身保险的范围很大，它又分为很多小类别，那么你知道人身保险的范围是什么吗？

总的来说，人身保险的范围是保障人的身体或生命，以被保险人的生死、意外伤害、疾病和劳动能力丧失为保险事件的保险。当人们遭受不幸事故或因疾病、年老以致丧失劳动能力、伤残、退休或死亡时，依保险合同约定，保险人对被保险人或受益人给付保险金或年金。

最初的人身保险只限于承保被保险人的死亡，人们曾经以为死亡是最大的人身风险，因而早期的人身保险主要为死亡提供保障，最初的人身保险专指死亡保险。然而人们都希望生存、长寿，由于生存和长寿需要生活费用，所以实际上也是一种风险，为此出现了生存保险以及把死亡保险与生存保险相结合的两全保险。由于一个人不能预知自己寿命的长短，期满时一次性给付保险金的生存保险不能为养老的需要提供充分保障，所以后来又出现了年金保险。

◇人身保险的投保人和受益人并不一定是同一人

常常有人以为"谁投保，谁受益"。实际上这是个误区，为了解开这个误解，我们先要了解什么是投保人和受益人。

投保人是申请保险的，也是负有缴付保险费义务的人。投保人要求是成年人和有完全民事行为能力的人，未成年人或不具备民事行为能力的人不能做投保人。投保人可以是自然人，也可以是法人。

受益人是指人身保险死亡赔偿金的受领人，对人身保险都需要指定受益人，当被保险人死亡后，由受益人领取死亡赔偿金。

河北某地一家工厂，2000年5月由单位向保险公司投保了团体人身保险。该厂工人王某于2001年3月因交通事故死亡。事故发生后，保险公司迅速做了给付保险金的决定。但该把钱给谁呢？保险公司犯了难，原来保险公司发现，保单上载明的"受益人"是该投保单位，但受益人王某未对此做书面认可。

厂方认为，王某虽未认可，但也没反对，应该算默认。并且按"谁投保，谁受益"的惯例看，赔偿金当然应该由厂方领取。那么真是这样的吗？

这个故事涉及的"谁投保，谁受益"有没有法律依据呢？实际上，投保人承担缴纳保险的义务，但并不一定就享有领取保险金的权利，受益权的获得是有一定条件的。《保险法》第六十条规定：人身保险的受益人由被保险人或投保人指定。投保人指定受益人时须经被保险人同意。

由此可见，投保人可能是受益人，也可能不是。这要看被保险人是否同意。比如在上面的案子中，如果王某同意了单位的指定，那么投保人就是受益人。否则可能造成没有指定受益人的情况，如果在没有指定受益人的情况下，按照《保险法》的规定，应该将保险金作为被保险人的遗产，由保险人向被保险人的继承人履行给付保险金义务。在这个案子里，保险金就应该由死者王某的家属作为被保险人的遗产领取。

◇选择保险的基本原则有哪些

在选择保险种类时应注意以下几个原则。

（1）对症下药：了解本身需求，要有针对性。保险的目的主要有生命保障、收入保障、养老保障、伤残保障、疾病医疗费用保障等。在确定了相应的需求后即可选择相应的保险种类。

（2）量力而行：根据自己的经济收入状况，确定适当的保险额。一般来讲，寿险的保额确定为一个人的年收入的3倍左右，而意外险的保额一般确定为一个人的年收入的10倍左右。

（3）选择组合式保险计划，通过多个险种的搭配，达到最佳保障效果。所谓组合式保险计划，就是将含有寿险、意外保险、健康保险等多个保险险种以一个保险计划的形式出现，这样既可以使保户获得较周全的保险，也可以节省一定的保险费用。

（4）选择优秀的保险代理人，确保周全的售后服务。

◇买保险投保前有哪些注意事项

第一，要考虑保险公司的经营范围、经营状况、偿付能力和服务水平，选择实力雄厚且服务好的保险公司。

第二，根据自己的年龄、身体状况、家庭情况和经济承担能力，参考保险公司提供的投保建议和服务条款，选择合适的投保险种，千万不要买人情险。

第三，签约前要仔细阅读保单条款，留意须知、注意事项和责任条款的内容，对不清楚和模棱两可的条文一定要问清楚，以免日后得不到赔付。

第四，交付首期保险费时不要委托保险推销员代交，而应亲自去保险公司交款，并当场取得正式收据和生效的合同，同时问清不明事项及以后交款方式、联系人和联系电话。

第五，投保后，消费者仍应多次反复审核保单，并冷静分析利弊。若不满意，可在犹豫期内（一般为10天到1个月）及时更改或退保，避免今后更大的经济损失。

第六，在发生保险纠纷时，消费者可直接向保险公司的客户服务部门反映，并向申诉部门投诉。如果没有效果，可向保险同业公会和消委会投诉。若仍未获妥善处理，则可向法院提出起诉，以保护自己的合法权益。

◇根据年龄阶段购买相应的保险

（1）22~25岁刚入社会的年轻人：由于此时刚步入社会，收入不高，身体健康，家庭负担小，因而建议考虑意外及医疗综合保险＋重大疾病等健康保险＋万能型理财保险的投资组合。

（2）25~30岁的未婚人士：此阶段一般自己收入逐渐增加，身体还比较健康，家庭负担小，但交友、旅游、自我再教育等消费支出多，因而可以考虑意外保障及健康保障为主、辅助现金返还型理财保险。

（3）30~35岁的已婚有孩子的家庭：此阶段一般收入已比较稳定，但工作压力较大，不少在这个年龄段的人处于亚健康状态，同时这个阶段家庭负担加大。这时买保险应着重考虑自身健康保障、子女教育及健康综合保障、养老保险。

（4）40岁以后养老规划：到达此阶段通常收入稳定、丰厚，工作压力依然较大，家庭责任依然重大。这时不但需要为自己上意外以及医疗综合保险、养老保险外，还应开始考虑儿童重大疾病、儿童意外伤害等险种。

◇商业保险和社会保险的主要区别有哪些

社会保险是指国家通过立法手段对公民强制征收保险费，形成社会保险基金，用来对社会中因年老、疾病、生育、伤残、死亡和失业而导致丧失劳动能力或失去工作机会的成员提供基本生活保障的一种社会保障制度。而商业保险是指保险公司对财产因意外灾害或人身伤亡而造成的经济损失提供的补偿。

很明显，社会保险的保险对象是人，商业保险的保险对象既有人，又有物，这是社会保险同商业保险的一个重要区别，除此之外，社会保险同商业保险的主要区别有以下几个方面。

（1）社会保险是强制性的，商业保险是自愿的。

（2）社会保险的目标是覆盖全社会，具有无选择性。而商业保险则有较强的选择性，不愿承保老、弱、病、残者，以及低收入者。

（3）社会保险机构是非营利性的，商业保险公司则具有营利性。

（4）社会保险是政府行为，具有垄断性，商业保险是企业行为，具有竞争性。

（5）社会保险有统一规范性，商业保险则有自主性。

（6）社会保险具有公平性，商业保险则突出效率。

（7）社会保险具有安全性，而商业保险在运营中要进行高回报、高风险的投资，并且自负盈亏。

◇买保险的误区有哪些

买保险就好比是在晴天提前给自己预备了一把雨伞。但不少投保人在"雨季"来临后，忽然发现以前买的"雨伞"不能保障自己。这主要是因为投保人在投保的时候陷入了误区，致使"雨伞"失灵。

误区一：保险等于救济。许多保户以为交了保险费，保险公司就该替自己分担责任。而实际上只有出现保险责任事故，保险公司才必须予以赔偿。

误区二：保险金等于赔偿金。在许多险种的保险责任和保险金额中都明确规定了该险种的最高保险金额为多少，而在具体的理赔过程中，保户得到的实际理赔金额一般都会小于保险金额。

误区三：没出险就白买保险了。保险是现在花钱买未来的安全。人有旦夕祸福，世事难料，水火无情，一旦灾祸来临，再想保险就为时晚矣。

误区四：个人买不起保险。其实我国许多普通险种费用是很低的，如家庭财产保险费率为3‰，人身意外险一般为2‰，大多数人都有能力承担。

◇人身保险中怎样分清合同生效日和复效生效日

《保险法》第十三条规定："投保人提出保险要求，经保险人同意承保，并就合同的条款达成协议，保险合同成立。保险人应当及时向投保人签发保险单或者其他保险凭证，并在保险单或者其他保险凭证中载明当事人双方约定的合同内容。"《保险法》第十四条规定："保险合同成立后，投保人按照约定交付保险费；保险人按照约定的时间开始承担保险责任。"合同生效日：由这两个条文可以看出，保险合同属于诺成性合同，即只要缔约双方就合同的主要内容达成合意，合同即告成立，不以投保人缴付保险费为生效的必要条件，也就是说，投保人缴费与否是不影响保险合同成立的。保险公司只要同意承保，即使投保人没有及时缴付保险费，保险合同依然成立；投保人缴付了保险费，但保险公司未同意承保，保险合同仍然不成立。保险费的缴付与保险合同的成立与否是没有必然联系的。

复效生效日：如果投保人因某种原因，如忘记缴纳保费、不愿再继续缴费，等等，而使保险合同中止。在中止保险合同后又开始后悔，又想恢复原有的保单，一般情况下，在保险合同中止2年内，投保人可申请恢复，与保险公司达成复效协议，但要补交失效期内的保费及利息；有的可能需要被保险人体检合格后方能办理复效，复效生效日，即保险人与投保人协商并达成协议，在投保人补交保险费时为复效日。

如果保单产品已经停止销售，那么就无法复效了。另外，若超过2年未行使复效权利，保险合同永远终止。

◇怎样选择保险公司

随着我国保险业自身的不断发展壮大，以及对外开放程度越来越高，在我国境内开展保险业务的保险公司数量上已经颇具规模。面对如此多的保险公司，投保人应该如何选择呢？

（1）看公司实力：很显然，历史悠久、信誉度高、规模大、资金雄厚、业绩良好的保险公司对投保人来说是更值得信赖的。我国国内的保险业由于发展时间比较短，因此主要参考标准则为公司的资产总值，公司的总保费收入、营业网络、保单数量、员工人数和过去的业绩，等等。

（2）看产品种类：一家好的保险公司提供的保险产品应具备这样几个条件：种类齐全；产品灵活性高，可为投保人提供更大的便利条件；产品竞争力强。

（3）看服务水平和质量：保险产品是一种金融服务产品，因此在投保时，要看重服务水平和质量。

◇指定受益人需注意的三个问题

指定明确，不含糊。不能出现类似"妻子"或"孩子"之类的词语，而是应该明确指出姓名，避免日后产生纠纷。

谁来指定有讲究。受益人应由被保险人或投保人指定，投保人指定受益人时需经被保险人书面同意，所以被保险人才是受益人的真正指定人。

多人可成受益人。受益人可以是多人，并可约定各自受益的顺序和份额。

◇原始材料丢失怎样索赔

汽车司机李某于2007年2月在本市一家保险公司投保了一年期的人身意外伤害附加住院医疗保险。2007年8月，李某在出车途中，因刹车失灵，汽车撞在路边岩石上，李某胸部受到挤压，造成三根肋骨折断，经医院抢救后得以幸存。但是医院的医疗收据等原始材料被李某不小心弄丢了，为了申请理赔的需要，李某又到医院开具了一些复印件。

事后，李某向保险公司申请给付保险金，并将医疗收据复印件交到保险公司。但保险公司要求李某提供与出险有关的原始证明材料的原件，拒收复印件。由于李某的原件丢失，因此保险公司拒绝赔付。

现实生活中，我们很多人都会像李某一样因为粗心或意外情况而丢失了重要的材料，譬如与出险有关的原始证明材料。当我们没有原始材料时应该怎样索赔呢？

当我们的原始材料丢失后，可以想法拿到一些复印件，用这些复印件去保险公司理赔。保险公司不能像上面故事中的那家保险公司一样拒绝理赔。

虽然我国的法律规定，保险事故发生后，填写保险金给付申请书时，必须提交与确认事故的性质、原因、损失程度等有关的证明和材料。被保险人以什么形式提出给付申请并不重要，关键在于是不是真正发生了保险单上列明的保险责任事件。在这里，发生保险事件是保险索赔的前提。

因此，原始材料的丢失并不意味着我们就拿不到保险金赔付金。只要我们能证明确实发生了保险事故，保险公司不能因为我们不能提供原始材料而拒赔。

◇被保险人死亡由谁索赔

刘先生为自己投保了人寿保险，保险金为30万元，指定受益人为刘先生的配偶汪某，刘先生未成年的独生子刘晓、汪某的弟弟是残疾人，也被指定为受益人。

后来，刘先生夫妻为了日常生活中的矛盾发生口角，以至于冲突争吵，汪某想不开，在晚间睡觉后，留下遗书后，悄悄打开煤气开关……

第二天，夫妻双双死亡，公安局经过现场勘察，认定是：刘先生被煤气毒死，汪某系自杀。事后，受益人之一，汪某的弟弟向保险公司申请给付保险金，但保险公司以受益人故意伤害被保险人而拒绝理赔。双方诉至法院，法院判决保险公司赔付保险金给汪某的弟弟和刘晓。

一般来说，被保险人死亡，索赔权由谁来行使呢？

这要分两种情况。

一般情况下，由受益人行使。

如果受益人故意伤害被保险人，则保险金作为遗产处理；但是如果还有其他受益人，则由其他受益人行使索赔权。正如上面的小故事中刘先生被受益人之一杀死后，其儿子和妻弟还享有索赔权。

这是因为被保险人在保险公司投保了人寿保险，缴纳了保险费，保险合同有效。其中1名受益人故意杀害被保险人，丧失受益权，其他2名受益人对被保险人之死亡没有过错，不能因为3名受益人中的1名有过错，使其他2名受益人也丧失受益权。

所以，当被保险人因保险事故死亡后，受益人应根据实际情况行使自己的索赔权。

◇ **分清保险金与遗产的区别**

在保险理赔时我们应怎样分清遗产与保险赔付金呢？

我国《保险法》第64条规定："被保险人死亡后，遇有下列情形之一的，保险金作为被保险人的遗产，由保险人向被保险人的继承人履行给付保险金的义务：（1）没有指定受益人的；（2）受益人先于被保险人死亡，没有其他受益人的；（3）受益人依法丧失受益权或者放弃受益权，没有其他受益人的。"

我们来看一下这三种情况。

（1）无指定受益人：如果被保险人明确指定了受益人，则保险金不属于遗产，而是专属于受益人。如果被保险人没有指定受益人，即受益人的指定是采用法定的形式，此时保险金将作为遗产处理。

（2）受益人先死亡：受益人先于被保险人死亡，同时没有其他受益人，一旦发生保险事故，保险金也将作为遗产。为避免此种情况，一旦受益人先于被保险人死亡，被保险人应及时更改受益人，以获得应有的保障。如果受益人与被保险人在保险事故中同时遇难，若没有证据证明受益人晚于被保险人死亡，则法院推论受益人先于被保险人死亡，保险金将作为被保险人的遗产进行分割；若有证据证明受益人晚于被保险人死亡，则保险金作为受益人遗产进行分配。

（3）受益人丧权：受益人依法丧失受益权或者放弃受益权，没有其他受益人的。这在实际生活中主要是指受益人为使其得到保险金而故意制造保险事故或自愿放弃的情况，此时，保险金归于被保险人，在被保险人死亡后，成为其遗产。

由此看来，保险赔付金到底属不属于遗产，需分情况而论。如果有受益人，则不属于遗产；如果没有受益人、受益人先死亡或受益人丧权，保险赔付金就属于遗产。

第十章 不可不知的安全常识

第一节 基本救助常识

◇如何紧急止血

当发生意外流血情况，尤其是遇到大量出血，很容易让人不知所措。因此，平时掌握紧急止血的方法，就显得非常实用和必要。

（1）包扎止血

此方法适用于无明显动脉性出血。小创口出血，有条件时先用生理盐水冲洗局部，再用消毒纱布覆盖创口，绷带或三角巾包扎。无条件时可用冷开水冲洗，再用干净毛巾或其他软质布料覆盖包扎。

如果创口较大而出血较多时，要加压包扎止血。

（2）指压法止血

用于处理较急剧的动脉出血。手头一时无包扎材料和止血带时，可用此方。具体做法是：手指压在出血动脉的近心端邻近骨头上，阻断血运来源。方法简便，能迅速、有效地达到止血目的，但也有一个缺点，就是止血不易持久。

（3）止血带法止血

如果是较大的肢体动脉出血，而且从运送伤员方便考虑，应当使用止血带。没有止血带时，用橡皮带、宽布条、三角巾、毛巾等替代均可。

根据出血部位的不同，止血带上的位置也有所不同。

（1）上肢出血：止血带应结扎在上臂的上1/3处，禁止扎在中段，避免损伤桡神经。

（2）下肢出血：止血带扎在大腿的中部。

上止血带前，先要将伤肢抬高，尽量使静脉血回流，并用敷料垫好局部，然后再扎止血带。

◇鼻出血的紧急处理

鼻部外伤、鼻炎、鼻腔疾病、高血压或月经代偿性出血等都可能导致鼻子出血不止，处理不善，轻则流血较多，严重者可能出现失血性休克。

处理方法如下：

（1）发生鼻子出血时，应伸长下巴，面稍微上仰，但额头不宜仰得过高，以免血液流向喉部或口中，引起胸闷或恶心。

（2）用拇指和食指捏紧鼻腔5~10分钟，安静地伸长下巴用口呼吸。同时可用冷水在鼻以上的额头部位进行冷敷。

（3）止血后不要在短时间内用力捏擦鼻腔、打喷嚏或做剧烈活动，以免再度流血。

（4）如果以上方法仍未能止血，或是经常鼻出血，应及时到医院进行全面的检查和诊治。

（5）因碰撞引起的鼻腔、鼻骨严重受损，也应尽早接受医生的整复和医治。

◇触电应如何急救

遇到有人触电昏迷，首先要帮助触电者脱离电源。若在室内，则应立即切断电源；若在室外，电源无法切断，则应用木棍将电线挑开，或用干的衣服将触电者拉开。

当触电者脱离电源后，应根据其不同情况分别采取不同的紧急救护措施。

（1）若触电者尚未失去知觉，还有呼吸和脉搏（心还在跳），则应立即设法把触电者送往附近医院救治。

（2）若触电者已失去知觉，但呼吸、心跳都没有停止，应在通知医院抢救的同时，将触电者放在平坦、空气流通的地方，然后让他嗅阿摩尼亚（可用尿液代替）；同时可向触电者的身上洒些冷水，再摩擦他的全身，使它发热。一旦发现触电者呼吸困难，逐渐变弱，或者断断续续有痉挛现象出现，则应立即为他进行人工呼吸。

（3）若触电者呼吸停止，心脏也停止跳动，急救人员要马上为他做人工呼吸；否则，触电者会很快死亡。

◇骨折时的处置方法

发生骨折的处置方法是：

（1）不要急于搬动患者。

（2）开放性骨折或发生出血

时，应马上进行止血、消毒和包扎，避免病菌侵入骨髓引起骨髓炎。

（3）用夹板或树枝、木棍等物妥善固定骨折部位，厚纸板、杂志等也可以利用。

（4）固定物不要接触伤处，应该用棉花或布料等柔软物品垫在中间。

（5）颈、脊柱或腰部骨折，要让伤者躺在木板上，再在其颈部或其他受伤部位用软布或毛巾绑扎安定好伤部。

以上几项工作完成后，即可小心安全地将患者送往医院。

有些人在受到撞击或跌落以后，由于能够行走而认为没有骨折，实际上已经出现骨裂或其他各种不同程度的症状。这种情况下应尽快到医院接受X光线检查并接受治疗。

◇溺水的急救措施

遇到有人溺水时，只要掌握正确的救治方法，一般情况下溺水者都能顺利脱险。具体救治方法如下：

（1）将伤员抬出水面后，立即清除其口、鼻腔内的水、泥及污物，用纱布或手帕裹着手指将伤员舌头拉出口外，解开衣扣、领口，以保持呼吸道通畅，然后抱起伤员的腰腹部，使其背朝上、头下垂进行倒水。

（2）呼吸停止者应立即进行人工呼吸，一般以口对口吹气为最佳。急救者位于伤员一侧，托起伤员下颌，捏住伤员鼻孔，深吸一口气后，往伤员嘴里缓缓吹气，待其胸廓稍有抬起时，放松其鼻孔，并用一手压其胸部以助呼气。反复进行，直至恢复呼吸为止。

（3）心跳停止者应先对其进行胸外心脏按摩。具体方法是让伤员仰卧，背部垫一块硬板，头低稍后仰，急救者右手掌平放在其胸骨下段，左手放在右手背上，借急救者身体重量缓缓用力，不能用力太猛，以防骨折。将胸骨压下4厘米左右，然后在手不离开胸骨的情况下慢慢松开手腕，使胸骨复原。反复进行，直到心跳恢复为止。

◇对酒醉者如何处理

酒精对中枢神经系统的影响是先兴奋后抑制。过量饮酒引起呼吸中枢的抑制甚至麻痹,而且对肝脏也有毒性。一旦酒醉,首先会出现兴奋现象:红光满面,爱说话,语无伦次,行走不稳以致摔倒,继而呕吐,昏睡,颜面苍白,血压下降,最后陷入昏迷,极严重的可造成死亡。因此绝不可忽视醉酒。对酒醉者采取的急救措施为:

(1)浸冷水。当酒醉者不省人事时,可取两条毛巾,浸上冷水,一条敷在后脑上,一条敷在胸膈上,并不断地往口中灌入清水,可使酒醉者渐渐苏醒。

(2)敷花露水。在热毛巾上滴数滴花露水,敷在酒醉者的脸上,此法对醒酒和控制呕吐有奇效。

(3)多喝茶。沏上些较浓的绿茶,晾温后让酒醉者多喝一些。茶叶中所含的单宁酸能分解酒精,减轻酒精中毒的程度。

另外需要注意的是,轻度酒醉的人,经过急救,睡几个小时后,就会恢复常态,不需要太担心。如果已陷入昏迷状态,就应立即请医生处理。

◇**中暑的紧急处理**

发现有人中暑倒下时,要根据患者不同的症状给予不同的治疗。

(1)如果是因为在强烈的阳光下或闷热的环境中停留时间过长,表现为面色潮红、皮肤发热的患者,则应迅速将患者抬到阴凉通风的环境下躺下,头稍垫高,脱去患者的衣裤,用电扇扇风。同时用冷水擦身或喷淋,以加快患者体内热量的散发。

为避免皮肤冷却过快引起皮下血管收缩,救助者还应不时按摩患者的四肢及躯干,直至皮肤发红,以促使循环血液将体内热量带到体表散出。若患者昏迷不醒,则可用针刺或用手指甲掐患者的人中穴(位于鼻唇之间中上1/3交界处),促使患者苏醒。

(2)如果是在潮湿闷热的环境中大量活动,致使过度疲劳,表现为面色苍白、皮肤湿冷、心慌、呼吸困难的患者,应尽快将患者抬到凉爽通风的地方躺下,松解衣领、腰带,保持呼吸通畅。用冷毛巾湿敷前额及颈部即可,不要给予其他任何降温处理,以免使症状恶化。对于昏迷不醒的患者,经解救清醒后,必须在凉爽通风处安静地休息，并饮用大量盐水以补充体液。

◇安眠药中毒如何救助

安眠药属镇静催眠药，通常含有速可眠、氯丙嗪、安定、奋乃静等物质。倘若一次性超剂量服用，则会引起急性中毒。如果发现有人因服用过量安眠药而中毒，此时应保持镇定，迅速采取以下急救处理。

（1）将患者平卧，尽量少搬动其头部。

（2）在患者比较清醒的情况下让患者尽量多喝水。

（3）用汤匙压舌根刺激患者咽喉，帮助患者催吐。同时，应速将中毒者送往医院救治。

◇腹痛的紧急处置方法

腹痛起病急骤，需要及时送往医院进行救治，否则就有可能危及生命。急性腹痛常常具有以下一些症状。

（1）腹部剧痛，患者流冷汗甚至倒地乱滚，或是抱膝屈蹲难以站立。

（2）意识逐渐模糊，脸色苍白，脉搏变慢，身体发冷。

（3）腹部发硬，甚至变成一块硬板似的坚硬状态。

（4）呕吐。

常用处置方法有以下几种。

（1）一般的腹痛，可让患者松解衣服，躺在床上休息。

（2）如果一般的急救处置难以见效，必须尽快送医院救治，途中要注意保暖，不要进食和喝水。

（3）如果患者体温升高或是脉搏、呼吸不正常时，要立即送医院治疗。

暴饮暴食、食物中毒、饭后马上运动等均容易引起腹痛，需加以注意。

◇刀伤如何处理

如果是轻微的小伤口，则可以用清水或生理盐水以伤口为中心稍微冲洗，然后再用干净纱布进行包扎，注意不要使用棉花。

如果是普通的刀伤，则应将双手洗净，以开水清洁伤口，并涂上消毒药水如双氧水。太刺激的消毒或消炎药会伤害伤口的组织，所以要小心使用。最后用消毒纱布盖住伤口，包扎固定。

如果是严重的刀伤，则要先用纱布、手帕或毛巾按住伤口，再用力把伤口包扎起来，这样能暂时使出血速度减缓。如果是严重刀伤血流不止，则应用布条、三角巾或绳子绑在止血点上，扎紧，每15分钟略松开一次，以避免组织坏死。严重刀伤患者最好在40分钟以内送往医院进行急救。

◇烧伤急救

烧伤分火灾烧伤和化学烧伤，处理办法有所不同。

（1）对火灾烧伤

①烧伤后不要惊慌，尽力保持镇静，立即脱掉着火的衣服或扑灭身上的火源。

②切忌带火奔跑、呼喊，以免呼吸道烧伤或火借风势越烧越旺。

③用湿毛巾等捂住口、鼻，同时身体应放低姿势撤离火场。

④脱离火场后，立即用凉水冲洗或将烧伤处放入凉水中10~20分钟，减轻烧伤程度。

⑤若烧伤口出现了水泡，可在低位刺破，然后再包扎伤口。切忌把皮剪掉，造成感染。

（2）对化学烧伤

①若被生石灰烧伤，忌将受伤部位用水浸泡，应迅速清除石灰后，用大量流动的洁净冷水冲洗10分钟以上，尤其眼内烧伤，更应彻底冲洗。

②凡眼部烧伤，严禁用手或手帕等揉擦，首先应立即用大量流动清水彻底冲洗。

③伤员如口渴，应给予含盐饮料。

④对严重烧伤者应迅速向急救中心呼救，送往医院治疗。

◇吸气性创伤的急救

吸气性创伤多是胸壁为利器刺穿，或折断的肋骨凸出胸壁外而造成。

（1）让伤者躺下，然后扶起伤者的上身，使其身体倾向受伤一侧。

（2）替伤者止血，先在伤者吸气时，用手按住伤口，继而在伤口处用纱布、毛巾等物堵住伤口。

（3）如发现空气从伤口进出肺部，可先用手迅速将伤口盖住，接着换用纱布、毛巾等敷料；并用胶布贴牢。切勿让伤口再透气，以免伤者肺部缩陷。

（4）将受伤一侧的手臂斜放于伤者的胸部，系三角巾，加以固定。立即将伤者送往医院。

◇家人噎食的紧急处理方法

噎食是老年人猝死的常见原因之一。发生噎食时常有以下表现：

进食时突然不能说话，并出现窒息的痛苦表情；噎食者通常用手按住颈部或胸前，并用手指口腔；如为部分气道阻塞，可出现剧烈咳嗽，咳嗽间歇有哮鸣音。

有一种简易治噎食的方法，其具体操作方法是：意识尚清醒的患者可采用立位或坐位，抢救者站在患者背后，双臂环抱患者，一手握拳，使拇指掌关节突出点顶住患者腹部正中线脐上部位，另一只手的手掌压在拳头上，连续快速向内、向上推压冲击6~10次（注意不要伤其肋骨）。

昏迷倒地的患者采用仰卧位，抢救者骑跨在患者髋部，按上法推压冲击脐上部位。这样冲击上腹部，等于突然增大了腹内压力，可以抬高膈肌，使气道瞬间压力迅速加大，腹内空气被迫排出，使阻塞气管的食物（或其他异物）上移并被驱出。如果无效，隔几秒钟后，可再做几次，造成人为的咳嗽，这样就能将食物团块冲出了。

◇煤气中毒的家庭急救

煤气中毒，实际上是急性一氧化碳中毒。当一氧化碳吸入人体后，与血液内的血红蛋白结合成碳氧血红蛋白，且不易解离，导致人体缺氧而发生中毒。轻度中毒患者意识尚清楚，表现为头晕、头痛、恶心、呕吐、心悸等症状；中度中毒者并发有神志不清、皮肤黏膜呈樱桃红色改变；重者出现昏迷、休克，危及生命。由于煤气中毒的程度与患者在中毒环境中所处时间长短及空气中毒气浓度的高低有密切关系，所以，当发现家庭发生煤气中毒时，应当争分夺秒地进行抢救。家庭急救要做到紧张有序，按照以下4个步骤进行。

（1）打开门窗将患者从房中搬出，搬到空气新鲜、流通而温暖的地方，同时关闭煤气灶开关，将煤炉抬到室外。

（2）检查患者的呼吸道是否畅通，发现鼻、口中有呕吐物、分泌物应立即清除，使患者自主呼吸。对呼吸浅表者或呼吸停止者，要立即进行口对口呼吸。

方法是让患者仰卧，解开衣领和紧身衣服，抢救者一手紧捏患者的鼻孔，另一手托起患者下颌，使其头部充分后仰，并用这只手翻开患者嘴唇，抢救者吸足一口气，对准患者嘴部大口吹气。吹气停止后，立即放松捏鼻的手，让气体从患者的肺部排出。如此反复进行，频率为成人每分钟14~16次，儿童每分钟18~24次，幼儿每分钟30次。直到患者出现自主呼吸或明显的死亡征象为止。

（3）给患者盖上大衣或毛毯、棉被，防止受寒发生感冒、肺炎。可用手掌按摩患者躯体，在脚和下肢放置热水袋，促进吸入毒物的消除。

（4）对昏迷不醒者，可以手指尖用力掐人中（鼻唇沟上1/3与下2/3交界处）、十宣（两手十指尖端，距指甲约0.1寸处）等穴位；意识清醒的患者，可饮浓茶水或热咖啡。

一般轻症中毒患者，经过上述处理，都能逐渐使症状消失。

◇**人工呼吸法**

人工呼吸方法常被用来抢救各种呼吸骤停的患者。要点如下：

（1）使患者仰卧，突出下巴，确保气道流畅。

（2）用手捏紧患者的鼻孔，急救者深吸一口气，然后对着患者的口吹气，直到上胸部鼓起为止。

（3）放开患者口鼻，借患者胸廓和腹壁的弹性回位作用，气体自然从肺部呼出。

（4）如此反复进行，在1分钟内，可以做12~16次的人工呼吸。

遇到患者同时心脏停止跳动时，可以一起并用胸外心脏按压法。每吹气2次，按压心脏15次。

◇**胸外心脏按压法**

当有人突发心搏骤停时，必须立即采用胸外心脏按压法进行现场抢救，方法如下：

（1）让患者仰躺在平坦而坚硬的床板或地面上，将下巴突出以确保气道的顺畅。急救者屈膝跪坐在患者的一边，找到准确的按压部位。

（2）然后再将另一手掌重叠在手背上，伸直手臂，下压使患者胸骨下陷3~4厘米为宜，然后放松。

（3）如此反复进行，以每分钟按压60~80次为宜。

（4）如果患者同时停止呼吸，则在进行胸外心脏按压的同时，还要进行口对口的人工呼吸。

◇休克、昏迷的急救

（1）让休克者处于平卧位置，脑后不能垫枕头或其他物品，腿部垫高至30°。若属于心源性休克，同时伴有心力衰竭、气急，不能平卧时可采用半卧。

（2）注意保暖和安静，尽量不要搬动患者，如必须搬动时动作一定要轻缓。

（3）吸氧并保持呼吸道畅通，用鼻导管或面罩给氧。危重患者根据情况给予鼻导管或气管内插管给氧。

（4）立即通知医生前来或送往医院进行救治。

◇搬运伤员的方法

在搬运前要做好充分准备，包括相应器材和搬运人员。担架是理想的搬运工具，也可用门板、竹竿、绳子、毛毯、毛巾被等制成应急担架。

骨折患者，尤其是脊柱骨折患者必须用担架搬运。抬担架时，要让患者头朝后，以便能够随时观察患者的表情。如果是冬天，还要注意患者的保暖。

搬运脊柱损伤的患者，不能使用布类或竹绳制成的软担架。

如果患者颈椎损伤时，要在其头部两侧垫上衣物，不让头左右摇晃。

在没有担架的情况下，如果患者不是脊柱骨折，也可以视情况采取单人徒手（或用床单、毛毯）搬运或双人或多人徒手搬运的方法。

◇沉着应对突发心肌梗塞

急性心肌梗塞是由于冠状动脉粥样硬化、血栓形成或冠状动脉持续痉挛，导致冠状动脉或分支闭塞，导致心肌因持久缺血缺氧而发生坏死。

此病多见于老年人，是一种突发而危险的急病，但在发病前多会出现各种先兆症状。如自觉心前区闷胀不适、钝痛，钝痛有时向手臂或颈部放射，伴有恶心、呕吐、气促及出冷汗等。此时要立刻停止体力活动，平息激动的情绪以减轻心肌耗氧量，同时口服硝酸甘油片或亚硝酸异戊酯等速效扩血管药物，部分患者可避免心肌梗塞的发生。

当急性心肌梗塞发生时，患者自觉胸骨下或心前区剧烈而持久的疼痛，有些患者无剧烈胸痛感觉，或由于心肌下壁缺血表现为突发性上腹部剧烈疼痛，但其他症状会表现更加严重，休息和服用速效扩血管药物不能缓解疼痛。若身边无救助者，患者本人应立即呼救，拨通120急救电话或附近医院电话。在救援到来之前，可深呼吸然后用力咳嗽，其所产生胸压和震动，与心肺复苏中的胸外心脏按压效果相同，此时用力咳嗽可为后续治疗赢得时间，是有效的自救方法。

医学统计资料表明，心肌梗塞发生的最初几小时是最危险的时期，大约有2/3的患者在未就医之前死亡。而此时慌乱搬动患者、背负或搀扶患者勉强行走去医院，都会加重心脏负担使心肌梗塞的范围扩大，甚至导致患者死亡。

因此，急救时患者保持镇定的情绪十分重要，家人或救助者更不要惊慌，应就地抢救，让患者慢慢躺下休息，尽量减少其不必要的体位变动，并立即给予10mg安定口服，同时呼叫救护车或医生前来抢救。

在等待期间，如患者出现面色苍白、手足湿冷、心跳加快等情况，多表示已发生休克，此时可使患者平卧，足部稍垫高，去掉枕头以改善大脑缺血状况。如患者已昏迷、心脏突然停止跳动，家人不可将其抱起晃动呼叫，而应立即采用拳击心前区使之复跳的急救措施。

若无效，则立即进行胸外心脏按压和口对口人工呼吸，直至医生到来。

第二节　生活事故应对常识

◇两招搞定落枕

早晨起床后发现脖子僵硬疼痛，不能转动，这多半是由于睡觉姿势不对造成的。太软的枕头和床垫会造成颈背部肌肉持续紧张，刺激神经而产生疼痛，治疗的关键在于肌肉的彻底放松。

急救方案：

（1）淋浴5分钟，要使热水直接落在颈部和背部，可以促进血液循环，缓解肌肉紧张，减轻疼痛。

（2）将下巴顶在前胸，坚持一会儿，然后头向后仰，眼向上看，再坚持一会儿，头再向前伸。最后向两边轻轻转动脖子数次，这套动作对轻微的落枕很有效。

◇用冷毛巾救"晕堂"

洗澡是一件十分舒服的事，它可以消除疲劳，增进健康。但是，有的人在洗澡时常会出现心慌、头晕、四肢乏力等现象，严重时会跌倒在澡堂，发生外伤。这种现象叫"晕堂"。"晕堂"者多有贫血症状，是洗澡时水蒸气使皮肤的毛细血管开放，血液集中到皮肤，影响全身血液循环引起的；也可能因洗澡前数小时未进餐、血糖过低引起。

急救措施：

（1）出现这种情况不必惊慌，只要立即离开浴室躺下，并喝一杯热水，慢慢就会恢复正常。

（2）如果较严重，取平卧位，最好用身边可取到的书、衣服等把腿垫高。待稍微好一点后，应把窗户打开通风，用冷毛巾擦身体，从颜面擦到脚趾，然后穿上衣服，头向窗口，就能恢复。

◇流鼻血时怎么办

鼻子由鼻中隔分为前、后两部分，前部聚集了大量毛细血管，是最常见的出血处。而掩盖鼻子嗅觉神经的鼻膜脆弱易伤，遇到干燥的天气或碰伤（如挖鼻孔、揉擦鼻子、经常擤鼻子）或打喷嚏，都可能令鼻膜受损导致流鼻血。

一般来说，流鼻血的症状都相当轻微，可自行急救或找人帮助，程序如下：

（1）坐下并松开围在颈项上的衣物。

（2）稍向前倾，不要仰头，应任由鼻血从鼻腔流出，而非倒流入咽喉。

（3）用嘴呼吸，紧捏鼻梁部位约5分钟。

（4）5分钟后若鼻腔止血，便可放松鼻梁，否则应继续捏紧鼻梁。

（5）鼻腔止血后，继续以口呼吸，4小时内不要擤鼻子或尝试清除鼻腔内的血块。

如果这样仍然无法使出血得到控制，出血持续超过20分钟，或鼻子遭撞击受伤，出现移位、肿胀或变色等症状时，应立即前往医院找医生。

为避免鼻子因干燥而流鼻血，平时应保持鼻孔的湿度，多饮水，或按需在鼻孔里涂用凡士林等润滑剂，都能缓解干燥引起的鼻出血。冬天家里暖气很热时，也应在暖气旁边放一杯或一盆清水，保持室内湿度。

◇异物卡在咽部不要乱捅乱拔

异物卡在咽部时，应立即停止进食，并尽量减少吞咽动作，用手指或筷子刺激咽后壁诱发呕吐动作，以帮助排除咽部异物。若此法无效，救助者可令患者张大口腔，以手电筒或台灯照亮口腔内部，用筷子或勺柄将舌面稍用力向下压，同时让患者发"啊"声，即可清晰看到咽部的全部情况，若发现异物，可用长镊子或筷子夹住异物，轻轻地拨出即可。对于位置较深、探查拨出困难的异物，不要乱捅乱拨，避免发生新的创伤，应立即去医院，交由医生处置。

◇扎了刺别急着拔

日常生活中，扎刺儿的事情很常见，此时，不要急于拔出，稍不留神，容易将露在外面的一截刺弄断，反而会使它越陷越深。其实，只要掌握较合适的方法，就能顺利地除掉刺。竹、木类刺（如方便筷子、牙签等）扎入肉中，可用微火烧缝衣针，待冷却后，轻轻地挑开刺周围小面积的表皮组织，再用镊子夹住刺头迅速拔出，最后点上风油精即可消炎止痛。当竹、木类刺进肉里较深时，可先在有刺处滴几滴芝麻油，过一段时间，刺会突出，再用镊子去除。

如果鱼刺扎进肉中，可用棉花蘸上陈醋敷。在有刺的部位，用伤湿膏包贴几分钟，鱼刺就容易软化，轻拔就可以将刺除掉。

如果仙人掌刺扎进肉中，可用

胶布贴敷，用电吹风吹一会儿，然后快速揭去胶布，刺可去除。

如果刺扎进指甲缝，将甘草用水浸泡变软，然后贴敷在被刺部，刺自然冒起，再用镊子夹出。

◇小虫钻进耳朵不要慌

春天，气候逐渐转暖，万物复苏，小飞虫也多了起来，耳鼻喉门诊接诊了许多因飞虫入耳的患者。医生提醒：小飞虫飞进耳朵后乱掏最有可能损害听力。

人的外耳道是一条一端开口的管道，长约3厘米。许多小虫尤其是小飞蛾、蚊子容易飞进耳朵里，小虫在耳道内爬行、骚动、挣扎，由于耳道里的肉皮比较娇嫩，神经丰富，觉得耳朵又痒又痛。这些虫子在耳道内爬行或飞动捣乱时，往往会给人们带来难以忍受的轰隆耳鸣声和疼痛。当飞虫触及耳道深处的鼓膜时，还会引起头晕、恶心、呕吐等症状。如果你不断地触动耳道或耳郭，只会使耳道内的虫子乱飞乱爬，更增加痛苦。严重的会引起鼓膜外伤，损坏听小骨，影响听力。

如果小飞虫飞进耳朵里，不妨利用某些小虫向光性的生物特点，可以在暗处用手电筒的光照射外耳道口，小虫见到亮光后会自己爬出来，也可向耳朵眼里吹一口香烟，把小虫呛出来。

如果上述方法不奏效，可侧卧使患耳向上，而向后耳内滴入数滴食用油，将虫子粘住或杀死、闷死。当耳内的虫子停止挣扎时，再用温水冲洗耳道将虫子冲出。我国古代医学书中早有"百虫入耳，好酒灌之"以及麻油滴入耳窍中毙虫的记载。用酒、油的目的是使小虫迅速淹死或杀死，即使不死也使其动弹不得，可以减少些痛苦，然后从容地去医院耳鼻喉科，让医生帮忙。

◇扭伤后怎样应对

关节没有充分准备时，过猛的扭转，超过其正常的活动范围，撕裂附着在关节外面的关节囊、韧带及肌腱，就是扭伤，俗话称为"筋伤"。扭伤的常见症状有疼痛、肿胀、关节活动不利等，痛是必然出现的症状，肿及皮肤青紫、关节不能转动，都是扭伤的常见表现。

扭伤后不要慌，应该沉着应对。

（1）在运动中扭伤手指：最常见于打篮球争球时，末节手指触球的瞬间，有触电样的疼痛而突然停止活动。伤后应立即停止运动，首先是冷敷，最好用冰块。没有条件时，可用冰水代替。将手指泡在冰水中冷敷15分钟左右，然后用冷湿布包敷。再用胶布把手指固定在伸直位置。检查手指的活动度，如果手指的伸直弯曲都受限或者末节手指呈下垂样，可能是发生了撕脱性骨折，一定要去医院诊治。

（2）踝关节扭伤：急救时可以用毛巾包裹冰块外敷局部，48小时后可以用热毛巾外敷（皮肤破损不严重）。首先是要制动休息，用枕头把小腿垫高，促进静脉回流，使淤血消散。另外可用茶水、黄酒、蛋清等调敷云南白药、七厘散等，2~3次/日敷伤处，外加包扎，促进淤血消散，有较好的效果。

（3）腰部扭伤：见于突然的转身或二人抬物时的用力不均，其治疗要点也是要静养。应在局部作冷敷，尽量采取舒服体位，或者侧卧，或者仰平卧屈曲，膝下垫上毛毯之类的物品。止痛后，最好是卧硬板床送医院或找医生来家治疗。

以上扭伤在家都可以口服药物活血止痛（如云南白药胶囊2片，一日三次；或三七片2片，一日三次），并加服止痛药（如散利痛1片，一日二次）。

◇**小腿抽筋时怎么办**

小腿抽筋时，用力伸直，用手扳脚踇指，并按摩抽筋部位，或者把脚跟使劲往前蹬，脚尖尽量往回勾，这样即可治疗腿抽筋。除了这种方法外，还可以尝试以下几种方法。

（1）赤脚立地数秒，或用拇指按揉承山穴，抽筋即可消除。

（2）每晚睡觉时，脚下垫一枕头，腿就不易抽筋。

（3）腿抽筋时，可立即用拇指和食指捏住上唇中央的人中穴20~30秒钟，可使肌肉松弛，抽筋消除。

（4）常喝骨头汤预防效果好。

（5）用清凉油，用力摩擦抽筋部位，5分钟后可见效。

◇**家中停电怎么办**

即使现代城市生活，停电有时

也是无可避免的。

如果在家中时遇到停电，许多正常的生活方式都无法进行，此时应该怎么办呢？

（1）经常关注报纸、电台、电视台等媒体，及时获得有关停电信息。

（2）要养成床边放一个小手电筒、客厅或厨房放一盏应急灯的好习惯，以备不时之需，并且要经常检查手电筒和应急灯的电池是否充足，可多准备一些电池。

（3）如果准备好了蜡烛，应注意远离窗帘等易燃物品，蜡烛最好放在烛台上，以免被碰翻。

（4）遇到大范围停电，如果正在家中，就应尽量避免上街，此时，家里是最安全的。

（5）如果突然发生停电，应拨打电力部门的电话95598了解情况。电话使用的是独立电源，通常不受停电影响。

（6）假如你正在家中，一定要尽可能关闭停电时处于开启状态的家用电器，但冰箱除外。同时至少要开着一盏电灯，这样就可以知道何时恢复供电。

（7）不要关掉冰箱的电源，停电时，食物仍可保存至少12小时不变质，冰箱越满，食物保存得越久，满载的冰箱如果不打开，食物能保存48小时。

（8）停电后要预防火灾、燃气泄漏，注意室内通风。

（9）为确保安全，最好拔掉电源插销，并把电线收好，以免在黑暗中把人绊倒。

◇如何预防和处理煤气中毒

煤气中毒常常是在缺乏相关安全知识的情况下发生的，其实，只要做到以下几点，煤气中毒就会远离你和你的亲人。

（1）不要在密闭或通风不良的居室中使用煤炉取暖、做饭。

（2）使用燃气热水器的，要注意检查热水器是否漏气，热水器使用寿命一般不超过6年，超过6年的要及时更换。洗澡时门窗不能紧闭，洗浴时间不要过长，水温不宜过高。

（3）要经常检查煤气管道是否漏气，开关是否拧紧。

（4）当感到呼吸越来越困难，头昏眼花，或是厨房内传出一种臭鸡蛋气味的特殊气体时，便可判定是煤气泄漏。这时应赶紧打开门窗通风。注意不要划火柴、开关电灯和启闭其他电器。

（5）如发现煤气中毒者，应速将中毒者盖好被子，抬到空气流通处，并尽快将其送往医院抢救。

（6）煤气中毒者醒后应注意休息，避免活动后加重心肺负担及增加氧的消耗量。

（7）对昏迷不醒、皮肤呈青紫色的严重中毒者，应通知急救中心，然后就地进行抢救，及时施以体外心脏按压和人工呼吸。

◇食物中毒怎么办

食物中毒多数是由细菌感染引起，少数由含有毒物质有机磷、砷剂、升汞的食物，以及食物本身的自然毒素（如毒蕈、毒鱼）等引起。发病一般在就餐后数小时，表现为呕吐、腹泻次数频繁。如食物中毒发生在家中，我们应视呕吐、腹泻、腹痛的程度适当处理。

主要的急救方法有：

（1）补充液体，尤其是开水。

（2）补充因上吐下泻所流失的电解质，如钾、钠及葡萄糖。

（3）避免制酸剂。

（4）慎服止泻药，等到体内毒素排出之后再向医生咨询。

（5）无须催吐。

（6）饮食要清淡，先食用易消化的食物，避免对胃刺激的食物。

需强调的是，呕吐与腹泻是肌体防御功能起作用的一种表现，它可排除一定数量的致病菌释放的肠毒素，故不应立即服用止泻药。

呕吐、腹泻会造成体液大量流失，引起多种并发症状，直接威胁患者的生命。这时，应大量饮用清水，排除致病菌及其产生的肠毒素，减轻中毒症状。

如无缓解迹象，甚至出现失水明显，四肢寒冷，腹痛、腹泻加重，极度衰竭，面色苍白，大汗，意识模糊，说胡话或抽搐，以致休克，应立即送医院救治，否则会有生命危险。

◇哪些物质具有解毒作用

由于农药的大量使用，人体内往往聚集一些有毒物质，一旦这些有毒物质达到一定的数量，就会造成对人体的损害，所以我们应该在日常饮食中注意食用一些解毒食物，从而保证身体的健康。

（1）绿豆：对重金属、农药中毒以及其他各种食物中毒均有防治作用，能加速有毒物质在体内的代谢转化，并向外排泄。绿豆汤是最好的解毒水剂。

（2）猪血：猪血有利肠通便、清除肠垢的功效。猪血中的血浆蛋白被人体内的胃酸分解后，能产生一种解毒、清肠的分解物，这种物质能与侵入人体内的粉尘、有害金属微料发生生化反应，然后从消化道排出体外。

（3）海带：海带中的褐藻酸能减慢放射性元素锶被肠道吸收，并能排出体外，因而海带有预防白血病（血癌）的作用，对进入体内的镉也有排泄作用。

（4）茶叶：早在《神农本草经》中就记载过茶叶解毒的作用。而现代医学认为，茶叶具有加快体内有毒物质排泄的作用，这与其所含茶多酚、多糖和维生素C的综合作用是分不开的。

（5）胡萝卜：胡萝卜也是有效的解毒食物。胡萝卜含有大量的果胶，这种物质与汞结合，能有效地降低血液中汞离子的浓度，加速体内汞离子的排除，故有驱汞作用。

◇异物入眼怎么办

（1）当异物刺入眼球时，应马上安静平卧，不要随便擦拭或清洗受伤的眼睛，更不可挤压眼睛，以防更多的眼内容物被挤出。

（2）用清洁手帕或毛巾进行包扎，松紧适度，一定要双眼一起包扎，因为只有这样才可减少因好的一侧眼睛眼球活动而带动受伤眼的转动，避免伤眼因震动、摩擦、挤压而使伤口加重。包扎时忌滴不洁净的眼药水，以免感染。

（3）不要涂眼药膏，以免给医生检查和手术带来困难。

第十一章 不可不知的防骗常识

第一节 街头防骗常识

◇捡钱平分是陷阱

这是一个比较老的骗局了，骗子骗人主要分为四个步骤。

（1）捡钱：当你正在路上行走时，前面突然有人将一个钱包故意掉出来。倘若你打算弯腰去捡，此时旁边就会有人抢先将钱包捡起，并称里面有大量钱物。

（2）分钱：捡钱的人会"善意"地提出与你平分钱物。

（3）骗钱：之前故意丢钱包的人会返回询问有没有人捡到钱包，并立即咬定是你和另一个人捡了他的钱包，还要求去公安局对质。另一个捡钱的人此时则再一次显示出"善意"，他说他和失主去公安局，但为了防止你独吞钱包，他要你先给他一些钱作为"定金"。面对丢钱骗子的威胁、捡钱骗子的好意，还有钱包中的财物诱惑的多重压力，行人往往会不假思索地将自己的财物交给骗子。

（4）逃跑：当骗子得手后，就会立即寻找各种理由离开现场，等到受害人警觉的时候，骗子早已不见踪影。

面对这种钱包骗局，警方给出的建议是"不看、不听、不理睬"，一旦发现上当受骗，要立即向警方报案。

◇ATM机前有骗局

随着人们越来越多地使用银行卡进行交易、消费，骗子们的目光也开始盯上了ATM自动提款机。以下几种常见的银行卡行骗手段，大家一定要小心。

（1）ATM机前贴有告示："请客户在ATM机发生故障时输入卡的交易密码，第二天到网点柜台可取回银行卡"。这种自动提款机往往已被犯罪分子动过手脚，插入银行卡后无法自动退出，且在隐秘处装有摄像头。如果用户真的按照提示输入密码后离开，躲在暗处的骗子会立即取出银行卡，按客户之前输入的密码将钱取走。

（2）出钞口无法取钞：犯罪分子利用光线昏暗会将出钞口贴上胶带，而客户却不会发现，还以为是机器故障。当客户离开后，犯罪分子就会趁机撕下胶带取走现金。

（3）借询问趁机调包：犯罪分子故意询问某种银行卡能否在ATM机上使用，还拿出一张卡和客户的银行卡比对，并趁机调包。

专家提醒广大银行卡用户，在ATM机上操作时要注意机器周围有无可疑附加物，输入密码时要用手遮挡。一旦操作中发生故障，千万不要离开ATM机，可以拨打银行的客服电话，或请银行工作人员帮忙。

◇ 常见银行卡骗术

（1）电话告知"您的银行卡被人伪造或盗用，犯罪嫌疑人已抓获"，要求把卡号和密码报给假冒的银行工作人员，骗取密码。

（2）冒充银行工作人员发出"在商场刷卡消费成功"类似短信，电话回复时指导存款人到ATM机（自动柜员机）转款，骗取存款。

（3）伪造与银行网址相似的非法网站，或通过某些网站打广告建立链接，存款人进入网站输入卡号和密码后，信用卡信息即被盗取。

（4）在ATM机出钞口安装挡板，无法正常吐钞，待存款人离开后取走现金。

（5）在ATM机上安装微型摄像机、在ATM机门禁卡槽或插口上加装假刷卡槽，盗取卡信息。

（6）人为制造ATM机故障，并在ATM机上张贴"通告"称银行系统出现故障，指导存款人按"通告"上的流程操作，诱骗转款。

（7）趁存款人操作ATM机时，利用拍肩膀等手段转移注意力后取走银行卡，同时在出钞口插入假卡造成卡已退出的假象，并以急需取钱为由催促存款人离开。

（8）以高息回报、高额授信为诱饵，承诺代办银行存折、储蓄卡和信用卡，在办理过程中盗取卡内信息。

◇ **如何防范银行卡骗术**

（1）不要通过非银行工作人员办理银行卡。

（2）向银行提供准确的收件地址，向发卡行申请开通账户资金变动短信及时提示服务。

（3）收到银行卡后及时修改密码，记住发卡银行网站地址和客服电话。

（4）妥善保管银行卡及密码，卡遗失后立即挂失，密码设置避免使用生日、手机号码、6位相同数字。

（5）操作银行自助设备时，防止被他人看到密码。

（6）如遇到ATM机吞卡、不吐钞等故障，不要急于离开和轻信来历不明的电话号码。

（7）尽量不要在网吧等公众场所进行网上银行交易。

（8）进入自助银行门禁系统不必输入密码。

◇ **陌生人要求兑换"外币"要小心**

此类诈骗犯罪分子除了会使用兑换假外币的手段外，有时也会以兑换古币，或者玉石、金银首饰等名义，但不论形式如何变化，其特征都是一样的。

（1）都是利用受害人贪财心理，使之以为可以通过汇率差价或市场差价轻松赚一笔。

（2）通常以亲戚朋友发生车祸或紧急事故急需现金为借口。

（3）往往以抱小孩的妇女的形象与受害人接触，为行骗增加隐蔽性。

（4）骗子往往多人协同配合，当受害人质疑外币真实性时，总会有一名"权威人士"适时地出现。

专家提醒，要想不被骗，一是要克服自己贪图钱财的心理，二是不要随便相信半路出现的"鉴定"人员。发现可疑人员立即拨打110报案，警方会在第一时间赶到现场，协助受害人抓获犯罪分子，减少损失。

◇ **谎称车祸骗钱财**

这也是一个在街头经常碰到的骗局。骗子骗人的情节大致如下：

骗子往往是衣着入时，但表情狼狈的外地人。他会自称是某地生意人，开车至本地时不幸出了车祸，朋友受了重伤，急需现金给医院交押金。这时骗子会拿出一件看似非常值钱的首饰，或者玉器，表示愿意低价卖掉。这时另一人凑上前来要出钱买下，但是身上没带那么多钱要回家去取，让卖的人在此等他，便匆匆离去。

卖首饰之人仍缠着诈骗对象，称救人如救火，愿意再降一点价。本无意买下的受害人心里盘算：等那买首饰的人来了再转卖给他便可以轻易赚得一笔钱，于是花钱将首饰买下。

待到受害人醒悟过来，骗子早已不知去向。

◇不要随意把手机借人

骗子总会利用一切人们放松警惕的时候来行骗，骗手机即是一例。

骗子经常会称有急事，但忘了带手机而向受害人借。打手机时，又会借故说信号不好，或者说一些极为隐私的话，以此来逐渐远离手机主人。如果受害人不加以警惕，骗子就会拿着手机越走越远，等受害人反应过来，却为时已晚。

还有一种在公交车上骗人手机的伎俩，原理相通，但手法更加隐蔽：当公交车快要到站时，一个骗子会突然高喊自己丢了手机，这时旁边通常会有人建议给被盗手机打个电话，这样就能找出窃贼。于是骗子就会借机向周围的人借手机。当正在拨号时，另一个骗子会假装成窃贼仓皇逃跑，而此时手握他人手机的骗子也就顺理成章地去追"窃贼"。众人还未反应过来，骗子已经跑得无影无踪了。

因此，我们在任何时候都不要轻易将手机借给陌生人，如果对方确有困难，可令其用耳机对话，手机仍然在自己手中。

◇利用女性同情心行骗

一般而言，女性都比较有同情心，而且身体柔弱。骗子针对这一点，也想出了令人不寒而栗的骗术。

下班路上，如果看到路边有个小孩一直在哭，女性通常都会上前关心地问孩子发生什么事了。而这个小孩则会说自己和父母失去联系了，回不了家，并希望这位女性能带他回家，接着就报出了自己家的地址。当受害人带着孩子来到家门口，准备按门铃时，门铃却成了"电老虎"，将受害人电晕。歹徒此时再借机不轨。

◇假乞丐骗术知多少

街头上的乞丐看似可怜，他们中十有八九都是骗子。

（1）假残疾：通常用大块的橡胶把本身完好的一条腿包裹起来捆绑好，以滑板代步，还有的穿上宽大的裤子，两条腿弯曲在膝盖处绑住，手持一根拐杖，扮成"残疾人"沿街乞讨。

（2）假孕妇：假孕妇将小枕头、碎布条等塞入宽大的衣服内，假扮孕妇，同时以"丧夫""丈夫病重""丈夫致残"等借口进行乞讨，骗得路人的同情。

（3）假学生：一些身材瘦小的成年人装扮成学生模样，跪地乞讨。他们大多自称考上大学后，家中突生变故无法继续学业，他们通常都会带着某大学的录取通知书，而实际上这些人都是文盲或小学文化程度的骗子。

（4）假寻亲：大多为老妇人或怀抱婴儿的中年妇女，以"寻亲无着，身无分文"为幌子，向路人乞讨。此外，还有假孤儿、假尼姑、假和尚等行骗手段。人们在遇到流浪乞讨人员时，不应盲目地向流浪乞讨人员施舍钱物，而应做告知、宣传工作，劝说乞讨者到该地救助站求助。

（5）小心"撞炮"诈骗："撞炮"也叫"撞骗"。骗子事先采点，物色骗取对象，然后在行走时与被骗者相撞。一旦相撞，骗子装作受伤或物品毁坏，让被骗者包赔。由于要价太高，二人不可避免地发生争执，这时，骗子同伙出现，各自扮演不同角色，有的帮助骗子要钱，有的装出仗义执言，有的充当和事老，但一个目的，就是向被骗者要钱。一般的被骗者为了息事宁人，都会掏钱免灾，因此给了撞炮者极大的市场。

◇大学新生容易遇到的骗术

在对大学新生实施的骗术中，最常用的方法，就是认老乡。一般而言，认老乡的骗法有两种。

第一种：需要3~4个人，一个冒充学生家长，另一个冒充学生。两人在找到目标后，上前认老乡。这时冒充家长的骗子就邀请目标一同乘车去学校报到。

这时，另一个骗子出现。问冒充家长的那位，预订的某件高档电器是不是马上去取货。这时，"家长"装作为难的样子，称没有那么多现金。然后求助目标。

第二种：只需要一个人，与目标认上老乡或同校后，立即说，自己被偷了，身上没有钱，银行卡也没了。需要借目标的银行卡和密码，等家人汇钱过来。目标借出银行卡后，钱则会被取走。

遇到这两种情况，大学新生应尽量不要和陌生人说话，更不要相信老乡这么容易就遇上了。

第二节　防备骗子公司常识

◇哪些公司可能是骗子公司

（1）直接在网上搜索查询，如果是黑公司，大多网上有求职者投诉揭露骗子公司。直接搜索这家公司名称或电话号码，既避免上当受骗，也可了解该公司情况，为应聘面试做好准备。

（2）收钱的公司，十拿九稳是骗子！骗子们无论说得有多么天花乱坠、多么动人好听，无非都是利用你急于求成的心理骗钱，只要你紧紧捂住钱包，他就没有任何办法。

（3）大批量到处粘贴招聘、急聘、急招的牛皮癣广告。正规的企业绝不会到处在车站牌、路边大规模地张贴广告。

（4）常年招聘的公司，最好不要去应聘。那是做广告的，求职者费尽口舌投简历应聘、浪费时间和精力来回跑面试也很难有结果。

◇职业中介骗招揭秘

现在找工作不容易，许多求职者便往往会寄希望于职业中介。但现在黑中介泛滥，常常是拿了中介费要么不介绍工作，要么重复介绍，或者介绍的工作根本无法干，有的不仅不退中介费，甚至还出现伤人的现象。因此在找中介时，需要特别提防遇到黑中介。

（1）黑中介招聘广告中往往不写具体办公地址，只留下手机号码或小灵通号码。

（2）黑中介总是将工作岗位吹得天花乱坠，并信誓旦旦地保证求职者即日上岗，让求职者赶紧交纳数百元报名费。

（3）黑中介在一般不向求职者开发票，收据上也不注明收费项目，甚至不盖印章。

（4）黑中介提供的所谓用人单位，大多是他们同伙临时租赁的办公地点，等求职者前往报到时，他们开始提高上岗条件，无限期地拖延上岗时间，以便他们随时开溜。

因此，广大求职者在交纳中介介绍费前，一定要查看中介机构是否具有营业执照及职业介绍许可证，一定要查看营业执照上经营地址是否与其办公地址一致。万一遇上黑中介，求职者应保存好相关凭证，并及时向有关部门投诉。

◇高薪聘请可能是陷阱

高薪聘请，的确让人心动不已。可是，高薪的得来就那么容易吗？高薪的承诺能够实现吗？当求职者遇到高薪时，一定要睁大眼睛，做到"四看"。

一要看单位的实力。衡量单位的实力如何，可以从其注册资本、生产规模、市场占有率等方面入手。只有实力真正雄厚的单位，才会不惜千金纳贤才。

二要看行业特点。高薪并不是每行的从业人员都能得到的，行业特点是影响薪资水平的重要因素。

三要看同类人员的薪资水平。其他同类从业人员的薪资水平是极有参考价值的，如果所谓的高薪与同类从业人员相差悬殊，那就务必要提高警惕。

四要看自己的价值。要仔细审视自己，对自己有一个科学的认识和评价，看一看自己是否真的能够胜任将来的工作，能否应对各种难题和挑战。

最后还要记住，高薪只有口头的承诺是不行的，一定要把它落实到合同里才行。

◇警惕培训中的种种陷阱

随着继续教育、职业培训的兴起，参加培训的人员日益增多，但须警惕培训中的种种陷阱，以免上当受骗，花了钱又浪费时间。

（1）确认培训者的办学资格：根据国家有关规定，开办社会培训机构必须得到当地教育主管部门的批准，学员在报名前可要求培训者出示有关证明或直接向教育部门咨询，避免参加假冒伪劣的培训班。

（2）听口碑、看效果：现在北京一些大的培训机构如新东方、海文、北大青鸟等都已经办学多年，取得良好的培训效果，也获得了学员的认同。所以，一个培训机构口碑的好坏，也是衡量其教学质量的重要标准之一。

（3）保留好培训者发放的资料：这不仅仅是为了复习，也可作为出现问题后维护自己权益的有力证据。

总之，在参加各种培训时一定要保持清醒的头脑，擦亮眼睛，不要轻易被蛊惑性的语言所迷惑。

◇传销陷阱须注意

在传销组织中，发展"下线"被称作邀约"新朋友"。传销组织内对选择"新朋友"要有严格的规定，只选择那些对现状不满的人、想改变自己命运的人、曾经失败过想东山再起的人、有挣钱欲望的人。传销者们正是采取"投其所好"的方式，利用一部分人想快速致富、"一夜暴富"等心理，垂下"高工资""高额回报"等诱饵来让人上钩。

费尽心机设骗局。传销人员在确定好对象后，便会随即展开电话、网络、邮件等邀约。为了提高骗人的成功率，传销者在电话邀约前都经过精心布局。电话邀约的大致步骤为：从沟通感情、促进升温再转入邀约的主题。于是有着发财梦想的"新朋友"，便在这些"善意的谎言"蛊惑下，踏上了传销的不归路。

◇如何防范兼职骗术

越来越多的学生选择假期兼职，既能挣一些零用钱，又可以多接触社会。但铺天盖地的招聘信息中，不乏一些虚假广告。如高薪诱惑、家教"托"、工作任务模糊等陷阱等都须十分注意。

（1）遇到"高薪职位"不要轻易透露自己的详细资料，先到工作地点看一看，如果对方不肯透露地址，可打114查号台，根据公司名称查询，之后也应去现场看完之后再做决定。

（2）做每份工作之前都要弄清工作的具体细节，明确职责范围，对于职责外的事情要敢于说"NO"！

（3）选择正规的中介公司，许多同学往往忽略看其执照，这非常重要，而且还要注意是否过期。

◇女性求职防骗注意事项

女性求职防骗要有"四戒"。

（1）戒心贪：不要指望付出很少的努力，却能获得很大收益。

（2）戒心软：女性往往意志不坚强，发现别人都在掏钱时，自己便为了面子忘记原则。

（3）戒心邪：女性求职者有时会有暴富企图，不管干什么，只要来钱多、来钱快就行。

（4）戒心急。多次碰壁的求职者，求职之心过于急切，一旦被通知录取，容易被高兴冲昏头脑，甚至明知被骗的可能性很大，也愿冒险去试。

◇大学生打工如何防骗

大学生打工要想增强自我保护意识，防止被骗，以下几招在找工作时比较实用。

（1）委托中介机构介绍前，应先查看其是否有工商局颁发的"营业执照"和劳动人事等部门颁发的"职业介绍许可证"原件，办公地址是否与证件一致。

（2）有些骗子公司不以中介的面目出现，而以"公司人事部"等方式收取求职者钱财，再把求职者推到另外一个地方连续行骗，大学生在遇到打着"长年招聘""高薪急聘"幌子的岗位，或一问三不知、急于收钱的单位，就一定要提高警惕。

（3）按照规定，招工是不能收取押金等费用的，暑期兼职也不需要缴纳任何费用，如果遇到对方收钱的情况，一定要问清楚这笔钱到底是什么费用，不合理的坚决不交。

（4）应聘成功后，应与兼职单位签订劳务合同，以书面形式确定自己的权益，明确具体工作时间、工资数额、工资支付时间及方式等，以防节外生枝。

（5）如果真的被对方收取了

"押金"等费用,一定要让对方开具字据,不然即使举报到劳动部门,因为证据问题执法部门也难以处理。

◇如何确定婚介机构的合法性

不少上婚介所征婚的人士,由于其内心有一种羞怯的心理,因此常常在尚未确认婚介机构相应资格的时候就轻信对方,给犯罪分子留下可乘之机。其实,为了保护自己的合法利益,先确定一下婚介机构的合法性是有百利无一害的。

(1)首先要看婚介所是否具备经营资格,即有没有营业执照,执照中的经营范围是否有"婚介"项目,营业执照是否已年检或验照。

(2)婚介所在给你第一次介绍对象见面时,是否提供对方的身份证明、婚姻状况证明及资产证明等。如果没有提供,就有可能属于"婚托"。

(3)如果是通过征婚广告去应征,就首先应该让婚介所提供与广告内容相符的对方身份证明及财产证明,无法提供,就是虚假的。

(4)如果双方第一次见面不是在婚介机构注册地点,而是茶楼、酒吧等消费场所,那么一定要提高警惕,当心掉入消费陷阱。

(5)看在收取服务费之前是否给你填表登记并签订"婚姻中介服务合同",如果都没有做就让你交服务费,那么就可能是在骗服务费。

(6)要看中介机构是否给你出具正规收据,如不出具,就不要交服务费。

◇几招识破婚托

怎样识别"婚托"和避免上当呢?下面几个方法特别有用。

(1)婚托不敢暴露自己的真实身份,因此可向其索要证件试试。

(2)婚托不会透露其驻地或单位,因此可以此问题试探地考察一下。

(3)婚托不愿让你接触他(她)的亲友。

◇快递骗术须谨慎

假快递专骗投递费。一些不法分子利用从各种渠道获得的消费者姓名、电话号码等信息,联系消费者，声称有快递物品要送，并仔细询问消费者的办公地址和是否正在办公室内。一旦得知消费者不在办公室，便建议让消费者的同事代收和交纳投递费。

专家提醒消费者在接到此类电话时，要先了解寄件人的信息以便确认，或让投递人在可以找到自己的时候送件。

◇防范股市骗术

火暴的股市催生了许多人的赚钱欲望，同时也催生了许多骗钱骗术。股民朋友在炒股理财时如果"财迷心窍"，则很可能掉进骗子设下的圈套。

骗子公司往往以资讯服务公司的身份出现，并承诺高收益。他们还会宣称自己正在发展会员，按不同等级缴纳相应会费后，投资者便可以获得"贴身"服务。

由于咨询服务公司往往只会告诉会员在某价位购买某股票，但是几乎不会明确建议卖出时机，甚至有些纯粹就是在配合庄家出货，因此会员被套牢的概率很高。

待到投资者要求赔偿损失的时候，骗子公司又会摇身变成"政府机关"承诺给过去亏损的会员进行补偿，给投资者另讲一个美丽的"故事"。

有鉴于此，投资者无论在何种情况下，对打着各种高收益旗号的资讯公司都要保持足够的警惕，不要因一时冲动而上当受骗。

◇不可不防的专利诈骗

在某项专利被公开或授权公告的初期，专利权人一般都急于将专利转让出手以换取经济利益，而自己又往往缺乏项目转让的实际操作经验。一些骗子正是看准了这一点，乘虚而入。

骗术一：以购买专利为名，将专利权人骗到行骗者当地，然后提出由专利权人请客以联络与其单位领导的感情，以此骗吃骗喝。如果对方发现专利权人对合同缺乏知识，则下一轮欺诈即又告开始。

骗术二：以高价作饵，不进行或只是进行极少量的细节磋商，要求发明人直接到骗子所在地签署协议。届时，临时找来几个托并假称也是专利权人，由这些托与发明人竞争，最终以跳楼价格买下发明人的专利。

骗术三：来信给发明人，表示很有购买诚意，要求尽快将样品寄出以便快速投产。这种骗子主要是拿准了一般专利在取得证书后往往需要较长的时间寻找买家或投产资金，在这个阶段内发明人往往根本无暇去市场上追踪自己的专利是否被仿冒。

◇外贸合同陷阱

在国际贸易中，既有世界跨国公司，也有中小企业，同时还有许多骗子公司，它们从外表上常常难以识别。一些骗子公司隐藏得很深，在业务前不露破绽，而在业务进行中设陷阱，它们往往利用合同并以"法律"的招牌来引诱对方上当，其表现形式为：

（1）名片主体。合同当事人一方没有注册资本，不能提供营业证明、法人资格证明，仅有个人名片，标有公司、职务、通信地址、电话等。

（2）变更检验条款，要求改为外方检验机构。

（3）变更支付条款，改信用证支付为托收或汇付。

（4）变更合同运输条款，改班轮运输为租船运输。

（5）变更合同主体条款。诈骗者会寻找各种理由建议由第三方代替自己履约，受骗方则常常会轻易答应而上当。

（6）不签书面合同。骗子公司常会宣称外贸公司可不必担心没有书面合同，只要双方认同即可。

（7）其他容易被利用的合同条款还有品质条款、索赔条款、担保条款、违约金条款，等等，设置陷阱。

第三节 旅途防骗常识

◇春运坐火车要防骗

不少违法犯罪分子在春运纷纷"摩拳擦掌"，企图浑水摸鱼。在此曝光一些春运常见骗术，旅客朋友可以此为鉴。

（1）买票防骗

春运期间，买票是个老大难问题，也是不法分子下手的首选时机。犯罪分子常常以未过有效期的中转签字票诈骗。乘客需注意此类票面一般较旧，且已被剪口。

（2）候车时防偷抢

在候车时客流量大，旅客一定要提高警惕。售票厅外，火车站附近的小巷子、僻静街道、进站口、剪票口、出站口等拥挤地方都是高危地段。

（3）车上防骗

在车上应注意拒绝陌生人提供的香烟、饮料和食品。如果在家收到在列车上的亲人遇到意外的消息，千万要冷静，不要急于汇款。应及时与铁路客运部门或铁路公安机关联系，避免上当，一旦上当受骗，应及时向公安机关报案。

◇揭开黑旅行社的骗术

（1）大街上派送卡片：行骗者大多是在车站、机场、商业街等人流集中的地方派送印刷精美的卡片，卡片上公司的业务范围、名称、地址、电话、商标等一应俱全，给人以逼真的印象。旅行者在收到这种卡片后完全可以通过网上查询，了解到这些旅行社是否具备相关业务资格。

（2）上门服务：黑旅行社利用游客图方便的心理，主动提出上门服务的口号，收钱之后迅速蒸发。实际上正规旅行社不为散客提供上门服务，除了团体客以外。

（3）专找旅游"新手"及外地游客：初来乍到的外地游客、缺乏旅游经验的老人最容易相信行骗者，并成为其目标。因此初来乍到的旅客应留意相关新闻报道，主动通过多种渠道查证。在外出旅游前，游客可通过114或者网站查证所选旅行社的总部电话，并进行咨询。

◇超低折扣机票中的陷阱

一些口岸城市的航空票价相对于全国其他省较低，但是在各个航空售票处的票价宣传中，一个航线多种价格的现象让旅客一头雾水，无所适从。据业内人士介绍，许多航空售票点打出低价格，目的在于吸引消费者打电话过来，接着服务人员便会以低价票已经卖完等方式回应消费者，并乘机推荐高价机票。

专家指出，有些航空售票点在航空公司特定时间打折的机票已过期的情况下，仍继续打出已过时的低折扣，属欺骗消费者的违规行为。

另外，现在很多人在街上散发名片，低价机票让消费者"眼花缭乱"。实际上这些人多是中介，他们的机票都是从正规的航空售票点购得后再转手卖出。消费者购买这种机票后，若是出现航班变更、名字以及身份证号码出错的情况，航空公司服务人员无法及时通知到消费者，消费者有可能遭受损失。

◇长途汽车上的常见骗术

每年总有旅客坐车被骗的案例发生，其中最常见有以下几种。

（1）猜"3"和"8"：猜"3"和"8"就是利用一张胶布叠成一个小方块，一面写上"3"另一面写上"8"，放在一个小酒杯里，然后用块胶皮盖在上面，让围观的人猜上面是"3"还是"8"。这种骗术表面上看起来没有什么破绽，其实那块胶布里面包的是一块小磁铁，如果下注"3"的人多，那么行骗者就利用绑在胳膊上的一大块磁铁，在最后下注的时候令胶布翻转过来；如果下注"8"的人多，那么这个胳膊上绑磁铁的人就按兵不动。

（2）猜铅笔：一般诈骗分子用一红一蓝两支铅笔，然后用一根绳子先套在其中的一支上，而后把两支笔缠在一起，问围观的人当绳子打开后，绳子会套在哪支笔上。这种骗术比较简单，如果他先套住蓝色铅笔，手里抓住两个绳头，打开绳子时，那么绳子依然缠在蓝色铅笔上；如果用一个做过标记的绳头打开，那么套子就移到了红色铅笔上。

（3）猜扑克：诈骗分子一般用三张扑克牌让围观的人猜哪张扑克为红，哪张扑克为黑。这种骗术，玩扑克的人手法比较快，一般的人根本看不出其中的变化，而且在他的胳膊中还藏有其他的扑克牌，他会在令人眼花缭乱的洗牌中把扑克换掉。

◇不可信的开罐中奖

相信看过电影《疯狂的石头》的人都不会对这个骗局感到陌生，但在生活中，因为这个骗术上当受骗的人仍然不在少数。

易拉罐诈骗大多发生在长途汽车上。骗子们为制造互相不认识的假象，会在途中先后上车。

途中，一个"傻子"会掏出一个易拉罐，装作不知道如何打开。这时另一个骗子就会假扮好心人帮他打开。当"傻子"准备把拉环扔掉时，又有一个骗子会提醒他"看看有没有中奖"。当这个骗子装模作样检查的时候，乘客肯定会听见"中奖了"的惊呼，果然，拉环上印着"恭喜您中了×万元"的字样。

为了让乘客确信奖金的真实性，一个骗子会将身上所有的钱物、手机给"傻子"要求交换拉环。这时另一个骗子马上会站出来说他出价更高，并问乘客有没有出价的。

如果此时有人上钩买了中奖拉环，骗子们就会"好心地"劝该乘客换乘一辆汽车，以免"傻子"反悔。而等上当乘客下车后，骗子们随后也就会陆续下车，逃之夭夭了。

◇打电话骗旅客家人

由于旅客在到站下车后一般都会给家里打电话报平安，犯罪分子利用这一点进行诈骗。据车站警方介绍，他们一般以没有随身携带手机的老年人和青年或者大学生作为目标，以同乡为名，主动上前攀谈，获取对方的信任，以此来骗取这些作案对象家里的电话号码，等受害者上车后，他们便立即拨打受害者家里的电话号码进行诈骗。通常称受害者在火车上突发疾病或是发生其他意外已被送下火车在医院抢救，但是手中没有足够的钱，需要家属立即汇钱，否则医院不予治疗。

◇数钱变戏法，找钱少一半

某些火车站的附近有很多小商店，一些小商店看似没有什么特别之处，但是他们在给旅客找钱时，下手手法相当"高明"。许多乘客在车站附近小商店购物时，当老板给顾客找完钱之后，通常会主动提醒顾客再数一次钱，等顾客数完钱之后会发现少了一元钱，这时他们会拿回钱再数一次，然后补给顾客一元钱。其实他们已趁机将钱抽出一半或者一部分，大部分顾客由于赶车着急并不会再次数钱,都会拿着钱就走人,这样便给了这些骗子得以行骗的机会。

◇假扮英雄骗钱财

见义勇为原本是让人倍感钦佩,叫人禁不住竖起大拇指的正义行为。可是当今骗子横行,也打起了假扮英雄、利用群众对英雄见义勇为的敬意来骗取不义之财的主意。这些"英雄"总是"横空出世",打抱不平,流泪流血。最后在其他"托"的鼓动和"示范"下,不明就里的群众便会解囊相助……现实生活中确实存在着见义勇为的英雄,但人们在被这些勇敢的行动所感染的同时,也要擦亮眼睛,分清真伪,不要被眼前的"义举"蒙蔽了双眼。

◇出门在外提防三类人

一般说来,你在生活中如果遇到下列情况,就应该多加小心详细审视一下对方的目的和企图再行事:

第一类是主动和你打招呼的人。出门在外,谁也不认识谁,这时有人主动过来和你打招呼,而且热情得令你感到过分的话,你应该留神了。

第二类是在你面前炫耀的人。不管他炫耀什么,高贵的出身、骄人的财富、特殊的地位和与权贵名流的交往,乃至出众的口才,都是炫耀。他为什么要炫耀呢?当然是要引起你对他的注意。为什么要让你注意他呢?这就是你应该多加思索的事情了。

第三类是一见面就给你好处的人。这种人往往十分热情,一副自来熟的样子。几句交谈之后,或者是先敬一支香烟,或者是送上一罐饮料。看似平常,其实里面大有文章。那香烟、饮料中说不定就有迷幻药物。所以,出门在外,见到陌生人,千万不要贪小便宜。

第四节 网络防骗常识

◇网络求职骗术曝光

在网上求职已经为越来越多的应聘人员运用,而一些非法网站利用毕业生求职心切的心理,进行诈骗等违法活动。

骗术一：骗取资料出售牟利。张同学在一招聘网站上看到招聘信息后，填写自己的详细资料以后一星期，开始频繁地收到莫名其妙的短信和邮件。显然这是非法网站以招聘为幌子，骗取网民的详细资料后出售给中介公司牟利。

骗术二：利用照片赚取点击率。长相不错的王同学听说某航空公司网上招聘"空姐"，于是就按照要求寄去自己的资料和艺术照，但复试通知没有等到，却在该网站上看到自己的照片，被命名为"某少妇玉照"，点击率高达2万次。

骗术三：骗取报名费。许多上网求职者填写资料以后会收到索要报名费或者考试费之类的电子邮件，而一旦将钱汇出，通常没有下文。

骗术四：模糊概念，偷梁换柱。周同学在网上应聘到某单位，签合同时对方承诺待遇从优，月薪2000元包食宿，年终福利另算。正式上班时才发现食宿条件恶劣，待遇也无法落实，但是迫于高额违约金，有苦难言。

◇**几种常见的短信骗招**

骗术一："手机号为13×××××××的机主，您的朋友为您点播了一首××歌曲，以此表达他的思念和祝福，请您拨打9×××收听。"结果当事主回电话听歌后，可能会造成高额话费。

骗术二：屡次听到铃声，一旦事主接听电话后马上挂断。事主按照号码回拨后，听到的是一段电话录音："欢迎致电香港六合彩……香港中心为广大彩民爱好者提供信息，透露密码。联系电话1395983×××。"这是以非法"六合彩"招揽客人，回拨电话既可能损失话费，又容易上当受骗。

骗术三："您好，移动通信公司现在将对您的手机进行线路检测，请您暂时关闭手机3个小时。"此情形是事主因为某种原因泄露了家庭电话号码，行骗者可能在事主关机的时候，以"要求汇款"等事由诈骗事主的家人和朋友。

骗术四：收到开头为0941或0951的未接来电，一回拨即收费500

元。这是典型的利用0941、0951加值型的付费电话。

◇ **短信诈骗的四步骤**

黑短信诈骗通常有以下4个步骤。

（1）发送虚假消费短信，提示接收者"您在某地刷卡消费，如有疑问，请拨××银行信用卡服务部××电话查询"。

（2）短信接收者拨打电话询问，接电话人自称××银行工作人员，谎称卡出了问题，并指示受害人按其所提示步骤将钱转入所谓保密账户。

（3）短信接收者落入圈套，按照"银行工作人员"所提示的步骤，将所持卡上的钱转入所谓"保密账户"。

（4）迅速转走资金。通过电话获得受害者的卡号和密码后，犯罪嫌疑人迅速将受害人卡上所余金额转走。

◇ **识破银行卡诈骗短信**

某些短信通过所谓的"银行卡消费提醒"来套取持卡人的卡号、密码和卡内信息，然后再通过制假卡或者网上银行转账等渠道，最终把持卡人卡里的现金转走。专家提示，持卡人只要注意把握以下几个问题，基本上可以识破银行卡诈骗短信。

（1）发信人号码：目前，每一家银行都有一个移动运营商分配的专用于银行短信发送的特服号码，而诈骗短信的发信号码基本上是手机号。

（2）自称：短信的自称提示不对，正规的刷卡消费短信通知都是由发卡银行发送的，而诈骗短信大多以"××银联"自称。

（3）消费地点：诈骗短信中都会写明具体的消费地点，而银行发的正规消费短信，均不会涉及具体的消费地点。

（4）结算：银行卡特别是借记卡消费一般都是实时扣款的，也就是消费时马上就结算。骗子在有些诈骗短信里写了"将在结算日扣划"。

◇ **怎样识别彩票骗子网站**

目前，彩票骗子网站很多，有的彩民先交纳了一定的会员费用后，想开通时,却在网站上看不到所谓的预测内容,即使能查看,其内容也完全不符合当初向彩民承诺的,使彩民遭受不可挽回的经济损失。

那么,如何辨别这些骗子网站呢?以下这些基本辨别方法可供参考。

(1)不要相信"包中大奖"的广告言辞。例如有的网站宣传,买双色球推荐号码"买8保6",即推荐8个号码,保证中6个号码。这样包中大奖的话无异于天方夜谭,完全是不现实的。

(2)彩票网站提供收费预测分析服务费的,要查询对方是否是正规公司,有没有营业执照等。

(3)查询相关彩票网站的经营地点和公司联系方式。现在有些骗子彩票网站,连电话都没有,或者只是放了个手机号码或小灵通号码,服务难以保证。同样,网站有合法的经营场所也很重要,要辨认其经营场所的真实性。

◇网上购物骗术揭秘

随着网络经济的繁荣,网上购物由于其快捷、便利、价格较低的优点,已经成为许多年轻人的时尚购物方式。尽管这种购物方式使人们享受到了足不出户、送货上门的方便,但一些不法分子利用网络购物行骗也经常令购物者防不胜防。

(1)网托诱惑:一般的消费者看到"卖家好评率"和"卖家信用"时,便会放心地把款汇到对方账户。于是卖家往往会找身边的好朋友来当"托儿",对自己的网店进行留言,网站则根据这些点评会生成"卖家的信用等级"。

(2)货品标价:在很多网站都会看到一些价格上超乎想象的"宝贝",进去一看,还确实是好产品,再寻思这个"天上掉馅饼儿"的价格,难免会有消费者动心。但实际上,这类商品往往或者质量有问题,或者是无法保修的"水货",或者干脆就是商家设下的一个骗局。

(3)看图买货:看了图片引起购买欲望的消费者不占少数,但买了之后后悔的也不少。实际上,有的网站对照片没有任何要求,既可以从网上下载,也可以实物拍摄。因此,卖家随意发布产品图片信息,以次充好的事情就总是会出现。

◇警惕"狼披羊皮"的假冒网站

此类假冒网站冒充正规电子商务网站通过一些搜索引擎的"竞价排名"业务，利用一些"竞价排名"代理商对发布人身份审核不严的漏洞，花钱把自己排在搜索引擎的显著位置，坐等用户上钩。

曾出现过这样的案例：假网站冒充某证券网站，通过竞价排名的形式被排在搜索引擎的显要位置，由于该网站网名与冒充的证券网站网址相似，用户如果不小心通过搜索引擎点击进入后会感染"证券大盗"病毒，该病毒能盗取用户的证券交易号码，从而操纵用户的账号进行证券买卖。

◇电子邮件骗术有哪些

以下这些骗术有的可能在平面媒体或以其他方式出现过，但由于电子邮件的隐秘性，邮寄来源或广告主不易查明，因此在电子邮件中格外泛滥。

（1）提供商业机会：这些电子邮件通常都宣称，你可以不必花太多时间或金钱就能赚得报酬。这类邮件的特点是大都有一长串的承诺，但却很少提及详细内容。

（2）健身及瘦身减肥骗局：这些电子邮件中声称，他有能让你不必运动或改变日常饮食，就可减轻体重的药丸，可融化脂肪细胞使身体吸收的草药秘方，及治疗阳痿与秃头掉发等，这都是充斥电子邮件信箱的诈骗术之一。

（3）提供不劳而获的机会：有些电子邮件宣称他们有目前最时髦的快速致富方式，如在世界货币市场上套汇赚取无止境的利润等。事实上，如果这些方法真的有效，这些人为什么不赶快利用此法去赚钱呢？